21世纪普通高等院校系列规划教材

高级财务管理

GAOJI CAIWU GUANLI

（第四版）

主 编 阮 萍

副主编 陈志敏 潘万春

西南财经大学出版社

中国·成都

图书在版编目(CIP)数据

高级财务管理/阮萍主编．—4 版.—成都:西南财经大学出版社,2019.2

ISBN 978-7-5504-3861-3

Ⅰ.①高…　Ⅱ.①阮…　Ⅲ.①财务管理—高等学校—教材
Ⅳ.①F275

中国版本图书馆 CIP 数据核字(2018)第 298651 号

高级财务管理(第四版)

主　编:阮　萍

责任编辑:冯雪
封面设计:杨红鹰　张姗姗
责任印制:朱曼丽

出版发行	西南财经大学出版社(四川省成都市光华村街 55 号)
网　　址	http://www.bookcj.com
电子邮件	bookcj@foxmail.com
邮政编码	610074
电　　话	028-87353785　87352368
照　　排	四川胜翔数码印务设计有限公司
印　　刷	郫县犀浦印刷厂
成品尺寸	185mm×260mm
印　　张	18
字　　数	417 千字
版　　次	2019 年 2 月第 4 版
印　　次	2019 年 2 月第 1 次印刷
印　　数	1— 3000 册
书　　号	ISBN 978-7-5504-3861-3
定　　价	38.00 元

▶▶ 第四版前言

高级财务管理是财务管理专业的专业主干课程，是根据财务管理专业人才培养目标的要求、财务管理理论和实践发展的需要以及社会的需求而设置的，是财务管理专业的核心课程。

高级财务管理主要研究特殊的、扩展的财务问题，信息量较大，涵盖了初级、中级财务管理无法容纳但在经济活动中又经常发生的财务管理业务。通过本门课程的学习，学生应能掌握财务战略管理、企业设立的财务管理、企业并购财务管理、企业集团财务管理、中小企业财务管理、非营利组织财务管理以及企业重整与清算财务管理等基本理论和基本方法，把握高级财务管理各个关键环节，并能从实践中实事求是地研究和探讨高级财务管理的发展。本课程同时要求引导学生从社会主义市场经济的实际情况出发，运用高级财务管理的基本理论和基本方法，去思考、研究和回答高级财务管理中的新情况、新问题，培养学生分析问题和解决问题的能力，以适应高级财务管理业务的客观需要，达到培养素质高、业务精、善管理的财务管理专业人才的目的。

本书主要涉及一些财务管理专题性的内容，并充分吸收当代国外财务研究的理论成果和实践案例。全书共十章，内容主要包括：第一章导论；第二章企业设立的财务管理；第三章企业并购财务管理的基本理论；第四章企业并购的财务规划；第五章企业重整与清算财务管理；第六章企业集团财务管理；第七章企业集团的业绩评价；第八章国际财务管理；第九章中小企业财务管理；第十章非营利组织财务管理。本书既可作为高等院校财务管理、会计学、投资经济等相关专业师生的教学用书，也可作为实际从事理财工作人员的参考用书。

参加本书编写的人员分工如下：第一章由阮萍、王帧、张玉琨撰写；第二章由苏红敏撰写；第三章由阮萍、谢昌浩撰写；第四章由阮萍、管敏、马麟撰写；第五章、第十章由陈志敏、王歆然撰写；第六章、第七章由潘万春撰写；第八章由张锐撰写；第九章由王民治、葛桓志撰写；附录由阮萍撰写。全书由阮萍修改及定稿。对于本书中存在的疏漏和不足之处，恳请读者批评指正。

云南财经大学　**阮　萍**

2018 年 10 月

目录

第一章 导论

第一节 财务管理课程体系的设计

财务管理是理财人员在特定环境下，依据各种信息，对筹资、投资、资金运营、利润分配以及特殊财务问题进行财务计划、财务控制和财务分析，以达到特定管理目标的活动。财务管理是组织企业财务活动、处理财务关系的一项经济管理工作。财务管理是利用价值形式对社会再生产过程中客观存在的资本活动和财务关系进行的综合性管理，是现代管理的一个重要的组成部分，属于管理学的一个分支。

财务管理专业是根据教育部1998年颁布的《普通高等学校本科专业介绍目录》而设立的一个本科专业，是将原来的“理财学”和“资产评估”两个本科专业归并后形成的，属于管理学学科门类下的工商管理类专业。过去，财务管理专业往往作为某一学科下的一个专业方向，现在则作为独立的本科教育专业进行建设。如何优化财务管理教学内容与课程体系以适应21世纪的要求，已成为财经类高等教育亟待解决的问题。

一、财务管理课程体系设计的依据

财务管理课程体系的设计，应依据现阶段财务理论的发展及财务实践的客观需要，着重从以下几个方面来考虑：

1. 财务学科体系

财务学科体系是对财务实践的高度理论概括。传统计划经济体制下的财务理论与市场经济体制下的财务理论迥然不同，财务学科的内容亦发生了相应的变化。借鉴西方国家的财务理论，结合我国市场经济体制下的各种财务实践，在此基础上总结出来的财务理论，就是财务管理专业课程体系设计的主要和直接依据。

财务学科体系是设计财务课程体系的基本依据之一。它由一系列分支学科组成，是对财务学科的科学划分。财务学科体系系统地包括了本学科现阶段的所有知识，反映了学科发展的水平和趋势。按现阶段认可的财务学科体系设计财务课程体系，课程的理论基础稳定，能保证财务课程体系的科学性。按财务分支学科设计主干课程，便于各门课程之间的合理衔接与安排。

2. 专业培养目标

专业培养目标是设置专业课程体系、开展教学活动的依据。为适应我国高等教育"厚基础、宽口径、高素质、强能力"的总体要求，1998 年教育部颁布的《普通高等学校本科专业介绍目录》提出财务管理专业的培养目标是"培养具备管理、经济、法律、理财和金融等方面的知识、能力，能在商业、金融业、事业单位及政府部门从事财务、金融管理以及教学、科研等方面工作的工商管理学科高级专门人才"；2000 年，教育部高等学校工商管理类专业教学指导委员会在关于财务管理专业的指导性教学方案中又提出财务管理专业的培养目标是："培养德、智、体、美全面发展，适应 21 世纪社会发展和社会主义市场经济建设需要，基础扎实、知识面宽、综合素质高，富有创新精神，具备财务管理及相关的管理、经济、法律、会计和金融等方面知识和能力，能够从事财务管理工作的工商管理高级专门人才。"2018 年，教育部高等学院工商管理类专业教学指导委员会对工商管理类专业提出的培养目标为："培养践行社会主义核心价值观，具有社会责任感、公共意识和创新精神，适应国家经济需要，掌握现代经济管理理论及管理方法，具有国际视野、本土情怀、创新意识、团队精神和沟通技能，能够在企事业单位、行政部门等机构从事经济管理工作的应用型、复合型、创新型人才。"

上述目标明确了财务管理专业的基本培养目标和总体要求，但不同层次、不同区域的财务管理专业培养目标应有所侧重。在在职干部岗位培养、高职教育、本科教育、研究生教育的不同层次上，要考虑不同类型的需要和不同教育层次的差别，这需要在设计财务课程体系时妥善处理。而财务课程体系的主干课程应侧重于公司财务、金融市场业务方面，以保证在实现基本培养目标的同时，更好地满足各类人才未来职业发展的需要。

3. 财务学科面向未来的综合化发展趋势

随着互联网环境下的大数据时代的到来，财务管理实践将不断出现新问题，相应的财务理论将不断更新，财务管理方法和手段将更加科学，财务管理范围的扩大和综合化趋势将日益明显地表现出来。财务课程体系的设计要考虑这种趋势，一方面要加强学科基础课程的比重，另一方面要开设一些能综合财务管理学科的新课程，如对财务数据的挖掘、财务共享中心的构建等。

此外，科学、合理、实用的财务课程体系，不仅要适应财务管理专业的教学要求，还应便于教师讲授及学生学习，并且能促进教学环节的改善。这涉及各高校财务管理专业教师的财务理论教学水平、财务理论研究水平，以及由此而形成的教学特点及教研实力。

二、财务管理课程体系的内容和特点

有关财务管理课程体系的设计，大致可分为以下五种：

（一）按阶段设计

按资金运动的阶段（筹资、投资、资金运营、收益分配）设计课程体系，主干课程有财务学原理、企业筹资管理学、企业投资管理学、成本费用管理学、企业收益分配管理学等。这种课程体系的特点表现为：

（1）按资金运动的阶段设计，能根据财务学研究的对象，开拓新的研究领域。对各阶段的财务研究能够深入下去，能较好地将理论联系实际。

（2）较适宜初、中级层次教育，如岗位培训和在职教育等，短期收效快。

（3）按阶段设计的现成经验不多，由于资金运动各阶段更迭速度快，不易把握其中的财务理论，因而按阶段设计的创建难度较大。

（4）课程体系的依托——资金运动阶段是严谨连贯的。但这种课程体系设计办法会割裂财务管理的内在联系，助长学科的分离倾向。另外，有的阶段课程内容偏少，不易单独设计。

（二）按财务主体设计

按不同财务主体设计，主干课程有财务学原理、企业财务管理、行政事业单位财务、国际财务管理、财务学比较等。这种课程体系的特点表现为：

（1）比较符合我国现阶段的经济发展实情，课程设置比较容易。

（2）有利于针对不同行业的特点和需要，培养专门人才。但这种课程体系设计侧重实际操作，欠缺财务理论深度，不利于培养较高层次的财务管理人才。

（3）各门主干课程之间，在基本理论和主要方法上容易出现重复。

（三）按管理环节设计

按客观存在的财务管理环节（预测、决策、计划、控制、分析）设计，主干课程有财务学原理、财务预测学、财务决策学、财务计划学、财务控制学、财务分析学等。这种课程体系的特点表现为：

（1）着重于开发财务管理的技术、方法和手段，有利于财务管理学科应用方面的发展。

（2）偏重管理技术、方法的开发和应用，但财务理论、财务制度在课程结构中体现不够。

（3）财务管理学科体系的课程结构建设难度大。

（四）按层次设计

按财务管理层次设计，主干课程有初级财务管理、中级财务管理、高级财务管理、财务专题等。这种课程体系的特点表现为：

（1）理论性强，课程体系理论内在联系实际。

（2）便于学生从低到高、分层次地、循序渐进地学习财务管理知识，有利于教师教学。

（3）在财务制度、财务实践方面显得薄弱一些。

（4）财务理论发展只有近百年的历史，用初级、中级、高级三个层次划分不容易把握，并且课程内容和教材设计的难度大。

（五）并列式设计

根据现阶段财务理论和财务实践的发展情况，按一种并列式课程体系设计课程。

这种课程体系的特点表现为：

（1）并列式设计有各种形式，能根据财务理论、财务实践的发展状况设计，并且相应地可以增加新的课程。

（2）能根据所培养学生的不同层次进行教学。

（3）并列式设计对课程体系组合的科学性要求高，如把握不当，则随意性较大。

三、财务管理课程体系设计的思路

从以上对五种财务课程体系设计的分析可以看出，它们都在一定程度上体现了财务学科体系的培养目标和教学要求。我国不同地区高等学校的财务管理专业也在不同程度上按上述某一种财务课程体系设课、编写教材并进行教学。我们认为按层次设课并结合并列式设课，比较适应现阶段本科专业的教学。按这种组合设计的课程应包括：

（一）专业必修课程

专业必修课程的设置应少而精，充分体现财务管理专业的特色，包含本专业特殊的知识点，在内容上应区别于相近或相关专业。我们认为应开设如下课程：初级财务管理、高级财务管理、资产评估学、国际财务管理及财务信息系统等。

1. 初级财务管理

该课程比较全面地阐明了财务学的基本理论和主要管理技术方法；侧重于资金运动各环节上的基本理论及实务，包括投资决策、筹资决策、营运资金管理及利润分配；介绍了资金的时间价值、现金流量分析、资本结构理论、股利政策等。

2. 高级财务管理

该课程主要介绍了财务领域里不断出现的特殊问题。高级财务管理主要研究特殊的、扩展的财务问题，涵盖了初级、中级财务管理无法容纳但在经济活动中又经常发生的财务管理业务。该课程具体包括财务战略管理、企业设立的财务管理、企业并购财务管理、企业集团财务管理、中小企业财务管理、非营利组织财务管理以及企业重整与清算财务管理等基本理论和基本方法。

3. 资产评估学

该课程主要对不同类别资产所涉及的价格范畴进行系统的研究和探讨，着重研究和比较资产评估的方法及其具体运用。具体包括机器设备评估、房地产评估、流动资产评估、无形资产评估、长期投资评估以及整体资产评估等内容。

4. 国际财务管理

该课程的主要内容是跨国公司的财务运作，具体包括国际金融市场筹资、跨国公司投资决策和跨国公司的外汇风险管理等。

5. 财务信息系统

该课程的主要内容是财务信息系统模型及技术处理，具体包括利用财务信息系统模型进行财务计划（包括财务预测和财务决策）、财务控制和财务分析等。

（二）专业选修课程

专业选修课程是指与财务管理相近的专业的相关课程，即会计专业和金融专业的相关课程，包括证券投资学、财务工程学、商业银行经营与管理、成本管理会计、财务会计学等课程。专业选修课程也是对专业必修课程的补充，主要开设财务类及管理类课程，包括财务案例分析、国际贸易、投资项目管理与评估、国际会计、企业战略管理、国际企业管理、审计学、税收筹划等。

财务管理本科专业课程的设计，其按层次设计主要体现在财务管理、高级财务管理等课程上；其并列式设计主要体现在按财务管理的客体设计上，具体课程有资产评估学、国际财务管理、财务信息系统等；此外，还另设了一些与专业有关的会计方面的课程及金融方面的课程。将按层次设计与并列式设计相结合，进行财务管理专业课程体系的设置，其主要思路是：主要课程按层次设计，符合教学规律，课程理论体系的内在联系较紧密，有利于财务学科的长远建设，能面向未来并适应财务学科的发展；也有利于本科学生的学习和教师的教学。部分课程按管理客体设计，符合我国现阶段经济体制转轨条件下企业财务管理环境的变化及企业财务范围扩大等现状。

随着我国经济体制改革的深入和资本市场的发展以及对外开放范围的扩大，企业的资金运动已从内部延伸到整个社会经济运动过程中，企业的财务活动处在充满风险和不确定性的环境里，企业的筹资和投资与金融市场的联系将越来越紧密。尤其是我国加入世界贸易组织（WTO）后，跨国公司、外资银行将更快地、大规模地进入我国内地；同时，中国的企业也将大量地走出国门，我国经济国际化的速度亦会加快。像国际财务管理、财务工程学、国际会计、国际贸易等课程，不仅能适应国内外经济形势发展的需要，而且能丰富财务学科的内容。当然，我国企业的财务实践也需要引进西方的财务理论，以此提高财务管理工作的水平。按层次设计，课程空间度大，能解决引进西方财务理论的问题，再结合我国的财务实践和财务理论研究，逐步增加课程内容，有利于财务学科的发展和教学的需要。总之，这种将按层次设计与并列式设计相结合，组合设计而成的财务管理专业课程体系，既有利于吸纳中外财务理论和财务实践，又有利于财务学科的综合化发展。

第二节　财务管理的理论结构

财务管理理论是根据财务管理假设而进行的科学推理或对财务管理实践的科学总结，其目的是指导和开拓财务管理实践。财务管理的理论结构是指财务管理理论各组成部分以及这些部分之间的关系。

基于财务管理环境构建的财务管理理论结构包括财务管理的基本理论和应用理论，其中基本理论包括财务管理的环境、假设、目标、原则、方法等问题，应用理论包括资金结构理论、投资理论、分配理论等。

一、财务管理环境

财务管理环境又称理财环境，是指对财务管理产生影响作用的企业内外各种因素的集合，包括宏观环境和微观环境，主要有经济环境、法律环境和金融环境等。经济环境包括经济周期、经济发展水平和经济政策；法律环境包括企业组织法规、税务法规和财务法规等；金融环境包括金融机构、金融市场和利率等。

（一）经济环境

影响财务管理的经济环境的因素主要有经济周期、经济发展水平和宏观经济政策等。

1. 经济周期

在市场经济条件下，经济发展与运行有一定的波动性，一般会经历复苏、繁荣、衰退和萧条四个阶段的循环，这种循环叫作经济周期。企业的筹资、投资和资金运营等财务管理活动都要受经济周期的影响，此外，由于国际经济交流与合作的发展，西方的经济周期影响也不同程度地波及我国。因此，企业财务管理人员必须在不同的经济周期采用不同的财务管理策略。

2. 经济发展水平

近年来，我国的国民经济虽保持持续高速增长，但高速发展中的资金短缺将长期存在，给企业财务管理带来严峻的挑战。因此，企业财务管理工作者必须积极探索与经济发展水平相适应的财务管理模式。

3. 宏观经济政策

我国经济体制改革的目标是建立社会主义市场经济体制，以进一步解放和发展生产力。在这个总目标的指导下，我国已经并正在进行财税体制、金融体制、外汇体制、外贸体制、价格体制、投资体制、社会保障制度、会计准则体系等各项改革。经济政策对企业财务的影响是非常大的，这就要求企业财务管理人员必须把握经济政策，更好地为企业的经营理财活动服务。

（二）法律环境

市场经济的重要特征在于它是以法律规范和市场规则为特征的经济制度。法律和政府法规为企业经营活动规定了活动空间，也为企业在相应空间内自由经营提供了保护。财务管理的法律环境是指企业和外部发生经济关系时所应遵守的各种法律，主要包括企业组织法规、税务法规和财务法规等。

1. 企业组织法规

企业必须依法成立，企业的组建和管理必须依照不同的法规。这些法规主要有《中华人民共和国公司法》《中华人民共和国合伙企业法》《中华人民共和国个人独资企业法》《中华人民共和国国有独资企业法》等。这些法规既是企业的组织法，又是企业的行为法。各种不同形式的企业应该按照相应的组织法规进行理财活动。

2. 税务法规

税收是国家为了实现其职能，按照法律预先规定的标准，强制地、无偿地征收货币或实物的一种经济活动，也是国家参与国民收入分配和再分配的一种方法。税收具有强制性、无偿性和固定性三个显著特征。国家财政收入的主要来源是企业所缴纳的税金。国家各种税种的设置、税率的调整还具有调节生产经营的作用。企业的财务决策应当适应税收政策的导向，合理安排资金投放，以追求最佳的经济效益。国家的税收制度是企业重要的外部条件。

3. 财务法规

企业的财务法规是指规范企业财务活动、协调企业财务关系的规章制度。目前我国企业财务管理法规有企业财务通则、行业财务制度和企业内部财务制度三个层次。

我国企业财务法规包括成本管理、专项资金管理、固定资产和流动资金管理等各项财务法规。

（三）金融环境

企业从事投资和经营活动总是需要资金的，除自有资金以外，资金主要从金融机构和金融市场取得。影响财务管理的金融环境因素主要有金融机构、金融市场和利率。

1. 金融机构

银行类金融机构是指经营存款、发放贷款、汇兑、储蓄等金融业务，承担信用中介的金融机构。我国银行主要包括各种商业银行和政策性银行。商业银行包括国有商业银行（如中国工商银行、中国农业银行、中国银行和中国建设银行）和其他商业银行（如交通银行、广东发展银行、招商银行、光大银行等）；国家政策性银行主要包括中国进出口银行、国家开发银行等。其他金融机构包括金融资产管理公司、信托投资公司、财务公司和金融租赁公司等。

2. 金融市场

金融市场是指资金供应者和资金需求者双方通过金融工具进行交易的场所。金融市场可以是有形的市场，如银行、证券交易所等；也可以是无形的市场，如利用电脑、电话等设施进行资金融通活动。金融市场按组织方式的不同可划分为两部分：一是有组织的、集中的场内交易市场即证券交易所，它是证券市场的主体和核心；二是非组织化的、分散的场外交易市场，它是证券交易所的必要补充。

3. 利率

利率也称利息率，是利息占本金的百分比指标。从资金的借贷关系看，利率是一定时期内运用资金资源的交易价格。资金作为一种特殊商品，以利率为价格标准的融通，实质上是资源通过利率实行的再分配，因此利率在资金分配及企业财务决策中起着重要作用。

利率的一般计算公式可表示如下：

$$利率=纯利率+通货膨胀补偿率+风险收益率$$

纯利率是指没有风险和通货膨胀情况下的社会平均资金利润率；通货膨胀补偿率是指由于持续的通货膨胀会不断降低货币的实际购买力，为补偿其购买力损失而要求提高的利率；风险收益率包括违约风险收益率、流动性风险收益率和期限风险收益率。其中，违约风险收益率是指为了弥补因债务人无法按时还本付息而带来的风险，由债权人要求提高的利率；流动性风险收益率是指为了弥补因债务人资产流动性差而带来的风险，由债权人要求提高的利率；期限风险收益率是指为了弥补因偿债期限长而带来的风险，由债权人要求提高的利率。

二、财务管理假设

财务管理假设是根据财务活动内在规律和理财环境要求而提出的，具有一定事实依据的假定或设想。财务管理假设主要分为理财主体假设、持续经营假设、有效市场假设、资金增值假设、理性理财假设等。

（一）理财主体假设

理财主体假设指企业的财务管理工作应限制在每一个在经济和经营上具有独立性

的组织之内。它明确了财务管理工作的空间范围。理财主体一般应具备以下特点：第一，理财主体必须有独立的经济利益；第二，理财主体必须有独立的经营权和财权；第三，理财主体一定是法律实体，法律实体不一定是理财主体。一个组织必须具备以上三点，才能成为真正的理财主体。

（二）持续经营假设

持续经营假设是指理财主体是持续存在并且能执行其预计经济活动的，它明确了财务管理工作的时间范围。在财务管理上，除非有证据表明企业将破产、关闭，否则都假定企业在可以预见的将来持续经营下去。持续经营假设可以派生出理财分期假设。按照理财分期假设，可以把企业人为地分为一定期间，以便分阶段考核企业的经营状况和财务成果。

（三）有效市场假设

有效市场假设是指财务管理所依据的资金市场是健全而有效的。从中国的理财环境和特点来看，有效市场应该具备以下特点：第一，当企业需要资金时，能以合理的价格在资金市场筹集到资金；第二，当企业有闲置的资金时，能在市场上找到有效的投资方式；第三，企业理财上任何投资的成败，都能在资金市场上得到反映。有效市场假设的派生假设是市场公平假设，它是指理财主体在资金市场筹资和投资等完全处于市场经济条件下的公平交易状态。

（四）资金增值假设

资金增值假设是指通过财务管理人员的合理运营，企业资金的价值可以不断增加。资金增值假设派生了财务管理的风险与报酬同增假设。此项假设是指风险越高，获得的报酬也越高。风险与报酬同增假设要求财务管理人员不能盲目地追求资金增值，因为过高的报酬会带来巨大的风险。此两项假设为科学地确立财务管理目标、合理安排资金结构、不断调整资金投向奠定了理论基础。

（五）理性理财假设

理性理财假设是指从事财务管理工作的人员都是理性的理财人员，其理财行为也是理性的。他们会在众多的方案中选择最有利的方案。理性理财的第一个表现就是理财是一种有目的的行为，即企业的理财活动都有一定的目标；第二个表现是理财人员会在众多的方案中选择一个最佳的方案；第三个表现是当理财人员发现正在执行的方案是错误的时候，会及时采取措施进行纠正，以便使损失降至最小；第四个表现是财务管理人员能够吸取以往工作教训，总结以往工作经验，不断学习新理论，合理应用新方法使理财行为由不理性变为理性，由理性变为更理性。理性理财假设可以派生出另外一项假设，即资金再投资假设。该假设是指当企业有了闲置的资金或产生了资金的增值，都会用于再投资。理性理财行为是确立财务管理目标、建立财务管理原则、优化财务管理方法的理论前提。

三、财务管理目标

企业财务管理目标是企业财务管理活动预期实现的结果。它是评价企业理财活动是否合理有效的基本标准，是企业财务管理工作的行为导向，也是财务人员工作实践的出发点和归宿。财务管理目标制约着财务工作运行的基本特征和发展方向。不同的财务管理目标，会产生不同的财务管理运行机制。因此，科学设置财务管理目标，对优化理财行为、实现财务管理的良性循环具有重要的意义。财务管理的目标主要包括以下三种。

（一）利润最大化

利润最大化目标是在投资预期收益确定的情况下，财务管理行为以追逐利润的最大化作为财务管理的目标。主要有三点原因：一是人类从事生产经营活动的目的是创造更多的剩余产品，剩余产品的多少可以用利润这个价值指标衡量；二是在自由竞争的资本市场中，资本的使用权最终属于获利最多的企业；三是只有每个企业都最大限度地获得利润，整个社会的财富才可能实现最大化，从而带来社会的进步和发展。因此，以利润最大化为理财目标是有一定的道理的。但利润最大化目标在实践中存在以下难以解决的几个问题：①这里的利润是指企业一定时期实现的税后净利润，它没有考虑资金的时间价值；②没有反映创造的利润与投入的资本之间的关系；③没有考虑风险因素，高额利润往往要承担更大的风险；④片面追求企业利润最大化会导致企业的短期行为；⑤利润容易被操纵。

（二）股东财富最大化

股东财富最大化是指通过财务的合理经营，为股东带来最多的财富。在股份经济条件下，股东财富由其所拥有的股票数量和股票市场价格两方面决定，股价代表了投资大众对公司价值的客观评价。在股票数量一定的前提下，当股票价格达到最高时，股东财富也达到最大，所以股东财富又可以表现为股票价格最大化。

与利润最大化目标相比，股东财富最大化目标作为财务管理的目标有以下优点：①股东财富最大化目标考虑了取得收益的风险与时间因素；②股东财富最大化能够在一定程度上克服企业在追求利润上的短期行为，保证了企业的长期发展；③股东财富最大化能够充分体现企业所有者对资本保值增值的要求。

股东财富最大化的缺点有：①股东财富最大化只适用于上市公司，对非上市公司则很难适用；②股票价值的高低不能完全反映股东财富或价值的大小；③股东财富最大化目标在实际工作中可能导致公司所有者与其他利益主体之间的矛盾。

（三）企业价值最大化

投资者建立企业的重要目的在于创造尽可能多的财富。这种财富首先表现为企业的价值。企业价值就是企业的市场价值，是企业所能创造的预计未来现金流量的现值，反映了企业潜在的或预期的获利能力和成长能力。

以企业价值最大化作为财务管理的目标，其优点主要表现在：①该目标考虑了资金的时间价值和风险价值，有利于统筹安排长短期规划，合理选择投资方案，有效筹措资金，合理制定股利政策等；②该目标反映了对企业资产保值增值的要求，从某种意义上说，股东财富越多，企业市场价值就越大；③该目标有利于克服管理上的片面性和短期行为；④该目标有利于社会资源合理配置。

以企业价值最大化作为财务管理的目标也存在以下缺点：①对于上市企业，尽管股票价格的变动在一定程度上揭示了企业价值的变化，但是股价是受多种因素影响的结果，特别是在资本市场效率低下的情况下，股票价格很难反映企业所有者权益的价值；②对于非上市企业，只有对企业进行专门的评估才能真正确定其价值。而在评估企业的资产时，由于受评估标准和评估方式的影响，这种估价不易做到客观和准确，这也导致企业价值难以确定。

四、财务管理内容

企业的筹资活动、投资活动、营运资金活动、利润分配活动是相互联系、相互依存的，它们共同构成了企业财务活动的完整过程，同时也成为财务管理的基本内容。

（一）筹资管理

所谓筹资，是指企业为了满足投资及资金使用的需求，筹集所需资金的过程。在筹资过程中，一方面，企业要确定筹资的总规模，以保证投资及资金使用需求；另一方面，企业通过对筹资渠道、筹资方式或工具的正确选择，合理确定筹资结构，从而降低筹资成本和风险，提高企业价值。筹资管理的目标是采用适当的筹资方式进行筹资决策，以较低的资金成本与财务风险，筹集到企业正常经营和投资所需要的资金。筹资管理的主要内容有筹资渠道和筹资方式的选择，筹资数量的确定，最佳资本结构的决策与运用等。

（二）投资管理

企业投资可以分为广义投资和狭义投资。广义投资是指企业将筹集的资金投入使用的全部过程，既包括企业内部使用资金的过程（如购买流动资产、固定资产、无形资产等），又包括对外投放资金的过程（如购买其他企业的股票、债券或与其他企业联营等）。狭义投资仅指对外投资。无论是企业购买内部所需资产，还是购买外部各种证券，都需要支付资金。投资管理的目标是合理衡量投资收益与投资风险，选择最佳的投资方案，合理配置资金，优化资金结构，以获取最大投资收益。

（三）营运资金管理

营运资金也称企业循环资本，是指一个企业维持日常经营所需要的资金，一般是指用于流动资产上的资金，包括现金、应收账款、存货等。营运资金管理的目标是对企业的营运资金进行有效控制与决策。营运资金管理的主要内容是确定营运资金的筹资政策和投资政策等。

（四）利润分配管理

利润分配是指企业通过投资或营运资金活动可以取得相应的收入，并实现资金的增值。广义的分配是指对企业各种收入进行分割和分派的过程，而狭义的分配是指对企业税后净利润的分配。企业取得的各种收入在补偿成本和缴纳税费后还应根据现行法律法规对剩余收益予以分配。利润分配管理的目标是正确确定分配原则和制定股利分配政策，合理进行利润的分配。

五、财务管理原则

财务管理原则也称理财原则，是指组织财务活动和协调财务关系的基本准则，是体现理财活动规律性的行为规范，是对财务管理的基本要求。财务管理的原则有科学性原则、依法理财原则、风险-收益平衡原则、成本-效益原则、变现能力与盈利能力平衡原则、权责结构和利益关系协调原则。

（一）科学性原则

财务管理的对象及财务管理所面临的环境是客观的，是不以人们的主观意志为转移的，这就要求人们在开展财务管理活动、处理财务关系时应当遵守财务活动的规律；而财务管理主体的意志又具有主观性，在开展财务管理活动时应当在尊重财务管理活动规律的基础上，发挥主观能动性。坚持科学性原则，就是要科学理财，要尊重客观经济规律，要发挥人的主观能动性。科学性原则不仅是开展财务管理活动的行为规则，也是我们从事其他一切实践活动必须遵循的原则。

（二）依法理财原则

市场经济是法治经济，财务管理人员必须依法办事，贯彻依法理财原则。在我国当前的财务管理环境下，各类企业必须以《企业财务通则》和财务制度为依据，根据生产经营的特点合理组织财务活动，建立健全财务管理制度，做好财务管理基础工作；依法合理筹集资金并有效使用资金，严格执行国家规定的各项财务收支范围和标准，做好各项财务收支的计划预测、控制核算和分析考核；正确计算企业经营成果和如实反映企业财务状况，努力提高经济效益；依法计算和缴纳税费；按照规定顺序和要求分配利润，保证投资者的权益不受侵犯。

（三）风险-收益平衡原则

风险是指由企业经营活动的不确定性导致财务成果的不确定性。风险是客观存在的，人们无法消灭它，但是可以通过技术分析、规范操作，达到规避风险、降低风险对财务决策负面影响的目标。由此可见，在财务管理活动中，权衡风险与收益是每个财务管理主体必须认真面对的课题。风险与收益平衡原则要求企业不能只顾收益不顾风险，而应当在风险与收益的比较中做出正确而谨慎地抉择，趋利避害，确保财务管理目标的实现。

（四）成本-效益原则

成本-效益原则要求财务管理主体在开展财务管理活动时讲求投入和产出的比较，要求以尽可能少的资源，创造出尽可能多的财富。财务管理的内容包括资金的筹措、运用和分配，其中每一项都要充分考虑成本和效益的权衡。财务管理就是要在讲求经济效益的基础上节约资金的占用和降低费用，不断增加产出，不断提高经济效益和社会效益。

（五）变现能力与盈利能力平衡原则

变现能力是指企业支付到期债务的能力，而盈利能力是指企业获取利润的能力。提高变现能力和盈利能力是企业财务管理的两个子目标，这两个子目标作用的方向有时一致，有时相互矛盾。例如，增加资金资产有利于提高企业的变现能力，但现金是非盈利资产，现金增加又必然导致盈利能力某种程度的降低，所以在财务管理活动中，必须合理安排各种资金的比例以实现变现能力与盈利能力的平衡，达到既能提高盈利能力，又能确保达到偿还各种到期债务的目的。

（六）权责结构和利益关系协调原则

正确处理财务关系是现代财务管理学的基本内容之一。要恰当地处理好财务关系，应当从权利与责任的安排和利益分配两个方面着手。权利与责任的安排体现在企业内部经营管理职能的划分上和由现代产权制度引发的财产权与经营权的划分上。利益分配主要体现在财务成果的分配上，实现财务成果在国家、企业、投资者、劳动者等相关利益主体之间合理的分配。

六、财务管理方法

财务管理方法是指财务管理人员为了实现财务管理目标，处理好因财务活动而发生的各种经济关系，完成财务管理任务，在进行理财活动时所采取的各种技术和手段。它通常包括财务预测、财务决策、财务预算、财务控制、财务分析等方法，它们相互配合、相互联系，构成了一个完整的财务管理方法体系。

（一）财务预测

财务预测是指根据财务活动的历史资料，依据现实的条件和今后的要求，对企业未来一定时期的财务活动和财务成果进行全面的分析，并做出各种不同的科学预计和推断的过程。财务预测的主要内容有筹资预测、投资收益预测、成本预测、收入预测和利润预测等。财务预测所采用的具体方法主要有属于定性预测的集合意见法和专家意见法，属于定量预测的趋势分析法和因果预测法等。

（二）财务决策

财务决策是指在财务预测的基础上，从若干可以选择的方案中，对不同财务数据进行分析比较，全面权衡利弊，从中选择最优方案的过程。它是财务管理的核心。财务决策的主要内容有筹资决策、投资决策、成本费用决策、收入决策和利润决策等。财务决策所采用的具体方法主要有优选对比法、数学微分法、线性规划法和概率决策法等。

（三）财务预算

财务预算是指以财务决策的结果为依据，对企业生产经营活动的各个方面进行规划的过程。它是组织和控制企业财务活动的依据。财务预算的主要内容有筹资预算、投资预算、成本费用预算、销售收入预算和利润预算等。财务预算所采用的具体方法主要有平衡法、定率法、定额法、比例法、弹性计划法等。

（四）财务控制

财务控制是指在管理过程中，以财务制度和财务预算为依据，对财务活动施加影响或调节，以便实现计划规定目标的方法。财务控制的内容主要有筹资控制、投资控制、货币资金收支控制、成本费用控制和利润控制。财务控制所采用的具体方法主要有防护性控制、前馈控制、反馈控制等。

（五）财务分析

财务分析是指以会计信息和财务预算为依据，对一定期间的财务活动过程及其结果进行分析和评价的一项工作。通过财务分析，企业可以掌握财务活动的规律，改善财务预测、决策、预算和控制，提高经济效益，改善管理水平。财务分析的内容有偿债能力分析、营运能力分析、获利能力分析和综合财务分析等。财务分析所采用的具体方法有比较分析法、比率分析法、平衡分析法、因素分析法等。

第三节　财务管理的历史演进

基于财务管理的发展历程，不同的财务管理环境有不同的财务管理目标、财务管理方法和财务管理活动。财务管理环境对财务管理假设、财务管理方法、财务管理活动等具有决定性的作用。20 世纪以来，财务管理的发展共经历了五次浪潮。

一、第一次浪潮——筹资管理理财阶段

在这一阶段，财务管理的主要职能是预测公司资金的需求量和筹集公司所需要的资金。20 世纪初，随着经济的持续发展和企业的大量兴起，企业普遍关注如何筹集资金以扩大企业的生产和经营规模，筹集资金便成为财务管理的最主要问题。这一阶段，筹资理论和方法发展迅速，为现代财务管理理论的产生奠定了基础。

二、第二次浪潮——资产管理理财阶段

由于筹资阶段的财务管理忽视了企业资金的日常周转和内部控制，企业不能够正常运营与发展。随着科技的发展和企业的市场竞争加剧，财务管理的主要问题不仅在于筹集资金，更在于有效地进行内部控制。于是，在这一阶段，资产管理引起财务管理人员的高度重视。各种计量模型逐渐应用于存货、应收账款、固定资产等项目，财务分析、财务计划、财务控制等得到广泛应用。

三、第三次浪潮——投资管理理财阶段

20 世纪 60 年代中期以后，随着企业的发展，资金运营越来越复杂，各种投资项目风险不断增大，于是投资管理受到了极大关注。这一时期的表现为：确定了比较合理的投资决策程序，建立了科学的投资决策指标和投资决策方法，创立了投资组合理论和资本资产定价理论。马科维茨提出了投资组合理论，夏普提出的资本资产定价模型揭示了风险与报酬的关系。

四、第四次浪潮——通货膨胀理财阶段

20 世纪 70 年代末期和 80 年代初期，西方国家持续的通货膨胀给财务管理带来了许多问题，在通货膨胀条件下如何有效地进行财务管理便成为主要问题。为此，西方财务管理理论根据通货膨胀的状况，对企业筹资决策、投资决策、资金运营决策、股利分配决策进行了相应的调整。

五、第五次浪潮——国际经营理财阶段

20 世纪 80 年代中后期，随着经济全球化和市场竞争的加剧，跨国公司数量逐年增多，国际企业财务管理的地位日趋重要。由于跨国公司需要在不同制度、不同环境下做出决策，于是外汇风险问题、国际融资问题、跨国资本预算问题、内部转移价格问题等成为亟待解决的财务管理问题。

20世纪80年代以后，国际财务管理的理论和方法发展迅速，在财务管理实务中得到广泛应用，这一阶段，财务管理发展达到了又一个高潮。进入21世纪以来，随着网络经济和大数据时代的到来，许多网上企业和虚拟企业应运而生，财务管理的环境发生了翻天覆地的变化。企业需要对财务管理的目标、财务管理的模式和财务管理的内容等进行进一步创新，如转变理财观念、创建安全可靠的财务管理信息系统等。从财务管理的发展过程可以看出，财务管理理论的变化是财务管理环境综合作用的结果。有什么样的财务管理环境，就会产生相应的财务管理模式和财务管理理论体系。

第四节　高级财务管理的研究内容

高级财务管理主要研究特殊的、扩展的财务问题，涵盖了初级、中级财务管理无法容纳但在经济活动中又经常发生的财务管理业务，主要包括财务战略管理、企业设立的财务管理、企业并购的财务管理、企业重整与清算财务管理、企业集团财务管理、国际财务管理、中小企业财务管理以及非营利组织财务管理等基本理论和基本方法。

一、财务战略管理

根据财务管理基本内容的不同，财务战略可分为筹资战略、投资战略、营运资金战略和股利分派战略等；根据财务管理的派生内容，财务战略可分为投资规模战略、投资方向战略、并购战略等；根据企业自身特征的不同，财务战略可分为不同企业组织形式的财务战略、不同行业的财务战略、不同企业生命周期的财务战略等；根据财务活动涉及范围的不同，财务战略包括整体财务战略和分项财务战略；此外，根据资金筹措与使用特征的不同，财务战略包括快速扩张型财务战略、稳健发展型财务战略和防御收缩型财务战略等。

财务战略管理是指对企业财务战略的管理，即对战略性财务活动的管理。财务战略管理的关键是对筹资战略、投资战略的财务规划及财务评价，是企业财务管理的重要内容。

二、企业设立的财务管理

企业是人的要素和物的要素相结合的、以营利为目的从事生产经营或服务性活动的、具有法律主体资格的经济组织。企业是国民经济的基本单位，包括独资企业、合伙企业和公司制企业。

企业的设立，是指企业的创办人为使企业具备从事生产经营或服务性活动的能力，并且取得合法的主体资格，而依照法律规定的条件和程序所实施的一系列经济上和组织上的法律行为。

企业设立主要是指企业法人设立应具备的法定条件和应遵循的法定程序。企业的设立要求企业的创办人根据所要设立的企业种类、规模、生产经营或服务性活动的内容，合理地组织各种生产要素，进行人力、物力和资产的投资，进行基本建设或其他方面的组建工作，形成企业的生产经营能力或从事服务性活动能力。同时，企业的创办人要制定企业的章程，确定自己的生产经营范围，组建法律规定的相应机构，并依照法律规定的申报、审批和登记程序，依法取得生产经营或服务提供主体的资格。

在企业设立的方式上，不同时期、不同国家均有很大的区别。就是在同一个国家的不同历史阶段，企业设立的方式也不完全相同。一般来说，企业设立要经过发起、论证、报批、筹建、申请设立登记、批准注册等环节。

三、企业并购的财务管理

企业并购是市场经济发展的产物。并购是兼并与收购的简称，泛指在市场机制作用下企业为了获得其他企业的控制权而进行的产权交易活动。兼并（Merger）与收购（Acquisition）在国外常缩写为M&A。兼并和收购是企业外部扩展的主要形式，其实质是一种商品的交易活动，是在公开市场上对企业的控制权进行的一种商品交易活动。交易的对象是企业产权，交易的目的是获得对一个企业的控制权。狭义的并购仅指兼并。兼并等同于《中华人民共和国公司法》（以下简称《公司法》）中的吸收合并，而兼并只是合并的形式之一。广义的并购则包括兼并、合并和收购。并购按不同的划分标准可以划分为不同的类型。按照并购双方所处行业的性质来划分，企业并购方式有纵向并购、横向并购、混合并购。按照并购程序来划分，企业并购方式有善意并购和非善意并购。按照并购方的支付方式和购买对象来划分，企业并购方式可以划分为现金购买资产或股权、股票换取资产或股权以及通过承担债务换取资产或股权。

企业并购中的财务问题通常会涉及：在企业战略目标和并购标准的指导下，对候选目标企业进行并购可行性分析；确定目标企业的价值和并购溢价的允许范围，从而确定并购价格区间；确定支付方式（包括现金支付、股票支付和混合证券支付等三种方式）；确定筹资方案；评价并购成功与否。

四、企业重整与清算财务管理

一个已达到破产界限的企业能否继续存在，取决于企业的重整价值是否大于清算价值。如果企业在可预见的未来具有较好的发展前景，其重整价值大于清算价值，债权人就会认为企业价值可以重整，并且通过重整使企业继续生存下去；否则，企业将被迫转入清算。因此，破产财务管理包括企业重整财务管理和企业破产清算财务管理。

但企业重整和企业破产清算是不同的经济事件，二者的区别在于前提条件不同、目的不同、执行机构不同。

企业重整与清算财务管理包括企业破产、企业财务重整、解散清算和破产清算等主要内容及其相互关系，以及如何建立财务预警系统等。

五、企业集团财务管理

企业集团是现代企业发展的高级组织形式之一，是以一个或少数几个大型企业为核心，凭借资本、契约、产品、技术等不同的利益关系，将一定数量的受核心企业不同程度控制和影响的法人企业联合起来，组成的具有共同经营战略和发展目标的多级法人结构的经济联合体。

企业集团财务管理通常涉及企业集团财务的组织安排和选择、机构的设立和管理权限的划分、企业集团财务活动的组织框架和管理机制、企业集团的资本运作等。企业集团财务管理的具体研究内容包括企业集团财务管理的特点、企业集团的组织结构、企业集团的财务公司、企业集团的内部转移价格以及企业集团的财务管理体制等问题。

六、国际财务管理

国际财务管理是国际企业所进行的理财活动，是在经济全球化进程中出现的财务管理新内容。国际财务管理是指国际企业组织财务活动、处理财务关系的经济管理工作。国际财务管理的内容是建立在国际财务活动的基础之上的，主要包括筹资管理、投资管理、营运资金管理。因为国际企业在生产经营中还要涉及外汇交易，因此财务管理的内容还包括外汇风险管理。

国际企业的筹资渠道主要有公司内部资金、母公司所在国资金、子公司所在国资金及国际金融机构的资金。国际企业的筹资方式主要有发行国际股票和债券、国际租赁、国际银行信贷等。国际筹资管理的主要内容包括国际企业的筹资渠道和方式，以及如何以最小的代价来筹集资金。

国际投资是指企业将资金投入国际市场以获取收益的行为，是一种对外投资。企业的投资地在国外，投资地的政治、经济、资源及文化背景都与本国有很大的差别。因此，投资的效果受环境影响很大。所以，国际投资管理除了对投资项目进行成本和效益分析，以确定是否可行外，还要着重分析投资环境对项目的影响，从而降低投资风险，提高投资效益。

营运资金是指占用在流动资产上的资金，主要以现金、应收账款和存货为代表。合理安排国际企业的营运资金能够增强企业的流动性，降低财务风险，同时降低机会成本。营运资金管理就是合理确定现金、应收账款和存货的占有规模并进行合理调度的管理活动。

企业进行跨国经营必然会涉及外汇，而汇率受多种因素的影响变动较大，容易产生外汇风险。外汇风险可以使企业获得预期之外的收益，也可造成意外损失。外汇风险管理力图通过对外汇风险性质的研究，掌握规避和减少外汇风险的方法。

七、中小企业财务管理

我国的中小企业，根据企业组织形式主要可分为独资企业、合作企业、股份合作制企业和有限责任公司。中小企业对经济具有特殊作用，主要表现在：提供新的就业机会；技术创新；刺激竞争；给大企业以帮助；提高生产和服务的效率。

中小企业财务管理内容包括中小企业财务管理的特殊性、中小企业的融资方式与结构管理、中小企业的投资战略管理、中小企业的资本运营方法以及如何利用相关政策加快中小企业的发展速度等。

八、非营利组织财务管理

所谓非营利组织，是指这样一些经营组织：它们提供有偿服务，并且希望可以获得足够的收入来补偿它们提供服务所耗费的成本，但这些组织既没有流通股份，也没有股东。它们包括学校、医院、慈善机构、宗教机构、合作团体、社区组织、市民俱乐部以及许多其他组织。这些非营利组织聘用了数以万计的工作人员，并且为公众提供各种重要的服务，所以保持它们的高效运营是十分必要的。为了保证经营效率，这些非营利组织同样需要财务管理技巧。这些财务管理技巧与营利性组织的财务管理技巧相类似，但是有一个重要区别：非营利组织没有股东，所以它们的财务管理目标不是股东财富的最大化。也就是说，非营利组织的财务管理目标主要不是资金增值，而是提供社会服务。

第五节　财务战略管理

一、企业战略与战略管理

（一）企业战略的内涵及特征

1. 企业战略

对于企业战略的定义有很多种描述，比较有代表性的主要有以下几种观点：泰勒斯（Tillers）认为企业战略是企业的一组目标和企业的各种政策。钱德勒（Chandler）认为企业战略涉及企业长期目标的确定、行动路线的采用以及为完成这些目标而进行的各种资源的分配。安索夫（Asoff）认为企业战略包括生产—市场范围、成长向量（在生产—市场范围内，企业计划的变动）、竞争优势和协同作用四个要素。孔茨（Koontz）认为企业战略包括目标以及为实现这些目标对资源所做的部署和在利用资源时所遵循的主要政策。波特（Porter M.）认为企业战略是公司为之奋斗的重点和公司为达到它们而寻求的途径的结合物。明茨伯格（Mintzberg H.）认为企业战略是一系列或整套的决策或行动的方式，该方式既包括计划性的战略又包括非计划性的战略。同时他认为战略是一种计划、一种模式、一种定位、一种对未来的期望和预期、一种手段（即 5P 观点）。美国学者汤姆森（Tomson S.）认为企业战略是预先性的（预谋战略），又是反应性的（适应性战略）。

综上所述，企业战略是如何获得竞争优势的理论，即在对外部环境和内部条件深入分析和准确判断的基础上，为了提高企业的竞争力，对企业全局和未来进行的总体和长远的谋划。企业战略按照组织结构分为三个层次：

（1）总体战略：总体战略又称为公司层战略，它是企业最高层次的战略，需要根据企业的目标，选择企业可以竞争的经营范围，合理配置企业经营所必需的资源，使各项经营业务相互支持、相互协调。

（2）业务单位战略：业务单位战略又称为竞争战略，业务单位战略涉及各业务单位主管以及辅助人员。它所解决的问题是应该开发哪些产品或服务，以及将这些产品或服务提供给哪些市场，这些产品或服务满足顾客的程度，以达到企业的目标，如企业保持长期盈利能力、加快市场增长速度或提高效率等。

（3）职能战略：职能战略又称为职能层战略，主要涉及企业内各职能部门如营销、生产、财务、研发、人事等部门如何为各级战略服务，提高组织效率。在职能战略中，协同作用具有非常重要的意义，它不仅体现在单个职能的各个活动中，而且体现在各个不同职能战略和业务流程或活动之间。

2. 企业战略的特征

从以上各学者对企业战略的不同观点可以看出企业战略的特点在不断变化，逐步完善。企业战略的特征主要有：

（1）指导性：企业战略界定了企业的经营方向、远景目标，明确了企业的经营方针和行动指南，并确定了实现目标的发展轨迹及指导性的措施和对策，在企业经营管理活动中起着导向的作用。

（2）全局性：企业战略是对企业全局的总体谋划，涉及企业生产经营活动的各个环节和各个方面，而不是一般的操作性管理方法。

（3）长期性：企业战略的目的不是只考虑眼前利益与维持现状，而是为了创造企业的未来，立足于企业的长远利益。

（4）应变性：企业战略重视的是企业与其所处的外部环境的关系，其目的是使企业能够适应、利用环境的变化。

（5）竞争性：竞争是市场经济不可回避的现实，正是因为有了竞争才确立了“战略”在经营管理中的主导地位。面对竞争，企业战略需要进行内外环境分析，明确自身的资源优势，通过设计适当的经营模式，形成具有核心竞争力的特色经营，推动企业长远、健康的发展。

（6）风险性：企业做出任何一项决策都存在风险，若市场研究深入，行业发展趋势预测准确，设立的远景目标客观，各战略阶段人、财、物等资源调配得当，战略形态选择科学，制定的战略就能引导企业健康、快速发展。反之，仅凭主观判断市场，设立目标太理想化或对行业的发展趋势预测存在偏差，制定的战略就会产生管理误导，甚至给企业带来破产风险。

（二）企业战略管理

1. 企业战略管理的内涵及特征

企业战略管理是确定企业的使命，根据企业的外部与内部环境的经营要素确定企业的目标，保证目标的正确落实并使企业使命最终得以实现的一个动态过程。战略管理不仅涉及战略的制定和规划，而且也包括战略执行的管理，所以是一个全过程和全面的管理；同时，战略管理是不间断的管理过程。

与传统的职能管理相比，企业战略管理具有以下特点：

（1）企业战略管理具有全局性。企业战略管理是以企业全局为对象，根据企业总体发展需要而制定的。它所管理的是企业的总体活动，所追求的是企业的总体效果。所以企业战略管理具有综合性和系统性的特点。

（2）企业战略管理涉及大量资源配置问题。在任何一种情况下企业的战略决策都需要在相当长的时间内致力于一系列的活动，而实施这些活动需要有足够的资源作保证。因此，为了保证战略目标的实现，需要对企业的资源进行统筹规划、合理配置。

（3）企业战略管理在时间上具有长远性。战略管理是面向未来的管理，战略决策需要以管理者所期望或预测将要发生的情况为基础。在迅速变化和竞争性的环境中，企业要取得成功必须对未来的变化采取未雨绸缪的态度，这就需要企业做出长期性的战略计划。

（4）企业战略管理还需要考虑企业外部环境中的诸多因素。在未来竞争性的环境中，企业要使自己占据有利地位并取得竞争优势，就必须考虑与之相关的因素，这包括竞争者、顾客、资金供给者、政府等外部因素，以使企业的行为适应不断变化的外部环境。

2. 企业战略管理的作用

企业战略管理在企业管理中处于统领性和指导性的地位。其主要的作用有：

第一，企业战略管理可以促进企业管理当局重视对经营环境的研究，正确地确定公司的发展方向，选择公司合适的经营领域，从而更好地把握外部环境所提供的机会，增强企业经营活动对外部环境的适应性。

第二，企业战略管理可以促进企业管理当局改进决策方法，优化组织结构，把日常管理建立在系统与有序的基础上，以增强企业的协调沟通与控制能力，不断提高管理的效率与水平。

第三，企业战略管理可以促使企业当局增强企业的凝聚力，即通过让员工参与战略选择、决策与实施的过程，减少改革的阻力，最大限度地激发员工的情感与智慧，从而确保战略目标的实现。

3. 企业战略管理的过程

一个规范和全面的战略管理过程大体分为三个阶段：战略分析阶段、战略选择及评价阶段、战略实施及控制阶段。

（1）战略分析。战略分析是指对企业的战略环境进行分析、评价，并预测这些环境未来发展的趋势，以及这些趋势可能对企业造成的影响。一般来说，战略分析包括企业的外部环境分析和内部环境分析两部分。企业的外部环境分析主要是对政治—法律因素、经济因素、技术因素、社会因素以及企业所处行业中的竞争状况进行分析，目的是寻找和发现有利于企业的发展机会，以及对企业所存在的威胁，做到“知彼”，以便企业能够充分利用机会而避开威胁。内部环境分析是分析企业所具备的条件，做到“知己”。它包括企业的有形和无形资源，企业的财务能力、营销能力、生产管理能力、组织效能、企业文化、企业的核心竞争能力等。企业内部环境分析的目的是发现企业所具备的优势和劣势，以便在制定和实施战略时能扬长避短，发挥优势，有效地利用企业自身的各种资源，发挥企业核心竞争力。

（2）战略选择及评价。战略选择及评价过程的实质就是战略决策的过程。在这一阶段，企业要考虑到可以选择的战略类型，战略选择过程以及战略方案的鉴别、评价三方面问题。

（3）战略的实施与控制。战略的实施首先要将企业的总体战略分解为各层次和各方面的具体战略，如经营、财务、营销、人力等多种战略，然后通过发挥操作管理的各种职能，运用计划或预算等方法，分阶段、分步骤地实施战略。战略控制是对战略实施的整个进程进行跟踪控制，及时发现差异，查明原因，采取措施，消除不利差异和扩大有利差异。如果在战略实施过程中，发现企业内外环境有重大变化，则应对战略目标或方案做出必要的修正与调整。

二、财务战略与财务战略管理

（一）财务战略

1. 财务战略的内涵与特点

企业的财务战略属于职能层的战略，财务战略主要考虑资金的使用和管理的战略问题。财务战略可以定义为：在公司战略的统筹下，在分析内、外部环境对公司价值创造活动影响的基础上，为谋求公司现金均衡地流动并最终实现公司长期财务价值的最大化，而对企业现金流转和资本运作所进行的全局性、长期性和创造性的筹划。

财务战略与其他职能战略之间是一种既彼此相对独立，又密切联系的关系。由于资金的筹集取决于企业发展和生产经营的需要，资金的投放和使用更是与企业再生产过程不可分割，即便是股利分派，也绝不是单一、纯粹的财务问题，而是一定程度上取决于企业内部的需要。

财务战略与一般企业财务活动的主要区别在于企业财务战略必须具有“对企业全局（尤其是指企业总体财务状况）的长期发展有着重大影响”的特征，而一般财务问题，通常不具有“全局”和“长期”的特征。

2. 财务战略的分类

按照不同的角度，财务战略分为不同的类型。①从企业基本财务活动即财务管理基本内容看，企业财务战略包括融资战略、投资战略、营运资金战略和股利分配战略等。②从派生财务活动角度来看，企业财务战略包括筹资规模战略、投资方向战略、特殊条件（如通货膨胀）之下的财务战略等。③从企业状况特征角度看，企业财务战略包括不同行业企业的财务战略、不同规模企业的财务战略、不同生命周期阶段企业的财务战略、不同组织形式企业的财务战略等。④从财务活动本身直接涉及的范围来看，企业财务战略包括整体财务战略和分项财务战略。

（二）财务战略管理

财务战略管理又称战略财务管理，是指对企业财务战略进行的管理，即对战略性财务活动的管理。财务目标的明确，为战略财务管理提供了最高行为准则。有了明确的企业目标和财务目标，才可以界定财务战略方案选择的边界，才能排除那些偏离企业发展方向和财务目标要求的战略选择。环境分析是财务战略管理的重心和难点。任何财务管理都离不开环境分析，不符合环境要求的财务管理体制难以取得真正的成功。财务战略管理一般包括环境分析、财务战略制定、财务战略的实施与控制、财务战略评价四个部分。

1. 环境分析

环境分析就是企业对所处的政治经济社会环境与企业内部资源和能力进行分析评估，以确定企业的优势和劣势以此作为企业制定财务战略决策的依据。企业环境分析是企业制定财务战略的关键环节，其内容一般包括企业外部环境分析和企业内部环境分析。

企业的外部环境一般包括以下的内容：①政治环境，主要包括政治制度与体制、政局、政府的态度等；②法律环境，主要包括政府制定的法律、法规；③经济环境，构成经济环境的关键战略要素如国内生产总值（GDP）、利率水平、财政货币政策、通货膨胀、失业率水平、居民可支配收入水平、汇率、能源供给成本、市场机制、市场需求等；④社会与文化环境，影响最大的是人口环境和文化背景；⑤人口环境，主要包括人口规模、年龄结构、人口分布、种族结构以及收入分布等因素；⑥技术环境，技术环境不仅包括发明，而且还包括与企业市场有关的新技术、新工艺、新材料的出现和发展趋势以及应用背景。

企业内部环境分析的主要内容有企业资源分析和企业能力分析。企业资源是指企业从事生产经营活动提供服务所需要的人、财、物等。通过企业资源分析，企业可以知道自身与外部环境要求的差距，也可以知道与竞争对手的差距。企业资源分析一般可以分为三大类：有形资源分析、无形资源分析和人力资源分析。

企业能力分析按照经营活动可以划分为企业财务状况分析、营销能力分析、管理水平分析和其他能力分析。财务状况是企业生存和发展的最重要的基础。财务战略管理中的财务状况主要是通过对财务指标体系的分析，对企业的价值状态进行评估，以此作为经营决策的依据。财务状况分析的内容包括对企业现有资产的规模和状态分析、盈利水平分析、成长性分析和风险分析四个部分。企业营销能力分析包括对市场环境、产品竞争能力、销售活动能力、新产品开发能力的分析。通过对企业营销能力的分析，以及相关业务数据的收集，对分析企业的财务状况及经营水平的发展变化情况有很重要的意义。其中市场环境分析主要包括行业动向分析、消费者行为分析和企业形象分析三个方面。管理水平是企业竞争的一项重要的基本技能，管理水平的高低直接影响着企业其他战略性资源（如资金、技术、人力资源、社会网络）的获取能力和使用效率的高低，同时它也是企业获取财务利益的重要保障因素。其他能力分析主要包括生产能力分析和技术优势能力分析等。

2. 财务战略制定

（1）基于产品生命周期的财务战略的制定。

产品的生命周期理论假设产品都要经过引入期、成长期、成熟期和衰退期四个阶段。在引入期，由于顾客的犹豫，销售额增长平缓；一旦产品被证明是成功的，顾客数量开始进入成长期，此时销售额快速增长；当购买力与市场供应基本平衡后，销售额增长放慢，产品进入成熟期；当新的替代产品出现以后，产品逐步走向衰退，直至完全退出市场。具体如表 1-1 所示。

表 1-1　　　　基于产品生命周期企业发展各阶段的特征

	引入期	成长期	成熟期	衰退期
顾客	需要培训 早期采用者	更广泛接受 效仿购买	巨大市场 重复购买 品牌选择	有见识 挑剔
产品	试验阶段，质量没有标准，也没有稳定的设计，设计和发展带来更大的成功	可靠性、质量、技术性和设计产生差异	各部门之间标准化的产品	范围缩减 质量不稳定
风险	高	增长掩盖了错误的决策	重大	广泛波动

表1-1(续)

	引入期	成长期	成熟期	衰退期
利润率	高价格 高毛利率 高投资 低利润	利润最高 公平的高价和高利润率	价格下降 毛利和利润下降	降低流程和毛利 选择合理的高价和利润
竞争者	少	参与者增加	价格竞争	一些竞争者退出
投资需求	最大	适中	减少	最小或者没有
战略	市场扩张，研发是关键	市场扩张，市场营销是关键	保持市场份额	集中于成本控制或者减少成本

①引入期的财务战略。

企业生命周期的初始阶段是经营风险最高的阶段。经营风险高意味着这一时期的财务风险可能比较低，因此权益融资是最合适的。

低风险财务战略：财务风险是指公司财务结构不合理、融资不当等原因使公司可能丧失偿债能力而导致投资者预期收益下降和陷入财务困境甚至破产的风险。企业负债融资越多，财务风险越大。因为企业资产报酬率随市场等不确定因素变化而变化，但支付给债权人的利息是固定的，当资产报酬率大于债务利率时，企业举债越多，企业从资产报酬支付固定利息后的剩余收益即利润会大幅增加，这也称为财务杠杆利益；当资产报酬率小于债务利率时，企业举债越多，企业从资产报酬支付固定利息后的净利润将大幅减少。从债权人角度看，引入期企业的高经营风险，要么转嫁给债权人，从而使债权人望而却步；要么增加很高的风险溢价，以高利率贷给引入期企业。从企业角度看，由于引入期企业大都处于亏损之中，抵税作用几乎无法发挥，使得债务融资的资本成本与吸收风险投资的权益资本成本不相上下，低资本成本的债务融资优点在引入期企业中已基本丧失。所以，引入期企业应采用低财务风险战略。

零股利分配战略：引入期企业的研究、开发、生产、市场开拓等方面都需要投入大量资金以维持企业正常运转，引入期企业的经营管理重点是加快发展步伐。引入期企业需要不断投入资金，主要通过权益融资获得。引入期企业资金需求量大，企业在融资时应优先考虑内部融资方式即净利润留存方式，采取零股利分配战略，然后进行外部融资。外部融资主要考虑权益融资方式即吸收风险投资，采取低财务风险战略，来与引入期企业的高经营风险相匹配，即“低负债、低收益、不分配”的稳定成长型财务战略。

②成长期的财务战略。

扩张财务战略：企业成长期应实行扩张财务战略。在企业核心竞争力处于成长期时，企业资产规模需要快速扩张，这往往使企业的资产收益率在一个较长时期内表现为相对较低的水平。为了满足企业核心竞争力成长的需要，企业要在利润留存的同时筹集外部资金。从筹资战略上看，企业举债的资信能力有提升，银行和其他金融机构都愿意提供资金，通常能贷到数额大、成本低、附有优惠条件的贷款。因此，在筹资方式上，相对于引入期来说，可以更多地利用负债筹资。因此，企业成长期采取扩张财务战略一般会表现出“高负债、高股本、低收益、少现金分红”的特征。

企业成长期财务战略管理的具体策略：一是要增加生产设备等固定资产投入，生产应由劳动密集型向资本密集型转变；二是完善库存管理制度，选择时机提高产品价格，扩大采购规模，减少库存的毁损和流失，加大供应库存量，以确保生产供应；三是利用企业内部资金优势，扩大外部融资渠道。同时，充分利用财务杠杆作用，注意财务风险，采用合理的资本结构，通过加强资金管理，实现良性循环，逐渐达到扩大再生产的目标。另外，成长期企业财务战略的选择必须与企业经济增长方式相适应。

③成熟期的财务战略。

成熟期的财务战略：提高效率，降低成本。成熟期的经营风险进一步降低，达到中等水平。因为引入期和成长期的高风险因素已经基本消失；销售额、市场份额、盈利水平都比较稳定，现金流量变得容易预测。在企业的成熟期，为了避免行业进入成熟阶段后对企业发展速度的制约，企业一般会采取折中的财务战略。企业采用多元化的投资战略以避免资本全部集中在一个行业可能产生的风险。另外，企业需要为快速成长阶段积累下来的未利用的剩余资源寻找新增长点，但市场容量有限，这会导致企业转向其他行业。另外，由于企业此时筹资能力较强，抗风险能力得到增强，为了优化资产负债结构，改善现金流状况，成熟期企业可以采用资产证券化的方式来进行筹资。

④衰退期的财务战略。

企业衰退期的特点主要为：产品需求持续减少，销售量急剧下降，利润减少甚至出现亏损，竞争者退出市场，企业设备和工艺老化。由于竞争压力、消费者喜好改变或宏观政策等诸多原因，企业产品逐渐丧失其市场地位和知名度。此时，企业应该对不符合企业整体目标的现有部门或子公司，适时抽回在外投资的股权，或者完全变卖其股权，从而集聚财务资源；另外，对需要进入的投资领域，进行重点投资，调配资源，以促进企业的再生与发展。

（2）基于基本财务活动的财务战略的制定。

企业的基本财务活动一般包括筹资活动、投资活动、资金运营活动和收益分配活动。因此基于企业基本的财务活动，企业的财务战略主要包括筹资战略管理、投资战略管理和收益分配战略管理。

①筹资战略管理。

企业筹资战略就是根据企业内、外部环境的状况和变化趋势，对企业资金筹措的目标、结构、渠道和方式等进行长期和系统的谋划，旨在为企业战略实施和提高企业的长期竞争力提供可靠的资金保证，并不断提高企业筹资效益。筹资战略管理的首要内容，是对资本结构的合理安排。这是因为企业财务的长期安全性，除了受企业长期获利能力影响外，在很大程度上取决于资本结构的合理性。其中，经营风险和财务风险是决定企业资本结构的两个基本因素。

a. 经营风险

经营风险指企业固有的预期未来经营收益的不确定性。这是决定企业资本结构的一个最重要的因素。预期未来经营收益的不确定性源于诸多因素，如宏观经济景气状况、公司以及竞争对手成功开发新产品情况、公司对价格调整的控制能力等。经营风险的差异，不仅存在于不同产业之间，而且也存在于某一产业的不同公司之间。同时，经营风险随时间变化而变化。

一般来说，企业的经营风险取决于需求变化、售价变化、投入物成本的变化、固定成本比重变化等。在其他条件既定时，市场对企业产品的需求越稳定，其经营风险越小；售价变动性越大，经营风险越大；投入物成本越不稳定，经营风险越小；固定成本比重越大，且在需求下降时难以减少固定成本，则其经营风险越大。

b. 财务风险

财务风险是指由举债而产生的、由普通股东承担的附加风险。由于利息固定而导致的净收益变动率大于经营收益变动率的现象，被称为财务杠杆。财务杠杆系数反映的就是净收益变动率与营业收益变动率的相对关系。当企业预期可实现的息税前利润既定时，固定利息支付额越大，财务杠杆系数就越大，意味着企业财务风险越大；反之则相反。类似地，当企业须支付的利息既定时，企业预期可实现的息税前利润就越大，财务杠杆系数就越小，意味着企业财务风险越小；反之则相反。当企业须支付的利息为零时，财务杠杆系数为1，意味着企业没有纯粹的财务风险，即净收益变动率与营业收益变动率相一致。

当存在优先股的固定股息支付时，企业在预期可实现的息税前利润既定的情况下，财务杠杆系数的大小除取决于固定利息支付额外，还取决于固定股息支付额和公司所得税税率。财务杠杆系数因固定股息支付额增大而增大，也因公司所得税税率的增大而增大。

最优资本结构的确定需要考虑融资成本和资本结构。要计算资本成本，首先，要用资本资产定价模型估计权益资本成本。资本资产定价模型（CAPM）是估计企业内部权益资本成本的模型。它的核心思想是企业权益资本成本等于无风险资本成本加上企业的风险溢价，因而企业的资本成本可以计算为无风险利得与企业风险溢价之和。其次，计算长期债务资本成本。债务资本成本相对权益资本的计算较为直接，它等于各种债务利息费用的加权平均数扣除税收效应。最后，计算加权平均资本成本。加权平均资本成本（WACC）是权益资本成本与长期债务资本成本的加权平均。在实务中，企业通常使用现在的融资成本来计算，因为这样计算比使用过去的资本能更加准确地反映企业使用资金的成本，从而做出合理的战略决策。

加权平均资本成本=（长期债务成本×长期债务总额+权益资本成本×权益总额）÷总资本

分析资本成本的最终目的是为企业做出最优的资本结构决策提供帮助。具体来讲，资本结构是权益资本与债务资本的比例。每个企业都有自身的情况，因此，资本结构决策不可能像数学公式那样可以按照统一的模式得出，它还受到行业、国别、企业获利能力、企业成长性、管理者决策等各方面因素影响。

②投资战略管理。

投资战略是企业为了确保企业价值最大化，在充分预测企业外部环境和掌握企业内部条件的基础上，对企业长期投资行为所做的整体规划。一般而言，企业投资战略具有如下一些基本特征：

a. 从属性

企业投资战略是企业战略的一个组成部分，它必须服从企业整体战略目标的需要。该特征也说明，如果一个企业没有符合整个国民经济发展趋势的企业战略，该企业就不可能制定出切实可行的投资战略。

b. 方向性

企业投资战略规定了企业投资的根本方向，是企业进行投资活动的行动指南。该特征表明，企业只有在投资战略的约束下从事投资活动，才能保证企业整体战略目标的实现。

c. 系统性

为了保证企业整体投资效益的最大化，企业必须全面、系统地优化各种资源配置，尽可能减少资源闲置，使企业投资结构最优化。

d. 长期性

企业投资战略注重的是如何通过约束投资活动使企业的投资活动与企业的长远发展战略相符，因此，它具有长期性的特征。投资战略的长期性有助于企业的持续性发展。

e. 防范性

企业投资战略可以防止企业投资活动出现重大失误，将投资风险降至最低。该特征表明，要降低企业的投资风险，就必须增加投资战略的约束力。

现代企业财务理论认为，企业财务管理的目标是实现企业价值最大化。这一目标在企业投资行为中的体现，就是以较少的资金投放和较低的投资风险，获得较大的投资收益和竞争优势。但是，由于企业投资战略的制定和实施必须充分考虑企业内外部诸多环境因素和企业战略的要求，因此为了保证企业战略目标的顺利实现，企业投资战略目标应该是多元化的。具体包括如下几个方面：获得投资收益；降低投资风险；通过扩大规模、增大产量、提高销售额，以及提高技术装备水平等，来加快企业的成长和发展速度；技术领先；改变生产方向，从一个行业转向另一个行业；取得或建立可靠的销售渠道、关键技术、原料及能源供应基地；承担社会义务，提供社会公共效益等。这些目标是相互联系的，共同构成一个多元化的投资战略目标体系。

企业投资战略的基本类型主要有一体化战略、密集型战略、多元化经营战略以及防御型战略。

一体化战略是指企业对具有优势和增长潜力的产品或业务，沿其经营链条的纵向或横向扩大业务的深度和广度，扩大经营规模，实现企业成长。一体化战略包括纵向一体化和横向一体化，纵向一体化又进一步分为前向一体化和后向一体化。前向一体化战略是指获得分销商或零售商的所有权或加强对他们的控制权的战略，后向一体化战略是指获得对供应商的所有权或加强对其控制权。后向一体化有利于企业有效控制关键原材料等投入的成本、质量及供应可靠性，确保企业生产经营活动稳步进行。后向一体化战略在汽车、钢铁等行业运用较多。横向一体化战略是指企业兼并、收购或联合竞争企业的战略。企业使用横向一体化战略可以减少竞争压力，实现规模经济和增强自身实力以获取竞争优势。

密集型战略包括市场渗透、产品开发、市场开发战略。市场渗透战略是通过各种方法来增加现有产品或服务的市场份额，或增长现有市场中正在经营的业务。市场渗透的具体做法包括增加销售人员，增加广告支出，采取广泛地促销手段以及增强公关宣传力度。产品开发战略是指通过改进或改变产品或服务以增加产品的销售量的战略。产品开发战略有利于企业利用现有产品的声誉和商标，吸引用户购买新产品。但是，产品开发战略最大问题是不间断的新产品开发所引起的大量研发费用支出有可能成为企业沉重的财务负担。市场开发战略是指将现有产品或服务打入新市场的战略。该战略的风险与成本也相对较低。实施市场开发战略的主要途径包括开辟其他区域市场和细分市场。

多元化经营战略是指企业进入与现有产品和市场不同的领域。它包括相关多元化战略和非相关多元化战略。相关多元化战略也称同心多元化战略，是指企业以现有业务为基础进入相关产业的战略。采用相关多元化战略有利于企业利用原有产业的产品知识、制造能力和营销技能优势获取融合优势。相关多元化战略的相关性可以是产品、生产技术、管理技能、营销技能以及用户等方面的类似。非相关多元化战略也称为离心多元化战略，是指企业进入与当前产业不相关的产业的战略。如果企业当前产业缺乏吸引力，而企业也不具备较强的能力和技能转向相关产品或服务，较为现实的选择就是采用非相关多元化战略。多元化战略的优点是通过分散企业的经营领域来实现经营风险的分散。但是，该战略的缺点是会给企业的管理带来困难，容易分散企业的资源，同时使企业缺乏经营效率。

防御战略主要包括收缩、剥离和清算等战略。收缩战略是指企业通过采取缩小产销规模、削减成本费用、重组等方式来扭转销售和盈利下降趋势的战略。实施收缩战略，对企业进行“瘦身”，有利于整合资源，改进内部工作效率，加强核心竞争能力，是一种“以退为进”的战略。剥离战略是指企业出售或停止经营下属经营单位的战略。实施剥离战略是为了使企业摆脱那些缺乏竞争优势、失去吸引力、不盈利、占用过多资金或与企业其他活动不相适应的业务，以此来优化资源配置，使企业集中精力发展优势领域；同时该战略也经常被用于为下一步的扩张筹措资金。清算战略是指将企业的全部资产出售，从而停止经营的战略。尽管所有管理者都不希望进行清算，但及时清算要比继续经营以致巨额亏损更为有利。

③收益分配战略管理。

收益分配战略是依据企业战略的要求和内外部环境状况，对收益分配所进行的全局性和长期性谋划，它关系到企业内部资金来源数量的多少。如果企业不进行收益分配，其内部资金来源就等于其现金净流量，即：内部资金来源＝现金净流量＝净收益+折旧。如果企业发放收益分配，内部资金来源＝留存收益+折旧。其中：留存收益＝净收益-收益分配。

一般来说，收益分配战略具有以下特点：第一，收益分配战略是从企业的全局出发，按照企业战略的整体要求来决定收益分配的；第二，收益分配战略在决定收益分配时，是从长期效果着眼的，它不过分计较股票价格的短期涨落，而是关注于收益分配对企业长期发展的影响。

收益分配战略的制定一般按照以下步骤进行：

第一，分析影响收益分配的外部和内部因素。影响收益分配的外部因素主要有法律的限制、债务合同条款的限制、股东对股利分配方案的意见、宏观经济环境状况等，影响收益分配的内部因素主要有自由现金流量、筹资能力、投资机会、公司加权资本成本、股利分配的习惯等。

第二，在综合分析以上各种因素对收益分配影响的基础上，拟订可行的收益分配战略的备选方案。常用的股利分配政策主要有：

a. 剩余股利政策

它是指公司在有良好的投资机会时，根据目标资本结构，测算出投资所需的权益资本额，先从盈余中留用，然后将剩余的盈余作为股利来分配。即净利润首先满足公司的资金需求，如果还有剩余，就派发股利；如果没有，则不派发股利。剩余股利政策的优点是留存收益优先保证再投资的需要，有助于降低再投资的资金成本，保持最佳的资本结构，实现企业价值的长期最大化；缺点是若完全遵照执行剩余股利政策，股利发放额就会每年随着投资机会和盈利水平的波动而波动。在盈利水平不变的前提下，股利发放额与投资机会的多少会反方向变动；而在投资机会维持不变的情况下，股利发放额将与公司盈利呈同方向波动；剩余股利政策不利于投资者安排收入与支出，也不利于公司树立良好的形象，一般适用于公司初创阶段。

b. 固定或稳定增长的股利政策

它是指公司将每年派发的股利额固定在某一特定水平或在此基础上维持某一固定比率逐年稳定增长。公司只有在确信未来盈利增长不会发生逆转时，才会宣布实施固定或稳定增长的股利政策。在这一政策下，应首先确定股利分配额，而且该分配额一般不随资金需求的波动而波动。

该政策的优点是由于股利政策本身的信息含量，稳定的股利向市场传递着公司正常发展的信息。这种政策有利于树立公司的良好形象，增强投资者对公司的信心，稳定股票的价格。而且稳定的股利额有助于投资者安排股利收入和支出，有利于吸引那些打算进行长期投资并对股利有很高依赖性的股东。该政策的缺点主要在于股利的支付与企业的盈利相脱节，即不论公司盈利多少，均要支付固定的或按固定比率增长的股利。这可能会导致企业财务状况恶化。因此，采用固定或稳定增长的股利政策，要求公司对未来的盈利和支付能力能做出准确的判断。一般来说，公司确定的固定股利额不宜太高，以免陷入无力支付的被动局面。固定或稳定增长的股利政策通常适用于经营比较稳定或正处于成长期的企业。

c. 固定股利支付率政策

它是指公司将每年净利润的某一固定百分比作为股利分派给股东。这一百分比通常称为股利支付率，股利支付率一经确定，不得随意变更。只要公司的税后利润一经计算确定，所派发的股利也就相应地确定了。固定股利支付率越高，公司留存的净利润越少。采用固定股利支付率政策，股利与公司盈余紧密地配合体现了“多盈多分、少盈少分、不盈不分”的股利分配原则。其优点是由于公司的获利能力在年度间是经常变动的，每年的股利也应当随着公司收益的变动而变动。如果采用固定股利支付率政策，公司每年按固定的比例从税后利润中支付现金股利，从企业的支付能力的角度看，这是一种稳定的股利政策。其缺点是由于大多数公司每年的收益很难保持稳定不变，这种政策会导致年度间的股利额波动较大，由于股利的信号传递作用，波动的股利很容易给投资者带来经营状况不稳定、投资风险较大的不良印象，成为公司的不利因素。另外，由于公司实现的盈利并不能代表公司有足够的现金流用来支付较多的股利额，因而这种政策会使公司面临较大的财务压力。

d. 低正常股利加额外股利政策

它是指公司事先设定一个较低的正常股利额，每年除了以正常股利额向股东发放股利外，还在公司盈余较多、资金较为充裕的年份向股东发放额外股利。但是，额外股利不固定，并不意味着公司永久地提高了股利支付率。该政策的优点是赋予公司较大的灵活性，使公司在股利发放上留有余地，并具有较大的财务弹性。公司可根据每年的具体情况，选择不同的股利发放水平，以稳定和提高股价，进而实现公司价值的最大化。其缺点是在这种政策下，由于年份之间公司盈利的波动使得额外股利不断变化，造成分派的股利不同，容易给投资者收益不稳定的感觉。

第三，按照企业战略的要求对上述各种备选方案进行分析与评价，从中选出与企业战略一致的收益分配战略方案，确定为企业在未来战略期间内的股利分配战略，并组织实施。

（3）基于企业价值创造的财务战略的制定。

创造价值是企业财务管理的目标，也是财务战略管理的目标。从战略上看，管理者为增加企业价值可以操控的管理杠杆十分有限。为了实现财务目标，必须找到影响创造价值的主要因素，以及它们与创造价值之间的内在联系。

影响企业创造价值的因素有三个：①投资资本回报率，反映企业的盈利能力，由投资活动和运营活动决定。②资本成本，通过加权平均资本成本来计量，反映权益投资人和债权人的期望值，由股东和债权人的期望以及资本结构决定。③增长率，用预期增长率计量，由外部环境和企业的竞争能力决定。增长率的高低虽然不能决定企业是否创造价值，但却可以决定企业是否需要筹资，是制定财务战略的重要依据。

根据以上的分析，我们可以通过一个矩阵，把价值创造（投资资本回报率-资本成本）和现金余缺（销售增长率-可持续增长率）联系起来。该矩阵被称为财务战略矩阵，可以作为评价和制定战略的分析工具。具体如图 1-1 所示。

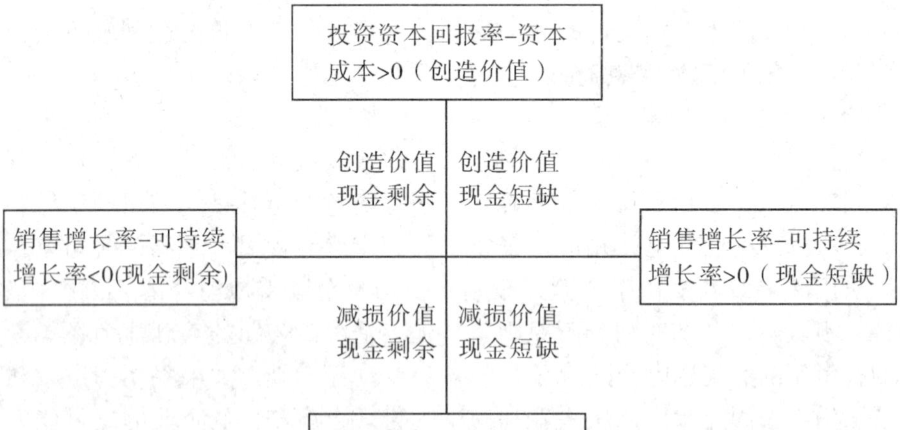

图 1-1　财务战略矩阵

财务战略矩阵假设一个企业有一个或多个业务单位。纵坐标是一个业务单位的投资资本回报率与其资本成本的差额。当差值为正数时，该业务单位为股东创造价值。当差值为负数时，该业务单位减损股东价值。横坐标是销售增长率与可持续增长率的差额。当差额为正数时，企业现金短缺；当差额为负数时，企业有剩余现金。

据此建立的矩阵有四个象限：处于第一象限的业务，属于增值型现金短缺业务；处于第二象限的业务，属于增值型现金剩余业务；处于第三象限的业务，属于减损型现金剩余业务；处于第四象限的业务，属于减损型现金短缺业务。处于不同象限的业务单位（或企业）应当选择不同的财务战略。

①增值型现金短缺。

处于第一象限的业务可以为股东创造价值，但自身经营产生的现金不足以支持销售增长，会遇到现金短缺的问题。长期高速增长的资金问题有两种解决途径：一是提高可持续增长率，使之向销售增长率靠拢；二是增加权益资本，提供增长所需的资金。

②增值型现金剩余。

处于第二象限的业务可以为股东创造价值，但是增长缓慢，自身经营产生的现金超过销售增长的需要，出现现金剩余。因此，关键问题是能否利用剩余的现金迅速增长，使增长率接近可持续增长率。

由于企业可以创造价值，加速增长可以增加股东财富，因此首选的战略是利用剩余的现金加速增长。加速增长的途径包括：内部投资；扩大产销规模，增加生产线，增加分销渠道；收购相关业务，迅速扩大规模；如果加速增长后仍有剩余现金，找不到进一步投资的机会，则应把多余的钱还给股东。

③减损型现金剩余。

减损型现金剩余表明资源未得到充分利用，存在被收购的风险。减损型现金剩余的主要问题是盈利能力差，而不是增长率低，简单的加速增长很可能有害无益。首选战略是提高投资资本回报率。应仔细分析经营业绩，寻找提高投资资本回报率的途径。如提高税后经营利润率，提高经营资产周转率，降低应收账款和存货等资金。在提高投资资本回报率的同时，还需要审查目前的资本结构政策，如果负债比率不当，可以适度调整，以降低平均资本成本。如果企业不能提高投资资本回报率或者降低资本成本，无法扭转价值减损的状态，就应当出售企业。

④减损型现金短缺。

处于第四象限的业务单位（或企业）会减损股东财富，并且由于增长缓慢遇到现金短缺问题。这种业务不能通过扩大销售得到改变。有关的战略是对业务进行彻底重组。另外，如果盈利能力低是整个行业的衰退引起的，企业无法对抗衰退市场的自然结局，应尽快出售以减少损失。即使是企业独有的问题，由于缺乏核心竞争力，无法扭转价值减损的局面，也需要选择出售。

3. 财务战略的实施与控制

财务战略的实施与控制包括制订实施计划、拟订行动方案、编制财务预算、确定工作程序、实施战略控制等内容。主要步骤为：

（1）制订介于长期战略与行动方案之间的计划，包括比行动方案更全面的内容；

（2）进一步细化拟订中间计划的行动方案，实施某一计划或从事某项活动；

（3）编制以货币形式反映企业未来时期内财务活动和成果的预算，从财务战略角度讲，它是财务战略目标的具体化、系统化、定量化；

（4）确定完成某一任务的工作程序，合理安排人、财、物力；

（5）实施战略控制，将财务战略的实际情况与预定目标进行比较，检测二者偏离程度，并采取有效措施进行纠正，使之保持协调一致。

4. 财务战略评价

财务战略评价是对财务战略实施效果进行分析、检查的过程。在财务战略管理过程中起着承上启下的作用。评价标准是财务战略的各项具体目标，通过选定具体评价客体的财务战略指标，进行比较、鉴别，只有将评价指标的实际值与标准值进行对比，才能揭示差异，从而得出正确的判断和评价；最后选择科学合理的评价方法，来沟通评价指标与评价标准。

财务战略绩效评价体系主要包括：

（1）财务战略、财务控制与价值评价的衔接程度；

（2）关键绩效指标体系与权数；

（3）价值管理与经济增加值（EVA）、市场附加值（MVA）、平衡计分卡（BSC）等评价工具的有机融合；

（4）业绩考核与业绩管理，即选择什么样的标准来评价业绩并奖励经营者和员工。可供选择的标准包括预算标准、资本成本标准和市场预期标准。

第二章 企业设立的财务管理

第一节 企业的类别

一、企业的含义

企业是一个契约性组织，是从事生产、流通、服务等经济活动，以生产方式服务满足社会需要，实行自行经营、独立核算、依法设立的一种营利性的经济组织。企业的目标是创造财富，当今社会，企业作为国民经济细胞，发挥着越来越重要的作用。

（一）企业是从事生产经营或服务性活动的经济组织

企业是从事生产经营或服务性活动的组织，是从企业作为国民经济的基本生产单位的具体社会功能来分析的。企业作为经济组织从事的是经济活动，包括物质资料的生产、经营和销售，即生产经营活动，也包括能满足人们生产和生活需要的各种服务活动。就这一点来讲，企业不是享有和行使立法、行政和司法权力的有关国家机关，也不是从事社会公益活动的事业单位和社会团体。企业作为社会经济活动的基本单位，从社会经济生活的生产、分配、交换和消费等基本环节上体现出来。在生产领域，企业是生产现场。企业通过它对各种生产要素的组织和有效利用，生产出各类商品或者提供各类服务。在分配领域，企业是劳动者—企业—国家（社会）这个链条的中间环节。现代社会的分配、再分配均要通过企业这个中间环节来进行。在交换领域，企业是实现交换的基本环节。商业企业专门从事商品交换活动，理所当然是实现交换的基本环节。其他任何企业其自身既是商品的生产者，又是商品的供应者，还是商品的消费者。它们要与社会上的原材料、机械设备生产供应单位、交通运输单位、科研设计单位及其他服务性单位，通过各类合同相互联系起来。在消费领域，企业又是社会的基本消费单位。任何一个企业，它既是生产者或服务者，又是消费者，它的生产经营或服务性活动是通过消费各类商品而实现的。企业的经营状况和效益，又直接关系到整个国民经济和社会的发展及人民生活的现状。

（二）企业是市场经济活动的主要参与者

市场经济活动的顺利进行离不开企业的生产和销售活动，离开了企业的生产与销售活动，市场就成了无源之水，无本之木。创造价值是企业经营行为动机的内在要求，企业的生产状况和经济效益直接影响社会经济实力的增长和人民物质生活水平的提高。只有培育大量充满生机与活力的企业，社会才能稳定、和谐、健康地发展。

（三）企业是营利性的经济组织

企业是营利性的经济组织，是从企业的性质和企业设立的宗旨来分析的。企业以营利为目的是企业的重要本质属性。所谓营利，是指企业及其投资者以投资者的投资所形成的企业资本来经营某项事业，通过其生产、经营活动来达到资本增值的目的。企业就是出于这种目的而从事某项生产经营或服务性活动的经济组织。任何企业都要根据市场的需要，按照经济规律的要求生产社会所需要的、适销对路的商品，或者为社会提供各类经济技术服务，并努力提高经济效益，增加利润。企业在为社会、消费者提供服务的同时，也为投资者创造了更多的收入，增强了企业自我发展、自我改造的经济实力。我们在明确企业设立的目的就是营利时，还应该强调企业同样担负着重要的社会责任，即企业“在为自身及其投资者谋取最大经济利益的同时，从促进国民经济和社会发展的目标出发，为其他利害关系人履行某方面的社会义务”。

（四）企业是具有法律主体资格的经济组织

企业是具有法律主体资格的经济组织，是对企业在法律上的主体资格及其法律的地位而言的。任何企业均在法律上具有一定的主体资格。一般来讲，具有法人资格的企业是在法律上具有独立主体资格的经济组织。从企业的法律地位、主体资格来考察，企业可分为以下两类：一类是具备法人条件、具有法人资格的企业法人；另一类是从事生产经营或服务性活动的但不具备法人条件、不具有法人资格的其他经济实体，如合伙企业和不具备法人资格的其他经济组织。它们作为经济主体主要从两方面体现出来：一是它们作为独立的生产者、经营者依法从事各类生产经营活动，在它们与其他经济组织或其他社会组织形成的经济法律关系中作为主体一方的主体资格；二是它们在国家经济管理机关进行经济管理活动时，以被管理者的身份而形成的法律关系中相对人的主体资格。

二、企业的类别

纵观世界各国对企业类型的法律划分主要是独资企业、合伙企业和公司。法律对这三种企业划分的内涵基本作了概括，即企业的资本构成、企业的责任形式和企业在法律上的地位。

（一）独资企业

独资企业是指依法设立，由一个自然人投资，财产为投资人个人所有，投资人以其个人出资对公司债务承担无限责任的经营实体。

独资企业具有如下特点：

（1）独资企业只有一个出资者。

（2）出资人对企业债务承担无限责任。在个人独资企业中，独资人直接拥有企业的全部资产并直接负责企业的全部债务，也就是说独资人承担无限责任。

（3）独资企业不作为企业所得税的纳税主体。一般而言，独资企业并不作为企业所得税的纳税主体，其收益纳入所有者的其他收益一并计算缴纳个人所得税。

独资企业具有结构简单、容易开办、利润独享、限制较少等优点。但其也存在无法克服的缺点：一是出资者负有无限偿债责任；二是筹资困难，个人财力有限，企业往往会因信用不足、信息不对称而存在筹资障碍。

我国的国有独资公司不属于本类企业，而是按有限责任公司对待。

（二）合伙企业

合伙企业是依法设立，由各合伙人订立合伙协议，共同出资，合伙经营，共享收益，共担风险，并对合伙企业债务承担无限连带责任的营利组织。

合伙企业具有如下法律特征：

（1）合伙企业有两个以上的合伙人，并且都是具有完全民事行为能力、依法承担无限责任的人。

（2）合伙企业有书面合伙协议。合伙人依照合伙协议享有权利，承担责任。

（3）合伙企业拥有各合伙人实际缴付的出资。合伙人可以用货币、实物、土地使用权、知识产权或其他属于合伙人的合法财产及财产权利出资，经全体合伙人协商一致。合伙人也可以用劳务出资，其评估作价由全体合伙人协商确定。

（4）有关合伙企业改变名称、向企业登记机关申请办理变更登记手续、处分不动产或财产权利、为他人提供担保、聘任企业经营管理人员等重要事务，均须经全体合伙人一致同意。

（5）合伙企业的利润和亏损，由合伙人依照合伙协议约定的比例分配和分担；合伙协议未约定利润分配和亏损分担比例的，由各合伙人平均分配和分担。

（6）各合伙人对合伙企业的债务承担无限连带责任。

合伙企业具有开办容易、信用相对较佳的优点，但也存在责任无限、权力不易集中、有时决策过程过于冗长等缺点。

（三）公司

公司是指依照公司法登记设立，以其全部法人财产承担有限责任，依法自主经营、自负盈亏的企业法人。公司享有由股东投资形成的全部法人财产权，依法享有民事权利，承担民事责任。公司股东作为出资者享有获取资产收益、参与重大决策和选择管理者等权利，并以其出资额或所持股份为限对公司承担有限责任。我国《公司法》所称公司指有限责任公司和股份有限公司。

我国《公司法》规定的有限责任公司与股份有限公司主要存在以下区别：

（1）设立方式不同。有限责任公司只能以发起方式设立，公司资本只能由发起人认缴，不允许向社会募集。股份有限公司既可以发起设立，也可以募集设立。

（2）股东人数上下限规定不同。有限责任公司的股东人数无下限规定，仅作了50人以下的上限规定，并允许设立一人有限责任公司和国有独资公司。股份有限公司的发起人数有上下限的规定，为2人以上200人以下，而且规定半数以上的发起人在中国境内要有住所。

（3）出资证明形式不同。有限责任公司股东的出资证明为出资证明书。股份有限公司股东的出资证明为股票。

（4）股权转让方式不同。有限责任公司的股东转让其股权受到一定的法律限制，除公司章程另有规定外，在股东之间可以自由转让其全部或部分股权；股东向股东以外的人转让股权，应当经超过半数的其他股东同意。股份有限公司的股票以自由转让为原则，以法律限制为例外。

（5）注册资本最低限额不同。有限责任公司注册资本的最低限额为人民币 3 万元，股份有限公司注册资本的最低限额为人民币 500 万元。

（6）组织机构不同。有限责任公司的组织机构比股份有限公司更为灵活，如公司股东人数或规模较小的可不设董事会，只设一名执行董事；可以不设监事会，只设 1~2 名监事。股份有限公司则必须设置股东大会、董事会和监事会，依法规范运作。

（7）公司所有权与经营权的分离程度不同。有限责任公司的两权分离程度较低，其股东多通过出任经营职务直接参与公司的经营管理，决定公司事务。股份有限公司，其两权分离程度较高，所以必须强调组织机构与法人治理机制的完善，法律也对其规定了较多强制性义务。

（8）信息披露义务不同。股份有限公司具有开放性，负有法律规定的信息披露义务，以保障社会投资者的利益。有限责任公司则不受此限制。

第二节　企业设立的基本条件和程序

一、企业设立的概念和特征

（一）企业设立的概念

企业的设立，是指企业的创办人为使企业具备从事生产经营或服务性活动的能力，取得合法的主体资格，依照法律规定的条件和程序所实施的一系列经济上和组织上的法律行为。企业的创办人须根据所要设立企业的种类、规模、生产经营或服务的内容，合理地组织各种生产要素，进行人力、物力和资产的投资，进行基本建设或其他方面的组建工作，以具备生产经营能力或从事服务性活动能力。同时，企业的创办人要制定企业的章程，确定自己的生产经营范围，组建法律规定的相应机构，并依照法律规定的申报、审批和登记程序，依法取得生产经营或服务提供主体的资格。这一系列的工作均要求依法进行，整个过程既有企业创办人的意思表示，也有创办人之间以及创办人与其他当事人的合意，还必须经过国家有关主管部门的认可、确认和批准。这一过程的直接法律后果就是使组建的企业取得合法的主体资格。本节所介绍的企业设立，主要是指企业法人设立应具备的法定条件和应遵循的法定程序。根据《中华人民共和国企业法人登记管理条例》第三十五条的规定，企业法人设立不能独立承担民事责任的分支机构，由该企业法人申请登记，经登记主管机关核准，领取营业执照，并在核准登记的范围内从事经营活动。对于设立不具备法人条件的企业，由该单位申请登记，经登记主管机关核准，领取营业执照，并在核准登记的范围内从事经营活动。该条实施细则中对非独立法人的分支机构和企业的设立条件和程序又进一步做了规定，其内容与对法人的要求基本相同，但设立条件相对宽松，程序相对简化。

（二）企业设立的法律特征

1. 规范性

企业设立是法律行为，具有规范性。企业的设立是以企业创办人有设立企业的意思表示为前提。企业设立行为的实施，诸如设立的可行性研究、设立的申请、设立人的意思表示和有关行为的实施形成一定的法律事实。这一切活动均应是合法的行为，即该企业的设立必须依照法律规定的条件和程序来进行。各国对企业的设立均立法加以规范，我国企业的设立也必须按照有关法律、法规的规定来进行。在整个设立过程中，无论是创办人还是其他相关人，如有关的主管部门或其他关系人都要严格依法进行此项工作。

2. 连续性

企业设立是一系列的法律行为，具有连续性。企业的设立不是单项的法律行为，而是包括从设立申请的提出到营业执照的取得并公告的企业组建的全过程。特别是对具有一定生产经营规模的企业，企业的设立就是造就一个从事生产经营活动的法律关系主体，涉及资本的募集，项目和投资的审批，土地的征用，基本建设的进行，各类设备的购置，劳动力的招募和培训，以及与相关部门（如环保部门、工商行政管理部门）的联系、衔接等一系列经济上、行政上和组织上的工作。

3. 强制性和权威性

设立行为对所有企业具有普遍的强制性和权威性。企业设立的方式很多，如特许设立、准则设立、核准设立、严格准则设立和自由设立等。不管特定国家采取何种方式设立企业，任何企业的设立以及取得生产经营活动的资格，毫无例外地要通过设立行为，进行企业注册登记，经有关主管机关认可，方能正式开业，否则该企业就没有从事生产经营活动的资格。如果经济组织未经注册登记就擅自从事经营活动，一经发现就会被取缔，受处罚。所以，企业的设立行为具有普遍的强制性。同时，对企业设立申请的审查与批准是由法律规定的专责机关来进行的，我国企业登记的主管机关是国家工商行政管理总局和地方各级政府工商行政管理局。各级登记主管机关在上级登记主管机关的领导下依法履行职责，不受非法干预。经各级登记主管机关核准登记注册的企业即为法律所承认。

4. 集合性或社团性

企业作为典型的社团法人，由于需要从事经营行为的物质基础——资本，因而发起人应通过出资促成物质基础的形成，因此具有资本集合体的性质。企业的社团性体现在能够以自己的名义去享受权利和承担义务，能够以自己的名义持有财产、取得财产和处置财产，能够以自己的名义到法院起诉和应诉。

5. 营利性

营利性，即企业必须是以营利为目的的组织。企业的营利性表现在两个方面：一方面，企业应直接从事商品生产经营活动，独立核算，自负盈亏，以收抵支，并对其经营行为承担责任；另一方面，企业对经营所产生的利益，有分配和处置的权利。

二、企业设立的方式

（一）企业设立方式的类别

企业设立的方式，是指企业根据什么法定原则，通过何种具体途径达到企业设立的目的。习惯上把企业设立的方式又称为企业设立的原则。由于各个国家不同历史时期政治经济状况的发展情况不同，各国又有着自己的文化和法律传统，因此，在企业设立方式的采用上，不同时期、不同国家均有很大的区别；就是同一个国家的不同历史阶段，企业设立的方式也不完全相同。概括起来，企业设立的方式有以下几种类型：

1. 自由设立

自由设立又称设立自由主义，指企业的创办人可根据自己的意愿，自由设立企业并从事生产经营活动，无须履行法律上的手续的一种设立方式。这是在资本主义萌芽和上升时期西欧各国创立商事公司所采取的一种企业设立方式。这种方式的基本内容就是企业的设立完全由企业创办人的意志决定，不必满足任何具体条件，国家对企业的设立也不加限制和干涉。如今世界各国已基本不再采用这种企业设立方式。

2. 特许设立

特许设立又称特许设立主义，指企业的设立要由国家元首或国家法令特殊批准的一种设立方式。这种设立方式始见于 17 世纪初叶，如由英国女王伊丽莎白一世特别批准设立的东印度公司就是如此。此后，荷兰、丹麦等国也纷纷效仿。这种做法现代诸国已很少采用。但在特定情况下，对某些涉及国家经济命脉的特殊企业，还不时采取这种方式。按照特许设立主义设立的企业通常是实现国家特定产业政策、承担特殊公共职能或具有公用性的企业。

3. 核准设立

核准设立又称核准设立主义或许可设立主义，指企业设立时，不仅要具备法律规定设立企业的各项条件，同时要通过法定的主管行政机关对其设立进行审查，做出批准决定，才能进行注册登记的一种设立方式。在相当长的时间里，我国企业采取的基本是这种设立方式。

4. 准则设立

准则设立又称登记设立主义或准则设立主义，指法律规定了企业设立的条件，企业在设立时按法律规定的各项条件进行筹备并载入企业章程，不需要行政主管部门的事先批准，即可直接向企业登记注册机关登记注册并成立的一种设立方式。这是 19 世纪末，西方国家为了适应商品经济发展的需要而采取的一种企业设立方式。单纯的准则设立方式虽然克服了许可设立的一些弊端，但是可能会像自由设立方式一样导致企业滥设。

5. 严格准则设立

严格准则设立，指法律严格规定了企业设立应具备的条件以及企业对设立行为应承担的责任，同时由国家行政或司法机关加强对企业设立的管理和监督的一种设立方式。这种设立方式是世界上大多数国家普遍采用的做法。它既能实现企业设立的规范化、平等化，又能防止企业设立人滥设企业以及设立过程中的各种不法行为。

（二）我国企业设立的方式

我国企业设立的方式是与我国的经济管理体制相适应的。由于改革开放以前实行的高度集中、政企不分的经济管理体制，企业是行政机关的附属物，谈不上独立的企业法人资格。这种管理体制反映在企业设立的方式上，是实行严格的许可（核准）设立方式和特许设立的方式。这两种方式充分体现了行政权力在企业设立问题上的突出地位。随着体制改革的深化，企业法人制度的初步建立，企业设立的方式虽然有所改变，但实行的基本上还是一种程序复杂、环节众多的企业设立核准（审批）制度。1993年颁布的《公司法》（2018年10月26日第四次修正）以及1994年颁布的《中华人民共和国公司登记管理条例》（2005年12月18日修订），对原有的严格审批制度进行了修改。随着社会主义市场经济体制的逐步建立与完善，企业设立的方式也必须进一步充分体现设立人的意志。国家通过对企业设立行为的监管，强化设立人的责任，建立起一套科学、合理的企业设立方式。严格的准则主义应该是我们的基本选择。当前，我国企业设立的基本方式仍然是以核准设立主义为主，附之以特许设立和严格准则主义设立方式。具体表现为：

（1）由行业主管部门核准设立。目前，我国大多数企业的设立，首先要经过有关主管部门的批准。

（2）由国务院批准特许设立。即由国务院做出专门决定，设立某个企业。对某些特大型企业、金融性企业以及全国性总公司，均由国务院做出专门规定，特别批准，采取“特许权”的形式设立某些企业。

（3）法律规定具体条件，依法登记设立。对没有主管部门的企业，则根据法律规定的条件，依法登记设立。随着经济体制改革的深化，个人独资企业、合伙企业、股份合作制企业等的设立只要符合法律规定的设立条件，即可办理注册登记。

（4）规范化公司的设立，采取严格的准则主义。我国《公司法》第六条规定“设立公司，应当依法向公司登记机关申请设立登记”。

三、企业设立的基本条件

企业设立的基本条件，是指任何类型企业的设立都必须具备法律规定的物质方面和组织方面的条件。为了叙述方便，下述条件主要是指具备法人资格的企业设立应具备的基本条件。这些条件主要包括：

1. 企业要有符合法律规定的名称

企业的名称就是企业的称谓。任何企业必须有自己的名称。企业名称既是企业章程绝对必要的记载事项，也是企业注册登记的绝对必要事项。企业的名称是企业设立、开展经营活动、签订合同、起诉应诉必须具备的条件。为了规范企业名称的使用，企业选用名称时只能在法定的范围内选定，而不能超出法定标准。企业依法取得的名称为企业所专有，其名称权受法律保护。一个企业只能使用一个名称。企业名称的使用必须与本企业的性质相一致，必须与自己生产经营和服务范围相适应；企业名称标明的责任类型应与企业自身的责任形式相一致。

2. 企业要有自己的章程

企业章程是企业依法制定的，表明企业设立人的愿望和目的，明确企业的宗旨和组织原则，规范企业行为的自律性准则。企业必须有自己的章程，这是企业设立必须具备的条件。有关的企业法律、法规对企业章程的内容、必备条款均有明确规定，企业制定自己的章程时必须根据法律要求逐一载明。企业章程要明确、具体、清晰、严谨。有些国家的企业法还把章程格式作为企业法的附录加以载明，以便遵循。企业章程要把企业的种类、宗旨、名称、地址、资本、经营范围、法定代表人等以书面形式载明，其实质是企业组织和行为的纲领。企业章程是一种公开性文件，一般要以公告的形式发布，供社会公众查阅，因而又是企业对社会的一种宣言书。企业章程对企业的全部活动起着统帅、指导作用，对国家起着保证作用，对社会和投资者起着信用作用。

3. 企业要有符合法律规定的资本

企业的资本，是指企业的投资者实际认缴的、向企业投入的财产总额。它是企业进行生产经营活动的物质基础，是企业对外承担经济责任的物质保证，是企业设立必须具备的法定条件。企业资本的形成来源于出资者的出资。这里所讲的符合法律规定的资本，有以下三重含义：

首先，投资者投入资本的来源要合法。企业的资金来源渠道主要有银行贷款、自筹资金、引进外资。无论是通过哪种途径取得的资金均应符合法律的规定。企业资本来源的合法性主要表现在：投资者的资本属于投资者所有的资产，或者投入的资本虽不属于投资者所有，但投资者依法享有其支配权。

其次，资本的数额要符合法律规定。对资本数额的规定，立法上主要有两种规定方式：一种方式是法律明确规定企业资本数额的最低要求。例如，我国《公司法》规定，有限责任公司注册资本的最低限额为人民币 3 万元；股份有限公司注册资本的最低限额为人民币 500 万元。另一种方式是法律对设立企业的资本数额只作原则性规定，未规定具体数额。例如，《中华人民共和国全民所有制工业企业法》第十七条规定，设立企业必须有符合国家规定的资金。

最后，出资的方式要符合法律规定。法律一般规定企业的投资者可以用货币出资，也可以用实物、工业产权、非专利技术和土地使用权等出资。但对非货币出资必须评估作价，核实财产，不得高估或者低估作价。以无形资产出资时，其作价金额不得超过企业注册资本的法定比例。出资者的出资标的、作价、所占比例、出资方式等应当合法。

4. 企业要有健全的组织机构，并且有与生产经营的规模和业务相适应的从业人员

企业的组织机构是企业进行生产经营活动的指挥管理系统。不同的企业要根据法律的要求和自己生产经营的需要组建自己的决策机构（权力机构）、经营管理机构、监督机构及民主参与机构，以及与企业生产经营相适应的财务核算机构、劳动组织机构和法律与企业章程规定应建立的其他机构。这些机构是企业进行生产经营活动的组织保证，也是企业设立应具备的条件。法律对不同企业组建何种组织机构有不同要求。比如，规范化的公司应组建股东大会（股东会）、董事会、监事会，并且聘用经理人员。

5. 企业要有生产经营场所

企业必须有自己的生产经营场所，这是企业设立必须具备的重要条件。生产经营场所有两重含义：一是企业直接从事生产经营活动的厂房所在地、经营服务场所、分支机构所在地以及办事机构的处所等；二是企业的住所。我国企业必须在中国境内有住所。企业的住所是企业的主要办事机构所在地，是企业的生产经营活动中心。企业住所要在企业章程中载明，并进行核准登记。住所的确定有其重要的法律后果和法律意义。主要是：住所的确定，明确了工商行政管理部门对企业监督的归属；明确了企

业纳税申报及缴纳税收的归属；明确了企业的司法管辖，即诉讼和审判的管辖，进而也明确了法律文件送达的住所。

6. 企业要有符合法律规定的生产经营范围

企业生产经营范围，是指企业生产经营商品的范围或提供服务的范围。生产经营范围的确定必须符合法律、法规的规定。企业生产经营范围的主要含意是：首先，企业不得从事法律所禁止的生产经营或服务性活动，如淫秽色情音像制品的生产与销售；其次，生产经营特殊产品的企业，必须经过有关主管部门的特殊批准和许可，如军工产品的制造与销售；最后，对于生产或经营必须具有生产许可证或经营许可证的商品，企业必须在取得生产许可证或经营许可证后方可进行生产和经营。

7. 企业设立必须满足法律、法规规定的其他条件

企业作为一个生产经营和服务单位而设立，涉及社会经济生活的各个方面，如城市规划、土地征用、自然资源的利用和开发、环境保护、财政、税收、金融、物价等诸多方面的因素，而与这些因素有关的法律、法规有许多关于企业设立的具体规定。因此，企业在设立时，除了要具备上述各项条件外，还要满足有关法律、法规的具体要求。

我国现行的企业法律、法规还对各类企业设立的具体条件做了规定。这些企业的设立除了要具备上述基本条件外，还应该符合法律对该类企业设立的具体规定。这里不再赘述。

四、企业设立的基本程序

企业的类型、规模不同，其设立的程序也不完全相同。小型企业的设立程序简单一些，大型企业的设立程序复杂一些。但是，一般来说，企业的设立都要经过发起、论证、报批、筹建、申请设立登记、批准注册等几个环节。

（一）发起

企业的设立首先必须要有发起人的发起，发起人可以是自然人，也可以是企业法人。一般来说，发起人应当对未来的企业有一个整体的设想和规划，对企业的经营目标、经营范围、经营策略、资金筹集、经营规模等各种问题都要有具体的策划，并且为企业确定名称。发起人可以是一个（如设立国有独资公司），也可以是两个及以上。只有一个发起人的企业，其发起人必须承担全部出资额并在企业批准成立之后，筹集经营资金；有两个以上发起人的企业，发起人之间要签订发起协议，规定各发起人在企业筹建过程中应承担的责任，并确定各自的出资额，共同为企业筹集经营资金。

发起是设立企业非常关键的一步，它关系到企业以后的生产经营活动能否有效地进行，企业能否在激烈的市场竞争中立于不败之地。因此，发起人在发起成立企业时，必须充分考虑各种因素的影响，做好调查研究，尤其要对产品的市场需求、产品的寿命周期以及未来的发展趋势、企业的技术力量、同行业竞争能力、国家产业政策、原材料的供应等问题进行深入细致的调查和研究。发起人必须做到高瞻远瞩，具有战略眼光。无数成功与失败的例子都证明了企业发起的重要性。我国国有企业存在许多重复建设的问题，有的企业耗资几十亿元设立之后，生产出的产品没有市场，造成国家财产的严重浪费。这里虽然有投资体制上的弊端，但是企业发起的失误是不容忽视的。

（二）论证

论证是对发起设立的企业进行可行性研究。发起人确定成立企业的申请报经有关主管机关批准之后，就要对企业的未来运作进行可行性研究。进行可行性研究需要聘请有关专家从经济、技术、财务等方面分析论证投资是否可行，要进行深入、全面的调查研究，预测企业未来的投资收益与风险。一般而言，企业设立的可行性分析应从以下几个方面入手：

1. 市场需求预测

市场需求预测是在市场调查的基础之上，利用一定的技术手段测算出在未来一定时期内市场对本企业所提供的商品或劳务的需求量。市场需求预测实际上是对企业未来的销售情况进行预测。市场需求预测不仅要预测市场的现实需求，更要预测市场的潜在需求。其商品或劳务没有潜在市场需求的企业，在市场竞争中是没有发展前途的。这要求预测者能够以长远的、战略的眼光来预测市场的消费倾向，从而使预测更具有前瞻性。

在市场需求预测的基础上，企业还应进一步预测本企业的市场占有率。企业要调查研究国家的产业布局政策、竞争对手的情况、国家的进出口政策、商品或劳务的可替代性、商品或劳务的需求价格弹性等各种外在因素，并结合本企业成立之后商品或劳务的功能、价格、质量、市场营销策略等内在因素，来测算本企业的市场竞争能力和占有率。企业在进行市场需求和占有率预测的基础之上，就可以预测出本企业成立之后的收益和风险，从而在经济上对企业设立的可行性进行论证。

2. 企业工艺、技术的可行性分析

（1）研究工艺和技术的适用性。工艺和技术的适用性是企业今后成败的关键，企业在设立之前必须对此进行充分的论证。企业应主要研究未来所使用的技术、设备能否满足生产经营的需要；员工的构成、素质和能力能否适应未来发展的需要；所需的原料、能源和运输是否有可靠的保障；企业生产可能带来的环境污染问题是否在国家的限定标准之内，或者能否得到有效的治理等。

（2）研究工艺和技术的先进性。只有工艺和技术保持同行业领先水平的企业，才能在未来的市场竞争中占有优势。对于一个新成立的企业来说，这一点尤其重要。工艺和技术的先进性主要表现在投产之后能否显著改进市场现有产品的性能、质量；能否显著提高生产效率；能否比原有的技术节约原料和减少能源消耗，并明显降低生产成本等。

3. 财务分析和效益评价

财务分析的内容主要是分析投资的资金来源是否有可靠的保证，发起人认缴的资金是否足额，能否及时到位；企业的目标资本结构是否合理；发起投资的资产作价是否合理等。效益评价主要是分析预测企业未来的现金流量、投资回收期、投资收益率等。

（三）报批

按照我国现行制度的规定，一般企业的设立不需报经有关机关批准，可以由发起人直接向企业登记机关申请登记。但是，如果成立外商投资企业、股份有限公司、金融性企业等，仍需报经国家指定的主管部门的批准。因此，发起人如果要成立需要报批的企业，应当在进行企业设立论证之后，报经有关部门批准，经批准之后，再进行企业的筹建工作。

（四）筹建

经过论证和有关部门的批准之后，发起人就可进行企业的筹建工作。一般来说，企业的筹建工作主要包括：

（1）开设临时账户，筹集所需资金。在企业筹建期间，企业的发起人应按协议的规定将认缴的出资额汇入企业的临时账户；以机器设备、土地使用权、房屋建筑物等出资的，应将相应的资产及时投入企业；需要向社会募集资金的，应当及时开展资本的募集工作。

（2）招聘员工。在筹建期间，企业还要根据未来经营业务的需要向社会公开招聘管理人员、技术人员和一般工作人员。企业向社会公开招聘一般需要报经政府劳动人事主管机关的批准。

（3）购置生产所需的原材料、燃料、能源和设备等生产资料。生产经营性企业在开业之前必须准备好基本的生产物资，以便在成立之后顺利地进行生产活动。

（4）向企业登记机关办理企业名称的预先核准手续。

（5）进行施工建设。一般来说，生产性企业都需要建造厂房，安装设备，这是企业开业前必须完成的工作。商贸公司也可以根据自身的需要租赁办公用房，无须进行施工建设。

（五）申请设立登记

企业筹建工作结束之后，应由企业发起人或其委托的代理人向当地工商行政管理部门申请办理注册登记手续。按照有关规定，企业在办理注册登记时，需要向工商行政管理部门提交的文件有：

（1）企业发起人签署的登记申请书。

（2）全体股东指定代表或共同委托代理人的证明。

（3）主管部门或审批机关的批准文件。

（4）企业章程。

（5）具有法定资格的验资机构出具的验资证明。

（6）发起人的法人资格证明或自然人身份证明。

（7）企业主要负责人（法人企业的法定代表人）的身份证明及任职文件等。

（8）企业名称预先核准通知书。

（9）企业住所和经营场所使用证明。

所出具的以上文件完全符合有关规定之后，工商行政管理部门才能准予企业登记注册。

（六）批准注册

工商行政管理部门对企业提交的申请材料进行审查后，对符合国家相关登记规定的企业，应当在受理申请后的30日内准予其注册。企业的登记注册事项主要有企业名称、住所、法定代表人、注册资本、企业类型、经营范围、营业期限、股东或发起人姓名或名称等。企业经批准注册、领取营业执照后，即宣告企业正式成立，可以开展生产经营活动。

第三节 有限责任公司和股份有限公司的设立

一、有限责任公司的设立

（一）有限责任公司设立的条件

根据《公司法》的规定，有限责任公司的设立，应当具备下列条件：

1. 股东符合法定人数

《公司法》规定，有限责任公司由 50 个以下股东出资设立。《公司法》对有限责任公司股东人数没有规定下限，即有限责任公司股东人数可以为 1 个以上 50 个以下。股东既可以是自然人，也可以是法人。

2. 公司法将注册资本实缴登记制改为认缴登记制

2018 年 10 月 26 日第四次修正的《公司法》规定，除法律、行政法规以及国务院决定对公司注册资本实缴有另行规定的以外，取消了关于公司股东（发起人）应自公司成立之日起两年内缴足出资，投资公司在五年内缴足出资的规定；取消了一人有限责任公司股东应一次足额缴纳出资的规定，转而采取公司股东（发起人）自主约定认缴出资额、出资方式、出资期限等，并记载于公司章程的方式。同时《公司法》放宽了注册资本登记条件。《公司法》规定，除对公司注册资本最低限额有另行规定的以外，取消了有限责任公司、一人有限责任公司、股份有限公司最低注册资本分别应达 3 万元、10 万元、500 万元的限制；不再限制公司设立时股东（发起人）的首次出资比例以及货币出资比例。另外，《公司法》简化了登记事项和登记文件。《公司法》规定，有限责任公司股东认缴出资额、公司实收资本不再作为登记事项；公司登记时，不需要提交验资报告。

3. 股东共同制定公司章程

章程是记载公司组织、活动基本准则的公开性法律文件。设立有限责任公司必须由股东共同依法制定公司章程。股东应当在公司章程上签名、盖章。公司章程对公司、股东、董事、监事、高级管理人员具有约束力。

根据《公司法》的规定，有限责任公司的章程应当载明下列事项：①公司名称和住所；②公司经营范围；③公司注册资本；④股东的姓名或者名称；⑤股东的出资方式、出资额和出资时间；⑥公司的机构及其产生办法、职权、议事规则；⑦公司法定代表人；⑧股东会会议认为需要规定的其他事项。

4. 公司有名称，并建立符合有限责任公司要求的组织机构

公司的名称是公司的标志。公司确定自己的名称时，必须符合法律、法规的规定，并应当经过公司登记管理机关预先核准登记。公司应当设立符合有限责任公司要求的组织机构，即股东会、董事会或执行董事、监事会或监事等。

5. 公司有住所

设立公司必须有住所。没有住所的公司，不得设立。公司以其主要办事机构所在地为住所。

（二）有限责任公司设立的程序

1. 订立公司章程

股东设立有限责任公司，必须先订立公司章程，将要设立的公司的基本情况以及各方面的权利义务加以明确规定。

2. 股东缴纳出资

股东应当按期足额缴纳公司章程中规定的各自所认缴的出资额。股东以货币出资的，应当将货币出资足额存入有限责任公司在银行开设的账户；以非货币财产出资的，应当依法办理其财产权的转移手续。

3. 申请设立登记

股东的首次出资经依法设立的验资机构验资后，由全体股东指定的代表或者共同委托的代理人向公司登记机关报送公司登记申请书、公司章程、验资证明等文件，申请设立登记。公司经核准登记后，领取公司营业执照，公司营业执照签发日期为公司成立日期。

有限责任公司成立后，应当向股东签发出资证明书。出资证明书是确认股东出资的凭证，应当载明下列事项：①公司名称；②公司成立日期；③公司注册资本；④股东的姓名或者名称、缴纳的出资额和出资日期；⑤出资证明书的编号和核发日期。出资证明书由公司盖章。

二、股份有限公司的设立

（一）股份有限公司的设立方式

股份有限公司的设立，可以采取发起设立或者募集设立的方式。

发起设立不向发起人之外的任何社会公众发行股份。因此，以发起设立方式设立的股份有限公司，在其发行新股之前，其全部股份都由发起人持有，公司的全部股东都是设立公司的发起人。

募集设立，是指由发起人认购公司应发行股份的一部分，其余股份向社会公开募集或者向特定对象募集而设立公司。也就是说，以募集设立方式设立股份有限公司的，在公司设立时，认购公司应发行股份的人不仅有发起人，而且还有发起人以外的人。因此，法律对采用募集设立方式设立公司规定了较为严格的程序，以保护广大投资者的利益，保证正常的经济秩序。

（二）股份有限公司的设立条件

《公司法》规定，设立股份有限公司，应当具备下列条件：

1. 发起人符合法定人数

设立股份有限公司，应当有2人以上200人以下的发起人，其中须有半数以上的发起人在中国境内有住所。

2. 发起人认购和募集的股本达到法定资本最低限额

法定资本最低限额，是指法律规定的股份有限公司注册资本的最低数额。《公司法》规定，股份有限公司注册资本的最低限额为人民币500万元。法律、行政法规对股份有限公司注册资本的最低限额有较高规定的，从其规定。

3. 股份的发行、筹办事项符合法律规定

发起人为了设立股份有限公司而发行股份时，以及在进行其他的筹办事项时，都必须符合法律规定的条件和程序，不得违法违规。如果发起人要向社会公开募集股份，应当依法报国务院证券监督管理机构核准，并公告招股说明书、认股书；应当同依法设立的证券公司签订承销协议，通过证券公司承销其发行的股份；应当在法定的期限内召开创立大会，依法决定有关事项；应当在法定的期限内依法向公司登记机关申请设立登记；等等。

4. 采用募集方式设立的股份有限公司，其公司章程应经创立大会通过

股份有限公司章程应当载明下列事项：①公司名称和住所；②公司经营范围；③公司设立方式；④公司股份总数、每股金额和注册资本；⑤发起人的姓名或者名称、认购的股份数、出资方式和出资时间；⑥董事会的组成、职权、任期和议事规则；⑦公司法定代表人；⑧监事会的组成、职权、任期和议事规则；⑨公司利润分配办法；⑩公司的解散事由与清算办法；⑪公司的通知和公告办法；⑫股东大会会议认为需要规定的其他事项。

5. 公司有名称，并建立符合股份有限公司要求的组织机构

公司的名称是公司的标志。公司确定自己的名称时，必须符合法律、法规的规定，并应当经过公司登记管理机关预先核准登记。公司应当设立符合有限责任公司要求的组织机构，即股东会、董事会或执行董事、监事会或监事等。

6. 公司有住所

设立公司必须有住所。没有住所的公司，不得设立。公司以其主要办事机构所在地为住所。

（三）股份有限公司的设立程序

1. 以发起设立方式设立股份有限公司的程序

（1）发起人书面认足公司章程规定其认购的股份。

（2）缴纳出资。发起人书面认足公司章程规定其认购的股份后，对于公司章程规定一次缴纳的，应立即缴纳全部出资；对于公司章程规定分期缴纳的，应即缴纳首期出资。如果发起人不是以货币出资，而是以实物、知识产权、土地使用权等非货币财产出资的，则应当依法进行评估作价，核实财产，在此基础上，依法办理其财产权的转移手续。发起人不按照规定缴纳出资的，应当按照发起人协议的约定承担违约责任。

（3）选举董事会和监事会。发起人首次缴纳出资后，应当选举董事会和监事会，建立公司的组织机构。

（4）申请设立登记。发起人在选举董事会和监事会后，董事会应当向公司登记机构报送公司章程，由依法设立的验资机构出具的验资证明以及法律、行政法规规定的其他文件，申请设立登记。一旦登记机关依法予以登记，发给公司营业执照，公司即告成立。

2. 以募集设立方式设立的股份有限公司的程序

（1）发起人认购股份。发起人认购的股份不得少于公司股份总数的35%。但是，法律、行政法规另有规定的，从其规定。

（2）向社会公开募集股份。发起人向社会公开募集股份，必须公告招股说明书，

并制作认股书。

（3）召开创立大会。发行股份的股款缴足后，必须经依法设立的验资机构验资并出具证明。发起人应当在股款缴足之日起30日内主持召开公司创立大会，创立大会由发起人、认股人组成。

（4）申请设立登记。董事会应于创立大会结束后30日内，向公司登记机关申请设立登记，并报送下列文件：公司登记申请书；创立大会的会议记录；公司章程；验资证明；法定代表人、董事、监事的任职文件及其身份证明；发起人的法人资格证明或自然人身份证明；公司住所证明。

第三章 企业并购财务管理的基本理论

第一节 企业并购的含义和类别

一、兼并与收购的含义

英国《大不列颠百科全书》对兼并的解释为："两家或更多的独立企业合并成一家企业，通常是由一家占优势的公司吸收一家或更多的公司。"

1989年我国颁布的《关于企业兼并的暂行办法》对于兼并做了以下规定："企业兼并是指一个公司购买其他公司的产权，使其他公司失去法人资格或改变法人实体的一种行为。"

因此，企业兼并是指企业通过购买或有偿转让的形式获得其他法人的资产，从而实现产权向优势企业转移的经济行为。

2002年中国证监会颁布了《上市公司收购管理办法》，对于收购做了以下规定："上市公司收购是指收购人通过在证券交易所的股份转让活动持有一个上市公司的股份达到一定比例，通过证券交易所股份转让活动以外的合法途径控制一个上市公司的股份达到一定程度，导致其获得或者可能获得该公司的实际控制权的行为。"

因此，收购是指一个企业用现金或有价证券购买另一家企业的股票或资产，以获得该企业的全部资产或某项资产的所有权，或者获得该企业控制权的一种经济行为。

狭义的并购仅指兼并。兼并等同于我国《公司法》中的吸收合并。合并包括控股合并、吸收合并和新设合并。兼并只是合并的形式之一。

广义的并购则包括兼并、合并和收购。

二、兼并与收购的联系和区别

兼并与收购既有联系，又有区别。

兼并与收购的联系表现为：①兼并与收购都是以企业产权交易为对象，是企业资本运营的基本方式。②兼并与收购都是为谋求获得目标公司的控制权，是增强企业实力的对外扩张发展战略。

兼并与收购的区别表现为：①兼并中，兼并方接受被兼并公司的产权后，被兼并公司丧失了法人资格或改变法人实体，其作为法律实体不复存在；收购中，收购方获得被收购方的部分产权，被收购企业法律实体的资格仍然保留。②兼并后，被兼并企业的资产、债权、债务一同转移给兼并方，兼并企业成为被兼并企业债权、债务的承担者；而在收购后，收购方对被收购企业的债务不承担连带责任，以收购出资额为限承担风险。③兼并一般发生在被兼并企业的财务状况欠佳、生产经营不善之时；而收购一般发生在被收购企业正常营运的情况下。

综上所述，并购是兼并与收购的简称，泛指在市场机制作用下企业为了获得其他企业的控制权而进行的产权交易活动。兼并（Merger）与收购（Acquisition）在国外常缩写为M&A。兼并和收购是企业外部扩展的主要形式，其实质是一种商品的交易活动，是在公开市场上对企业的控制权进行的一种商品交易活动。交易的对象是企业产权，交易的目的是获得对一个企业的控制权。在企业并购活动中，并购方又称为主并企业，被并购方又称为目标公司。

三、企业并购的主要类型

企业并购的种类有很多，按不同的分类标准可以划分为许多不同的类型。

（一）按并购双方的产业划分

按收购方与被收购方之间的产业划分，并购可以划分为横向并购、纵向并购和混合并购。

（1）横向并购。横向并购又称水平并购，是指具有竞争关系的、经营领域相同或相近的同一行业之间的并购。

（2）纵向并购。纵向并购又称垂直并购，是指发生在生产经营处于不同阶段的两个或多个企业之间的并购。

（3）混合并购。混合并购是指在生产和职能上无任何联系的两个或多个企业间的并购。

（二）按并购的实现方式划分

按并购的实现方式，并购可以划分为承担债务式并购、现金购买式并购和股份交易式并购。

（1）承担债务式并购。承担债务式并购是指在被并购方企业资不抵债或资产债务相等的情况下，并购方以承担被并购方的全部或部分债务为条件，取得被并购企业的资产所有权和经营权。

（2）现金购买式并购。现金购买式并购是指并购方通过使用现金购买目标公司的财产或者收购目标公司的股票以实现并购。

（3）股权交易式并购。股权交易式并购包括以股票交换资产式并购和以股票交换股票式并购两种情况。其中以股票交换资产式并购是指并购方向被并购企业发行自己的股票以交换目标公司的资产从而实现并购目的；以股票交换股票式并购是指并购方直接向被并购企业的股东发行并购企业的股票，以换取被并购企业的股票。

（三）按并购的意图划分

按并购意图的不同，并购可以划分为善意并购和敌意并购。

（1）善意并购。善意并购是指并购方与被并购方之间通过友好协商的方式来完成收购行为的过程。这种情况下并购方一般能够得到被并购企业管理层和股东的配合和支持，可以降低并购成本和风险，并购的成功率较高。

（2）敌意并购。敌意并购是指并购方对目标企业强行并购的行为。在这种情况下被并购企业一般不知道并购方的并购意图或者对并购行为持反对态度。并购方的风险较大，而且并购价格往往很高。

（四）按并购资金的来源划分

根据是否利用目标公司资产来支付并购资金，可以将并购划分为杠杆并购和非杠杆并购。

（1）杠杆并购。杠杆并购是指并购企业只支付少量的自有资金，并购企业以目标公司的资产及营运所得作为融资担保和还贷资金获得目标公司的产权。

（2）非杠杆并购。非杠杆并购是指并购企业不以目标企业的自有资金及未来收益作为融资担保来完成收购，而主要以自有资金来完成收购的方式。

第二节　企业并购的历史演进

在西方的企业并购发展进程中，其企业并购经历了五次发展浪潮。

一、西方企业的五次并购浪潮

（一）以横向并购为特征的第一次并购浪潮

19 世纪末到 20 世纪初，西方企业发生了第一次企业并购浪潮。此时，科学技术取得巨大进步，大大促进了社会生产力的发展，为以铁路、冶金、石化、机械等为代表的行业大规模并购创造了条件，各个行业中的许多企业通过资本集中组成了规模巨大的垄断公司。

在 1899 年美国并购高峰时期，公司并购达到 1 208 起，是 1896 年的 46 倍，并购的资产额达到 22.6 亿美元。1895—1904 年的并购高潮中，美国有 75%的公司因并购而消失。也就是说在这次并购浪潮中，美国 3/4 的企业被并购，另外 1/4 成为并购者。

在工业革命发源地——英国，并购活动也大幅增长。1880—1981 年，有 665 家中小型企业通过兼并组成了 74 家大型企业，垄断着主要的工业部门。

后起的资本主义国家德国的工业革命完成比较晚，但企业并购重组的发展也很快。1875 年，德国出现第一个卡特尔。通过大规模的并购活动，德国的卡特尔的数量在 1911 年就增加到 550~600 家，控制着德国国民经济的主要部门。在这股并购浪潮中，大企业在各行各业中的市场份额迅速提高，形成了较大规模的垄断。

1904 年美国股市狂跌，标志着这次并购高峰的结束。

【例 3-1】摩根垄断美国钢铁业，以及美国钢铁公司的系列并购案。1898 年由大银行家摩根出资成立了联邦钢铁公司。该公司成立以后首先合并了美国中西部的一系列中小型钢铁公司，接着通过投资控股的方式控制了美国实力雄厚的卡内基钢铁公司。最后，该公司用换股的形式成功地收购了全美 3/5 的钢铁企业，从而组建了美国钢铁公司。据统计，1901 年美国钢铁公司的产量占美国市场销售量的 95%。

（二）以纵向并购为特征的第二次并购浪潮

20 世纪 20 年代（1922—1929 年）西方企业发生了第二次并购浪潮。那些在第一次并购浪潮中形成的大型企业继续进行并购，进一步增强经济实力，扩展对市场的垄断地位。这一时期并购的典型特征是以纵向并购为主，即把一个部门的各个生产环节统一在一个企业联合体内，形成纵向托拉斯组织，行业结构转向寡头垄断。第二次并购浪潮中有 85%的企业并购属于纵向并购。通过这些并购，主要工业国家普遍形成了主要产品或服务的市场被一家或几家企业垄断的局面。例如，在第二次并购浪潮中，美国钢铁公司通过纵向并购，形成了涉及采掘、炼铁、炼钢、轧钢、运输等环节的大型钢铁联合企业。这次并购主要发生在汽车制造业、石油工业、冶金工业及食品加工业，它加强了第一次并购浪潮所形成的集中，也加强了企业之间的竞争程度。1929 年爆发的美国经济危机导致了该次并购浪潮的终结。

（三）以混合并购为特征的第三次并购浪潮

20 世纪 50 年代中期，各主要工业国出现了第三次并购浪潮。第二次世界大战后，各国经过 20 世纪 40 年代后期和 50 年代的逐步恢复，在 60 年代迎来了经济发展的黄金时期，主要发达国家都进行了大规模的固定资产投资。随着第三次科技革命的兴起，一系列新的科技成就得到广泛应用，社会生产力迅猛发展。在这一时期，以混合并购为特征的第三次并购浪潮来临，其规模、速度均超过了前两次并购浪潮。这次并购浪潮终结于 20 世纪 70 年代的石油危机。

【例 3-2】20 世纪 60 年代，在第三次并购浪潮中，可口可乐公司开始了多元化的收购，希望因此可以提高可口可乐的形象，产生更大的影响。该公司 1960 年收购了梅得冷冻果汁公司；1961 年收购了邓根食品公司；1970 年收购了化学溶液公司；1982 年以 2.5 亿美元的高价买下哥伦比亚电影公司。可口可乐公司除了向工业领域拓展外，还向文化娱乐业、体育业以及社会公用事业延伸。

（四）以融资并购为特征的第四次并购浪潮

20 世纪 70 年代中期兴起的第四次并购浪潮的显著特点是以融资并购为主，规模巨大，数量繁多。1980—1988 年企业并购总数达到 20 000 起，此次并购在 1985 年达到顶峰。多元化的相关产品间的“战略驱动并购”取代了“混合并购”，不再像第三次并购浪潮那样进行单纯的不相关产品的并购。此次并购的特征是：企业并购以融资并购为主，交易规模空前；并购企业范围扩展到国外企业；产生了杠杆并购，出现小企业并购大企业的现象；金融界为并购提供了方便。美国从 1990 年起开始陷入经济衰退，轰轰烈烈的第四次并购浪潮也进入暂时的低潮。

【例 3-3】杜拉赛尔是美国规模巨大的食品加工巨头克拉夫特的子公司，其主要产品是各种电池。KKR 投资银行出资 18 亿美元，并且以 1 股换 5 股期权的方式赢得了杜拉赛尔公司的控股权。收购后，KKR 公司把重点放在激励公司的管理层上。KKR 公司准许公司 35 位管理者共投入 630 万美元，以每股 5 美元的价格购买了 126 万股。1991 年 5 月，杜拉赛尔公司发行股票上市，以每股 15 美元的价格发行 2 350 万股，获得 4.88 亿美元的收入，以此偿还了 3.47 亿美元的债务。5 个月以后，公司又以每股 28.75 美元的价格发行了 1 200 万股，获得 3.45 亿美元的收入。

（五）第五次全球跨国并购浪潮

进入20世纪90年代以来，经济全球化和一体化发展日益深入。在此背景下，跨国并购作为对外直接投资的方式之一逐渐替代跨国创建而成为跨国直接投资的主导方式。从统计数据看，1987年全球跨国并购额仅有745亿美元，1990年就达到了1 510亿美元。1995年，美国企业并购价值达到4 500亿美元，1996年上半年这一数字就达到2 798亿美元。例如，1996年12月，美国波音公司并购麦道飞机制造公司，这次并购达到133亿美元，并购方式是麦道公司每股换波音公司0.65股。新合并而成的波音公司已成为世界上规模最大的航空公司，也是美国最大的出口商。2000年全球跨国并购额达到11 438亿美元。但是从2001年开始，由于受欧美等国经济增长速度停滞和下降以及“9·11”事件的影响，全球跨国并购浪潮出现了减缓的迹象。但从中长期的发展趋势来看，跨国并购还将继续发展。

在西方企业的并购发展中，美国企业的并购最具有代表性。表3-1简要列出了美国企业并购的发展历史。

表3-1　　美国企业并购简史

第一次并购浪潮（客观要求）	第二次并购浪潮（比第一次更大）	第三次并购浪潮（规模空前）	第四次并购浪潮（超过前三次并购）	第五次并购浪潮（上升势头）
1895—1904年 1899年(高峰) 1903年(低谷) 特征： 1. 横向并购为主，即同行业的优势企业对劣势企业的并购 2. 组成横向托拉斯，对市场追求垄断地位 动因： 追求规模经济 1. 获得一定的控制力 2. 企业扩大生产规模，取得规模经济效益 3. 并购产生的垄断组织，降低了市场竞争的激烈程度，垄断组织可以凭借其垄断地位获得超额的垄断利润	1922—1929年 两次世界大战之间(高峰) 始：1922年经济上升阶段 终：1929年经济衰退阶段 特征： 1. 并购形式呈现多样化，其中以纵向并购居多，加强垄断，形成更多的行业壁垒 2. 产业资本与银行资本开始相互渗透、相互融合，产生了金融寡头，形成雄厚的资本实力 动因： 追求规模经济和寡头垄断地位	20世纪五六十年代 始：第二次世界大战后经济恢复之时 终：1969年美国经济衰退之时 特征： 1. 以混合并购为主要形式。100万美元以上的并购中，80%以上采用混合并购形式 2. 银行之间的同业并购增加，使银行资本更加集中 动因： 追求企业经营上的安全保障，进行多元化经营，降低经营风险	20世纪70年代中期~80年代末 始：美国经济进入复苏阶段的1975年 终：美国经济进入衰退阶段的20世纪80年代末 特征： 1. 大企业进行内部结构调整。即在企业内部进行大规模的优化重组，将非主导产业转让，以提高主导产业的资产质量 2. 出现杠杆并购，即举债收购，这便使得小企业得以并购大企业 动因： 以追求高附加值为目标，提高投资回报率，将经营资源配置到能够发挥企业优势的部门，放弃那些无利可图且又与企业长远利益无关或相矛盾的子公司及经营业务	1990年以来 特征： 1. 企业规模大 2. 产业特征强 3. 并购方式多(以巨型企业之间的横向并购为主) 连环并购、强强联合。美国大企业面对信息革命的新形势和国际市场的新格局，进行了大规模功能性重组 动因： 追求全球竞争优势，进行跨国并购活动

二、我国企业并购的发展历程

我国企业并购的发展，大致可以分为两个阶段：第一阶段（1993 年以前）为我国企业并购的起步阶段；第二阶段（1993 年以来）为我国企业并购的快速成长阶段。我国企业的并购伴随着市场经济的发展而逐步发展，企业并购由政府干预向市场导向转变，市场机制在这一过程中逐步开始发挥主导作用。

（一）政府主导型并购阶段（起步阶段）

这一阶段的企业并购带有浓厚的行政色彩，主要以政府主导型并购为主，企业并购大多数都是在政府的推动下完成的。改革开放之前，在以行政性指令为主要经济管理手段的计划经济体制下，政企合一，企业是政府部门的附属物，所有的社会经济活动均由政府出面组织。企业并购表现为政府以所有者的身份对资产进行无偿划拨。在这一阶段，最有名的并购模式是“保定模式”。

【例 3-4】1984 年 7 月，河北省保定市纺织机械厂通过承担债务的方式并购了保定市针织器材厂，开了我国国有企业兼并的先河。1984 年 9 月，保定市钢窗厂又以出资 110 万元的形式，购买了保定市煤灰砖厂的产权，这是我国集体企业兼并国有企业的最早记录。以上被称作“保定模式”，其特点为企业兼并采取自上而下的程序，由政府依据产业政策，以所有者身份进行干预，促进企业间的兼并。

1984 年 10 月，十二届三中全会通过的《中共中央关于经济体制改革的决定》，明确要求企业成为相对独立的经济实体，进一步扩大了企业的自主经营权。1988 年 5 月，武汉市成立了中国第一家产权转让市场。1988 年，在成都、保定、深圳，类似的机构也相继成立。1990 年，上海和深圳证券交易所相继成立。这一时期，兼并机制在一些优势企业萌发，最有名的并购模式是“武汉模式”。该模式的特点为企业自发性的并购，即双方自愿达成协议，但本质上是通过政府推动的。

（二）政府与市场共同主导型并购阶段（快速成长阶段）

政府与市场共同主导型并购，是指在并购过程中，政府通过一系列的优惠政策、法规引导企业的并购行为，企业根据自身的发展战略在资本市场上选择并购目标。这一时期的企业并购是以优化产业结构和提高企业竞争力为目标，主要发生在竞争行业，而且并购出现了市场化趋势。

【例 3-5】1993 年 9 月，深圳宝安集团在上海证券交易所大量购买上海延中股份有限公司的股票，1994 年宝安完成对延中的控股并成为其第一大股东。这次并购被称为中国上市公司并购第一案。“宝延之争”说明中国的企业开始了真正的资本式运作模式，符合现代企业的要求。

【例 3-6】1992 年 4 月，香港中策公司收购山西太原橡胶厂，这是第一起港资并购国有企业的案例。到 1994 年 5 月底，中策公司在中国内地的合资控股企业达 100 多家。

三、我国公司并购的特征

我国的公司并购具有以下特征：

（1）政府在企业并购中发挥着重要作用。由于我国经济体制方面的历史原因，政府与企业具有特殊关系，一些并购是在政府的推动下直接完成的，没有政府的参与，许多并购活动将无法完成。政府采取各种途径去促进企业的并购，通过企业并购调整产业结构。

（2）通过证券市场进行的企业并购增加。自 20 世纪 90 年代以来，我国的证券市场快速发展。资本市场的重要功能在于提供融资和配置资源的场所和机制。如果说公司上市主要运用了资本市场的融资功能，那么并购重组则主要实现了市场的资源配置功能。在并购重组中，有关各方通过在资本市场中争夺对企业的控制权来影响资本市场的价格信号，从而引导资源进行再配置。

（3）并购的范围和规模日益扩大。我国企业在并购初期，如保定、武汉的并购资产规模都在 100 万元以内，而且多是在同一地区。到 1993 年上海、武汉、成都等 16 个城市转移资产总计达 60 多亿元，而且并购范围呈跨地区、跨行业发展趋势，规模日益扩大。比如，一汽大众收购沈阳金杯 51%的股份，出资额高达 5 亿元 ①。

（4）并购的方式多样化。在我国公司并购起步期，并购方式大多是承担债务式或出资购买式。进入 20 世纪 90 年代以后，随着公司制企业发展和证券市场发育，投资控股、品牌运作、无偿拨付、相互持股、债转股等并购方式大量出现，尤其是上市公司股权收购逐渐成为企业并购的重要形式。比如，1993 年的“宝延之争”就成为国内首起通过股票市场收购另一家上市公司的案例；1994 年珠海恒通置业协议收购上海凌光实业，开创了以收购国家股的方式收购公司的先河；2003 年南钢集团将南钢股份的股权对南钢联合注资，成就了中国资本市场第一例公开要约收购。

（5）外资并购成为亮点。在全球产业转移的过程中，基于对资源共享的考虑，自 20 世纪 90 年代以来，作为逐渐兴起的一种外商直接投资方式，外资并购在全球得到迅猛发展。2003 年中国证券市场发生了一系列外资并购中国境内企业的事件。2003 年 10 月中国乐凯公司和美国柯达（中国）投资股份有限公司签署了柯达资产转让合同。乐凯集团将其持有的乐凯胶片 20%的国有法人股转让给了柯达；柯达向乐凯投入约 1 亿美元的现金及其他资产，并且提供各种技术支持。至此，柯达入主乐凯成为其第二大股东。

第三节　企业并购动因的理论评述

企业作为一个资本组织，必然谋求资本的最大增值。不同的企业根据自己的发展战略确定并购的动因，包括财务性动因和非财务性动因。具体体现为：提高企业发展速度；实现管理协同效应、经营协同效应、财务协同效应；实现并购双方的优势互补；改善财务状况；争取节税收益；实现多元化投资组合，降低投资风险等等。下面对并购活动的动因从理论上加以解释及评述。

一、经营协同效应理论

该理论认为：行业中存在着规模经济的潜在要求，通过并购可以扩大企业生产规

① 李曜．公司并购与重组导论［M］．上海：上海财经大学出版社，2006：31.

模，达到规模经济的生产范围；可以降低生产成本，提高企业的竞争优势；可以实现并购双方的优势互补；可以相应提高企业的利润率，实现企业整体价值大于并购前个别企业价值之和。

二、财务协同效应理论

该理论认为：通过并购可以降低企业内部融资和外部融资的资本成本，可以使两家公司的财务结构互补，还可以使公司从边际利润率较低的生产活动向边际利润率较高的生产活动转移，从而提高公司的资本分配效率，给企业带来财务方面的效益。财务协同效应理论客观上为混合并购提供了理论依据，因为不同行业的企业的财务结构或边际利润率的情况一般差异会比较大。

三、委托代理理论

该理论认为：代理问题的产生是由于公司管理层与所有者两者的利益不一致，其根本原因在于管理者和所有者在签订和执行合同约定的过程中会产生成本，即代理成本。通过并购可以解决代理问题，降低代理成本。通过公平收购或代理权争夺，公司的现任管理者将会被代替，兼并机制下的接管威胁降低了代理成本。

四、税负利益理论

该理论认为：通过并购和采用恰当的财务处理方法，在一定程度上可以降低企业的税负。如果被并购企业有较大数额的亏损，那么被并购企业往往因无法持续经营而被出售。由于亏损可以在若干年内以税前收益弥补，一个有高额盈余的企业并购一个亏损企业，无疑会带来税收上的好处。

五、战略发展理论

该理论认为：企业面临的经营风险越来越大，为了降低风险，企业应该实行多元化发展理论，当一个企业决定扩大其在某一特定行业的经营时，一个重要战略就是并购该特定行业中的现有企业，而不是依靠自身内部的发展。外部并购可以大幅度地降低进入障碍，获得时间优势，迅速地达到多元化发展的目的。

六、管理协同效应理论

该理论认为：处在两个不同管理水平上的企业并购，管理水平低的企业，其管理水平将会得到提高，同时还能够提高目标公司的资源效率；或者，双方的管理能够得到互补，从而提高并购双方的管理效率，创造价值。

七、价值低估（Undervaluation）理论（托宾理论）

该理论认为：由于种种原因，目标企业的真实价值被低估，目标企业的经营管理潜能未能得到充分的发挥，而通货膨胀使得目标企业的市场价值小于其重置成本。此时，若并购企业拥有外部市场所没有的、有关目标企业真实价值的内部信息时，并购活动就会发生。

被并购企业的股票市场参与者，特别是机构投资者强调短期经营成果，忽视了企业的长远发展规划（前景），从而导致有长期投资前景的企业的价值被低估。因此，通过并购价值被低估的企业，并购企业可以迅速提高自身的发展前景和经营业绩。

$$托宾系数\ Q=\frac{企业的市场价值}{该企业资产的重置成本}$$

八、市场势力理论

该理论认为：并购活动的主要动因经常是借并购来达到减少竞争对手和增强对经营环境的控制能力的目的，以及提高市场占有率，使企业获得某种形式的垄断利润，并增加长期的获利机会。通常在以下三种情况下，会发生以增强市场实力为动机的并购行为：①生产能力过剩，需求下降；②国际竞争使国内市场遭受外来势力的强烈渗透和冲击；③法律因素的原因使得企业间的多种联系或垄断行为成为非法，通过并购可以使企业达到继续控制市场的目的。

九、资源稀缺理论

该理论认为：是一连串的资源而不是产品组合构成了决定企业竞争地位的核心，而且资源具有稀缺性和有价性，能够形成竞争优势；当这些资源不能够被对手轻易复制，不可替代，不可轻易转移时，就能够产生持续的竞争优势。按照资源学派的观点，上市公司的战略重组不仅仅限于对有形资源的置换与整合，还应该包括对企业经营管理、组织结构、企业文化、人力资源等无形资源的重组，甚至对无形资产的重组在某种程度上会直接影响战略重组的效果与结果。

第四章 企业并购的财务规划

现代企业的并购行为往往涉及巨额交易资金，科学合理的财务规划对企业的并购行为以及并购后企业的发展起着至关重要的作用。本章将从目标公司的选择出发，系统介绍企业并购过程中的价值评估方法以及出资方式，最后探讨企业并购的融资管理。

第一节 目标公司的选择

目标公司的选择，是企业并购的第一要务，目标公司选择的恰当、科学与否直接关系到并购行为的成败。选择合适的目标公司不仅可以降低企业的财务经营风险，而且能为战略规划的顺利实施奠定基础。

一、获取并购信息的主要渠道

获取并购信息的渠道很多，由于在我国国有经济占主导地位，因此从国有资产监督管理机构以及产权交易所获取并购信息是很重要的手段。此外，随着我国市场经济体制的逐步建立和金融、资本市场的迅速成长，投资银行、会计师事务所和律师事务所等中介机构也是有效的信息来源渠道。目标公司的职工在很多情况下也是获取并购信息的重要来源。主并企业还可以借助报纸杂志、广播网络等媒介收集信息。

（一）国务院国有资产监督管理委员会

2003 年 4 月 7 日，我国国有资产监督管理委员会正式挂牌，为国务院直属正部级特设机构，其前身为国务院国有资产管理局，由国务院授权国有资产监督管理委员会代表国家行使出资人职责。目前我国正在对国有经济实行战略调整，国有资产的转让、出售、重组活动较多，从国有资产监督管理委员会获取并购所需的信息是一条比较可靠的途径。

（二）产权交易所

产权市场是我国继股票市场、期货市场和汇率市场后建立的第四资本市场。产权交易市场拥有六大职能：保证产权交易“集中、公开、公正、规范”地进行的功能；具有提供所有产权交易信息、沟通买卖双方信息的功能；为交易价格提供合理预期，减少交易费用，促进交易双方顺利完成交易的价格发掘功能；形成价格规范，推进公平竞争的制度规范功能；资产重组与资本进退的枢纽功能；跨国并购与吸引外资的通信功能以及中介服务功能。

（三）并购刊物和网站

目前，我国的专业并购刊物主要有清华大学出版社出版的东方高圣投资顾问有限公司所著的《中国并购评论》，全球并购研究中心的《重组与并购周刊》以及《亚洲并购》等。除此之外，诸如《财经时报》《21 世纪经济报道》《经济日报》等报纸以及《资本市场》《投资研究》《新财富》等杂志上也有大量的并购信息。并购网站主要有全球并购研究中心、中国并购交易网、中国兼并指南、产权交易网、中国投资银行在线、中国企业产权融通服务网、中国西部投资并购网以及北京交通大学中国企业兼并重组研究中心等。

二、选择目标公司时应当考虑的主要因素

主并企业在选择目标公司时，不仅要考虑宏观经济形势，更要仔细衡量本企业的战略规划以及自身和目标公司的实际情况。虽然目标公司的最后确定要受到诸多方面因素的影响，但是一般而言，并购企业选择目标公司时主要应当考虑以下因素：

（一）并购双方的行业

企业所处的行业在很大程度上决定着企业未来的经营和发展，对目标公司的行业状况进行分析后，并购企业可以判断对目标公司进行并购能否与本企业的整体发展战略相符合，以及并购后是否可以通过对目标公司的改良经营为本企业带来收益。行业分析主要是：①分析行业的总体情况，即评价行业所处的生命周期、行业在国民经济中的地位和国家对该行业的政策等。②分析行业的竞争结构状况。根据波特的理论，有五种力量决定行业的结构状况，它们分别是：供应商、顾客、潜在的进入者、替代品和行业内现有的竞争对手。它们共同决定着一个行业的竞争激烈程度和盈利能力大小。

（二）并购双方的业务

并购企业与目标公司之间的业务关系可以概括为互补、平行和交叉三种。选择目标企业时，并购企业应考虑其业务与自身业务的关系，以最大限度地发挥并购后的协同效应为目的。如果两个企业的业务不能很好地融合，或者双方业务的组合不符合企业的战略规划要求，即使目标公司本身再好，也可能导致并购行为的失败。

（三）并购双方的规模

虽然随着并购理论和行为的逐步完善成熟，近年来出现了许多新的并购方式，市场上“小鱼吃大鱼”的情况也时有发生，但是一般而言，优势企业并购劣势企业才是市场的主流。因此在目标公司规模的选择上，并购企业要选择规模适中的企业，目标公司太大则并购后资产难以消化，从而造成浪费；规模太小则从效益上讲很不合算，无法满足发展、扩张的需要。只有目标企业与并购企业的现有能力及发展规模相匹配时，并购行为本身才是高效、合适的。

（四）其他因素

其他需要考虑的主要因素有：①目标公司的股权集中程度。股权集中程度越低，收购就越容易成功。因此在选择目标公司时，第一大股东所持股份比例是主要考虑因素之一。②目标公司的财务风险。如果目标公司的财务信息失真或者刻意隐瞒不利事项，对并购企业而言后果是不堪设想的。因而并购企业应当超越报表本身，对或有事项以及期后事项给予足够的关注，以稳健的态度对待潜在的风险。③目标公司目前的估价情况。在目标公司价值被高估的情况下并购行为付出的成本大于目标公司的真实价值，就会减少并购企业的日后收益，影响并购效果甚至导致并购失败。

三、选择目标公司的主要步骤

一般而言，目标公司的选择主要包括发现目标公司、审核目标公司和评估目标公司三个步骤。

（一）发现目标公司

发现目标公司有两条途径：利用公司自身的力量或借助外部力量。

1. 利用公司自身力量

公司内部人员对自身的需求相当熟悉，通过私人接触或者凭借自身的管理经验都可以发现目标公司。尤其是在同行业的并购中，由公司的内部人员来选择目标公司往往有利于并购的成功。在大型企业中，这部分工作通常是由专门的并购部门来完成的。他们的主要工作是收集和研究各种信息，根据本企业自身的需要寻找适合本企业的目标公司。在中小型企业中，这部分工作一般由财务部门兼任。

2. 借助外部力量

并购是一件关乎企业长期发展乃至生存的大事，并且在并购过程中要考虑的因素相当复杂，任何细微的疏忽都有可能导致并购的失败。在并购领域的专业金融机构中有一大批经验丰富、训练有素的专业人员，比如精通某一行业的会计师、律师以及谈判人员等，他们考虑企业并购问题往往比企业的管理人员更为全面、成熟。专业金融机构中比较有代表性的是投资银行，他们不仅能根据企业的实际情况提供并购建议，而且能为并购企业安排并购融资和代发证券等。

（二）审核目标公司

并购企业通过自身力量或借助外部力量初步选定目标公司后，还需要做进一步的分析和实质性审查。审查目标公司时一般重点关注以下方面：

1. 目标公司的出售动机

目标公司主动出售一般都是有原因的，此时更要仔细审查其出售动机以便合理评估目标公司的价值和确定合适的谈判策略。一般而言，目标公司出售的原因主要有：目标公司经营不善；目标公司的股东发现新的投资机会；目标公司的股东通过并购的方式撤换整个管理层；目标公司的管理层为了自身的发展而愿意被并购；目标公司的母公司出于调整经营战略的目的而出售子公司，等等。

2. 目标公司的法律文件

除了审查目标公司的产业是否符合国家政策外，并购企业还应关注目标公司的章程、合同契约等法律文件。并购企业通常应审查企业章程、股票证明书等，以确定是否存在并购方面的限制；应审查主要财产目录清单，以确定资产的使用权、所有权以及资产的租赁情况；应审查主要合同书，以了解目标公司面临的或有法律事项。

3. 业务内容和财务状况

在审查目标公司的业务时，并购企业应根据并购的目的确定审查的重点，主要考虑的事项是双方的业务能否相融。对目标公司的财务审查极为重要。并购企业在对财务状况进行审查时，首先应确定目标公司提供的财务报表不是虚假、错误的。一般应使用经注册会计师审计过的财务报表，在此基础上主要审查目标公司的偿债能力、盈利能力以及营运能力。

4. 并购风险

对并购风险的审查主要应从市场风险、投资风险以及经营风险入手。市场风险主要是指由于并购消息的散布引起目标公司的积极防御或潜在竞争对手哄抬价格而引起的价格波动的风险。企业在并购后能否获利、获利多少受很多因素的影响，每种因素的变动都可能使投入的资金遭受损失从而减少预期收益，这就是所谓的投资风险。因此，并购企业在审查时要尽量全面考虑各种投资风险影响因素以及各种影响因素的影响程度。经营风险是指由于并购企业不熟悉目标公司的业务特征、管理模式等而导致经营失败的风险。此种风险可以通过并购企业的努力来降低乃至完全避免。

（三）评估目标公司

目标公司价值的评估是目标公司选择中最为关键的一步，其实质是对目标公司进行综合分析，以确定目标公司的价值，即并购企业愿意支付的价格。并购行为最终能否成功在很大程度上取决于双方对价值评估结果的认可度。对于并购企业而言，估价结果是最终确定目标公司的重要依据，也是关乎并购行为成功与否的关键因素；对于目标公司而言，最终估价结果是其决定是否接受并购方案的重要条件。

在评估过程中影响最终结果的因素有很多，主要的有并购双方在市场以及并购中所处的地位、产权市场的供求关系和未来经营环境的变化等，但是整个估价的模型以及思路都没有太大的区别。在下一节中我们将会讲到目标公司的估价方法。

第二节 目标公司的价值评估

一、价值评估的基本程序

价值评估是一项十分复杂的系统工程，制定并严格执行科学合理的评估程序，有利于提高评估效率和增强评估结果的科学性和准确性。一般而言，企业的价值评估遵循以下程序：

（一）明确评估的目的

价值评估的结果和企业的评估目的密切相关，比如目标企业的持续经营和资产清算所选择的计价方法和原理就有很大的差别。因此，企业价值评估的第一要务是明确评估目的。

（二）界定评估的范围

界定价值评估的范围包括企业资产范围的界定和企业有效资产的界定两个层次。由于企业价值评估有预测性和动态性的要求，并购企业必须对企业的资产范围、资产收益水平的变化给予特别关注；对资产进行有效资产和无效资产的划分也就显得十分必要了。

（三）制订详细的评估工作计划

评估工作人员的组成以及具体分工，各个工作阶段的工作中心以及要重点准备的资料等都要详尽地在工作计划中得到反映。

（四）资料的整理、归纳和分析

评估人员要对搜集到的信息进行认真整理并验证其真实性和有效性，并仔细分析其交易条件和背景以及对整个价值评估的影响程度。

（五）选择合适的评估方法

企业的价值评估方法有很多，在实务中究竟选择哪一种要根据企业资产的特点和价值评估的目的决定。

（六）修正评估结果

评估过程难免受到一些意外因素的影响，或者评估人员对某些特殊内容没有考虑周全，因而会导致评估的结果产生偏差，此时就需要召集各方进行协商以对评估结果作适当修正。

（七）撰写评估报告

评估报告是对整个评估过程的归纳和总结，是一份结论性文件。一般情况下，评估报告都有具体的格式准则可以参照，其主要内容包括评估对象的介绍、评估方法的选择以及具体的评估过程等方面内容。

二、价值评估的基本方法

企业价值评估就是要对目标公司的资产状况和经营成果进行详尽的审查鉴定，并且需要在一定的条件下模拟市场条件进行科学的计算。企业价值评估不仅有很强的科学性,还有一定的艺术性。目前比较通用的价值评估方法有：

（一）成本法

成本法估价适合于并购后目标公司不再继续经营，以及并购方意图购买目标公司某项资产或某些生产要素的情况。成本法一般又分为以下三种具体方法：

1. 账面价值法

账面价值是指会计核算中账面记载的资产价值，即资产负债表上总资产减去负债的剩余部分，也称为股东权益、净值或净资产。这种估价方法不考虑现时资产市场价值的波动，也没有把资产的收益情况考虑在内，是一种静态的估价标准；同时，账面价值是以会计核算为基础的，不能充分反映企业未来的获利能力；并且，会计准则中允许企业根据实际情况选择折旧方法或存货计价方法。以上因素都可能造成企业的账面价值与这些资产的真实价值和使用价值有出入。因此，虽然账面价值法虽然具有方便的特点，但是它只考虑了资产的入账价值而脱离了目标企业现实的市场价值，所以一般不能直接以账面价值作为最终的评估结果。

2. 重置成本法

任何一个了解行情的潜在投资者，在购置某项资产时所愿意支付的价格不会超过建造一项与拟购资产具有相同或近似功能的替代品的成本。重置成本法遵循此思路通过确定目标公司各项资产的重置成本，减去实体有形损耗、功能性及经济性贬值来确定目标公司各项资产的重估价值，然后以价值总和减负债作为目标公司估价的参考。

利用重置成本法对目标公司进行估价还可以以其市场价值为参考。重置成本法最著名的模型是托宾的 Q 模型，即一个企业的市值与其资产重置成本的比率。

$$Q=企业价值\div资产重置成本$$

$$\begin{aligned}企业价值&=资产重置成本+增长机会价值\\&=Q\times资产重置成本\end{aligned}$$

如果一个企业的市场价值超过其重置成本，则说明该企业拥有某些未来增长机会，超出的价值通常被认为是利用这些增长机会的价值。在托宾 Q 模型中，最大的估值难点是 Q 值的确定，因为一方面即使两个从事相同业务的企业，其资产结构也可能大不相同；另一方面，对目标公司增长机会的评价也不容易。在并购的实务中通常使用“市净率”（即股票市值与企业净资产之比）作为 Q 的近似值。

3. 清算价值法

清算价值是指在企业出现财务危机而破产或停业清算时，把企业中的实物资产逐一分离而单独出售的资产价值。此方法是在企业作为一个整体已经丧失增值能力的情况下使用的估价方法。通过清算价值法得出来的价值通常被作为目标企业的实际最低价格。清算价格在我国的运用仍缺乏实践，理论和实践都有待进一步的提高和完善。

上述各种成本估价方法各有其长处及不足之处，并购实践中通常的做法是同时使用几种合适的评估技术，测算出不同的结果，最后使用诸如加权平均等办法确定一个综合结果来得出目标公司的价值，作为并购交易的价格基础。

（二）市场比较法和市盈率法

1. 市场比较法

市场比较法是指收购方在评估目标企业时，选取若干在产品、市场、获利能力、未来业绩增长能力和风险等方面与当前收购计划较类似的收购案例作为参照标准，然后再根据一些财务指标进行调整，以最后确定目标公司市场价值的一种方法。该方法建立在市场效率良好、发育完善，股票价格基本上反映了投资人对目标公司未来现金流量和风险的预期的基础上。市场比较法根据比较的标准可以分为：

（1）可比公司分析法。

该分析法首先在市场上选择一组与目标公司在规模、产品、经营目标、市场环境以及发展趋势等方面都较为相似的企业作为样本群，然后通过计算样本群中各企业的市场价值与其他相关指标的比率及其平均值，最后参照目标公司的相应指标来判断其市场价值。

（2）可比交易分析法。

并购给企业带来的所有后果，如协同效应、现金流的变化、成本以及风险的增减等，都可以通过溢价水平表现出来。可比交易法就是通过从类似的收购事件中获取有用的财务数据来求出一些相应的收购价格乘数并以此确定目标公司的价值。它不对企业的市场价值进行分析，而是根据同类企业在并购时并购方支付价格的平均溢价水平来确定目标公司的价值。市场溢价水平是指并购方在证券市场上公开对目标公司的要约收购价格超出要约发出前目标公司市场价值的差值。

由于上述两种方法不仅要求有较为完善的并购市场，而且要求有发达的资本市场为支撑，因此在中国还缺乏现实的运用条件，但是从长远来看，不失为一个较好的思路。

2. 市盈率法

市盈率又称 PE 比率，是价格和每股收益的比值。它反映了股票市场价格与股票收益的关系，并且把风险因素也考虑在内。市盈率估价的模型如下：

目标企业每股价值=可比企业平均市盈率×目标企业每股盈利

该模型最关键的一步是要找出具有相似市盈率的公司，在操作上相对比较简单，而且涵盖了风险补偿率、增长率以及股利分配率的影响，具有很高的综合性。但是，当市盈率为负值时，市盈率就失去了价值；另外，市盈率还要受宏观经济运行情况、行业生命周期等多方面因素的影响。所以在利用范围上受到了一定的限制。

鉴于市盈率存在上述诸多缺陷，近来研究人员对其做了一些修正：针对高速增长的行业运用动态市盈率估价法；为了避免公司税率、利息费用和折旧等因素的影响，可以运用息税折旧摊销前利润（EBITDA）倍数来定价；对于新兴市场公司的潜在价值可以运用价格/销售收入（又称市销率或市售率）来估价。

目前我国股市建设尚不完善，投机性较强，市盈率普遍高出正常水平，因此评估人员很难选择合适的市盈率来对目标公司进行准确估价。市盈率法的运用目前在我国尚缺乏成熟条件。

（三）贴现现金流量法

贴现现金流量法的基本原理是假设任何资产的价值等于其预期未来现金流量的现值之和。

$$V = \sum_{t=1}^{n} \frac{CF_t}{(1+r)^t}$$

式中：V 为资产的价值；n 为资产的寿命；r 为与预期现金流量相对应的折现率；CF 为资产的现金流量。

这种方法以美国西北大学的阿尔费雷德·拉巴波特（Alfred Rappaport）的模型最为著名。在其《创造股东价值》一书中，他精心设计了一个公司估价模型。其理论的依据是：无论是购买整个企业还是某项资产，都需根据预测的未来现金流量进行现在的支出。如果能预测期末目标企业的变现价值，上述公式还可以表示为：

$$V = \sum_{t=1}^{n} \frac{CF_t}{(1+r)^t} + \frac{C}{(1+r)^n}$$

式中：C 为预测期末目标企业的变现价值。

用贴现现金流量法确定并购方可以接受的最高并购价格，需要估计由并购引起的现金流量的期望增加值和贴现率（或资本成本），利用贴现现金流量法对企业进行估价的主要步骤有：

1. 预测自由现金流量

理论上自由现金流量（FCF）一般被认为是企业在持续经营的基础上，除了在库存、厂房、设备、长期股权等类似资产上所需要的投入以外，还能够产生的额外现金流量。自由现金流量的分类方法很多，根据现金流量的口径，我们可以将其分为企业自由现金流量和股东自由现金流量两大类。为了方便理解，在界定这两个概念之前我们先介绍企业“经营性现金流量”的概念。

（1）经营性现金流量是经营活动产生的现金流量。该现金流量包括销售商品和提供劳务在内。其基本计算公式是：

经营性现金流量=营业收入-营业成本费用-所得税

=息税折旧摊销前利润（EBITDA）-所得税

（2）企业自由现金流量是指扣除税收、必要的资本性支出和营运资本增加后，能够支付给债权人和股东的现金流量。其基本计算公式为：

企业自由现金流量=息税折旧摊销前利润（EBITDA）-所得税-资本性支出-营运资本净增加

=债权人自由现金流量+股东自由现金流量

（3）股东自由现金流量是指满足债务清偿、资本支出和营运资本等所有的需要后所剩下的可以作为股利发放的现金流量，也就是企业自由现金流量减去债权人自由现金流量后的余额。股东自由现金流量的基本计算公式为：

股东自由现金流量=企业自由现金流量-债权人自由现金流量

=企业自由现金流量+（发行的新债-清偿的债务）

=息税折旧摊销前利润(EBITDA)-所得税-资本性支出-营运资本净增加+(发行的新债-清偿的债务)

在持续经营的前提下，企业除了维持正常的资产增长外，如果还能产生更多的现金流量，那么说明该企业有正的自由现金流量。对目标企业现金流量的预测期一般为5~10年，预测的精确度随着预测期长度的增加而降低。评估人员在根据并购企业的管理水平预测目标公司的现金流量时，应先检查目标公司现金流量的历史状况并假设并购后目标公司的运营情况不发生变化。需要注意的是，贴现现金流量法中使用的自由现金流量为实体自由现金流量，即企业自由现金流量。这部分现金流量是目标公司在履行了包括债务本息、优先股股息等在内的所有财务责任并满足了企业再投资需要之后的“现金流量”。这部分的现金流即使全部支付给股东也不会危及目标公司的生存。

2. 估计贴现率或加权平均资本成本

当并购企业的总风险和目标公司的未来风险一致时，可以用目标公司现金流量的贴现率作为并购企业的资本成本，但是并购行为往往会使并购企业的总风险发生变化，这时候就需要对各种长期资本要素成本进行估计。长期资本要素成本主要分为股本资本成本和债务资本成本。

（1）股本资本成本的确定。

目前国外最常见的股本资本成本确定方法有股利增长模型、资本资产定价模型和套利定价模型。由于股利增长模型和套利定价模型目前在我国还缺乏成熟的运用条件，因此国内最常见的是使用资本资产定价模型来估算股本成本。

资本资产定价模型（CAPM）是成熟的风险度量模型，它用方差来度量不可分散风险，并将预期收益和风险很好地联系起来。其基本表达式为：

预期股本成本率=市场无风险报酬率+市场风险报酬率×目标公司的风险程度

通常用下列公式来表示，即：

$$R=R_f+\beta(R_m-R_f)$$

式中：R 为投资者所要求的收益率；R_f 为无风险收益率；R_m 为市场期望收益率；β 为企业对整个市场风险的贡献。

在这个模型中，关键是确定无风险利率、估计风险溢价及 β 值。无风险利率通常被定义为投资者可以确定的预期收益率，在实际操作中，采用长期国债利率作为无风险利率比较合适。在 CAPM 模型中，(R_m-R_f) 就是风险溢价，是股票平均收益率和无风险利率之差。在我国的实际操作中，市场收益率一般是根据上证综合指数和深证综合指数，采用算术平均的方法求得的。β 描述了不可分散风险，它是和企业本身密切相关的参数，无论无风险利率和风险溢价如何确定，每个企业都有自己的风险参数。企业的 β 值一般由企业所处的行业、经营杠杆和财务杠杆水平决定。在计算上，β 值一般通过对目标公司的股票收益率与整个市场收益率回归求得。

（2）债务资本成本的确定。

债务资本成本是指企业在为投资项目融资时所借入的长期负债的成本，企业的债务资本成本主要由利率水平、企业信用等级及税收政策决定。利率水平越高，意味着债权人的机会成本越大，从而债务成本也就越高。企业的信用等级和贷款风险密切联系，在信用等级高的企业，其违约的可能性小，发放的贷款不能收回的概率低，因此信用等级高的企业往往能从贷款发放人那里获得低息贷款。根据税法，利息可以抵减所要上缴的税款，债务在税收上的好处使得债务的税后成本低于税前水平，并且这种好处随着税率的提高而增加。

（3）计算加权平均资本成本。

在得出各个要素的资本成本后，评估人员就可以根据并购企业预期的并购后资本结构来计算加权平均资本成本了。加权平均资本成本（r）是企业为筹集资金而发行的全部有价证券的成本的加权平均值，可以用如下公式表示：

$$r=\sum K_i \times b_i$$

式中：K_i 为各单项资本的成本；b_i 为各单项资本的权重。

一般的模型只计算股本资本成本和债务资本成本，所以加权平均资本成本也可以写成：

$$r=(1-b)\times K_e+(1-t)\times b\times K_b$$

式中：t 为税率；b 为负债所占总资产的比例；K_e 为股本成本；K_b 为债务成本。

3. 计算现金流量现值，估计并购价格

评估人员可根据目标公司自由现金流对其进行估价：

$$V=\sum_{t=1}^{n}\frac{CF_t}{(1+r)^t}+\frac{C}{(1+r)^n}$$

式中：V 为目标公司的价值；CF_t 为在 t 时期内目标公司的自由现金流量；C 为预测期末目标企业的变现价值；r 为加权平均资本成本。

【例 4-1】 A 公司计划并购同行业中与其经营相似的 B 公司，相关资料如下：

（1）经资产评估公司评估，B 公司的资产总额为 5 000 万元，其中负债总额为 3 000 万元，所有者权益总额为 2 000 万元。

（2）A 公司在并购 B 公司时，向 B 公司支付现金 2 000 万元，以后分期代偿 3 000 万元的债务。其中 2 000 万元在两年后到期，利率为 12%；另 1 000万元在一年后到期，利率为 10%。以上长期负债均每年付息一次，到期还本。

（3）经 A 公司预测，若并购 B 公司，前 4 年可望每年增加现金流入量 1 500 万元，以后 2 年每年增加现金流入量 1 000 万元。

（4）若并购过程中需支付的法律费用、可行性咨询费等费用为 25 万元，假设折现率为 12%。

要求根据以上资料，计算并评价此次并购在财务上是否可行？

注：

$$(P/F,12\%,1)=0.892\,9 \quad (P/F,12\%,2)=0.797\,2$$
$$(P/F,12\%,3)=0.711\,8 \quad (P/F,12\%,4)=0.635\,5$$
$$(P/F,12\%,5)=0.567\,4 \quad (P/F,12\%,6)=0.506\,6$$
$$(P/A,12\%,1)=0.892\,9 \quad (P/A,12\%,2)=1.690\,1$$

解：

（1）根据 $V=\sum_{t=1}^{n}\frac{CF_t}{(1+r)^t}$ 计算并购收益：

并购收益

$=1\,500(P/F,12\%,1)+1\,500(P/F,12\%,2)+1\,500(P/F,12\%,3)+1\,500(P/F,12\%,4)+1\,000(P/F,12\%,5)+1\,000(P/F,12\%,6)$

$=1\,500\times0.892\,9+1\,500\times0.797\,2+1\,500\times0.711\,8+1\,500\times0.635\,5+1\,000\times0.567\,4+1\,000\times0.506\,6$

$=5\,630.1$（万元）

（2）计算并购成本：

并购成本

$=2\,000(P/F,12\%,2)+1\,000(P/F,12\%,1)+(2\,000\times12\%)(P/A,12\%,2)+(1\,000\times10\%)(P/A,12\%,1)+2\,000+25$

$=2\,000\times0.797\,2+1\,000\times0.892\,9+240\times1.690\,1+100\times0.892\,9+2\,000+25$

$=5\,007.21$（万元）

（3）此次并购过程中，并购收益大于并购成本，从财务上来说是可行的。

【例 4-2】 A 公司计划在 2019 年年初收购目标公司 B。经测算预计收购后有 7 年的自由现金流，2018 年 B 公司的销售额为 150 亿元，收购后前 5 年的销售额预计每年增长 8%，第 6 年和第 7 年的销售额保持在第 5 年的水平上。要求估计目标公司的价值。［注：销售利润率（含税）为 4%，所得税税率为 25%，固定资本增长率和营运资本增长率分别为 17%和 4%，加权资本成本为 11%］

解：

根据上述资料，将计算结果列于表 4-1。

表 4-1　　自由现金流量计算表　　单位：亿元

年份	2019	2020	2021	2022	2023	2024	2025
销售额	162	174.96	188.96	204.07	220.4	220.4	220.4
销售利润	6.48	7.00	7.56	8.16	8.82	8.82	8.82
所得税	1.62	1.75	1.89	2.04	2.21	2.21	2.21
增加固定资本	2.04	2.2	2.38	2.57	2.78	0	0
增加营运资本	0.48	0.52	0.56	0.6	0.65	0	0
自由现金流量	2.34	2.53	2.73	2.95	3.18	6.61	6.61

根据目标公司的价值 $V=\sum_{t=1}^{n}\frac{CF_t}{(1+r)^t}$，计算出 A 公司能给出的最高并购价格为 16.71 亿元。如果 A 公司能以此价格或者更低的价格购买 B 公司，那么这一并购活动从财务上来讲就是可行的。

总之，以现金流量预测为基础的贴现现金流量法，充分考虑了目标公司未来创造现金流量的能力对其价值的影响，从理论上讲是比较完善的。但企业未来现金流量的不确定性以及贴现率选择的困难可能会影响预测结果的准确性，它的运用要求公司具备较高的决策、分析能力。

（四）其他估价方法

1. 换股合并估价法

如果并购的双方都是股份制企业，也可以通过换股的方法进行并购，此时对目标公司估价的核心任务就是确定换股比例以及支付给目标企业的市盈率。

（1）市盈率（PE 比率）：

$$市盈率=\frac{股票价格}{股票当期每股收益}$$

市盈率又称为 PE 比率，通常有以下三种情况：

①并购企业支付给目标公司的市盈率大于并购企业市盈率，并购后每股收益降低；

②并购企业支付给目标公司的市盈率等于并购企业市盈率，并购后每股收益不变；

③并购企业支付给目标公司的市盈率小于并购企业市盈率，并购后每股收益增加。

（2）股票交换比率：

$$股票交换比率=\frac{对目标公司每股作价}{并购企业每股市价}$$

股票交换比率又称为换股比例，是指为获得目标公司的每一股份所需要付出的并购方企业的股份数量。通常股票交换比率小于 1。

【例 4-3】 A 企业计划以股票交换股票的方式并购 B 企业，并购时双方相关财务资料如表 4-2 所示。

表 4-2　　双方相关财务资料

项目	A 企业	B 企业
净利润（万元）	1 000	300
普通股股数（万股）	400	200
每股收益（元）	2.5	1.5
每股市价（元）	40	15
市盈率（倍）	16	10

现假设两企业并购后收益能力不变，并购后存续 A 企业的盈余总额等于原 A、B 两企业盈余之和。

（1）若 A 企业分别对 B 企业股票每股作价 18 元、24 元和 27 元，并购后的 A 企业每股收益分别为多少？是降低还是增加？为什么？

（2）若 B 企业同意其股票每股作价分别为 18 元、24 元和 27 元，并购后 B 企业股东持有 A 企业的股票相比之前持有 B 企业的股票每股收益如何变化？

（3）若 A 企业实施并购方案后，存续的 A 企业能产生较好的协同效应，估计每年增加净收益 80 万元，那么按每股 27 元的价格交换 B 企业股票的并购方案是否可行？

解：

（1）对 B 企业每股作价 18 元时，每股收益＝（1 000+300）÷（400+200×18÷40）＝2.65(元)>2.5(元)，并购后的 A 企业每股收益上升。因为并购企业支付给目标公司的市盈率 12 倍（18÷1.5）小于并购企业的市盈率 16 倍。

对 B 企业每股作价 24 元时，每股收益＝（1 000+300）÷（400+200×24÷40）＝2.5(元)，并购后的 A 企业每股收益不变。因为并购企业支付给目标公司的市盈率 16 倍（24÷1.5）等于并购企业的市盈率 16 倍。

对 B 企业每股作价 27 元时，每股收益＝（1 000+300）÷（400+200×27÷40）＝2.43(元)<2.5(元)，并购后的 A 企业每股收益下降。因为并购企业支付给目标公司的市盈率 18 倍（27÷1.5）大于并购企业的市盈率 16 倍。

（2）对 B 企业每股作价 18 元时，由于 0.45×2.65−1.5＝−0.31(元)，并购后 B 企业股东持有 A 企业的股票相比之前持有 B 企业的股票每股收益下降。

对 B 企业每股作价 24 元时，由于 0.6×2.5−1.5＝0(元)，并购后 B 企业股东持有 A 企业的股票相比之前持有 B 企业的股票每股收益不变。

对 B 企业每股作价 27 元时，由于 0.675×2.43−1.5＝0.14(元)，并购后 B 企业股东持有 A 企业的股票相比之前持有 B 企业的股票每股收益上升。

（3）若 A 企业实施并购方案后，存续的 A 企业能产生较好的协同效应，估计每年增加净收益 80 万元，则存续的 A 企业每股收益＝（1 000+300+80）÷（400+200×27÷40）＝2.58(元)>2.5(元)。因此，按每股 27 元的价格交换 B 企业股票的并购方案可行。

如果有股票价格为 Pa 的 A 公司计划并购股票价格为 Pb 的 B 公司，并购后 A 公司的市盈率为 PE，用 Ya 表示并购前 A 公司的盈余；用 Yb 表示并购前 B 公司的盈余；Sa、Sb 分别为并购前 A、B 公司流通的普通股股数；ΔY 为由于协同效应产生的协同盈余；ER 为换股比率。则并购后 A 公司的股票价格为：

$$Pab=PE\times(Ya+Yb+\Delta Y)\div(Sa+ER*Sb)$$

从理论上讲，A 公司的股东希望并购后公司的股票市场价格大于并购前公司的股票价格，即 $Pab>Pa$；对于 B 公司的股东而言，他们要求并购后拥有的 A 公司的股票价值总额大于并购前拥有的 B 公司的股票价值总额，即 $Pab>Pb/ER$。

令 $Pab=Pa$，可以得到最高的股票交换比率为：

$$ERa=\{PE*(Ya+Yb+\Delta Y)-PaSa\}\div(Pa*Sb)$$

令 $Pab=Pb\div ERb$，可以得到最低的股票交换比率为：

$$ERb=Pb*Sa\div\{PE(Ya+Yb+\Delta Y)-Pb*Sb\}$$

由此我们可以看出，换股比例应该在 ERa 与 ERb 之间，具体取何值取决于主并企业和目标公司双方的谈判。

2. 期权估价方法

期权估价法是企业价值评估的一种新方法，其中以布莱克-斯科尔斯（Black-Scholes）的期权估价模型最为著名。期权是一种允许持有者在未来某个时期或该时期以前，按照某特定价格买入或者卖出某种特定资产的权利。期权总价值由期权的“内在价值”和“时间价值”构成。布莱克-斯科尔斯在二项式期权定价模型的基础上，运用无风险完全套期保值和模拟投资组合，建立了著名的布莱克-斯科尔斯期权模型。

运用期权估价方法评价目标企业的价值，用公式表示为：

$$V=V_1+V_2$$

式中：V 为目标企业的价值；V_1 为利用传统方法确定的价值；V_2 为利用布莱克-斯科尔斯（Black-Scholes）公式确定的期权价值。

企业并购中可能涉及的主要实物期权类型有：

（1）延迟期权（Option to Defer）。这是一种择购权，当市场情况发生变化，不利于并购企业时，并购企业可以延缓并购，等待有利时机的到来，当条件成熟时再进行并购。

（2）放弃期权（Option to Abandon）。在实施并购以后，由于行业或市场环境的变化，目标企业存在经营效益变差、发展前景不好的风险。在这种情况下，并购企业可以将目标企业整体或部分出售，规避并购的风险。并购企业实际上相当于买进了一份择售权。

（3）追加投资期权（Option to Latter Investment）。企业拥有根据经营状况的好坏来调整经营规模的权利。企业的这种权利使企业具有更高的价值。当目标企业的产出和市场销售比预期的好时，并购企业可以追加对目标企业的投资，充分发挥被并购企业价值增值贡献的能力。

（4）转换期权（Option to Switch）。从资产的专用性角度看，如果投资项目的资产专用性不高，具有动态的可转换的功能，当未来市场需求或产品价格改变时，企业可利用相同的生产要素，选择生产对企业最有利的产品；也可以投入不同的要素来维持生产特定的产品。管理者可根据未来市场需求的变化来决定最有利的投入与产出，也就是管理者拥有转换期权。

作为传统方法的改进，实物期权方法能够将决策者根据市场情况进行调整的决策柔性纳入模型进行评估，使评估结果能更客观、科学、全面地反映目标企业的真实价值。然而现行的实物期权定价理论却忽略了一个事实，即并不是所有的企业都具有突出的期权特性。在并购的整个过程中，如果并购企业未加分析就直接把各种期权简单加总，则容易将目标企业的价值高估。这对于并购方来说是很危险的，它会使并购方对并购过于乐观而支付过高的并购价格，但并购后整合产生的收益却无法弥补并购所支付的价格，这往往会导致企业并购战略的失败。

第三节　企业并购的出资方式

在企业并购活动中，支付款项是完成交易的最后一个环节。事实上，出资方式与并购价格的形成以及企业并购的融资选择是紧密联系、不可分割的。因此，出资方式的选择是整个并购环节中极其关键的一环。在本节中我们主要讨论企业并购的主要出资方式及各种出资方式的优缺点，最后介绍影响出资方式的主要因素。

一、主要的出资方式

在实践中，企业并购的出资方式主要有现金支付、股票支付以及综合证券支付（混合证券支付）等。

（一）现金支付

现金支付亦称现金收购，是指收购方公司通过支付一定数量的现金取得目标公司所有权的行为。现金支付的特点有估价简单、对目标公司有利、收购交易迅速、多用于敌意收购。

通常，凡是不涉及发行新股票的支付都可以称为现金支付。并购公司通过直接发行某种形式的票据完成的收购也可以称为现金支付，因为目标公司股东获得的票据在某种程度上讲只是推迟的现金支付。现金支付方式是企业并购支付方式中最直接、快速、简单的支付方式。在所有的并购案例中，现金支付占有很高的比例。现金支付的一个鲜明特征是一旦目标公司的股东收到对其所持有股份的现金，就失去了对原公司的任何权益。

（二）股票支付

股票支付又称换股并购，是指收购公司按一定比例将目标公司的股权换成本公司的股权，目标公司从此终结或者成为收购公司的子公司。股票支付的特点包括：不影响并购企业的现金状况，目标公司的股东成为并购企业的股东，股本结构发生变化，多用于善意收购。

根据具体方式的不同，股票支付又可以分为三种情况：

（1）增资扩股。增资扩股是指收购公司采取发行普通股或可转换优先股来替换目标公司的股票从而达到收购目的的行为。

（2）库存股换股。在有些国家，比如美国，法律允许收购公司将库存的那部分股票来替换目标公司的股票。

（3）母子公司交叉换股。此方式的特点是收购公司本身、收购公司的母公司以及目标公司之间都存在换股的三角关系。在换股后，目标公司要么消亡，要么成为收购公司或收购公司母公司的子公司。

（三）综合证券支付（混合证券支付）

采用综合证券支付进行并购是指并购方的出资不仅有现金、股票，还有认股权证、可转换债券和公司债券等多种混合形式。综合证券支付的特点包括避免支付更多的现金，估价简单，防止控股权的转移。

在实际的并购活动中，并购企业很少采用单一的支付方式来出资，一般都会结合几种方式，采用混合支付的办法出资。从各国的并购实践来看，综合证券支付在所有并购支付方式中所占比例呈不断上升趋势。

此外，在杠杆收购（即LBO，是指收购方以目标公司的资产或将来的现金收入作为抵押向金融机构贷款，并用贷款收购目标公司的方式）中，通常由投资银行安排过渡性贷款收购目标公司，一旦收购成功，目标公司将在投资银行的安排下发行高收益债券（又称垃圾债券），所筹集的资金用于偿还过渡性贷款。

二、对三种出资方式的评价

（一）对现金支付方式的评价

现金支付方式，其估价简单明了，操作简单，并购速度快，在进行敌意收购时优势明显。对目标公司的股东来讲，现金支付可以使其虚拟资本迅速转换为现金，不必承担任何证券风险，即时得利，而且也不会受并购后公司发展前景、利息率和通货膨胀变化的影响，因此现金支付往往是目标公司股东最乐意接受的出资方式。但是现金出资方式使得目标公司的股东无法推迟资本利得的确认时间，从而不能享受税收上的优惠政策，也不能拥有新公司的股东权益。对于并购方企业而言，现金支付最大的优势是速度快，使得有敌意情绪的目标公司无法获取足够的时间来采取反收购措施，也可以打潜在的竞争对手一个措手不及，有利于收购交易快速平稳完成；同时，并购企业在获得目标公司控制权的同时不会稀释现有股东权益；此外，用现金支付可以在某种程度上向外界表示并购后企业获得强大现金流的能力。但是，现金支付是一项沉重的即时负担，是以可能丧失潜在的良好投资机会为代价的，要求企业确实有足够的现金流和筹资能力；此外，并购的交易规模也会受到获利能力的限制。现金支付是早期并购交易主要的支付手段，但是随着资本市场的迅速发展以及各种金融支付工具的出现，纯粹的现金支付在现代并购活动中已不多见了。

（二）对股票支付方式的评价

用股票支付对于目标公司的股东而言，可以推迟收益确认时间，达到延迟纳税的目的；另外，由于目标公司的股东仍然保留其所有者权益，因而能够享受并购后公司实现价值增值的好处。但是股票支付增加了目标公司股东收益的不确定性，当并购公司的估价下跌时，目标公司的利益自然会受到损害。对并购方企业而言，采用股票支付方式不需要支付大量的现金就可以控制目标公司，免除了即时付现的压力，不会挤占营运资金，可以减少支付成本；同时，可以在短时间内迅速筹集大量资金，使得大规模的并购交易成为可能。但是，股票支付会在某种程度上改变公司的资本结构，稀释了原有股东的权益及其对公司的控制权；从另外的角度考虑，用股票支付可能对外预示并购方的估价被高估或者企业的预期未来现金流量会有不利变化，表明并购后的企业利用内部资金抓住投资机会的能力较弱；另外，股票的发行要受证监会和证券交易所各种规则的限制，发行手续烦琐、迟缓，不仅使得有敌对情绪的目标公司有时间组织反并购措施，而且还可能引起潜在的竞购对手参与竞购从而抬高并购价格。近几年的并购案例表明，股票支付无论是在交易笔数还是交易金额上都超过了现金支付方式，而且趋势越来越明显。

（三）对综合证券支付方式的评价

对并购企业而言，综合证券支付方式可以将多种支付工具组合在一起使用，兼有各种支付方式的优点，如果能根据实际情况搭配得当，不仅可以避免支付过多的现金而造成的财务结构恶化，还可以有效防止并购方原有股东股权稀释而造成的控制权的转移。但是，并购双方股东利益和并购价格的影响是十分复杂的，在不同的情况下，各种证券所占权重不同，其影响亦不一样。因此，综合证券支付方式是一种技术含量相当高的支付方式，一般需由投资银行经过周密设计来确定各种不同证券的比重，必要时还要进行模拟分析来推测市场的反应，因而操作起来相当复杂。采用综合证券支付能够满足并购双方的要求，便于双方相互妥协达成一致，较易为双方接受。综合证券支付方式已经被越来越多地采用，成为最主要的支付手段之一。

此外，运用杠杆收购方式，收购方只需要较少的自有资金，主要是以目标公司作为担保借债来完成收购，由此可以合理避税，减轻税负；同时，由于目标公司的未来收入具有很大的不确定性，使得投资者需要较高的收益率作为回报，具有杠杆效应。杠杆收购很多是由管理层推动的，管理层对公司的情况十分了解，他们接管公司后往往能使公司焕发出惊人的活力。但是杠杆收购会使资本结构中的债务比例过大、贷款利率过高，收购方在沉重的债务压力下，一旦出现经营不善的情况，很可能被巨大的债务压力压垮。

三、影响支付方式的因素

并购中支付方式的选择要根据具体情况而定，首先要顾及自身的实际情况，考虑本企业资产的流动性和在金融市场上融资的能力等因素，还要考虑本企业股东对资本结构变化的反应以及目标公司股东、管理层的具体要求和资本结构。

（一）企业的财务状况

如果目标公司的现金流比较充足，资本结构、财务状况很好，或者在其股票的市值被低估时，并购企业可以使用现金支付方式出资并购；相反，如果目标公司的财务状况不好，财务风险很大，或者在目标公司的股票价值被高估时，并购企业用股票支付方式出资比较合理。

（二）股东的意见和要求

收购方案必须得到股东大会的支持并通过。股东一般关注的是控制权的稀释问题，除非收购后的企业面临较大的风险或者企业无法筹集足够的现金来支付，否则他们一般倾向于使用现金、资产置换等非股权形式，而不愿意采用股票支付的办法。

（三）资本市场的完善程度

在资本市场发达的西方国家，金融工具品种繁多，融资的成本相对较低，选择范围大。在我国，资本市场尚不成熟，各种金融工具欠缺，融资成本高，所以直接融资渠道少，企业能选择的支付形式比较有限。

（四）目标公司的情况

目标公司的股东对并购行为的态度在很大程度上会影响支付方式。比如，在目标公司对并购存在敌对情绪的情况下，股票支付是很难实施的；在目标公司的股东对并购后企业的发展持乐观态度的情况下，他们倾向于股票支付以期获得更多的未来收益；当目标公司的股东发现新的更好的投资机会或者有意撤资的时候，他们可能只会接受现金支付的方式。

我国企业并购的支付方式主要是现金支付，并且通常和某种程度的分期付款相结合，采取的方式一般是现金购资产或者现金购股票。由于受融资渠道的限制，并购现金主要来源于企业的原始积累，其次是银行贷款或发行股票、债券等。但后者受现行金融体制的制约，实施的规模比较小。支付方式的简单、落后，使得大规模的并购受到资金瓶颈的制约。与国外相比，我国并购涉及的金额相对较小。

最近几年，我国也出现了股票支付的并购案例，但是我国的股票并购中较常见的是资产折股。资产折股的常见做法是以商定的价格将目标公司折算成股金投入并购方，常用于控股母公司将下属资产通过上市子公司的壳“借壳上市”，或者是并购方将资产注入合资公司以达到控股的目的。除了资产折股之外，以股换股的方式只出现在流通股所占比重较大的并购中。但是由于目前我国证券化程度低以及上市公司中非流通股所占比例很高，因而以股换股的案例屈指可数。虽然《上市公司收购管理办法》规定上市公司收购可以采取股票支付，意味着换股、定向增发等国际通行的并购手段在我国都可以尝试，但是《公司法》《证券法》对上市公司增发新股作了严格的规定。过去的实践表明，只有少数的企业采用了股票支付的方式，大多数公司都不具备换股、增发新股的条件。

另外，由于我国的市场经济体制尚在完善中，大部分的法人股和国有股都还不能上市流通，在这种特殊的背景下出现了一些特殊的支付方式，比如在政府的直接干预下，经营不善、陷入困境的目标公司被无偿划转给收购方企业。在这种所谓的政府无偿划拨方式下，国家通过行政手段将国有企业的控股权从一个国有资产管理主体转至另一个国有资产管理主体，而受让方无须向出让方做出现金、股票支付等补偿。这种支付方式虽然交易成本低、阻力小、速度快、产权整合力度大，而且并购方往往还能享受到当地政府给予的多种优惠政策，但这种掺杂了太多政府意愿的“拉郎配”可能会使并购企业背上沉重的包袱，即使没有形式上的支付，大量的安置和剥离成本也往往会成为并购方企业不能承受之重。

由此可见，我国的企业并购支付存在不同于西方的特殊情况，要发展和完善我国企业并购中的出资方式应立足于我国企业并购支付的现状，针对现行支付手段存在的问题，借鉴西方发达国家的成功经验，走适合自己的道路。

第四节　企业并购的融资管理

企业并购中所需要支付的大量资金需要通过融资来解决，所融资金的充裕程度往往成为决定并购成败的关键因素。企业具体采用何种融资渠道要受并购双方的财务状况、并购中支付方式的选择、融资后风险等诸多因素的共同影响；并购行为能否成功、并购后企业风险的高低在一定程度上要由融资管理决定。本节主要介绍并购融资的渠道以及融资方式的选择。

一、企业并购的融资方式

企业既可以从内部融得，也可以从外部取得并购所需资金。内部融资是指企业从内部开辟资金来源渠道以筹集所需资金，主要是通过销售商品和提供劳务取得。使用内部资金融资可以减轻企业的税负并且不会受资金提供者过多的监督。但企业内部资金的积累是一个漫长的过程，一般而言其数量是相当有限的，而并购所需的巨额资金很难通过内部途径就可以完全解决。因此，内部融资一般不作为并购融资的主要方式。外部融资在并购融资中往往扮演着更为重要的角色。外部融资是指企业从外部开辟资金来源渠道，向企业以外的经济主体筹集资金，主要包括股票融资、债务融资、混合融资以及其他的特殊融资方式。下面我们将分别介绍这几种融资方式。

（一）股票融资

股票融资又称权益融资，是西方国家最常见的融资方式，具体又分为普通股融资和优先股融资。

普通股是股份有限公司发行的无特别权利的股份，也是最基本、最标准的股份。发行普通股筹集的资金具有永久性，没有到期日也无须偿还，并且没有固定的股利负担，股利的支付与否以及支付的比例要根据并购后公司的盈利状况和经营需要来决定，因此发行普通股筹资的风险较小。它还可以反映公司的实力，提高公司信誉，增强公司的举债能力；在通货膨胀的情况下，由于普通股随着不动产升值，发行普通股筹资还可以在一定程度上抵消通货膨胀的不利影响。但是由于普通股的投资风险高、普通股股利不具备抵税的作用以及较高的发行费用，造成普通股的资本成本较高；另外，普通股筹资会增加新股东，可能会造成公司控制权的分散；此外，新股东分享并购公司未发行新股前积累的盈余，会降低普通股的每股净收益，可能导致股票价格的下跌。

优先股又称特别股，是股份公司专门为想获得优先特权的投资者设计的一种股票，一般会预先约定优先股的股息收益率，股东有优先领取股利和分配剩余财产的权利，但是没有选举权和投票权。并购公司通过发行优先股可以以固定的成本融得资金，由于优先股的收益率是事先确定的，因而成本相对较低；相对负债来说，优先股也没有到期还本的压力；由于优先股的股东没有选举权和投票权，并购公司的普通股股东就可以避免控制权的分散。但是优先股的成本相对负债来说还是较高，并且由于其承担了相对较高的风险却只可以享受固定的收益，所以发行时的吸引力往往不够。

在实践中，并购企业要采用股票融资的方式一般有两种途径：

1. 发行新股或者向原股东配售新股

发行新股或者向原股东配售新股，即企业通过发行新股票并用所得资金来支付并购的价款。无论是发行新股还是向原股东配售新股，其实质都可以看成企业用自有资金进行并购，因此财务费用较低，可以降低并购成本。这种方法其实也是以公司的股权换资金，并用筹集起来的资金以现金的方式支付给目标公司的股东，在某种程度上也可以理解为一种现金支付方式。

2. 换股并购

换股并购是指并购企业以股票作为并购的支付手段。最为常见的是并购企业通过向特定的投资者（通常是原股东）发行新股并以此替换目标公司的股票，这也叫定向增发。如上一节所述，虽然换股并购有很大的优势，但是在我国其运用还是受很多因素的限制，一般只出现在善意并购案例中。

（二）债务融资

债务融资是指并购企业向外举债而获取资金的方式，其中包括银行信贷融资和发行债券融资。

1. 银行信贷融资

银行信贷融资主要是指企业根据借款合同或协议向商业银行等金融机构获得贷款的行为。这种贷款不同于一般的商业贷款，它要求并购方企业提前向可能提供贷款的金融机构提出申请，即使涉及商业秘密，也要就可能出现的情况进行坦诚磋商，因为这种贷款金额大、期限长、风险高。银行贷款是企业资金的重要来源，更是企业并购融资的主要方式。如果企业并购资金是以负债为主，那么企业和银行同时都要承担很高的潜在风险，所以银行等金融机构在提供贷款时，往往要求并购企业以并购后的现金流作为担保，并且要求对收购的资产或股权享有一级优先权。

银行信贷融资程序相对较简单，中间费用也很低，能够保证企业在短时间内以较低的资金成本获得并购所需的巨额资金。但是这种贷款的获得难度相当大，因为首先银行一般不会向企业提供这种高风险的贷款；其次，企业如果想从银行取得这种贷款，就必须公开其财务、经营状况，并在以后的经营中受到银行的种种制约；此外，一旦优先级别的贷款不能满足资金需求，企业如果想再通过其他方式来融资，融资成本就会提高，因为此时企业的风险等级已经提高。

2. 发行债券融资

企业债券是指企业按照法定程序发行，约定在一定时期还本付息的有价证券，主要包括企业债券、垃圾债券等。在企业的并购活动中一般使用的是抵押债券和担保债券。抵押债券是以某种实物资产作为还本付息的保证的债券，如果债券发行者到期无力偿还债券的本息，债权人有权处置抵押的资产用来偿还本息。担保债券不用企业的实物资产作为抵押，但是需要其他企业、组织或者机构的信用担保，并购中常用的担保债券一般是由并购方企业提供担保的目标公司发行的债券。

除各种企业债券以外，一种新型的融资工具"垃圾债券"于20世纪80年代开始盛行，它是一种资信评级低于投资级或未被评级的高收益债券。垃圾债券一般由投资银行负责承销，保险公司、风险资本投资公司等机构投资者作为主要债权人。垃圾债券的两个最明显的特征为高风险和高收益。垃圾债券没有传统贷款的现实资产保证，不能保证像传统贷款一样能及时有保障地收回贷款；它以未来资产作为保证，具有很高的不确定性，因此风险很高。高风险投资者必定要求高回报。效率低、信誉低的企业发行高收益率的债券，可以吸引那些在市场上寻求高额收益的资金。对于发行企业来说，发行这种债券可以筹集大量资金，而债券的购买者为了获得高收益也愿意购买这种高风险的债券。垃圾债券的产生为并购企业特别是杠杆收购提供了重要的资金来源。

与股票融资相比，债券利息是税前支付，具有抵税的功能；利息以及本金的支付是固定的，风险较低因而筹资成本也低；并且债券的发行不会稀释股东的控制权，很容易得到股东的支持。但是，定期还本付息会给企业造成很大的压力；另外，在我国现行的政策和法规的限制下，发行债券的程序相当复杂并且发行规模受到严格限制，一般很难满足企业并购时的融资需求，发行垃圾债券更是不可能。因此，在现阶段发行债券融资只能作为国外成功的一种并购融资方式加以借鉴。

（三）混合融资

除了上述的股票、债券融资以外，还有既带有权益特征又带有债务特征的特殊融资工具，也称为混合融资工具，这些混合融资工具在现代企业并购活动中扮演着越来越重要的角色。这里主要介绍两种常见的混合融资工具，即可转换债券和认股权证。

1. 可转换债券

可转换债券是指可以被持有人依据一定的条件将其转换为企业股票的债券。可转换债券是一种很好的筹集长期资本的工具。在发行初期，可转换债券可以为投资者提供固定的利息报酬；当企业资本报酬、普通股股价上升的时候，投资者又有将其转换为股票的权利。这实际上是一种负债和权益相结合的混合融资工具，它为投资者提供了有利于控制风险的选择权利。

对于并购方企业来说，通过发行可转换债券，不仅能使公司以比普通债券更低的利率和更宽松的契约条件出售债券，而且还提供了一种能以比现行价格更高的股价出售股票的方式，有利于获得低成本的长期资本。对于目标公司而言，可转换债券不仅具有债券的安全性，而且还具有股票的预期收益分享能力；另外，可转换债券提供的选择权可以使目标公司的股东在预期股票价格开始上升时行使选择权。但是当股票价格迅速上涨并远远高出转换价格时，发行可转换债券可能使并购方承受财务损失，所以一般并购企业会规定一个债券回赎条款以减少这种风险。如果股票价格没有像预期的那样上涨，并购双方都会受到损失，并购方企业损失的是未来的融资能力，目标公司则会由于不能行使转股权而只能获得很低的债券利息收入。只要目标公司的股东行使转股权，一个无法避免的事实是并购方企业的控制权会稀释。

2. 认股权证

认股权证是上市公司发出的证明文件，赋予它的持有人的一种权利，持有人在指定的时间内，有权以指定的价格认购该公司发行的一定数量的新股。认股权证通常随着企业的长期债券一起发行。就本质而言，认股权证和可转换债券既有相似之处又有不同的地方：在进行转换时，两者都是由企业债务形式转换为股票形式，但是可转换债券是由债券资本转换为股票资本，而认股权证则是新资金的流入，可以用来增资、偿债或者收购别的企业。对于并购方来说，认股权证不仅可以避免目标公司的股东马上成为本公司的股东从而造成控制权分散，还可以延迟支付股利，为公司提供额外的股本基础，而且对并购方企业目前的股东利益不会造成影响。目标公司的股东之所以愿意购买认股权证是因为看好公司的发展前景，并且认股权证通常都比较便宜，认购款可以延迟支付，只需要很少的资金就可以转卖认股权证而获利。当然发行认股权证也有不利之处：如果在认股权证的行使时间段内并购企业的股价大大高出认股权证约定的价格，发行企业会蒙受很大的融资损失；相反，在股票价格低于认股权证约定的价格时，目标公司的认股权证会失去价值，同时并购方企业由于股票价值下跌会承受更大的损失。

（四）特殊融资方式

特殊的融资方式主要是指杠杆收购融资和卖方融资。

1. 杠杆收购融资

杠杆收购是通过增加并购方企业的财务杠杆去完成并购交易的一种并购方式，它的实质是并购企业首先以负债的方式取得目标公司的产权，然后用目标公司的资产或者现金流来支持偿还债务。杠杆收购通过精心的财务结构设计，可以使并购中的资本投资降低到交易价格的10%甚至更低；换言之，杠杆收购中债务融资的比例可以高达90%以上。这种融资方式的出现使得小公司收购大公司成为可能，大大拓展了并购范围。杠杆收购的优势十分明显，收购方以少量的自由资金便能融得大量并购资金。采用此方法，公司的负债比率大幅度提高，财务杠杆效应显著增强，能给股东带来很高的收益率；与此同时，由于负债的减税效应使得企业税负大大降低。当然，一旦发生经营不善或者出现其他不利因素，企业资本结构中过高的负债比率造成的财务压力很可能导致企业迅速破产。

2. 卖方融资

在企业并购中，一般都是由买方融资，但是当卖方因种种原因急于出售资产或买方没有条件从贷款机构获得抵押贷款时，卖方可能愿意以低于市场平均利率水平的利率为买方提供并购所需的资金，这种融资方式即卖方融资。在卖方融资的条件下，买方要在完全付清货款以后才能获得资产的全部产权；如果买方出现无力还贷的情况，卖方有权收回该资产。在分期付款条件下以或有支付的方式购买目标公司是比较常见的卖方融资方式。它是指并购双方完成并购交易后，并购方并不全额支付并购的价款而只是支付其中的一部分，剩下部分在并购后的若干年内分期支付。分期支付的款项根据并购后的实际业绩决定，业绩越好，支付的款项也就越高。卖方融资对于促进并购行为无疑是十分有利的：并购方能以目标公司提供的低成本资金控制目标公司，省去了大量融资成本和时间；对目标公司而言，能达到其迅速出售的目的，并且由于分期收到并购款项，从而可享受递延税负带来的好处。但是由于这种或有支付的期限一般只有几年，目标公司可能有意运用会计政策等手段使并购方支付尽量多的款项，从而危及公司的长远发展，此时采取换股并购的方法将双方的利益联系在一起可能是一种比较理想的解决方案。

二、并购融资方式的选择

并购融资和一般的企业融资一样，必须遵循使资本结构达到最优化的原则。但是由于并购融资会对并购企业的财务状况以及权益价值产生一些特殊的影响，对于并购企业来说，在融资过程中，首先应该根据具体情况选择适合企业及并购项目的融资方式，然后还应该分析不同融资方式及融资结构安排对企业财务状况的影响。融资的顺序一般遵循先内部融资，再债务融资，最后权益融资的步骤。这是因为内部融资风险最小，保密性最好，方便且费用最低；债务融资速度快，成本较低，保密性也较高，是信用等级高的企业一种极好的外部融资途径；权益融资保密性差，速度慢且成本很高，控制权也很容易受到稀释，但是这种方式所能获得的资金数量是相当可观的。这种融资顺序的选择仅仅是从成本的角度来考虑问题。我们还应该根据企业自身的资本结构来决定融资工具的类型，也就是在财务杠杆收益和财务风险之间寻求一种平衡。最后，我们还要对融资工具进行设计，主要包括期限的长短、利息率的高低以及采取何种方式发行。

在并购实践中，融资方式的选择往往是和支付方式的选择紧密联系的，甚至可以说在决定采取以何种方式支付并购价款的同时，并购的融资方式应该是已经确认了的。下面我们将简要介绍不同支付方式下的融资管理：

（一）现金支付方式的融资管理

现金支付会给并购方造成沉重的现金负担，通常企业都不可能有足够的流动资产变现后支付给目标企业，所以并购企业一般都要到外部去寻找资金来源。常见的筹资方式有增资扩股、向金融机构贷款、发行企业债券、发行认股权证，或者是这几种融资方式的综合运用。

（二）股票或综合证券支付方式的融资管理

随着并购交易规模的扩大以及现金支付本身存在的种种缺陷，现在并购资金的支付很大部分都要靠股票或者综合证券来支付。并购企业选择用股票或者综合证券来支付，其发行的证券要求是已经或者即将上市的，因为这样证券才有流动性并有一定的市场价格作为换股参考。并购企业在选择用股票或综合证券支付时，除了可以发行普通股、优先股以及债券外，还可以有认股权证、可转换债券等多种混合形式。

（三）杠杆并购方式的融资管理

杠杆并购通常都与发行垃圾债券联系在一起，甚至被完全画上等号，但是发行垃圾债券只是杠杆并购中最主要的融资工具。杠杆收购的实质在于以小比例的自有资金支撑大比例的负债。在杠杆收购的融资安排中，并非都是以垃圾债券为主；在一些杠杆收购中，靠资产担保或抵押得到的一级和次级银行贷款所占的比例可以高达60%，另外还有10%左右的权益融资。因此，杠杆并购的融资方式是多种多样的，除了垃圾债券以外，普通股、优先股、可转换债券、认股权证以及各种金融机构贷款等都可以作为融资手段。

【例 4-4】企业并购案例——盈动收购香港电讯①

2000 年 2 月 27 日香港电讯的母公司大东电报局正式表示，愿意转让香港电讯的控制权给李泽楷掌握的盈科数码动力（以下简称“盈动”），双方达成收购协议。盈动此次出价 359 亿美元，向大东电报局收购香港电讯 54%的股权。

---

① 案例来自浙江工商大学财务与会计学院网站。

香港电讯近来每年都有超过100亿港元的收入；而李泽楷的盈动1999年才成立，当时还没有实实在在地挣到钱——1999年的中期报表显示，盈动亏损了3 970万港元。以收购期间的股票价格计算，盈动与香港电讯的市值之和达6 000亿港元，这个数字仅次于在香港上市的中国电信和汇丰银行，名列第三。盈动要收购成功，必须要有相当数额的现金作饵，才能吸引正急需资金调用的英国大东电报局，所以盈动首先需要解决的问题是钱。盈动的市值虽过千亿，但手头可动用的现金只有240亿港元，并不足以收购香港电讯这头巨象。故李泽楷静观其变，以便寻找适当的时机。

与此同时，大东电报局招来了新加坡电信。新加坡电信是新加坡的国有电话公司，由时任新加坡内阁资政李光耀的次子李显扬主管，市值2 600多亿港元，手中可动用的资金达930亿港元，是盈动的数倍，颇具实力。李泽楷表示，香港电讯对盈动有三方面的吸引力：其一是他看好香港电讯的管理层，其二是它具有覆盖面较广的固定网络资产，其三是看好它目前与其他伙伴之间的合作项目。为了增加收购香港电讯的本钱，盈动一方面进行配股，以每股23.50港元配售2.05亿股，筹集10亿美元；另一方面着手向银行贷款。一个星期后，即2000年2月22日，由中国银行、汇丰银行、巴黎国民银行以及巴克莱银行组成的银团答应向盈动贷款130亿美元，折合港元1 000多亿元。其中，中国银行占50亿美元，汇丰占40亿美元。盈动以香港电讯股份作为这笔巨额贷款的抵押品，整笔过渡期贷款分为6个月及1年期两部分。同时，盈动的两家战略性伙伴，美国的CMGI及日本光通信各向盈动注资5亿美元。

大笔的融资增强了盈动的收购实力。可是消息再次提早外泄，盈动不能在2月14日复牌，而香港电讯在同一天恢复交易后，在抢购消息的刺激下，股价暴涨，从停牌前的17.65港元涨至27.65港元，并以26.4港元报收。到了下一个交易日，盈动复牌，股价升至26港元，市值也已超过200亿港元。由于股价发生了变动，谈判的基础就不同了。在资金充裕的情况下，盈动提出了两个收购方案，分别为纯股票方案和混合式方案。根据方案一，盈动将以1.1股盈动股份换取1股香港电讯股份。按此方案计算，香港电讯每股24.37港元，市值380亿美元，约合2 860亿港元。根据方案二，每股香港电讯可换取0.711 6股盈动，另加7.23港元现金。按此方案计算，香港电讯每股22.98港元，市值359亿美元，约合2 700亿港元。后者的优点在于能够大量套现，比较符合急于卖掉香港电讯套取现金的大东电报局的要求。而新加坡电信和大东电报局谈判时，香港电讯股价在16港元上下，所以新加坡电信开出的价码也就是16港元左右。按照新加坡电信的出价，香港电讯的总值不到300亿美元。由于香港电讯的总股本为119.6亿美元，盈动的两种定价分别使香港电讯的总值为2 900多亿港元和2 750亿港元。而按照新加坡电信的出价，香港电讯的总值大约在2 000亿港元上下。以大东电报局持股54%计算，大东电报局方面因被盈动收购可获益400亿港元以上，且还持有新公司的部分股权。

在这场并购战中，盈动是个大赢家：①收购协议使其股价与市值飙升，这也直接降低了其收购成本；②盈动配股集资超额10倍认购，表明盈动获得投资者认可与支持，声誉得到进一步提高；③盈动出价主要以换股方式，所花费不多，却能收购香港电讯。

第五节 杠杆并购

一、杠杆并购的概念及特点

杠杆并购是企业并购的一种特殊形式，其实质是以债务资本为主要融资工具，通过收购者的大量举债来向目标公司的股东购买公司股权，而这些债务资本大多是以目标公司的资产或未来现金流为担保而获得的。它主要是运用财务杠杆加大负债比例，以较少的资金投入融得数倍的资金，对目标企业进行收购、重组，使目标企业产生较高盈利能力后，再伺机出售或进行经营的一种资本运作方式。杠杆并购有两个突出的特点：①并购资金来源主要是债务性融资。并购公司利用财务杠杆，调整负债和股本的比率，在资本市场上取得完成并购所需要的大部分资金，这里的“大部分”一般是70%~90%。②杠杆并购的中介一般是专门从事杠杆并购的投资银行或投资基金。由于杠杆融资的资金主要来源于外部融资，并且风险较高，杠杆并购只有依赖于拥有经验丰富的专业金融机构和专业人士才能完成。

二、杠杆并购的融资方式

杠杆并购始于20世纪60年代的美国。与一般企业并购相区别，杠杆并购往往通过大量举债来融资，主并方的自有资金只占并购总额的10%~30%。杠杆并购中，垃圾债券往往成为一种主要的筹资工具。主并方充分利用财务杠杆，以小比例的自有资金支持大比例的负债资金。其融资结构往往体现为混合融资方式，包括金融机构信贷、抵押贷款、发行商业票据、发行企业债券（高级债券、次级债券、垃圾债券、可转换债券等）、发行认股权证、发行股票（优先股、普通股等）、卖方融资等多种融资工具。据悉在一些杠杆并购中，靠资产担保或抵押得到的一级和次级银行贷款所占的融资比例可高达60%，债券融资比例大约为30%，权益融资占10%。杠杆并购中，融资机构通常包括银行、基金、保险公司以及非银行金融机构等。成功的杠杆并购案例中，杠杆并购给主并企业和目标公司的股东带来的收益通常为40%~60%。

三、实施杠杆并购应该具备的条件

纵观许多杠杆并购的案例，我们可以发现目标企业具有以下特征，而这些特征事实上已成为开展杠杆并购的微观有利因素，也是实施杠杆并购应该具备的条件。

（一）目标企业有较稳定的净现金流

在并购中，目标企业需要支付本金和巨额利息，如果目标企业有较稳定的现金流，一方面使得对目标企业的估值比较准确；另一方面，贷款人也比较放心，收购方能够便利地筹集到收购资金。

（二）目标企业有许多容易变现的资产

杠杆并购中偿还巨额负债的另一种途径就是变卖目标企业的部分资产。如果这些资产的出售对企业未来盈利能力影响不大则最佳。目标企业的这一特征使得收购方在实行杠杆收购以后，能够将部分资产出售变现以偿还债务，降低债务利息负担，从而增强对债权人的吸引力。

（三）有良好的资本结构

如果目标公司被收购前的资产负债率较低，尤其是负债相对于可抵押资产的比率较低，则增加负债的空间相对较大。此种情况下，收购者能够以目标企业的资产为抵押筹集到较多的资金，便于杠杆收购的开展；否则，收购者无法通过目标公司资产的抵押得到新的负债能力。

（四）目标企业运行效率低下，有较大的降低成本的空间

在实施杠杆收购后，目标公司不得不承担新的负债压力。如果目标公司可以较容易地降低成本，提高企业运作效率，那么其偿债压力就可得到一定程度的缓解。这就使得收购者在收购后能够通过减少成本费用支出，提高企业运作效率来提升企业价值。

【例4-5】1988年，世界著名的专门从事杠杆并购的投资公司——美国的KKR公司成功收购雷诺—纳比斯科公司（RJR）的事件，当时震动了整个华尔街。作为当时美国最大的食品和烟草生产商，1988年10月，RJR公司的股价与基本面严重背离，每股只有45美元。以罗斯·约翰逊为代表的管理层向董事会提出管理层收购（MBO）。而美国KKR公司则是RJR公司收购案中的另外一个收购方。

以罗斯·约翰逊为代表的管理层计划在收购完成后出售公司的食品业务，只保留烟草业务。而KKR则打算保留烟草及大部分食品业务，尽可能地维持公司原貌。虽然管理层出价最高，为每股112美元，而KKR每股出价仅109美元，但KKR的方案看上去可靠、安全，而且符合员工及股东的最高利益。即使会减少9.26亿美元的入账，董事们还是选择了KKR。

在收购中，KKR付出的代价极小，由于KKR发行了大量垃圾债券进行融资，并承诺在未来用出售被收购公司资产的办法来偿还债务，因此这次收购资金的规模虽然超过250亿美元，但其中使用的现金仅为15亿美元。RJR公司则在收购完成后一蹶不振，当它用烟草带来的现金清偿垃圾债券时，其竞争对手却把利润用于再投资。而KKR遗留下来的问题不仅仅是少得可怜的资金回报，还在于其引进的其他行业领导人的失败。在业绩持续下滑后，1995年年初，KKR不得不剥离了RJR公司的剩余股权，雷诺烟草控股公司再次成为一家独立公司，而纳贝斯克也成为一家独立的食品生产企业。经过一番明争暗斗，雷诺公司和纳贝斯克公司又回到了各自的起点。在此过程中，中小股东成为最终的受害者。

四、杠杆并购的特殊形式——管理层收购

管理层收购（Management Buy-Out，MBO）是指目标公司的管理者或管理层利用自有资金或外部融资收购本公司的股份，改变本公司的所有权结构、控制权结构和资产结构，达到重组本公司的目的，并且希望获得预期收益的一种收购行为。MBO是杠杆收购的一种，自20世纪60年代起，已经在资本市场相对成熟的西方发达国家被广泛使用。

（一）管理层收购的界定及实质

管理层收购又称经理层收购，属于杠杆收购（Leveraged Buy-Out，LBO）。由于收

购主体是目标公司的管理层，因此实行管理层收购后，原来经营管理者的身份转变为经营管理者与所有者合二为一，实现了所有权与经营权的统一。

MBO 的类似形态包括 MBI（Management Buy-In）和 MEBO（Management and Employee Buy-Out）。其中，前者指外部经营管理者（非目标公司经营者）收购目标公司；后者指由目标公司的管理层和雇员（职工）共同发起成立并以管理层为代表的职工持股会的收购行为。在 20 世纪 60~80 年代，随着利用被并购企业（目标公司）自身资产来支付并购资金的杠杆收购的出现，小企业以目标公司的资产或未来的现金流为担保向金融机构贷款或发行债券得以收购大企业。MBO 作为杠杆收购的一种表现形式也应运而生，在美国、英国等发达国家的成熟资本市场中得到广泛的运用。

MBO 的实质为杠杆收购，表现为收购中利益相关者之间的多重利益如何达到均衡的博弈。MBO 这种杠杆收购的动因最初表现为企业为追求高附加值和高投资回报率，放弃一些与企业利益相矛盾的或无利可图的子公司或部分业务，将其出售给经营管理者，解决股权结构和资产结构调整以及企业重组的问题。其后，由于 MBO 在国有企业的私有化改造以及节约委托代理成本等方面兼具特殊的作用，更多地被用于完善企业经营者的激励机制与约束机制，解决公司法人治理问题。在美国、英国、日本等发达国家成熟的资本市场中，MBO 得到广泛的运用。在美国，MBO 往往用来淘汰无效的经营管理者；在英国，MBO 更多地用于国有企业改制；在日本，MBO 更是作为商业票据（Commercial Paper，CP）的新手法，即作为投资的一种手段。

我国自中国共产党第十四次全国代表大会确定社会主义市场经济体制改革目标以来，国有经济战略性调整一直以国有企业的改革和发展为中心环节。十六届三中全会又提出了“推行公有制的多种有效实现形式，加快调整国有经济布局和结构”以及“建立健全国有资产管理和监督体制，深化国有企业改革，完善公司法人治理结构”。而在我国国有经济布局和结构的调整中，MBO 作为国有企业产权制度改革的有效形式之一，已成为企业重组的一种手段，用以解决国有企业产权虚置和所有者缺位的问题。

（二）管理层收购的特征

1. 收购主体的特定性

管理层收购的主体主要是目标公司的管理层，可以是一个人发起，可以是几个高层管理者共同发起，还可以是资深员工共同发起。这些人都非常了解本公司，并有相对较强的经营管理能力。

2. 主要通过借贷融资来完成

管理层收购属于杠杆收购，管理层首先要进行债务融资，然后再用收购企业的现金流来偿还贷款，债务融资占有很大的份额。债务融资由先偿债务、次级债务和流动资金贷款三部分构成。成熟的企业一般有比较稳定的现金流，有利于管理层收购的顺利实施。当然，由于管理层收购所需的资金主要通过融资来完成，这就要求收购者具有较强的组织能力和资本运营能力。

3. 管理层收购的目标公司往往具有巨大的资产增值潜力

由于公司存在潜在的管理效率空间，管理层才能通过对本公司的直接占有来降低代理成本，进而获得由巨大现金注入带来的更多的经济效益。

4. 目标公司可能由上市公司变成非上市公司

一般来说，管理层收购完成后，管理层往往会对该公司进行重组整合，待取得一定的经营绩效后再寻求上市，使管理层收购的投资者获得超常回报。

随着管理层收购在实践中的发展，其形式也在不断变化。在实行管理层收购的过程中，由于收购所涉及的金额较大、过程复杂，所以进行管理层收购的管理层往往不是唯一的投资收购者，通常还有以下几种管理层收购形式：

第一，由目标公司的管理层与外来投资者或并购专家组成投资集团来实施收购。

第二，管理层收购与员工持股计划或职工控股收购相结合。管理层通过向目标公司的员工发售股权，进行股权融资，从而免交税，降低收购成本。

第三，管理层、员工、战略投资者三方联合出资收购。

（三）管理层收购在我国的运作状况

在我国的 MBO 运作中，其主要操作步骤包括：第一，由目标公司的管理层发起设立一个新公司（壳公司），向卖方（目标公司）发出收购要约。如果卖方是国有企业，还须获得其上级主管部门及当地政府的同意。第二，在目标公司估价的基础上，进行企业收购的成本分析，进而确定收购价格。第三，管理层就收购进行融资规划，包括资金筹措方式和出资方式的安排。第四，管理层对收购后的公司进行重组管理，包括经营业务重组 、资产重组、人员重组、管理制度重组、负债重组及股权重组等。

在实际运作过程中，管理层通常借助职工持股计划——ESOP（Employee Stock Ownership Plans）来实现管理层收购，这在我国也不例外。MBO 往往通过以目标公司管理层为代表的职工持股会认购股票，并以较高的持股比例占据绝对控股地位，实现股权结构的重组，达到管理层收购的目的。职工持股计划是 20 世纪 70 年代美国推出的企业福利计划，通过企业职工发起设立的职工持股基金将职工与企业的利益联系起来。在我国，根据持股主体不同，企业推出的职工持股计划通常有自然人持股会、职工持股会和公司法人三种模式。国内最早推行管理层收购行为的四通公司则是采取的职工持股会模式。

【例 4-6】1998 年年底，四通集团 600 多名员工在集团内部发起成立职工持股会。1999 年 5 月，四通集团、职工持股会共同出资成立四通投资有限公司，即新四通。新四通由职工持股会代表职工个人出资 5 100 万元，占股 51%，其中管理层持股 43%；四通集团投资 4 900 万元，占股 49%。以集团管理层为代表的职工持股会在新成立的四通公司中居绝对控股地位，从而通过管理层收购达到产权重组的目的。

管理层收购作为股权结构重组方式之一，通过明晰产权来建立健全激励与约束机制，于 20 世纪 90 年代末从西方国家引进并作为我国国有企业产权制度改革方式的一种探索。虽然管理层收购在我国的发展只有不足十年的历史，却不乏成功的范例。尤其是 2002 年，我国许多国有企业已经开始尝试管理层收购的改革试点，将其作为国有资本退出的一种方式；管理层收购在上市公司和非上市公司中蔚然成风。从已公布的上市公司的资料中，我们可以看出，如胜利股份、阿继电器、洞庭水殖、佛塑股份、特变电工等公司先后实施了管理层收购。

但是，随着 2003 年 3 月财政部建议“在相关法规制度未完善之前，对采取管理层收购（包括上市公司和非上市公司）的行为予以暂停受理和审批，待有关部门研究提出相关措施后再作决定”后，我国已暂停国有企业管理层收购的受理和审批工作。

2001 年 1 月 4 日，上市公司丽珠集团公告：广东珠海市桂花职工互助会拟采用委托收购方式，委托浙江国际信托投资公司收购光大集团所持丽珠集团全部股权。收购完成后，桂花职工互助会将成为丽珠集团的第一大股东。此次股权转让工作须经财政部等国家有关部门批准方能实施。

珠海市桂花职工互助会，是由丽珠集团的职工自愿组成的社团法人。该会于 1992 年 6 月在珠海市民政局登记注册成立，是丽珠集团的发起股东之一。

然而，丽珠集团的委托收购在审批阶段被暂停。此外，还有健力宝、华晨集团等企业的管理层收购失败。

【例 4-7】武汉有机的管理层收购是全国首例市场化 MBO。2003 年 8 月，武汉有机实业公司的管理层拟采用协议收购的方式收购武汉有机的国有股权。但武汉市政府决定，武汉有机国有股挂牌竞价，公开出让。2003 年 9 月，在众多投资者中，上海复星实业、浙江升华拜克、中国远大浮出水面。四方收购价格分别为：武汉有机管理层出价 1.5 亿元，上海复星实业出价 1.2 亿元，浙江升华拜克出价 1.15 亿元，中国远大集团出价 8 180 万元。

在产权交易市场挂牌之前，产权所有者方——武汉市国资办委托的评估事务所对武汉有机的国有股进行了资产评估，企业资产总额为 1.72 亿元，国有净资产为 6 350 万元，每股 2.06 元。政府也有一些优惠条件，根据武汉市政府的有关文件，购买国有产权者，凡一次性交付股权款的优惠 30%，安排职工 90%以上的优惠 10%，本地投资者再优惠 10%，即最大优惠可达 50%。

武汉有机的管理层最后以 8 187.5 万元的实际成交价格，购得公司全部国有股权，占公司股权的 54.39%，顺利地实现管理层收购。武汉有机管理层的成交价格高出评估净资产值约 29%，市政府从中净赚 1 800 万元。

近年来，管理层收购在我国上市公司和非上市公司的民营化过程中得到迅速发展，尤其是非上市公司中的集体企业更是借助 MBO 进行产权制度改革，重组企业股权结构。然而在面临改制的国有企业及国有控股上市公司的 MBO 中，由于国有企业产权主体缺位，加之上市公司中的国有股、法人股是非流通股，采用 MBO 进行非流通股的转让时，出现了诸如转让方式单一、转让价格过低等问题。甚至内部人利用信息不对称进行内部操纵，屡屡造成国有资产流失的隐患。因此，在这些领域，MBO 亟待规范。

2005 年 4 月 14 日，国资委和财政部联合出台的《企业国有产权向管理层转让暂行办法》规定：可以探索中小型国有企业国有产权向管理层转让，大型国有企业的国有产权或股权不向管理层转让。这是两大部委首次以文件形式表明了对企业 MBO 的态度，意味着国家给国有中小企业 MBO 开了绿灯。

《企业国有产权向管理层转让暂行办法》中值得格外关注的内容是：“大型国有及国有控股企业及所属从事该大型企业主营业务的重要全资或控股企业的国有产权和上市公司的国有股权不向管理层转让。”“管理层不得采取信托或委托等方式间接受让企业国有产权。”“企业国有产权向管理层转让后涉及该企业所持上市公司国有股性质变更的，按照国家有关规定办理。”这些相关规定针对性极强，直指目前各类违规 MBO，是对现有各类分散 MBO 法规的规范和统一，将有效地堵塞今后各类管理层收购的一些漏洞，使今后各类管理层收购行为有章可循，有法可依。由于 MBO 在国有企业的私有化改造中具有独特的作用，我国 MBO 法规的建立和完善以及在国有资本流动中逐步推进布局调整，不仅将为 MBO 提供新的机遇，而且预示着 MBO 将有一个更加广阔的发展前景。

第五章　企业重整与清算财务管理

第一节　企业重整与清算财务管理概述

一、企业破产、重整和清算的概念

（一）企业破产

1. 破产的概念

广义上的企业破产，是指对债务人（企业）不能清偿到期债务时，按照一定程序，采取一定方式，使其债务得以解脱的经济事件。

在财务管理中企业破产可分为：

（1）技术性破产，是指在企业的财务管理中由于技术性的失误，造成了企业无力偿还到期债务的现象。在这种情况下，企业缺乏流动性，变现能力较差，但盈利能力和财务基础都比较好。无力偿还债务的原因有可能是企业债务利用过多，债务结构不合理。如果企业不即时采取措施也会造成法律上的破产，即所谓的“黑字倒闭”。

（2）事实性破产，是指企业因经营不善等原因而造成连年亏损、资不抵债的现象。在这种情况下，企业的全部债务难以偿还，补救不即时，只能转入清算，但有可能引起法律性破产。

（3）法律性破产，是指债务人因不能偿还到期债务而被法院宣告破产。在这种情况下，对企业破产前以及破产清算后债务人实际能否清偿全部到期债务是不加考虑的。

狭义上的企业破产是指企业不能清偿到期债务时，由企业或其债权人向法院提出申请，法院依法运用审判程序平等清偿企业的债务，消灭其民事主体资格的法律制度。企业被法院宣告破产以后，由法院选任管理人负责破产财产的保管、清理、计价、处理和分配等事项。与此同时，破产人丧失管理和处分其财产的权利，但有提交有关财产簿册和破产人的债务人及债权人清单，并答复有关事项的询问等义务。

在我国经济法中，破产是在债务人不能清偿到期债务时，由法院强制执行其全部财产，公平清偿全体债权人，或者在法院监督下，由债务人与债权会议达成和解协议、整顿、复苏企业、清偿债务、避免倒闭清算的法律制度。

2. 破产的法律特征

（1）破产是清偿债务的法律手段。当债务人不能清偿到期债务时，法院根据债权人或债务人的申请，将债务人的破产财产依法分别分配给债权人，以了结债权债务关系。

（2）破产是以法定事实的存在为前提。尽管世界各国在破产法中对破产作了各不相同的规定，但总体来说，都是以法定事实的存在作为破产的前提。

（3）破产必须经法院审理，以实现公平受偿，保护双方当事人的合法权益，通过法院宣告破产，债务人民事主体资格消亡。

3. 企业破产的界定

经济学上的破产是指企业由于管理无能、不明智的扩张、激烈的竞争、过高的负债等，造成企业经营状况恶化、效益低下，在市场竞争中被淘汰。

法学上的破产是指债务人不能偿还到期债务时，由法院强制执行其全部财产，公平清偿全体债权人，或者在法院监督下，由债务人与债权人会议达成和解协议，整顿复苏企业，清偿债务，避免倒闭清算的法律制度。

破产界定是指法院裁定债务人破产的法律标准，也称为破产原因。在破产立法上，对破产界限有两种方式：一种是列举方式，即在法律中规定若干种表明债务人丧失清偿能力的具体行为，凡实施行为之一者便认定达到破产界限。另一种方式为概括方式，即对破产界限作抽象性的规定，它着眼于破产发生的一般性原因，而不是具体行为。其通常有三种概括：不能清偿或无力支付；债务超过资产，即资不抵债；停止支付。我国采用概括方式规定企业破产的界限。《中华人民共和国企业破产法》（以下简称《破产法》）第二条规定，“企业法人不能清偿到期债务，并且资产不足以清偿全部债务或者明显缺乏清偿能力的”，并且《破产法》第七条规定，在此情况下，债务人可以向人民法院提出重整、和解或者破产清算申请，债权人也可以向人民法院提出对债务人进行重整或破产清算申请。该法律首先适用于企业法人，另外第一百三十五条又规定：“其他法律规定企业法人以外的组织的清算，属于破产清算的，参照适用本法规定的程序。”《中华人民共和国民事诉讼法》第一百九十九条规定“企业法人因严重亏损，无力清偿到期债务”，即达到破产界限。

在理解法定企业破产界限时，应注意以下几点：

（1）造成企业亏损的原因，各国理解有所不同。世界上很多国家不管企业亏损原因如何，只要到期不能清偿债务就依法宣告破产。

（2）不能清偿到期债务是指债务人缺乏清偿能力，对于已到清偿期而受请求的债务持续地无法全部进行清偿的一种状态。

（3）不能清偿债务通常是指债务人对全部或部分主要债务在可预见的相当长期间内不能清偿，而不是因资金周转一时不灵而暂时延期支付。

4. 企业破产财务管理需要研究的内容

企业一旦进入破产程序，其财务管理也进入非常时期。由于企业财务管理目标发生了变化，企业在破产程序实施期间财务管理与正常期间有所不同。主要有以下几点：

(1) 破产企业的财务管理是一种“例外”性质的管理，即危机管理。企业进入破产程序后，随时都可能被宣告破产。企业在这一时期的财务管理应采取积极措施，防止企业财务状况的恶化，采取预警机制，避免企业破产清算。

(2) 破产企业的财务管理内容具有相对性和变异性。企业破产是在一定的财务管理环境下发生的，随着理财环境的变化，企业有可能在瞬间由破产的逆境变化为获利的顺境。因此，对破产企业来说，影响破产的因素较复杂，需要根据破产企业的财务管理内容以及理财环境做相应的调整。

(3) 破产企业的财务活动及破产财产受控于破产管理人，都在法院监督之下。当企业提出重整与和解申请后，应向债权人会议提交重整、和解协议草案，该协议草案经债权人会议通过并报请法院审查认可，自公告之日起具有法律效力。如果企业不执行和解草案协议，并且财务状况继续恶化，严重损害债权人的利益，债权人会议有权向法院申请，终结企业重整与和解，宣告其破产。

由于破产企业的财务管理具有以上特点，因此有必要把破产企业的财务管理作为一个相对独立的问题来研究。其研究内容应包括两个方面：一是破产企业的财务管理理论，二是破产企业的财务管理的实务。

(二) 企业重整

企业重整也称为财务重组，是指对无偿付能力的债务人的财产立即进行清算，在人民法院的主持下由债务人与债权人达成协议，制订重整计划，规定在一定期限内，债务人按一定的方式全部或者部分清偿债务，同时债务人可以继续经营其业务的制度。因此，可以对陷入财务危机有转机和重建价值的企业根据一定的程序进行重新整顿，使企业得以维持和复兴，具有破产预防的作用，适用于所有类型的企业法人。

按照《破产法》第七十条规定，债权人和债务人都可以向人民法院申请对债务人进行重整。如果债权人提出破产清算，在人民法院受理破产申请后，宣告债务人破产前，债务人或者出资额占债务人注册资本十分之一以上的出资人，可以向人民法院申请重整。

企业重整包括和解和整顿两个方面：

(1) 和解是指破产程序开始后，债务人与债权人委员会就延期清偿债务期限、减少部分债务、制订企业整顿计划等达成协议，双方相互谅解，避免破产，挽救企业，终止破产程序的一种法律行为。

(2) 整顿是指债务人与债权人委员会达成的和解协议生效后，债务人自己或在上级主管部门主持下进行的经营方针、经营策略、产品结构、组织管理、人员调配等方面的调整和重建。

(三) 企业清算

企业清算是指企业终止过程中，为保护债权人、所有者等利益相关者的合法权益，依法对企业财产、债权和债务进行全面清查，处理企业未了事宜，收取债权，变卖财产，偿还债务，分配剩余财产，终止其经营活动等一系列工作的总称。破产清算是法院对企业宣告破产后，管理人对企业财产进行清理、变卖、处理和分配的程序。

(四) 企业破产与企业重整、企业清算的区别与联系

一个已达破产界限的企业能否继续存在，取决于企业的重整价值是否大于清算价值。如果企业在可预见的未来具有较高的发展前景，其重整价值大于清算价值，则债权人就认为企业价值得重整，使其通过重整而继续生存下去；否则，企业将被迫转入清算。因此，破产财务管理包括企业重整财务管理和企业清算财务管理。

但企业重整和企业破产是不同的经济事件，二者有以下区别：

（1）前提条件不同。只要企业发生财务危机，不能偿还到期的债务，在这种情况下，企业就可根据实际情况进行重整。虽然企业破产要符合法律规定的界限，但并不是达到破产界限的企业就必须破产。

（2）目的不同。破产是企业无法偿还到期的债务，依照法律，为保护债权人的利益，不得不清算企业的破产财产，最终解散企业。重整是企业可能面临破产风险时，设法避免出现这种结果，维持企业的生存，保护所有者、债权人及员工的利益，使企业重新恢复生机，有望使企业重整发挥作用。

（3）执行机构不同。执行企业重整的机构是企业或上级主管部门，并接受债权人委员会或法院的监督。执行企业破产的执行机构是在法院指导下成立的管理人机构。

只要符合《破产法》规定的企业被宣告破产后，就进入破产清算阶段，破产清算只是企业清算多种类型中的一种。

二、企业破产财务管理的内容

企业破产的财务管理，是根据《破产法》及有关法律、法规、制度的规定，组织破产企业的财务活动，处理破产企业财务关系的一项经济管理工作。企业破产财务管理的内容包括破产财产管理、破产债务管理、破产清算费用管理、破产财产的分配管理等。企业在破产阶段各方面的财务关系有：企业与债权人之间的财务清算关系，企业与国家之间的应交税款和应交利润之间的清算关系，企业与职工之间工资及劳保费用的清算关系，企业与其他企业单位之间的财产买卖关系，企业与清算组的费用结算关系。

（一）对企业破产接管的管理

企业破产接管管理是企业破产财务管理的重要内容之一，破产企业的法定管理者（接管者）是清算组。人民法院自宣告企业破产之日起 15 日内成立清算组接管企业。清算组成员由人民法院从企业上级主管部门、政府财政部门和专业人员中指定，清算组可以聘任必要的工作人员。清算组的主要职能是：全面接管企业，负责保管破产企业的全部财产、账册、文书、资料和印章；负责破产财产的清理、估价、变卖和分配；在破产程序范围内，依法进行必要的民事活动；接受破产企业的债务人和财产持有人清偿债务或交付财产；破产程序终结后、向破产企业原登记机关办理注销登记。清算组还应根据清算结果制作资产负债表、破产财产明细表、债权债务明细表等相关报表资料，提出破产财产的分配方案，提交清算报告。

实施企业破产财产接管的目的：一是保证企业财产价值的真实性和安全性，保护债权人的合法权益；二是防止以隐匿、私分或赠予等方式无偿转让企业财产的违法行为；三是为财产拍卖提供可靠的、具体的依据。企业破产财产接管主要包括两方面的内容：清仓查库、全面登记和财产估价。

（1）清仓查库、全面登记。主要应做好实物资产的清理与登记、核实债权和进行资产的清查登记。实物资产的清查内容包括：库存现金的清查与登记，银行存款的清查和核对，固定资产的清查与登记，库存商品、材料、产成品和在产品的清查与登记四个方面。

（2）财产估价。它是指以货币计量，采用适当的方法确定破产企业财产物资的实际价值。对实物性财产应根据新旧程度和市场因素，对每一项破产财产重新估计变卖价值，并登记在财产清查账簿中。财产评估作价的方法有很多，但实际应用较多的主要有重置价值法、变现价值法和净值法三种。应根据财产的性质和不同情况选择适当的评估方法和标准，以使财产评估价值尽量接近变现价值。

破产企业的总会计师或财会机构负责人应积极配合并协助破产清算组工作，在破产程序终结前不能离任。破产清算组在接管破产企业财务报表、会计账册和其他会计资料时，首先要监督和协助破产企业原财会人员结清截至破产宣告日（基准日）的各个银行账户余额，办理企业会计决算，编制各种财务会计报表，以做好交接，划清有关责任界限。

（二）对破产财产的界定和处置方面的管理

破产财产是依破产程序分配给债权人的破产人的财产总和。破产财产的内容包括流动资产、长期资产、固定资产、无形资产和其他资产。破产财产由以下几项构成：

（1）宣告破产时破产企业经营管理的全部财产扣除担保财产以外的部分。按形成渠道，它包括国家授予企业经营管理的财产、企业自筹资金形成的财产以及借入资金形成的财产。

（2）破产企业在破产宣告后至破产程序终结前所取得的财产，包括破产企业收回的债权、因破产从联营企业收回的投资以及由于破产企业的无效行为而经人民法院追回的财产等。

（3）应由破产企业行使的其他财产权利。在破产结束时尚未到期的财产，应由破产企业行使财产请求权，如应从联营单位分享的利润，认购国库券和股票应得的利息和股利，应从合约方销售收入中提取的技术转让费等。

（三）对破产费用的列支和债务清偿的管理

破产企业作为抵押物的财产，债权人放弃优先受偿权利的，抵押财产应计入破产财产范围之内；债权人不放弃优先受偿权利的，超过抵押债权的部分计入破产财产范围之内。破产企业中属于他人的财产，如租入或借入的固定资产、包装物、受托加工的原材料、代管商品及物资、代销商品等不属于破产财产，应由财产的权利人通过清算组取回。破产企业的职工住房、学校、托儿所、幼儿园、食堂、医院等附属福利设施，原则上不计入破产财产的范围；但没有必要继续保留并能整体出让的，可以列入破产财产之内。

在企业宣告破产后和破产财产进行处置前，应由具有法定资格的资产评估机构对财产进行评估，并以评估价作为破产财产处置变卖的底价，通过拍卖、招标等方式依法转让。严禁采取“先分后破”的方式低价交易，以防止国有资产的流失。破产企业依法取得的土地使用权转让所得，应首先用于破产企业职工的安置；安置破产企业职工后，剩余部分与其他财产一并列入破产财产分配；清算组根据债权人会议通过的分配方案或人民法院裁定的清偿比例偿还债务。下列破产费用应优先拨付：清算期间职工生活费；破产财产的管理、变卖和分配所需的费用；破产案件的诉讼费；清算组开展工作必须支付的费用（含办公费），聘请清算组工作人员的工资及生活补贴；清算期间企业设施和设备维护费用；审计评估费用；为债权人的共同利润而在破产程序中支付的其他费用，包括债权人会议会务费、破产企业催收债务的差旅费及其他不可预计的费用等。但破产企业的债务受偿人参加破产程序的费用，如赶赴破产企业所在地的差旅费、出席债权人会议的经费等，不能列为破产费用。当破产财产不足以支付破产费用时，人民法院应当宣告破产程序终结，未清偿的债务不再清偿。

三、企业重整与清算财务管理的特点和原则

（一）企业重整与清算财务管理的特点

企业重整与清算是在企业出现财务困难以及财务失败时，需要解决的财务管理问题。它与正常经营情况下财务管理相比，具有以下的特点：

1. 理财对象的最终性

重整与清算的财务管理对象是重整与清算企业的资金运动及其反映的各种经济关系。但在重整与清算中的资金运动不能形成正常资金周转而具有单纯性、一次性、最终性的特点。清算企业的资金其循环因经营活动的停止即被停止周转，被用于清算费用的支付与财产清偿。重整企业的资金并没有停止，其债务人的生产经营活动也没有停止，所以它与正常企业有相似的地方，但资金的运用受到了上级主管部门、债权人委员会或法院的直接干预与监督控制。

2. 理财主体的多样性

在企业正常经营的情况下，债权人按出资比例取得固定收益，但在企业发生财务困难以及财务失败时，债权人只能享有剩余财产的求索权了。那么，在企业发生重整或清算时，债权人就成了财务管理的主体之一了。企业重整与清算主要涉及债务人、债权人、管理人这三方面的关系人，所以债务人、债权人以及管理人就构成了重整与清算的财务管理的主体。

3. 理财目标的多样性

作为企业财务管理的目标主要有利润最大化、每股收益最大化、股东财富最大化、企业价值最大化等。即重整与清算企业的财务管理目标不同，因为债务人的财务管理目标是整顿目标的现实化，债权人的财务管理目标是债权受偿完整化，管理人的财务管理目标是财产净现值最大化。

（二）企业重整与清算财务管理的原则

1. 公正性原则

它是指在重整与清算过程中，对所有的债权人都应该按照法律 上规定的先后顺序，依据各债权人对剩余财产的求索权予以确认和偿还。不能为了个别少数债权人的利益而损害其他债权人的利益，违背法律的情况。所以公正性原则就是保证各个债权人能够公平合理地享有对财产的分配。

2. 合法性原则

企业在重整与清算过程中，会涉及很多与法律有关的问题，所以必须要依法办事，以法律为准绳做好重整与清算的工作。

3. 可行性原则

在企业重整过程中，要具备相应的可行条件，对企业重整的债务人、债权人以及经济环境都有一定的要求，必须根据实际情况确定重整的可行性，制订出科学的企业重整方案来。判别企业重整是否可行，就要看达到破产界限的企业能否按和解协议清偿债务。如果能按时清偿债务，就认为和解和整顿可行；如果不能按时清偿债务，就认为不可行，只能用破产清算来解决。

4. 效益性原则

企业的重整价值是指企业通过重整、和解后恢复的价值。清算价值是指企业资产的变现价值，以及在清算过程中发生的资产清理费用和法律费用。一般情况下，是以企业的重整价值超过清算价值作为重整的先决条件考虑的。所以在企业重整与清算的财务决策中，应该节约各种费用支出，追求企业资产净值的最大化。

第二节　企业重整财务管理

企业重整按是否通过法律程序分为非正式财务重整和正式财务重整两种。

一、非正式财务重整

当企业暂时性陷入财务困难时，债权人通常更愿意直接同债务人企业协商，采取非正式财务重整措施，帮助企业恢复和重新建立比较坚实的财务基础，而不通过法律程序来进行处理。因此，非正式财务重整也叫自愿和解与整顿。

（一）非正式财务重整的条件

非正式财务重整一般不通过法律程序，因此采用这种方式清偿债务，债务人与债权人通常都需要具备一定的条件：

1. 债务人具备的条件

（1）债务企业应该具有良好的商业道德和信誉，要求债务人在和解与整顿过程中，不能欺骗债权人，不得非法变卖企业财产而损害债权人的利益，当重整取得效益时，应按和解协议的规定，及时清偿债务。

（2）债务企业应有扭转不利局面的经济环境以及偿还债务的能力。

2. 债权人具备的条件

（1）债权人同意进行非正式财务重整，可经过债权人会议讨论通过，进行自愿和解。

（2）债权人在自愿和解与整顿的过程中，可实行债务展期与债权减免等措施，帮助债务人渡过财务危机，继续进行正常的生产经营并取得成功。

（二）非正式财务重整的程序

（1）提出自愿和解的方案。当企业不能及时清偿到期债务时可由债务人企业或企业的债权人提出和解。

（2）自愿和解方案提出后，召开债权人会议，研究债务人的具体情况，讨论是否采用自愿和解方式的解决决定。

（3）在自愿和解方案实施之前，债权人和债务人需要进行会谈，以确定企业财务重整方案的内容。

（4）经过多次谈判后，如果双方意见趋于一致，可签订重整协议。

（5）企业重整协议的签订后，债权人应遵守协议中对债权债务关系的重新界定；债务人也要按协议的要求对企业进行整顿，继续经营，并规定清偿债务的时间。

（三）自愿和解的办法

自愿和解的办法主要有债务置换、债转股、债务展期和债务和解等方式，但企业可根据实际情况来选择。

1. 债券置换

如果重整企业没有足够的资金来购回到期的未偿还债务，可用新债券来交换这些未偿还债券，这就是债券置换的方式。

2. 债转股

债转股就是债权人将债权转为股权，债务人将债务转为资本的重组方式。

3. 债务展期

它是指推迟到期债务要求付款的日期，包括推迟支付债务本金和利息的时间。

4. 债务和解

它也称为债务减免，是指债权人自愿同意减少债务人的债务，包括同意减少债务人偿还的本金数额，或同意降低利息率，或同意将一部分债权转化为股权，或将上述几种选择混合使用。

（四）自愿和解中需要处理的财务问题

（1）利用债券置换或债转股的方式时，要激发债权人的参与动机，尽力获取债券置换或债转股带来的好处。

（2）通过与债权人的谈判，尽量延长债务的到期日，减少债权人对企业经营管理的限制。

（3）通过与债权人的谈判，争取最大数量的债务减免。

（4）必须按债务展期和债权减免的规定来清偿债务。

（五）非正式财务重整的优缺点

1. 非正式财务重整的优点

（1）非正式财务重整的手续简单，减少了许多的费用开支，如正式财务重整所需的律师费、会计师费用等，使重整费用降至最低。

（2）非正式财务重整可减少重整所需的时间，使企业在较短的时间内重新进入正常经营状态。

（3）如果债务人能够从暂时的财务困境中恢复过来，债权人不仅能如数收取账款，还能给企业带来长远利益。

2. 非正式财务重整的缺点

（1）如债权人人数较多或债务结构较复杂时，很难达成一致的协议。

（2）没有正式的法律程序，协议的执行缺乏法律保障。

（3）如果债务人缺乏较好的道德水平，常常会损害债权人的合法权益。

二、正式财务重整

从经济法中可知，允许企业在破产时进行重整，但需经过法院裁定，因此涉及正式法律程序。

（一）正式财务重整的概念

正式财务重整是在法院的主持和各利害关系人的参与下，对陷入困境、濒临破产而又具有挽救价值和重建可能的企业进行生产经营上的整顿和债权债务关系的清理，最终使企业重获生产经营能力，避免破产清算，摆脱困境的一种特殊法律形式。正式财务重整与非正式财务重整有某些类似之处，但在正式重整中，涉及许多正式的法律程序，法院起着重要的作用，特别是要对协议中的公司重整计划的公正性和可行性做出判断。

（二）正式财务重整的程序

正式财务重整是一种司法程序，一般有以下五个步骤：

1. 向法院提出财务重整申请

依据企业《破产法》的规定，债务人不能清偿到期债务，并且资产不足以清偿全部债务或者明显缺乏清偿能力的，或者有明显丧失清偿能力可能的，债务人或者债权人可以直接向人民法院申请对债务人进行重整；债权人申请对债务人进行破产清算的，在人民法院受理破产申请后、宣告债务人破产前，债务人或者出资额占债务人注册资本十分之一以上的出资人，也可以向人民法院申请重整。我国《公司法》中规定了申请者的资格，当企业出现严重财务困难或者无法正常开展经营活动，董事会三分之二以上董事通过决议或者持有企业股份10%以上的股东，公司债权人可以向法院提起企业重整。

2. 法院受理财务重整的申请

其受理内容主要有：①在接到申请书后，法院采取对企业财产冻结、限制企业业务以及停止有关管理人员的调动等各种措施，以防止债务人转移财产和影响债权人权益行为的发生。②审查财务重整的合法性，从形式和实质方面都要进行审查。③与当事人无利害关系的律师、会计师等专业人员进行调查，并提交法院作为是否财务重组的裁定依据。④最后裁定。如果同意重整就要做出重整裁定的措施；如果否决重整，就要说明否决重整的理由。

3. 企业重整计划的制订

企业《破产法》第八章规定，在重整期间，经债务人申请，人民法院批准，债务人可以在管理人的监督下自行管理财产和营业事务。债务人自行管理财产和营业事务的，由债务人制作重整计划草案；管理人负责管理财产和营业事务的，由管理人制作重整计划草案。企业重整计划草案的制定应当包括下列内容：①债务人的经营方案；②债权分类；③债权调整方案；④债权受偿方案；⑤重整计划的执行期限；⑥重整计划执行的监督期限；⑦有利于债务人重整的其他方案。

4. 公司财务重整计划的执行

企业重整计划是由债务人负责执行。人民法院裁定批准重整计划后，已接管财产和营业事务的管理人应当向债务人移交财产和营业事务。自人民法院裁定批准重整计划之日起，在重整计划规定的监督期内，由管理人监督重整计划的执行。在监督期内，债务人应当向管理人报告重整计划执行情况和债务人财务状况。监督期届满时，管理人应当向人民法院提交监督报告。监督报告提交后，管理人的监督职责终止。经人民法院裁定批准的重整计划，对债务人和全体债权人均有约束力。

5. 法院宣告终止财务重整

财务重整终止情况主要有以下三种：一是企业在重整后能够按照协议及时偿还债务，法院应该宣告终止重整并同时终止破产程序；二是重整期满，企业不能及时按照协议偿还债务，法院应该宣告进行破产清算而终止财务重整；三是企业在重整期间，不执行重整计划，损害债权人利益，使财务状况继续恶化的，法院应该宣告终止对企业的重整而进行破产清算。

（三）正式财务重整的优缺点

1. 正式财务重整的优点

（1）已经达到破产界限的企业，债务人不能清偿到期债务，并且资产不足以清偿全部债务或者明显缺乏清偿能力的，或者有明显丧失清偿能力可能的，如果不经过财务重整，继续任其下去，就会大量吞噬社会财富，直接宣告破产就会有可能造成社会财富的浪费。一般来说，企业经过重整后，大多数企业都能扭转局面，并逐步走向繁荣。

（2）对债务人企业而言，重整、和解的裁定给企业带来强大的压力，可激发企业努力争取成功，重整计划中所规定的财务减免和债务展期又为企业的整顿提供了宽松的外部环境，有利于企业摆脱困境走向成功。

（3）如果企业重整成功，债权人能收回较破产清算更多的债权。

（4）与非正式财务重整相比，正式财务重整须经过一定的法律程序，有法院的参与，重整、和解协议的实施更有法律保障，对债务人的行为也更有约束力。

2. 正式财务重整的缺点

正式财务重整的缺点包括正式财务重整的诉讼时间比较长，手续费用多。如果重整不成功，债务人企业仍然不能清偿到期债务，发生亏损，使债权人的利益受到更大程度的损害。

（四）正式财务重整财务管理的特点

（1）重整期间，债务人要在管理人的监督下自行管理财产和营业事务。管理人由有关部门、机构的人员组成或依法设立的律师事务所、会计师事务所、破产清算事务所等社会中介机构担任，由人民法院指定。

（2）重整计划与和解协议草案的制订是重整与和解的重要阶段。重整计划与和解协议必须通过债权人会议并由人民法院裁定才可生效。如果企业未履行重整计划与和解协议，法院将终止重整计划与和解协议，宣告企业破产。

（3）在重整计划规定的期间内，债务企业需要向管理人报告重整计划的执行情况和财务状况。

第三节　企业清算财务管理

一、企业清算的类型

企业清算的种类较多，总体来看，有以下几种分类：

1. 企业清算按其原因可分为解散清算和破产清算

解散清算是根据公司章程规定的营业期限届满或公司章程规定的其他解散事由出现（如经营目的已达到而不需要继续经营或目的无法达到且公司无发展前途等）；公司股东大会决定解散；公司合并或者分立需要解散；公司违反法律或者从事其他危害社会公众利益的活动而被依法撤销；发生严重亏损；或投资一方不履行合同、章程规定的义务，或因外部经营环境变化而无法继续经营等。

破产清算是企业法人不能清偿到期债务，资产不足以清偿全部债务或者明显缺乏清偿能力，达到别无选择唯有破产的情形，即进行的清算。它有两种情形：一是公司的负债总额大于其资产总额，事实上已不能支付到期债务；二是公司的资产总额大于其负债总额，但因缺少偿付到期债务的现金资产，未能偿还到期债务，被迫依法宣告破产。

2. 按企业清算的组织形成可分为普通清算和特别清算

普通清算是指公司自行组织的清算，它可以按法律规定的一般程序来进行，法院和债权人不可以直接干预。特别清算是指公司依法院的命令开始，并且自始至终都在法院的严格监督下进行的清算，它不能由公司自行组织，而由法院出面直接干预并进行监督。如果公司不能清偿到期债务，公司有资产不足以清偿到期债务的嫌疑，公司无力自行组织清算工作，公司董事会对清算事务达不成一致意见，由债权人、股东董事会中的任何一方申请等情况发生，就应该采用特别清算程序。

对于普通清算与特别清算，公司并没有选择实行的权利。公司解散后，应立即进行普通清算。在普通清算过程中，当有下列情形之一发生时，法院方可命令公司实行特别清算：第一，当公司实行普通清算遇到明显障碍时。例如，公司的利害关系人人数众多，或公司的债权债务关系极为复杂，这时法院依债权人或股东或清算人的请求，或依职权命令实行特别清算。第二，当公司负债超过资产有不实之嫌疑时，即形式上公司负债超过资产，但实际上是否真正超过尚有嫌疑。

3. 按企业清算的程序不同可分为正式清算和非正式清算

正式清算是指公司在终止过程中，为保护债权人和所有者的利益，为终结公司现存的各种经济关系，依法对公司的财产和债务等进行清理、变卖、分配剩余财产，终止其经营活动并依法取消法人资格的行为。非正式清算是指将债务人公司的资产转让给受让人或者受托人，受让人通过私下出售或者公开拍卖将资产变现，以变现收入按比例与债权人进行结算的行为。非正式清算因没有法院的监督和检查，不能自动解除债务人的责任，所以有可能因欺诈给债权人带来损失。

二、企业破产清算

（一）企业破产清算的一般原则

1. 公平原则

在破产清算中，要对所有的债权人一视同仁，按法律、政策、合同规定的先后顺序，对各债权人的求偿权予以清偿，使债权人在法律规定的原则下，公平分配破产者的财产。

2. 合法原则

无论是在和解、整顿过程中，还是在破产清算过程中，都必须做到依法办事。企业破产的财务管理不仅需要财务方面的技术方法，而且需要了解很多法律知识，如对破产财产的界定与确认、破产费用的支付和管理、债权的清偿等，都要按《破产法》及其他有关法律依法处理。

3. 节约原则

在进行企业破产财务管理时，必须厉行节约，反对浪费，减少损失。因和解与整顿比破产清算损失要小，相对较为节约，在可行的前提下，应尽量采用和解与整顿的方式解决问题；只有当和解不可行时，才采用破产清算方式；在整顿期间或破产清算时，应尽量节约费用开支。

（二）企业破产清算顺序

企业破产清算的顺序是：破产人所欠职工的工资和医疗、伤残补助、抚恤费用，应当划入职工个人账户的基本养老保险、基本医疗保险费用，以及法律、行政法规规定应当支付给职工的补偿金；破产人欠缴的社会保险费用和破产人所欠税款；普通破产债权。

（三）企业破产费用与共益债务

破产费用包括：诉讼费用，管理、变价和分配债务人财产的费用，管理人执行职务的费用、报酬和聘用工作人员的费用。

共益债务包括：因管理人或者债务人请求对方当事人履行双方均未履行完毕的合同所产生的债务；债务人财产受无因管理所产生的债务；因债务人不当得利所产生的债务；为债务人继续营业而应支付的劳动报酬和社会保险费用以及由此产生的其他债务；管理人或者相关人员执行职务致人损害所产生的债务；债务人财产致人损害所产生的债务。

破产费用和共益债务由债务人财产随时清偿，债务人财产不足以清偿所有破产费用和共益债务的，先行清偿破产费用。

（四）管理人制度

2007 年 6 月 1 日实施的《破产法》设立了管理人制度，这样有助于破产程序中管理主体的市场化和专业化。管理人由清算组或者依法设立的律师事务所、会计师事务所、破产清算事务所等社会中介机构以及具有资格的个人组成。管理人由人民法院指定并向人民法院负责，非经人民法院许可不能辞去职务。管理人接受债权人会议和债权人委员会的监督，列席债权人会议，向债权人会议报告职务执行情况，并回答询问。债权人会议认为管理人不能依法、公正执行职务或者有其他不能胜任职务情形的，可以申请人民法院予以更换。

管理人的职责是负责破产工作，诸如收到债权申报材料后，应当登记造册，对申报的债权进行审查，并编制债权表；债权表和债权申报材料由管理人保存，供利害关系人查阅；对破产前未履行完毕的合同有权决定解除或者继续履行等。管理人的职责主要有：

（1）接管债务人的财产、印章和账簿、文书等资料；

（2）调查债务人财产状况，制作财产状况报告；

（3）决定债务人的内部管理事务；

（4）决定债务人的日常开支和其他必要开支；

（5）在第一次债权人会议召开之前，决定继续或者停止债务人的营业；

（6）管理和处分债务人的财产；

（7）代表债务人参加诉讼、仲裁或者其他法律程序；

（8）提议召开债权人会议；

（9）人民法院认为管理人应当履行的其他职责。

（五）企业破产清算程序

1. 破产受理

债权人向人民法院提出破产申请是启动破产程序的第一步，人民法院应当自收到申请之日起五日内通知债务人；债务人自收到人民法院的通知之日起七日内向人民法院提出申请异议；人民法院应当自异议期满之日起十日内裁定是否受理。债务人和清算责任人申请破产的人民法院应当在自收到破产申请之日起十五日内裁定是否受理。有特殊情况需要延长前两款规定的裁定受理期限的，经上一级人民法院批准，可以延长十五日。

人民法院受理的应当自裁定做出之日起五日内送达债务人。债务人应当自裁定送达之日起十五日内，向人民法院提交财产状况说明、债务清册、债权清册、有关财务会计报告以及职工工资的支付和社会保险费用的缴纳情况。裁定不予受理的应当自裁定做出之日起五日内送达申请人。申请人对裁定不服的，可以自裁定送达之日起十日内向上一级人民法院提起上诉。

2. 破产审查

人民法院受理破产申请后至破产宣告前，经审查发现债务人不符合破产条件的，可以裁定驳回申请。申请人对裁定不服的，可以自裁定送达之日起十日内向上一级人民法院提起上诉。

3. 破产公告

人民法院应当自裁定受理二十五日内通知已知债权人，确定债权人申报债权的期限（最短不得少于三十日，最长不得超过三个月）。

4. 召开债权人会议

第一次债权人会议由人民法院召集，自债权申报期限届满之日起十五日内召开。召开债权人会议，管理人应当提前十五日通知已知的债权人。

债权人认为债权人会议的决议违反法律规定，损害其利益的，可以自债权人会议做出决议之日起十五日内，请求人民法院裁定撤销该决议，责令债权人会议依法重新做出决议。

5. 破产复议

债权人对人民法院对债务人财产管理方案、破产财产的变价方案和破产财产的分配方案做出的裁定不服的，可以自裁定宣布之日或者收到通知之日起十五日内向该人民法院申请复议，复议期间不停止裁定的执行。

6. 破产重整

债务人或者管理人应当自人民法院裁定债务人重整之日起六个月内，同时向人民法院和债权人会议提交重整计划草案。人民法院应当自收到重整计划草案之日起三十日内召开债权人会议，对重整计划草案进行表决。

7. 破产宣告

人民法院依照本法规定宣告债务人破产的，应当自裁定做出之日起五日内送达债务人和管理人，自裁定做出之日起十日内通知已知债权人，并予以公告。

8. 破产终结

管理人应当在破产人无财产可供分配时请求人民法院裁定终结破产程序。人民法院应当自收到管理人终结破产程序的请求之日起十五日内做出是否终结破产程序的裁定。裁定终结的，应当予以公告。管理人应当自破产程序终结之日起十日内，持人民法院终结破产程序的裁定，向破产人的原登记机关办理注销登记。

三、企业解散清算

（一）企业解散清算概述

当企业解散时，一般都要对企业的资产进行全面清算。不论企业解散出于何种原因，但企业清算的目的都是最大可能保护债权人的合法权益。企业解散清算的程序主要有以下几个方面：

1. 确定清算人或成立清算组

依据《公司法》的有关规定，公司应在公布解散的十五日之内成立清算小组。有限责任公司的清算组由股东组成，股份有限公司的清算组则由股东大会确定其人选。逾期不成立清算组进行清算的，债权人可以向法院申请指定清算组，进行清算。当解散清算由强制原因导致的，由有关主管机关组织股东，有关专业人员成立清算组，进行清算。

清算组在企业清算期间行使的职权主要有：

（1）清理公司财产，分别编制资产负债表和财产清单；

（2）通告债权人；

（3）处理与清算相关的公司未了结的业务；

（4）清缴所欠税收；

（5）清理债权、债务；

（6）处理公司清偿债务的剩余财产；

（7）代表公司参与民事诉讼活动。

2. 债权人进行债权申报

清算工作开始就需要对公司的债权人及其债权进行清理。根据我国《公司法》规定，清算组应在成立之日起十日内通知债权人，并于六十日内在报纸上公告。债权人应在接到通知书之日起三十日内，向清算组申报其债权。债权人申报其债权时应说明债权的有关事项，并提供证明材料，以便清算组或受托人对债权进行登记。在申报债权期间，清算组不得对债权人进行清偿。

3. 清理公司财产，拟订清算方案

清算组应对公司财产进行清理，然后编制资产负债表和财产清单，如发现公司财产不足以清偿债务的，应向法院申请宣告破产，并将清算工作移交法院。在对公司资产进行估价的基础上，拟订清算方案，清算方案应报给股东大会或有关主管机关确认。

4. 执行清算方案

对公司能够执行清算方案的，要确定清算财产的范围，进行清算财产的估价；确定清算费用与清算损益，并按法律规定的顺序清偿债务，对清偿债务后的剩余财产应按章程、合同的有关条款进行处理。

5. 编制清算报告，办理清算的法律手续

清算工作结束后，应当编制清算报告，报股东大会或有关主管机关确认，并向工商行政管理部门办理公司注销手续，向税务部门注销税务登记。到此，企业解散清算工作全部结束。

（二）企业清算中有关的财务问题

1. 对清算接管进行管理

清算接管主要是进行破产企业与清算组之间各有关事项的移交工作，是破产清算的基础性工作。各移交事项办理得是否真实、完整、顺利，手续是否完备，责任是否分明，直接关系到清算工作的有效性和成败。它主要包括：

（1）资产接管。在进行资产接管时，要核对账实是否相符，是否按会计制度的要求进行核算。

（2）权益接管。由于企业在清算时已经终止其经营活动，所有者权益也变成一种稳定的权益，只要在接管时按账面记录核实后计入清算账目中就可以了。

（3）其他接管。除对资产、权益的接管外，还应注意对未结事项的接管，并按对清算企业有利的原则进行处理。

2. 清算财产的界定和变现

（1）清算财产的界定。

企业下列财产计入宣告清算财产：宣告清算时企业经营管理的全部财产，包括各种流动资产、固定资产、对外投资以及无形资产；企业宣告清算后至清算程序终结前所取得的财产，包括债权人放弃优先受偿权、清算财产转让价值超过其账面净值的差额部分；投资方认缴的出资额未实际投入而应补足的部分；清算期间分回的投资收益和取得的其他收益等；应由破产企业行使的其他财产权利，如专利权、著作权等。

企业下列财产应区别情况处理：

第一，担保财产。依法生效的担保或抵押标的不属于清算财产；担保物的价款超过其所担保的债务数额的，超过部分属于清算财产。

第二，公益福利性设施。如职工住房、学校、托儿所、医院等福利性设施，原则上不计入清算财产，但无须续办并能整体出让的，可计入清算财产。

第三，职工集资款。属于借款性质的视为清算企业所欠职工工资处理，属于投资性质的视为清算财产，依法处理。

第四，党、团、工会等组织占用清算企业财产，属于清算财产。

第五，他人财产，破产企业里归他人所有的财产由该财产的权利人通过清算组行使取回权取回。

人民法院受理清算案件前6个月至破产宣告之日的期间内，清算企业的下列行为无效，清算组有权向人民法院申请追回财产，并计入清算财产：隐匿、私分或者无偿转让财产；非正常压价出售财产；对原来没有财产担保的债务提供担保；对未到期的债务提前清偿；放弃自己的债权。

（2）清算财产的变现。

清算财产的变现是指破产企业清算财产由非货币形态向货币形态的转化，以便偿还债务，分配剩余财产。

清算财产的变现方式分为单项资产变现和综合资产“一揽子”变现。

3. 清算债务的界定和清偿

（1）清算债务的界定。

清算债务是指经清算组确认的至企业宣告破产或解散清算企业的各项债务。清算债务主要包括：破产或解散宣告前设立的无财产担保债务；宣告时未到期的债务；债权人放弃优先求偿权利的有财产担保债务；保证人代替企业偿还债务后，其代替偿还款为企业清算债务；在破产案件受理前或解散宣告前，企业非法处置了他人财产，该财产所有者要求的赔偿为企业清算债务等。但也有一些费用不能作为企业清算债务的，如宣告日后的债务，债权人参加清算程序按规定应自行负担的费用，债权人逾期未申报的债权，超过诉讼时效的债务。

（2）清算债务的清偿。

企业财产支付清算费用后，按照下列顺序清偿债务：破产企业所欠职工工资、劳动保险等；破产企业应缴未缴国家的税金；尚未偿付的债务。

4. 清算费用与清算损益的确认与管理

（1）清算费用。

清算费用应当从清算财产中优先拨付，一般随时发生支付。清算财产不足以支付清算费用的，清算程序相应终结，未清偿的债务不再清偿。

（2）清算损益。

清算损益是指企业清算中发生的财产盘盈、财产变价净收入、因债权人原因确实无法归还的债务，以及清算期间的经营收益。

企业清算终了，清算收益大于清算损失、清算费用的部分，依法缴纳所得税。

5. 剩余财产的分配

企业清偿债务后剩余财产的分配，一般应按合同、章程的有关条款处理，充分体现公平、对等原则，均衡各方利益。清算后各项剩余财产的净值，不论实物或现金，应按投资各方的出资比例或者合同、章程的规定平均分配。

第四节　企业财务预警系统

一、企业财务预警系统的功能和目标

企业财务预警作为一种成本低廉的财务危机诊断工具，其灵敏度越高，就越能较早地发现问题，从而回避财务危机的发生。根据国内外对财务预警的研究和实践，我们可把财务预警系统定义为：财务预警系统是指对企业的财务危机状态进行监测，并发出警情信号，及早采取相应措施加以防范的体系。因此，财务预警系统的建立，对有效防范和解决财务危机的发生，将起到重要的作用。

（一）企业财务预警系统的构成

（1）财务预警的组织机构。它主要由企业的经营者、内部管理人员以及企业外聘咨询专家等构成。

（2）财务预警的信息传递机制，对企业的财务预警需要进行大量信息资料的搜集整理以及传递，为财务预警系统的建立提供可靠的数据依据。

（3）财务危机的防范机制。在企业有可能发生财务危机征兆之前，就要采取一定的措施加以防范，避免财务危机的发生。

（4）财务危机的责任机制。如企业发生财务危机就应该将其责任落实到具体的责任人身上，要有严格的奖惩制度，奖优罚劣，有效地提高财务预警系统的保障作用。

（二）企业财务预警系统的功能

（1）对企业财务危机进行监测，发出警告。在企业的生产经营过程中，要将企业的生产经营的实际情况与预定目标、规划等指标进行对比，及时发现问题，找出偏差。如有危及企业财务状况的关键因素出现时，财务预警系统就能预先发出警告，让企业的经营管理者及早做好准备以及采取对策，以减少财务损失。

（2）对财务危机进行有效预知，防止财务状况的进一步恶化。当有财务危机征兆出现时，就要及时阻止财务状况的变化，找出运行过程中的弊端及问题所在，避免财务危机真正出现。

（3）通过财务预警分析，避免类似财务危机的再次发生。对企业财务预警分析，能够详细地了解财务危机发生的原因、经过以及解除危机的各项措施，处理意见等情况，可作为未来类似财务状况很好的范例。这样，能够总结经验，纠正偏差，使企业财务管理活动更加规范、有活力。

（三）企业财务预警系统的目标

财务预警系统的目标，就是为企业管理当局提供反映企业财务危机状态的警情指标，以便企业管理当局及早采取相应措施，防患于未然，从而使企业持续地经营下去，实现企业价值最大化。

二、企业财务预警的基本程序

（1）寻找企业财务预警的警源。警源是造成企业财务危机的根源，包括两大类，一类是企业外部经营环境变化产生的警源，另一类是企业内部运行机制不协调产生的警源。

（2）分析财务预警的警兆。在警源的作用下，警素的变动都会导致警情的发生，总会出现一些预先的征兆。分析财务预警的警兆，就是要分析警源发生后导致财务危机的动态过程。这一过程一般分为四个时期，主要分为潜伏期、危机期、发作期和崩溃期。

（3）监测企业财务危机的警情程度。警情程度一般分为：轻警、中警、重警和巨警四种，可以根据警兆指标的数据大小，找出与警素相对应的警限区域，警兆指标值落在某个警限区域，就可以确定其相应的级别警度。为了监测企业的债务情况，设置资产负债率为警兆指标。设置的警限区域为：当资产负债率在10%~30%为轻警，30%~50%为中警，50%~70%为重警，70%以上为巨警。

（4）根据财务危机程度，建立预警模型，采取防范措施。明确企业财务危机的根源，分析其警兆，测定其警情程度，并采取行之有效的排警措施，对企业来说是非常重要的。

三、企业财务预警的方法

财务预警的方法主要有定性分析法和定量分析法。

1. 财务预警的定性分析法

（1）标准化调查法。标准化调查法即通过专业人员、咨询公司、协会等，就企业可能遇到的问题加以详细调查与分析，并形成报告文件，以供企业经营者参考的一种方法。该方法提出的问题对所有企业或组织都具有普遍的适用性。但也存在不足的地方，对特定企业来说，无法提供特定的问题。此外，表格中也没有对要求回答的每个问题进行解释，没有引导使用者对所提问题之外的相关信息做出正确的判断。

（2）“四阶段症状”分析法。“四阶段症状”分析法即把企业财务运营病症大体分为四个阶段，而且每个阶段都有其典型症状。四个阶段分别是财务危机潜伏期、财务危机发作期、财务危机恶化期、财务危机实现期。具体如表5-1所示。

表5-1　“四阶段症状”

财务危机潜伏期	财务危机发作期	财务危机恶化期	财务危机实现期
①盲目扩张 ②无效市场营销 ③疏于风险管理 ④缺乏有效的管理制度，企业分配不当 ⑤无视环境的重大变化	①自有资金不足 ②过分依赖外部资金，利息负担较重 ③缺乏财务预警系统 ④债务延期偿付	①经营者无心经营业务，专心于财务周转 ②资金周转困难 ③债务到期违约，不能支付	①资不抵债，丧失偿债能力 ②宣布倒闭

每个阶段都有其特征，如果企业发生以下情况，要尽快搞清其原因，采取措施，摆脱财务困境，恢复正常的秩序。

（3）“三个月资金周转表”分析法。该种方法是当销售额逐月上升时，兑现付款票据极其容易；如果销售额每月下降，已经开出的付款票据也难以支付。

运用“三个月资金周转表”分析法判断企业的财务危机，其标准有两个：一个是企业制定不出三个月的资金周转表，就出现了问题。另一个是企业已经制定好了三个月资金周转表，这时要查明转入下一个月的结转额是否占总收入的20%以上，付款票据的支付额是否占销售额的60%以下（批发商）或40%以下（制造业）。可见，这种方法的实质就是要让企业在复杂多变的理财环境中，时刻准备好安全度较高的资金周转表，防止财务危机的发生。

（4）管理评分法。它是美国人约翰·阿吉蒂在对企业的管理特性以及破产企业存在的缺陷进行的调查中，对几种缺陷、错误和征兆进行对比打分，并根据对破产过程产生影响的程度对它们做了加权处理的一种方法。该种方法的实质是管理不善导致企业灾难发生，其管理不善的种种表现要比财务上反映出来的提前若干年。管理评分法简明易懂、有效。

2. 财务预警的定量分析法

（1）财务报表分析法。

它是利用财务报表提供的数据和方法对企业财务状况进行分析的一种方法。目前理论界和实务界通常使用资产负债表、利润表、现金流量表来分析企业的价值，评估企业的风险程度。通过财务报表进一步分析其财务比率关系，对财务比率分析是企业财务危机最常见的分析技术，财务比率为企业提供了最好的财务预警信息基础。一般而言，财务比率分析包括了偿债能力分析、营运能力分析、获利能力分析、现金流量分析、综合能力分析。

（2）单变量模型法。

单变量模型法是美国著名会计学家威廉·比弗通过使用五个财务比率作为变量，对美国1954—1964年随机挑选379家经营失败的企业和79家正常企业进行一元判定预测的方法。经过比较分析，比弗得出了五个财务比率指标可以用于企业财务危机的评价，其中债务保障率是最好的判定企业财务危机程度的指标，其次是资产净收益率和资产负债率。

预测财务失败的比率有：

$$债务保障率=现金流量÷负债总额$$

$$资产收益率=净收益÷资产总额$$

$$资产负债率=负债总额÷资产总额$$

$$资金安全率=资产变现率-资产负债率$$

$$经营安全边际率=(现有或预计销售额-保本销售额)÷现有或预计销售额$$

一般来说，当经营安全边际率和资金安全率均大于0时，则表明企业经营和财务均处于良好状态，可以适当采取扩张性策略；当资金安全率大于0，而经营安全边际率小于0时，则表明企业的财务状况暂时较好，但营销能力不足，因此应加强营销管理与市场开拓，以增强企业的盈利能力；当安全边际率大于0，而企业资金安全率小于0时，则表明企业的财务状况已暴露险兆，因此积极创造自由资金，改善资本结构，成为企业的首要任务；当这两个安全边际率指标均小于0时，则表明企业经营已陷入危险的境地，随时有爆发财务危机的可能。

【例 5-1】某上市公司的资产账面价值为 8 000 万元。其来源构成为：所有者权益 3 200 万元，负债 4 800 万元。若对资产变现，价值约为 7 200 万元，该公司目前的保本销售额为 12 800 万元，预计明年的销售额将达到 16 000 万元。

资产变现率 = 7 200÷8 000×100% = 90%

资产负债率 = $\frac{4\ 800}{8\ 000}$ ×100% = 60%

资金安全率 = 90% - 60% = 30%

经营安全边际率 = （16 000 - 12 800）÷16 000×100% = 20%

实例中，该公司的资金安全率和经营安全边际率都大于 0，说明该公司的经营状况良好，可以采取适当地扩张性政策。

单变量模型法较为简单，不能综合说明公司整体的财务状况，不同的财务比率可能对同一企业有相互矛盾的预测，以至于难判断。

（3）多变量模型法。

多变量模型法是美国爱德华·阿尔曼在 20 世纪 60 年代中期提出来的。它是运用多变模式思路建立多元线性函数公式，用来计量企业破产的可能性的一种方法。阿尔曼随机抽取了 1946—1965 年 33 家破产企业和 33 家正常企业的财务数据，并挑选了 22 个财务比率进行实验。最后阿尔曼选出了五个变量组成了 Z 计分模型：

$$Z = 0.012X_1 + 0.014X_2 + 0.033X_3 + 0.006X_4 + 0.999X_5$$

式中：X_1 = 流动资产÷总资产

X_2 = 留存收益÷总资产

X_3 = 息税前利润÷总资产

X_4 = 账面资产净值÷总负债

X_5 = 销售额÷总资产

该模型实际上是五种财务比率，反映了企业偿债能力的指标（X_1，X_4），获得能力指标（X_2，X_3）和营运能力指标（X_5）。因此，Z 值的经济意义在于：当 Z 小于 1.81 时，表明企业处于破产状态；当 Z 处于 1.18～2.675，表明企业将面临财务危机；当 Z 大于 2.675 时，表明企业的财务状况良好，发生破产的可能性较小。

【例 5-2】甲、乙两公司的有关资料如表 5-2 所示。

表 5-2　　甲、乙两公司的有关资料　　单位：万元

	甲公司	乙公司
营业收入	4 425	2 820
息税前利润	384	86
资产总额	2 572.5	5 928
营运资金	1 035	642
负债总额	1 742.5	3 910
留存收益	162	120
股票市价总额	2 280	1 018

根据Z模型计算可知：

X_1 = (1 035÷2 572.5)×100 = 40.23

X_2 = (162÷25 725)×100 = 6.30

X_3 = (384÷2 572.5)×100 = 14.93

X_4 = (2 280÷1 742.5)×100 = 127.20

X_5 = 4 425÷2 572.5 = 1.72

则：$Z_{甲}$ = 0.012×40.23+0.014×6.30+0.033×14.93+0.006×127.20+0.99×1.72 = 3.545

同理，可计算乙公司的Z值：

$Z_{乙}$ = 0.842

计算结果表明，甲公司的Z值大于2.675，该公司的财务状况良好，没有破产危机发生；乙公司的Z值为0.842小于1.81，该公司发生了严重的财务危机，存在很大的破产风险。

多变量模型法从总体上了解企业财务状况是否呈现不稳定的现象，为企业做好财务危机的预警工作打下了基础。

【例5-3】企业重整与清算财务管理案例

企业破产、重整与清算财务管理案例：风华集团破产与重整

2008年3月6日下午3时，广东省肇庆市中级人民法院宣布裁定批准广东风华高新科技集团有限公司（以下简称“风华集团”）重整计划草案。这是新的《企业破产法》在2007年6月1日起实施以来，广东省内以批准重整方式解决企业破产申请的第一宗案件，也是继国投破产案后广东法院在审理企业破产案件上又闯出的新路子。

由于2001年以来长达5年的全球电子元件行业的调整及历史形成原因，电子元器件行业不景气，产品盈利能力下降。从2002年开始风华集团连年亏损，多年的亏损造成企业经营运作十分困难，处于严重资不抵债的状态，明显缺乏清偿能力，已经无法清偿到期债务。债权人为保护自身合法权益，在2007年3月相继向肇庆市中级人民法院申请宣告风华集团破产还债。收到上述两申请书后，肇庆市中级人民法院于2007年6月29日受理了该破产案。

如果破产清算，将对地方经济发展和社会稳定产生强烈的负面影响，因此肇庆市中级人民法院经全面审查和慎重考虑后，让风华集团进入重整程序。在各方面的努力协调下，风华集团计划筹集资金8.77亿元全部用于清偿给各债权人，实现四个100%：自法院批准重整计划草案之日起半年内，对有财产担保的债权，按质押物的评估价值，获得100%一次性现金清偿；所欠职工债权，获得100%一次性现金清偿；所欠税款，不实行减债；普通债权获得21.95%的一次性现金清偿，其余78.05%的债务予以免除；9 000多名职工100%不下岗。

【例5-4】ST锌业破产重整案例

一、ST锌业公司概况

葫芦岛锌业股份有限公司（简称ST锌业）位于辽宁省葫芦岛市龙港区，主营业务是锌、铜和铅冶炼及产品深加工，镉、铟、硫酸、硫酸铜综合利用产品加工。ST锌业成立于1992年8月，由葫芦岛锌厂、葫芦岛锌厂工贸实业总公司、葫芦岛锌厂工程总公司发起，以定向募集方式设立的，于1993年7月15日登记注册，注册资本为人民币111 013.33万元。1997年，经中国证券监督管理委员会批准，锌业股份在深圳证券交易所挂牌上市，发行社会公众股9 000万股，发行上市后公司总股本41 000万股。经过两次转送和一次配股后，总股本为88 109.88万股。2007年经国务院国有资产监督管理委员会批准，将葫芦岛锌厂持有的葫芦岛锌业股份有限公司的42 378.51万股变更为葫芦岛有色金属集团有限公司持有。2008年中国冶金科工集团完成对葫芦岛有色金属集团公司的战略重组成为锌业股份实际控制人。2009年锌业股份进行债务重组。由于全球金融危机的影响，锌价下跌严重，锌业股份2007年和2008年连续两年亏损，被证监会处以“退市风险警示”，2010年撤销。到2011年和2012年锌业股份年报显示公司连续亏损，又被证监会处以“退市风险警示”。然而，2013年公司债务陆续到期，金额过大，公司无力偿还，最终债权人向法院申请对锌业股份进行破产重整。

二、ST锌业产生财务危机的原因

1. 市场竞争激烈，锌价持续下跌

锌业股份主营锌及相关产品，锌业务收入占其总收入的80%。锌业股份面临的行业状况是：国内铅锌业冶炼投资高速增长，锌的供给增长过快，超过需求增长速度，市场竞争激烈，锌的价格从最高点36 000元/吨，一路下跌。据相关资料显示，2010年锌的均价为19 695元/吨，2011年为17 028元/吨，2012年为15 055元/吨。因此，锌价下跌后使锌业股份陷入财务危机。

2. 缺少自有原料基地，生产工艺落后

一方面，锌业股份是一家从国内外进口原材料进行单一冶炼的企业，由于没有可以提供原材料的矿产资源，导致成本高于同行业的其他公司，利润受原材料价格影响明显。另一方面，由于没有破产资源，公司需要储存大量的原材料、占用资金，也不能很好地掌控产品成本。此外，锌业股份依然采用比较落后的火法炼锌，不仅耗能高，而且耗材昂贵，导致产品平均成本高于采用湿法炼锌的公司，进一步影响了公司的盈利能力。

3. 经营管理薄弱，人员搭配不合理

锌业股份是传统的国有企业，内部管理上存在国有企业的通病，管理人员不能很好地根据市场形势，对公司的发展做出相应的改变，与时代脱节，导致企业逐步陷入恶性循环。锌业股份在人员搭配上也存在一定的不合理性，数据显示2010年、2011年和2012年员工总数分别为11 081人、20 881人和6 238人，其中专科以上学历占总人数的比重分别为29.03%、28.47%和27.63%，销售人员分别为20人、20人和8人。从以上数据来看，经营管理薄弱，人员搭配不合理，在一定程度上阻碍了公司发展。

4. 成本控制不力，盈利能力下降

锌业股份2010年主营业务成本率为95.78%，2011年上升到99.14%，到2012年高达108.55%，期间费用率2010年为7.87%，2011年为11.06%，2012年为16.46%，逐年上升。而公司的盈利能力不断下降，综合毛利率2010年为4.22%，2011年为0.86%，2012年为-8.55%，销售净利率2010年为7.45%，2011年为-15.73%，2012年为-79.93%，从以上情况来看，该公司成本费用控制不力，使锌业股份陷入财务困境。

三、锌业股份破产重整过程

锌业股份2011年和2012年连续亏损，被证监会处以“退市风险警示”，且2012年发生多起贷款逾期诉讼事件。根据我国证监会《亏损上市公司暂停上市和终止上市实施办法》第二章第五条规定，上市公司三年度连续亏损的，自公布第三年年度报告之日起，证券交易所应对其股票实施停牌，并在停牌后五个工作日内就该公司股票是否暂停上市做出决定。证券交易所做出暂停上市决定的，应当通知该公司并公告，同时报中国证监会备案。

1. 锌业股份破产重整的理由

由于国内外市场竞争激烈、内部管理不善、锌价持续低迷等多方面原因，ST锌业陷入财务困境，连续三年亏损。同时，公司债务陆续到期，金额巨大，ST锌业无力偿还其债务，且现有资产不足以清偿其全部债务，资不抵债，丧失偿债能力，出现破产重整。

2. 破产重整申请及批准

2013年1月10日，葫芦岛银行股份有限公司龙港支行（以下简称“申请人”）以债权人的身份，以ST锌业不能清偿到期债务，资产不足以清偿全部债务为由，向葫芦岛市中级人民法院提出对锌业股份进行破产重整。2013年1月31日葫芦岛市中级人民法院认为申请人符合申请资格，申请理由符合实际情况，且在其管辖范围之内，裁定受理申请人对葫芦岛锌业股份有限公司的重整申请。锌业股份股票从2013年3月12日起停牌。

3. 法院确定破产重整管理人

2013年2月5日，辽宁省葫芦岛市中级人民法院依据《破产法》以及《关于审理企业破产案件指定管理人的规定》中相关条款，指定以刘贺锦为组长、王乐为副组长的清算组为ST锌业破产重整的管理人，负责在破产重整期间依法管理ST锌业的财产，处理ST锌业的相关事务等。

4. 债权人申报债权及第一次债权人会议

ST锌业2013年2月7日发布公告，相关债权人应当自公告之日起三十日内，向管理人申报债权，书面说明债权数据，有无财产担保以及是否属于连带债权，并提供相关证据资料。未在上述期限内申请债权的，可以在重整计划草案提交债权人会议讨论前补充申报，但要承担为审查和确认补充申报债权所产生的费用。未依法申报债权的，在重整计划执行期间不得行使权利，在重整计划执行完毕后可以按照重整计划规定的同类债权的清偿条件行使权利。2013年3月21日，管理人主持召开了第一次债权人会议，会议内容主要包括管理人对阶段性工作进行报告，对债权申报及审查情况做相关说明、核查债权，指定并宣布中国工商银行股份有限公司葫芦岛分行为债权人会议主席。

5. 管理人提交重整计划草案及分组表决

根据我国《破产法》的规定，债务人或者管理人应当自人民法院裁定债务人重整之日起六个月内提交重整计划草案，有正当理由的可以在到期日前申请延期三个月提交。ST锌业应当于2013年7月31日前向葫芦岛市中级人民法院提交重整计划草案，但是管理人出于ST锌业破产重整涉及的利益群体多元化，重整工作复杂、重组方态度谨慎等多方因素考虑，向法院申请延期，并于2013年10月31日前提交了重整计划草案。《破产法》规定，法院收到重整计划草案应当召开债权人会议进行分组表决，经出席会议的同一表决组总人数半数以上且其所代表的债权额占所在组债权总额三分之二以上的债权人同意视为通过。ST锌业破产重整职工债权组于2013年11月20日表决通过重整计划草案，并于2013年11月29日召开第二次债权人会议，分别审议表决有关担保债权组、税款债权组、普通债权组以及出资人组的重整计划草案。经表决，担保债权组和普通债权组未通过重整计划草案。根据规定，管理人与担保债权组和普通债权组协商后，再次进行表决。经过再次表决，担保债权组和普通债权组仍未通过重整计划草案。因此，分组表决未能通过ST锌业重整计划草案。

6. 法院批准重整计划草案

由于担保债权组和普通债权组未能表决通过重整计划草案，ST锌业破产重整管理人于2013年11月29日向葫芦岛市中级人民法院提请批准重整计划草案。葫芦岛市中级人民法院于12月5日裁定批准ST锌业重整计划草案，并终止ST锌业破产重整程序。

7. 执行重整计划草案

法院裁定批准重整计划草案后，由管理人负责监督ST锌业重整计划执行情况。ST锌业需要按照重整计划的规定，自2013年12月5日起24个月内完成重整计划内容支付破产费用，共益债务以及清偿债务，由管理人进行监督，ST锌业需及时向管理人报告重整计划的执行情况、公司财务状况以及重大经营决策等事项。截至2013年12月31日，ST锌业已经完成重整计划中应该清偿的各种债务的清偿工作。管理人按照规定向葫芦岛市中级人民法院提交《关于葫芦岛锌业股份有限公司重整计划执行情况的监督报告》，对ST锌业执行重整计划工作进行汇报。2013年12月31日，葫芦岛市中级人民法院依法裁定ST锌业重整计划执行完毕。

四、ST锌业破产重整经营方案

企业破产重整是解决财务危机的一种方式，要想巩固破产重整的效果，必须要改善企业经营中存在的问题，解决企业陷入财务困境，使ST锌业破产重整后提升企业的发展能力。

1. 剥离低效资产，改善资产结构

长期以来，ST锌业内部留有大量闲置资产，不仅不能为企业带来利润，还会占用企业的资源。破产重整后，ST锌业将通过变现等处置方式，将现有资产中与主营业务关联性低、盈利能力较弱或长期闲置的低效资产进行剥离，以改善现有的资产结构和状况。此外，还将根据企业生产经营的需要对相关资产进行更新或重置，确保企业各项资产都能为企业带来相应的效益。

2. 改进生产工艺，降低生产成本

破产重整后，ST锌业将按照精细化管理的要求，深化行业对标，改变落后的生产工艺，采用先进的竖罐炼锌、湿法炼锌和鼓风炉铅锌三大冶炼生产系统，并争创行业先进水平。此外，还将通过优化产品配料、小改小革等一些切实有效的措施，完善生产工艺，降低各项消耗，使生产技术、产品管理及产品的定额指标实现新突破，进一步降低生产成本。

3. 规范经营运作，提高营销效益

破产重整后，ST锌业将紧跟国家经济结构的调整方向和行业发展趋势，提高分析和驾驭市场的能力，创新营销模式，规范营销行为，使企业的营销工作规范化和透明化，把握好营销的重点环节，根据市场状况，及时调整原料采购策略，进而严格控制企业的经营风险。此外，还将进一步加大燃料、辅助材料的招标采购力度，以降低采购成本。

4. 实施品牌战略，扩大品牌优势

目前，ST锌业的品牌以名优产品“葫芦牌锌锭”为主。重整后，将着重提高其他产品的质量，争取在最短的时间内使其他产品也能够成为国家优质产品。同时，准确把握市场需求的导向，及时调整企业的产品结构，大力开发高品质产品市场，开拓新的销售领域，扩大公司的产品优势，为创造新的效益提供发展空间。

5. 完善内控体系，提升管理水平

重整后，ST锌业将以提升企业的管理效率为主要目标，合理制定各项业务的办理流程，完善管理制度，建立健全公司内控管理体系，加大对各项制度执行情况的监督检查力度，从而清除企业管理的盲区和死角，降低管理风险。同时，将制度的建设与完善岗位的责任制和考核相结合，实现内控管理指标落实到责任人，提升企业的管理水平，加强风险的管控能力。

6. 加大资金投入，提高综合能力

重整后，ST锌业将充分利用现有的融资平台，在合理的风险范围内，增加企业的营运资金，用以维护和改造现有生产设备和工艺，提高ST锌业的盈利能力、偿债能力、营运能力和发展能力。

五、ST锌业破产重整结果

ST锌业成功实施破产重整，其结果有以下几种。

1. ST锌业重获新生

ST锌业2010年、2011年、2012年连续3年亏损，如果2013年不能恢复盈利的话，根据我国相关法律条文的规定，证券交易所将终止ST锌业股票上市交易。并且，如果ST锌业破产重整失败的话，ST锌业将进入破产清算程序，这可能导致出资人无法收回成本、债权人无法收回账款、员工下岗，证券市场的稳定将受到冲击。ST锌业在地方政府、人民法院、出资人、债权人等多方共同努力下，成功实施破产重整，在2013年实现了盈利，避免了被终止上市的命运。ST锌业实施破产重整后保住了上市公司的地位，改善了公司的经营状况，减轻了财务负担，使公司的发展有了新的机遇。

2. 出资人保留对ST锌业的出资人地位

ST锌业进行破产重整的原因是生产经营和财务状况恶化，严重资不抵债。根据我国《破产法》关于破产清算顺序的规定，出资人排在最末位，也就是说，如果ST锌业进行破产清算，出资人的权益为零。ST锌业破产重整中，出资人按照10%的比例让渡其持有的ST锌业股票，用于偿还债务。虽然出资人因为让渡股票降低了其持股比例，但是ST锌业通过破产重整得以继续生产经营，出资人仍然享有ST锌业的所有权，可以继续依法享有其出资人的权利。

3. 担保债权人的受偿比例得到提升

根据我国《破产法》的相关规定，有财产担保的债权人可以就担保财产享有优先受偿的权利。根据相关资产评估机构的评估，对ST锌业实施破产清算程序，担保债权人受偿金额约为78 406.21元，受偿比例约为36.82%。实施破产重整后，受偿金额增加5 761.95万元，受偿比例提升2.7%。因此，总体来说，破产重组提升了对担保债权人的受偿比例。

4. 普通债权人的权益得到有效保护

根据有关机构对ST锌业偿债能力的分析报告，如果ST锌业实施破产清算，普通债权的清偿比例约为0.75%，实施破产重整后，对15万元以下的普通债务100%清偿，对15万元以上的普通债务的清偿比例提高到5%。因此，ST锌业实施破产重整，大大提高了普通债务的清偿比例，有效保护了普通债权人的权益。

5. 地方政府有效化解了所面临的问题

ST锌业属于地方国企，员工数量多，如果破产清算，不利于维护地方政府的稳定，对政府的声誉也有影响。ST锌业破产重整成功，一方面，上交了税款，继续为政府创收；另一方面，有效化解了员工下岗的潜在风险，对于维护地方稳定、政府声誉以及减轻政府工作压力起到很好的作用。

案例来源：知网空间，http://cdmd.cnki.com.cn/article/CDMD-11845-1017842380.htm，《ST锌业破产重整绩效研究》，作者：沈卫春。

第六章 企业集团财务管理

【例 6-1】华为共享服务中心提升财务效率

作为一家产品和解决方案已经应用于 140 多个国家的信息与通信解决方案供应商，华为集团的财务组织着眼于如何更好地服务企业在全球范围内的拓展。

自 2006 年起，华为集团在全球范围内，统一体系规范，陆续建立了七大区域财务共享中心。共享服务中心的建立和网络的完善，加强了公司总部对全球业务的财务控制，成为财务内控有效实施的最强有力的保障；同时，通过对推动流程的标准化与简化，大幅提升了财务专业流程的运行效率，创建财务职能卓越专精、精益管理的领先实践。

对于华为而言，构建全球共享服务网络创建了一个全球标准化的财务会计处理与核算管理平台，为华为在过去 10 年业务的腾飞提供了很好的财务资源保障和风险控制基础。

华为目前的运营和业务遍布全球，全球 50 强电信运营商中有 45 家是华为的客户。华为具有竞争力的产品和解决方案应用于全球 140 多个国家，服务全世界 1/3 以上的人口。2012 财年，集团超过 66%的收入来自海外市场。因此，控制财务风险是必须要做的。

据悉，作为向英国承诺的 13 亿英镑投资和采购计划的一部分，2013 年 8 月，华为在伦敦正式设立“财务风险控制中心”。该中心是华为全球财经组织的分支机构，在五大领域开展风险评估，即市场风险、流动资产风险、运营风险、国家风险和交易对手风险，并同时设有一个信用管理部门，评估华为在 MEMA（欧洲、中东和非洲）区域的运营风险。此外，还有一支专门的团队负责管理华为与位于伦敦的国际银行和金融合作伙伴的关系。

华为财务风险控制中心负责管理核心财经业务的风险，包括会计处理、流动性管理、外汇风险管理、信用管理、全球财务遵从等，该中心有助于华为在全球范围内展开一致的低风险财务活动，确保华为能够持续地为客户提供优质服务。

整个公司在财务管理上实现了制度、流程、编码和表格的“四统一”，通过在 ERP 中的财务系统建立了全球财务共享中心，具备在 4 天内完成财务信息收敛和结账的能力。

第一节　企业集团概述

一、企业集团的含义

从总体上看，企业集团是社会化大生产高度发展和市场竞争日趋激烈的产物。19世纪末20世纪初，在西方市场经济发达国家，随着生产社会化程度不断提高，市场竞争日益激烈和生产经营规模逐步扩大，诸多企业逐步走上集团化发展的道路。时至今日，企业集团已成为一种较为普遍的企业组织形式。如德国的“康采恩”、美国的“利益集团”或“金融集团”、西欧的“公司集团”等，都是对企业集团这种企业组织形式的不同表述。

企业集团是指以一个或多个大型骨干企业为核心，以资本、技术、产品等为纽带，由各成员企业按照平等自愿、互惠互利的原则组合而成的大型经济联合体。从其内部组织结构看，企业集团一般由如下四个层次构成：

（1）核心层企业，亦称集团企业或集团公司，是由母公司（控股公司）及其附属机构组合而成的。母公司是自主经营、自负盈亏的具有法人资格的企业。它既可以采取股份有限公司形式，也可以采取有限责任公司形式。母公司是企业集团的核心企业，其实力强大，具有投资中心功能。它可以是一个实力强大的大型生产、流通企业，也可以是资本雄厚的控股公司。母公司的附属机构是指附属于母公司、不具有独立法人资格的分公司或分厂。当然，分公司经母公司授权，也可以独立开展经营活动。

（2）紧密层企业，即由集团企业全资控制或控股50%以上的具有法人资格的企业。可见，集团企业与紧密层企业的关系是母子关系。在我国，紧密层企业应符合下列条件之一：①是核心企业投资并达到控股的；②是核心企业长期承包或长期租赁的；③属于经批准将全民所有制企业划归核心企业管理的；④属于经国有资产管理部门授权，将全民所有制企业的国有资产交由核心企业经营的。

（3）半紧密层企业，亦称关联企业，是指由核心企业参股（未达到控股）或者由紧密层企业全资控制或控股的具有法人资格的企业。这些企业也可以资金、设备、技术、专利、商标等资产进行相互投资，并在集团统一经营下，按出资比例或协议规定分享利益并承担责任。

（4）松散层企业，亦称固定协作企业，是指与核心企业没有产权关系，但有稳定经营业务关系的企业，或者是由紧密层企业、半紧密层企业参股的企业。这类企业应在集团经营方针的指导下，按照集团章程及合同的规定享有权利，承担义务，独立经营，承担民事责任。

二、企业集团的分类

1. 隶属型企业集团和平等型企业集团

企业集团按其内部各成员企业的法律关系划分，可分为隶属型企业集团和平等型企业集团。

隶属型企业集团是指其内部各成员企业在法律上独立，但有从属企业和控制企业之分。控制企业支配从属企业，代集团行使经营权。因此，在这种企业集团中，控制企业与从属企业的关系一般表现为母公司与子公司的控股关系。大多数企业集团均是以这种法律形式的控股关系存在。

平等型企业集团是指其内部各成员企业之间不仅在法律上具有独立性，而且地位平等，不存在隶属关系。因此，在这种企业集团中，就需要各成员企业通过协商来成立一个统一的领导机构，以便实行统一的经营政策。

隶属型企业集团与平等型企业集团相比，更具有稳定性与长期性，核心企业在法律上享有特殊经营权，并承担特殊义务与责任，更有利于增强集团的凝聚力，进行统一的经营与管理。

2. 控股型企业集团和契约型企业集团

企业集团按其控制关系与形成途径划分，可分为控股型企业集团和契约型企业集团。

控股型企业集团是指其内部各成员企业以股份为纽带组建的企业集团。在这种类型的企业集团中，控股企业可以通过持有多数股权，对从属企业的重大决策和重大事项加以控制，从而建立起以产权关系为基础的控制关系。因此，这种类型的企业集团是按照公司制原理建立起来的最典型的现代企业集团。契约型企业集团是指通过签订合同，如承包合同、租赁合同、授权经营合同等，由各成员企业自愿结合而成的企业集团。在这种类型的企业集团中，主要靠合同这种契约来明确各成员企业之间的责、权、利关系。

从国外的情况来看，按照控制关系和形成途径对企业集团进行分类，有助于明确其法律效果上的差异。在控股型企业集团中，如果控股企业对被控股企业造成了损害，要予以补偿。而在契约型企业集团中，母公司有义务弥补子公司的年度亏损，使子公司的债权人获得追索性保护。

3. 单一所有制企业集团和混合所有制企业集团

企业集团按其所有权性质划分，可分为单一所有制企业集团和混合所有制企业集团。

单一所有制企业集团是指其各成员企业都具有相同所有权性质的企业集团。混合所有制企业集团是指其成员企业具有多种经济成分的企业集团。

此外，企业集团按其经营的区域范围划分，可分为国内企业集团和跨国企业集团；按其成员企业的行业构成划分，可分为单一型企业集团和多行业型企业集团；按其成员企业的联结纽带划分，可分为以资本为纽带形成的企业集团、以技术为纽带形成的企业集团和以产品为纽带形成的企业集团，等等。

三、企业集团的联合方式

为了保证企业集团在一定程度上的稳定性，充分发挥其成员企业的联合作战能力，企业集团就必须采取一定的联合方式把各成员企业联合起来。从目前我国企业集团的发展来看，企业集团各成员企业的联合方式主要有行政纽带、资本纽带和技术纽带三种。

1. 行政纽带

以行政纽带为主的企业集团，就是其成员企业之间是基于上下级行政隶属关系而联合起来的，级别较高的企业指挥和管理级别较低的企业。如我国目前一些分行业的全国性大公司，基本上都属于这种情况。采取这种联合方式容易造成产权关系不明晰，缺乏激励的内在机制，难以形成凝聚力。因此，对这种以行政隶属关系为纽带建立起来的企业集团，应按照现代企业制度的要求，进行规范化的公司制改造，建立起各负其责、协调运转、有效制衡的法人治理结构。

2. 资本纽带

以资本为纽带的企业集团，就是其各成员企业之间通过控股、参股等形式建立产权关系，以此确定经济利益关系，从而在各成员企业之间形成利益共享、风险共担的机制。这种方式是国际上通行的方法。采用这种联合方式组建的企业集团，建立在现代企业制度的基础上，其成员企业大多是股份有限公司或有限责任公司。因此，采用这种方式组建的企业集团有如下明显的优势：

（1）企业集团各成员企业之间的利益关系，建立在它们之间的产权关系这一基础之上，从而更有利于增强企业集团的凝聚力，实现企业集团价值的最大化。

（2）在企业集团中处于支配地位的核心企业，能够对其附属机构和子公司实施控制，这样就有利于实施企业集团一体化的经营战略，优化集团资源的整体配置。

（3）企业集团中的核心企业通过控股和参股的方式，可以用较少的资本控制比自身规模大得多的资本，这样就有利于迅速扩大企业集团的规模，增强企业集团的竞争实力。正是由于以资本为纽带组建企业集团具有上述优势，我国政府积极鼓励企业集团朝着这个方向发展。党的十四届三中全会通过的《关于建立社会主义市场经济体制若干问题的决定》和党的十五届四中全会通过的《关于国有企业改革和发展若干重大问题的决定》都明确指出，发展企业集团，要遵循客观经济规律，以企业为主体，以资本为纽带，通过市场组建，而不能靠行政手段勉强撮合，不能盲目求大求全。目前，我国有许多企业集团正在按照这一改革思路加以规范。在实践中，以资本为纽带的具体形式有如下几种：

①企业承包、租赁。企业集团中的核心企业与其他成员企业的主管部门协商，签订承包合同，对其他成员企业进行承包。一方面，这种承包形式具有承包经营的特征，有利于核心企业这一承包方对被承包的其他成员企业实施经营权控制，从而形成控制上的紧密联合；另一方面，在承包期间，核心企业还可以通过对被承包企业进行投资，直至控股，将其改造为子公司。企业租赁方式与企业承包方式基本相似。

②企业集团股份制。其主要形式有：一是企业集团的核心企业向其他企业投资入股，如果投入的资本达到了控股程度，则该成员企业便成为核心企业的子公司；二是各成员企业之间交叉持股，以优化治理结构，建立长期而稳定的联系；三是企业集团直接创办有限责任公司，壮大紧密层。企业集团采取股份制形式，有利于在其内部建立起各负其责、协调运作、风险共担、利益共享、有效制衡的法人治理结构。

③企业并购。这实质上是产权的集中化和资本经营的一体化。实践中企业并购主要有两种形式：一是购买式兼并，即企业集团的核心企业直接出资购买被兼并企业；二是承担债务方式兼并，即企业集团的核心企业以承担债务为条件，将被并购企业收

归自己所有。

④国有资产授权经营。通过政府对国有资产的授权，核心企业成为国有资产的投资主体，负责集团范围内的国有资产统一经营，从而使集团的紧密层企业、半紧密层企业分别成为全资子公司、控股子公司或参股公司。

3. 技术纽带

企业集团各成员企业以生产技术、强势产品等为纽带联结起来，实施战略上的联盟，以充分发挥企业集团在生产技术和强势产品上的优势。

四、企业集团的特征

由上述企业集团的含义、分类和联合方式可见，企业集团与其他经济组织形式相比，具有如下特点：

1. 法律特征

从法律上来看，企业集团突破了一般企业的法律实体与经济实体相统一的格局。企业集团虽然是由多个法人主体构成的大型联合经济组织，但是它本身不是独立法人，不具有法人地位。这是因为企业集团不具备作为法人享有经济权利和承担经济义务的财产条件。

2. 组织特征

从组织结构上来看，企业集团的组织结构具有如下特征：

（1）各成员企业的趋利性，即各成员企业都是具有独立法人资格的经济实体，因此它们都是独立的利益主体，都具有追求自身利益最大化的要求。

（2）各成员企业之间的协同性，即企业集团不是各成员企业的简单相加，而是由各成员企业按照一定的联合方式构成的有机整体，有着共同的利益追求和战略目标。因此各成员企业在生产营活动中必须加强协作与联系，发挥集团的整体优势，在实现集团利益最大化的前提下追求自身利益的最大化。

（3）各成员企业之间的稳定性，即由于企业集团的各成员企业是按照一定的联合方式联结起来的，彼此之间在资本、产品、技术等方面存在广泛的经济联系，在经营上存在共同的利益和风险，它们在组织上便表现出较强的稳定性。

（4）企业集团的层次性，即由于各成员企业之间联合的紧密程度不同，企业集团的组织结构表现出层次性，如前面所讲的核心层企业、紧密层企业、半紧密层企业和松散层企业等。

3. 经营特征

从经营上来看，企业集团的经营具有如下两大特征：一是经营的垄断性，二是经营的兼容性。企业集团的经营具有垄断性，其原因在于：企业集团实行统一的经营目标和一体化的经营政策，使各成员企业形成联合阵营，围绕核心企业的主导产品，共同开拓市场领域，扩大市场份额；企业集团的规模生产使产品单位成本下降，利润上升，易于实现价格优势；企业集团便于集中多个企业的资金、技术、人才、设备进行产品改造和创新，增强产品的市场竞争能力。企业集团经营的兼容性主要体现在企业集团的产品结构上：一方面是企业集团内多个企业生产多种产品，另一方面是在某一产品上进行多样化的系列开发。

4. 财务特征

从理论上来看，企业集团的财务管理具有如下主要特征：

（1）企业集团内部各成员企业之间的财务关系一般以产权关系为基础。这样，就在企业集团内部形成了出资者系列和经营者系列。出资者系列是母公司向子公司出资，子公司向孙公司出资，直至无穷；经营者系列是孙公司经营子公司的出资，子公司经营母公司的出资，直至无穷。因此，各成员企业之间的复杂财务关系便可以概括为出资者企业与经营者企业之间的财务关系，涉及母公司与子公司之间集权与分权的关系。能否正确地处理这种关系，关系到企业集团是否具有凝聚力，以及各成员企业的积极性能否充分发挥。

（2）企业集团的财务管理目标，从总体上来看，就是对各成员企业的财务活动进行有效的协调与整合，充分发挥企业集团有效配置资源的综合优势，实现企业集团整体价值的最大化。再从上述企业集团内部的财务关系看，出资者的财务目标是确保资本安全和资本增值；而经营单位的财务目标则是把资本有效地转化为资产，实现资本增值，并从中获得相应的利益。

（3）法人资格的经济实体，自然都是财务主体。企业集团的财务主体应由这些财务主体所构成，并呈“金字塔”式的结构。

（4）企业集团的融资特征，除了具有统一对外筹资、进行内部资金融通的特征外，还具有产业资本与金融资本相结合的特征，如组建财务公司等。

（5）制定内部转移价格，是在企业集团内部实施分权管理的必然结果，其作用主要在于明确地划分各成员企业之间的经济责任，正确地评价它们的经营业绩。

（6）在企业集团财务管理中，核心企业起统驭作用，具有“融资决策中心”“投资决策中心”“资金管理中心”等财务管理职能。

5. 会计特征

企业集团是特殊的非独立核算的会计主体，但需要填报以母公司为基础的合并会计报表。

第二节　企业集团财务管理体制

企业集团财务管理体制主要是对企业集团内部各成员企业的财务责任、财务权利和经济利益以及这三者之间的关系加以规范的基本财务管理制度。它是企业集团管理体制的重要组成部分。正确地制定企业集团财务管理体制，是促进企业集团财务管理工作顺利而有效地开展的制度性保障。

一、企业集团财务管理体制的基本模式

企业集团财务管理体制，根据企业集团的联合方式、组织结构等因素的差异性，一般可分为集权式财务管理体制、分权式财务管理体制和混合式财务管理体制三种基本类型。

1. 集权式财务管理体制

所谓集权式财务管理体制，就是企业集团的财权几乎都集中于母公司，母公司对子公司进行严格控制和统一管理。这种模式的特点是：财务决策权都高度集中于母公司，而子公司只是执行母公司的财务决策，其筹资、投资、工资奖金、费用开支、利润分配、资产重组、人事任免等重大事项，都由母公司统一管理。母公司通常下达生产经营任务，并以直接管理的方式控制子公司的生产经营活动。

集权式财务管理体制的优点是：有利于制定和实施统一的财务政策，提高资金筹措效率，增强企业集团的凝聚力和整体实力，降低经营风险和财务风险。集权式财务管理体制的缺点是：财务管理权限的高度集中容易挫伤子公司的积极性，企业集团财务管理缺乏合理分工和横向协作关系，可能对子公司的业绩考评造成较大困难。

2. 分权式财务管理体制

所谓分权式财务管理体制，就是母公司对子公司以间接管理为主，子公司拥有充分的财务管理权限。这种模式的特点是：在财权上，子公司在资本筹集、运用、工资奖金、费用开支、利润分配、资产重组、人事任免等重大财务事项方面均有充分的决策权，可以根据市场环境和公司的生产经营活动，以间接管理的方式进行管理。母公司鼓励子公司积极参与竞争，扩大市场份额；在利益分配上，母公司从子公司的发展出发，利益分配向子公司倾斜，用以增强子公司的竞争实力。

分权式财务管理体制的优点是：子公司拥有充分的理财权，易于抓住市场机会，减少母公司的决策压力。分权式财务管理体制的缺点是：难以统一指挥，不利于及时发现子公司面临的风险和可能出现的重大经营问题；弱化了母公司的财务控制权。

3. 混合式财务管理体制

在实践中完全集权和完全分权的企业集团财务管理体制都是比较少见的，大多数企业集团采用的是一种集权与分权相结合的混合式财务管理体制。这种体制强调在分权基础上的集权，是一种自下而上的多层次决策体制。在实际工作中，由于财权集中或分散的程度要受到诸多因素的影响，财务管理体制集中或分散的最佳程度是不可能准确确定的。但是，无论如何，在集权与分权之间做出折中性的选择确有必要。

二、设计企业集团财务管理体制的原则

按照现代企业制度的要求，设计企业集团财务管理体制应遵循下列基本原则：

1. 产权明晰

产权明晰是指在企业集团内部，母公司作为出资者对子公司有重大决策权、资产收益权和选择经营权，并以出资额为限对子公司的债务承担有限责任，不直接参与子公司的具体经营活动；子公司作为被投资的企业则以其全部法人财产独立享有民事权利，承担民事责任，依法自主经营，自负盈亏，对出资者承担资本保值增值之责任。遵循这一原则，明晰母子公司的产权关系，是理顺它们之间的财务关系、规范它们各自财务管理职能的基础。因此，设计企业集团财务管理体制必须在这一基础上展开。

2. 责、权、利相统一

企业集团财务管理体制就是从总体上对集团内部各成员企业的财务责任、财务权利和经济利益以及三者之间的关系加以规范和处理的基本财务管理制度。这三者之间

的关系是：财务责任是核心，因为它是确定财务权利的基本依据，其履行情况也是确定经济利益的主要依据；财务权利是保证，因为各成员企业只有拥有一定的财权，才能独立地进行财务活动，履行财务责任；经济利益是目的，因为它是各成员企业努力履行其责任的内在动力，也是各成员企业维持其生存与发展的物质基础。因此，把这三者有机地结合起来，有利于建立正常的财务秩序，调动各成员企业的积极性和主动性，提高经济效益。责、权、利相统一的原则是设计企业集团财务管理体制的指导性原则。

3. 集权与分权相结合

无论从理论上还是从实践上来看，一个企业集团单一地采取过度集权或过度分权的财务管理体制，均有许多弊端。过度集权，集团财务机制必然僵化，从而挫伤子公司的积极性；相反，过度分权，必然导致子公司及其经营者在失控状态下过度追求自身经济利益，从而侵蚀集团整体利益。所以，企业集团应在紧密结合集团实际情况、综合考虑影响集权或分权诸因素的基础上，处理好集权与分权的关系，使两者相互平衡，相互结合。这不仅是设计企业集团财务管理体制所应遵循的重要原则，而且也是设计企业集团财务管理体制必须解决的关键性问题。

三、设计企业集团财务管理体制应考虑的因素

设计企业集团财务管理体制应综合考虑以下几个因素：

1. 企业集团管理体制

纵观世界各国企业集团的发展情况，企业集团内部管理体制围绕集权与分权的有效结合逐步形成了三种模式，即母公司高度集权的管理体制，母公司、子公司、孙公司相对分权的管理体制和事业部制的组织结构。企业集团财务管理体制是集团整体管理体制的组成部分。企业集团采取何种管理体制，直接决定了采取何种财务管理体制。因此，企业集团内部管理体制是我们构建企业集团财务管理时应考虑的基本素之一。

2. 企业集团规模的大小

美国某研究机构曾经对 187 个跨国公司进行调查，发现小型跨国公司因总部缺乏足够的资金来源和财务专家，往往较多地把财务管理决策权授予子公司经理，实行分散化的财务管理，其子公司在财务上是相对独立的，它们要靠自己的财力扩大其规模；中型跨国公司拥有较强的经济实力和较多的财务专家，大多数实行集权式财务管理；大型跨国公司资金雄厚，有大批财务专家，它们试图实行集权式的财务管理，但因其产品种类多、分布广和环境复杂，而较多地实行集中与分散相结合的或偏向于分散的财务管理。

3. 企业集团的股权结构

如果企业集团的各子公司大多是独资经营的，则其财务管理权就会相对集中；如果子公司大多是合资经营的，则其财务管理权就会相对分散。

4. 企业集团的生产技术水平

在技术方面要求高的企业集团，其总部大多把主要精力放在技术开发方面，而不是财务管理方面，因此便倾向于分权式的财务管理；在技术方面要求较低的企业集团，其总部大多重视财务管理，因此则倾向于集权式的财务管理。

5. 不同国家的文化特性

例如，美国的大多数公司因管理上强调子公司的积极性和股权结构分散，一般不直接对国外子公司的财务活动实行集中管理；欧洲国家的许多跨国公司因其传统的母公司与子公司的“母子关系”，财务管理是比较集中的。

6. 区别不同的财务管理内容

由于不同的财务管理内容的重要程度是不同的，所以对不同的财务管理内容的集权或分权是不尽相同的。例如，企业集团在重大投资、重大筹资、利润规划、资产处置、转移价格制定等涉及集团整体利益的重要财务事项上，往往倾向于实施集权式财务管理；而对其他财务管理内容则倾向于分权式财务管理。

四、企业集团财务管理体制的合理选择

在企业集团中，以集团公司或母公司形式存在的核心企业处于统驭的地位，代集团行使包括财务管理职能在内的经营管理职权。因此，我们认为，应围绕核心企业，或者说根据与核心企业的联合程度，确定处于不同层次上企业的财务管理体制。

在企业集团中，作为以集团公司或母公司形式存在的核心企业，其财务部门应是根据国家有关法规和企业集团有关规章制度，具体代行企业集团财务管理职权的职能部门。其职责主要是：制定和贯彻执行企业集团的财务制度；制定和实施企业集团的统一财务政策；贯彻执行企业集团的重大财务决策；统一规划企业集团的对外筹资和内部资金调度；监督企业集团的财务活动，等等。

属于核心层企业的分公司或分厂，应采取集权式财务管理体制。由于属于核心层企业的各分公司或分厂一般不是独立法人，其人、财、物和产、供、销均由集团总部实施统一经营、管理、决策和核算，所以各分公司或分厂应当采用财务决策权集中的财务管理体制，以便企业集团对各成员企业进行有效控制。具体而言，集团对于紧密层企业，应采取统一领导下分权、分级式的财务管理体制。由于紧密层企业是以核心企业为主要出资者，并以子公司这一组织形式存在，所以为了调动紧密层企业的积极性和实现企业集团的整体目标，集团应对紧密层企业采用统一领导下的分权、分级的财务管理体制。这种财务管理体制的特点是：集团总部做出重大财务决策，而把执行重大财务决策的责任和必要的、次要的财务决策权下放给所属紧密层企业，实行核心层企业和紧密层企业两级独立核算。紧密层企业在遵守企业集团统一财务制度的基础上，相对独立地开展会计核算工作和日常财务管理工作。但是紧密层企业的财务活动应纳入企业集团的整体规划内，其会计核算资料也应并入企业集团的合并会计报表内。

对于半紧密层企业，集团应采取有控制的分权式财务管理体制。由于半紧密层企业均是以孙公司的形式存在的，与核心企业的关系一般只是协作关系，所以集团应对半紧密层企业采取有控制的分权式财务管理体制。这种财务管理体制的特点是：集团总部只是间接地对半紧密层企业进行调控，而半紧密层企业则拥有独立的财务决策权，实行独立核算，其会计核算资料也不纳入企业集团的合并会计报表之内。但是，为了实施企业集团的整体发展战略，增强企业集团的凝聚力，半紧密层企业的重大财务活动也应纳入企业集团的一体化财务政策之内。

对于松散层企业，集团应采取完全分散的财务管理体制。松散层企业与核心层、

紧密层、半紧密层企业之间不存在较固定的协作关系，一般可以作为非集团成员对待，属于企业集团的影响范围或势力范围。所以，对于松散层企业，集团应采取完全分散的财务管理体制，即松散层企业完全独立地进行决策、经营、管理和核算。

第三节　企业集团财务管理的内容

企业集团的财务活动一般是由核心层企业、紧密层企业、半紧密层企业和松散层企业四个层次的财务活动组合而成。其中，核心层企业和紧密层企业的财务活动是企业集团财务管理的内容，一般包括产权管理、融资管理、投资管理、资产管理、内部转移价格管理、收益分配管理和财务监督等。

一、产权管理

在企业集团内部，产权关系是否明晰，产权结构是否合理，持股方式是否恰当等产权管理问题，直接关系到筹资管理、投资管理、收益分配管理等财务管理工作能否顺利而有效地开展，因此产权管理是企业集团财务管理的重要基础和重要内容。

1. 明晰产权关系

明晰企业集团中母公司与子公司之间的产权关系，有两方面的原因：一方面，由于母公司和子公司都是独立的经济体和市场竞争主体，彼此之间不存在行政上的依附关系，而仅仅是出资者与经营者之间的关系，母公司对子公司的管理与控制必须依照公司法来进行，不能超越所有者权限而介入子公司的日常经营事务，以确保子公司的正常经营，并且确保子公司真正独立的法人地位；另一方面，为了维护和实现集团的整体利益，母公司必须对子公司进行有效的产权约束，保障其投入资本的安全性并依法获得产权收益，从而使子公司的经营目标与母公司的总体战略目标保持一致。明晰母公司和子公司的产权关系，是理顺它们之间的财务关系、规范它们各自财务管理职能的基础。因此，企业集团的各项财务管理工作必须在这一基础上开展。

2. 设置合理的产权结构

母公司在确定产权结构时，应积极引导子公司寻求多元化的投资，建立多元化的产权结构，以规范子公司的法人治理结构和保证集团发展战略目标的实现。一般来说，对于集团的支柱产业和资金密集型企业，母公司应绝对控股，建立全资的子公司，形成单一的产权结构；对集团的生产经营和持续发展有着重要导向作用的技术密集型产业和关键性辅助产业，母公司可以持股51%以上建立控股子公司，同时积极地吸引社会法人参股，鼓励公司内部职工投资入股，以及与子公司之间交叉持股，寻求多元化的产权结构；对于与集团主业相配套的产业以及第三产业，母公司应该参股而非控股。母公司与子公司的控股关系主要有以下五种方式：①分割方式，即将母公司的一部分分割出去，成立全资子公司，独立经营；②投资方式，即母公司以有形资产、无形资产向紧密层企业投资入股，并达到一定的控股比例，建立起母子公司关系；③有偿兼并方式，即母公司以出资购买股份的形式，掌握目标企业半数以上的股份，使其成为自己的子公司；④母公司采用等额股权互换的方式，将紧密层企业变成自己的子公司；

⑤母公司通过争取国有资产的授权经营，将其他企业占有的国有资产转为自己的法人财产，使这些企业转为自己的子公司。总之，无论母公司采取何种具体方式对子公司控股，都必须坚持以资本为纽带的原则。

3. 选择恰当的持股方式

不同类型的企业集团，应选择不同的持股方式。一般来说，核心企业实力强大的企业集团，可以选择垂直的持股方式，以保障母公司的控股权；强强联合的企业集团，可以选择交叉持股的方式，以密切各子公司之间的相互联系。

二、融资管理

按照资金来源的不同，企业集团融通资金的方式一般有如下三种：

1. 外部融资

其具体方式有许多种，如银行贷款、发行股票、发行债券、商业信用、融资租赁、国内联营等。这些不同的融资方式，其经济性质、经济权益、融资风险和融资成本均是不同的。因此，企业集团在选择这些融资方式时，应权衡每种融资方式的经济性质、经济权益、筹资风险和筹资成本，有选择地加以利用。

2. 内部资金融通

这不仅是必要的，而且也是可能的。从其必要性来看，企业集团作为一个经济联合体，各成员企业之间存在密切的伙伴关系，在资金使用上就应互助互济，互惠互利，共谋发展；从其可能性来看，企业集团的各成员企业由于经营的特点和业务类型的差异，在资金使用和业务周转上往往存在着一定的“时间差”，当一些成员企业资金紧缺时，另一些企业的资金可能比较充裕，这就为企业集团内部融通资金提供了可能性。企业集团内部资金融通主要是指各成员企业的资金在集团内部进行横向融通使用。比如：利用集团积累的发展资金，审时度势地为各成员企业提供资金；各成员企业之间相互借贷融通，调剂资金余缺；各成员企业之间进行信用性资金融通；等等。

3. 产融相结合

其具体方式有多种。比如：组建财务公司等非银行金融机构；建立融洽的银企关系，寻求银行长期而稳定的信贷支持；寻求银行等金融机构直接投资入股，建立银企财团；等等。在我国，随着企业集团的不断发展和金融体制改革的不断深化，金融机构在企业集团发展中的作用将会越来越大。

企业集团无论采取何种融资方式，都必须实行统一管理，实施一体化的融资政策。这样做，既有助于拓宽融资渠道，扩大资金来源，降低资金成本和筹资风险，也能促进内部资金融通，调剂资金余缺，充分利用资金使用上的时间差，提高资金使用效率。

三、投资管理

为了优化集团的投资结构，提高投资效益，实现集团的战略目标，企业集团应实施统一的投资政策，并且通常由核心企业集中进行投资决策。

（1）选择投资机会。这是一个十分复杂的过程，核心企业应全面分析影响投资的各种因素，包括市场短缺分析、经济政策分析、产品更新换代分析、通货膨胀和银根紧缩分析等，科学地选择投资机会。

（2）规划投资方向。核心企业要认真地研究国家的产业政策、财税政策和货币政策等，根据集团发展的战略目标，选择恰当的投资方向。

（3）控制投资规模。核心企业应从集团的整体利益出发，对投资规模进行全面而长远的规划，并且进行“投入—产出”弹性分析，将各成员企业的投资规模控制在规模经济的范围之内。

（4）审定投资项目。核心企业应当统一规定投资项目可行性分析和审定的决策程序，对规模较大的投资项目要从严审批，并依据投资项目的轻重缓急而统筹安排，避免因分散投资而造成低水平的重复建设和浪费，以实现“高收益、低风险”之目标。审定投资项目的一般程序是：第一，由各成员企业提出投资申请和投资预算，并报核心企业财务部门审核；第二，核心企业财务部门对各成员企业提交的投资申请和投资预算进行审核后，提出书面意见，一并上报给高层管理人员审核；第三，高层管理人员将审核通过的投资预算及其书面意见上报给董事会；第四，由董事会或股东大会批准后执行。

（5）控制投资预算的执行过程，节约投资成本，保证投资项目按投资预算的规定如期完成。核心企业如果发现投资预算与实际执行情况不符，应及时加以调整。

（6）再评价投资项目。在投资项目的实施过程中，一旦出现新的情况，核心企业就要随时根据变化的情况对投资项目做出新的评价。如果实际情况发生了巨大变化，原来的投资决策已变得不合理，核心企业就要对是否停止实施投资项目做出决策，以免造成更大的损失。

四、资产管理

企业集团资产管理的内容如下：

（1）优化资产结构。核心企业应根据各成员企业生产经营的特点，通过对收益与风险的权衡，适当控制各成员企业的经营性资产与非经营性资产、长期资产与流动资产的比例，提高资产利用效率。

（2）规范资产管理程序和权限。核心企业应当严格规范资产管理的程序，对资产的购置、调剂、使用、报废、处置，不仅要做到责权明确，而且必须按照规定程序进行管理。

（3）严格资产变动管理。随着企业生产经营情况的变化和产业结构的调整，集团各成员企业之间会出现资产转让的现象。在这种情况下，为了防止资产流失，核心企业必须加强对资产变动的管理。各成员企业之间流动资产的转让，必须是有偿的；各成员企业之间固定资产的转让若为无偿调拨，则必须经集团有关部门审查批准；各成员企业向集团外单位转让固定资产，必须是有偿的，并经集团的有关部门审查批准。

五、内部转移价格管理

企业集团内部转移价格是指企业集团各成员企业之间转让产品时所采用的价格。对各成员企业之间转让中间产品按照内部转移价进行计价结算，有利于划清各成员企业的经济责任，使业绩评价和利益分配建立在客观可比的基础上；也有利于集团内部资金的合理调度，实现集团的战略目标；还有利于获得合理避税的效益。

内部价格的制定，应遵循下列基本原则：

（1）要把集团的整体利益与各成员企业的利益有机地结合起来，并使二者最大化。

（2）要充分考虑内部转移价格对各成员企业业绩的影响，使业绩考评工作建立在客观可比的基础上。

（3）不仅要尽量降低中间产品供应企业的成本，而且也要尽量增大中间产品购买企业的利润。

内部转移价格一般有以下四种：

1. 市场价格

它是指以转让中间产品的外部市场价格作为内部转移价格。按照市场价格制定内部转移价格有两个基本假设：一是中间产品有外部市场；二是中间产品有完全竞争市场，或者中间产品的供应者无闲置生产能力。当然，以市场价格作为内部转移价格并非直接将市场价格用于内部结算，而应在此基础上做必要的调整，如剔除销售费、广告费等。采用市场价格作为内部转移价格，通常应遵循下列原则：如果供应者愿意对内销售，而且售价不高于市价，则需求者有购买的义务；如果售价高于市价，则需求者有到市场上购买的自由；如果供应者情愿对外销售时，则应当有不对内供应的权利。当然，这些原则都必须以不影响集团整体利益为前提。以市场价格作为内部转移价格的优点主要有：有助于把市场竞争机制引入集团内部，促使各成员企业有效地使用有限的资源；有助于真实核算各成员企业的盈亏，使业绩考评工作建立在客观可比的基础上。但是，以市场价格作为内部转移价格也存在一些不足之处，主要有：市场价格往往会经常变动，这就会给中间产品转让的计价结算工作带来一定的困难；以市场价格作为内部转移价格没有多少回旋的余地。基于这些优缺点，市场价格适用于实行高度分权管理体制的企业集团。

2. 协商价格

它是指集团内部各成员企业通过共同协商确定的价格。采用这种价格的基本前提是中间产品有在非竞争市场上买卖的可能性。这是因为，在这种市场中，买卖双方有权自行决定是否买卖这种中间产品。协商价格有一个变动范围，其上限是市场价格，而其下限则是变动成本。买卖双方就是在这一范围内来协商确定具体价格的。采用协商价格的优点主要有：买卖双方根据产品的质量和供应可靠性等情况，协商确定产品的转移价格，可以同时满足双方的特定需要，兼顾各方的经济利益。但是，以协商价格作为内部转移价格也存在着一些不足之处。比如：协商价格确定的过程较长，费用较高；在双方相持不下的情况下，由集团高层领导裁定，可能会弱化分权管理的作用。协商价格的适用范围和市场价格一样，也适用于分权管理程度较高的企业集团。

3. 双重价格

它是针对买卖双方分别采用不同的价格作为内部转移价格。比如，对产品的供应方可按协商的市场价格计价，而对需求方则可按产品的变动成本计价，两者的差额最终由核心企业进行调整。双重价格有两种形式：一是双重市场价格，即当产品在市场上有多种价格时，供应方采用较高的市场价格，而需求方则采用较低的市场价格；二是双重转移价格，即供应方以市场价格或协商价格作为计价基础，而需求方则以产品的变动成本或标准成本作为计价基础。采用双重价格作为内部转移价格，能够满足供需双方的不同需要，调动双方的积极性。但是，以双重价格作为内部转移价格也有其不足之处，即实行双重价格对子公司有利，而对集团整体不利。这是因为供应方以高价出售，而需求方以低价购进，有可能使双方对成本控制漠不关心。

4. 成本转移价格

它是指以转移产品的成本为基础制定的内部转移价格。由于成本的概念不同，成本转移价格又有不同的形式，如以产品的标准成本作为内部转移价格，以产品的标准变动成本（即标准成本加上一定的合理利润）作为内部转移价格等。究竟采用哪种成本形式，应根据转移产品的特点和制定转移价格的不同要求来确定。成本转移价格克服了以市场价格为基础定价的某些片面性，此外还具有使用简单，以及所依据的数据都是现存数据等优点。但是以成本转移价格作为内部转移价格也存在着一些不足之处。比如：成本概念的多样化，使得转移价格有着较大的人为性；以实际成本为基础的转移价格不利于加强成本管理；等等。

上述四种内部转移价格各有利弊，所以在实际工作中企业集团应根据具体情况做出合理的选择。

六、收益分配管理

企业集团的收益分配主要涉及两方面内容：一是以政治权力为基础的收益分配，即按照税法缴纳各种税金，这种分配体现了国家与企业集团之间的财政分配关系；二是以资产所有权为基础的收益分配，即将所得税和各种法定提留后的利润，按照一定的分配方式，在各资产所有者之间进行分配，这种分配体现了以所有权为基础的产权收益分配关系。企业集团联结纽带和联合方式不同，产权收益分配的方式也就不同。企业集团的收益分配方式主要有以下几种：

（1）股份分配方式，适用于按股份制组建企业集团的利润分配，并且大多数企业集团都采用这种分配方式。在这种分配方式下，受资企业根据投资者投资额的大小，以“应付利润”或“应付股利”的形式，直接进行利润分配。这种分配方式是企业集团利润分配的主要发展方向。在这种分配方式下，企业集团建立起以母公司和子公司为中心的利益分配体系。

（2）基数分配方式，适用于以承包、租赁方式组成的企业集团的利润分配。这种分配方式的前提是：企业集团的核心企业从成员企业的管理部门处以承包、租赁方式取得资产使用权，并且与成员企业的主管部门或所有者签订了承包税后利润上缴数额和资产使用租金合同。这样，由于被承包、租赁企业成了企业集团的紧密层企业，利润的剩余部分才归企业集团的核心企业所有。同时，紧密层企业（被承包、租赁企业）也按合同的规定取得本企业职工应得收入和企业发展收入。这样，紧密层企业将实现的利润以“应付利润——应交承包或租赁费”的方式交给原主管部门；以“应分利润——分给承包或租赁方利润”的方式交给集团核心企业；以提取公积金、公益金等方式留下自己应得的部分。

（3）基数比例分配方式，适用于以行政性合并方式组成的企业集团的利润分配。在行政性合并方式下，集团核心企业向国家承包，各紧密层企业再向核心企业承包。因此，与之相适应的基数比例分配方式的具体做法是：由核心企业统一对自身和紧密层企业取得的税后利润，按承包基数，在核心企业和紧密层企业间进行分配，即将税后利润按规定的基数上交集团核心企业，剩余部分由紧密层企业自行掌握。如果紧密层企业的经营发生了亏损，核心企业也应按比例承担损失。这种方式广泛适用于以下情况：核心企业按约定条件对紧密层企业提供技术、半成品、销售服务等，紧密层企业则按核心企业的要求从事生产经营，期末无论采取何种利润分配方式，利润的分配都必须遵循“先税后分”的原则。按照这个原则分配利润，一般有一个重要前提，即企业之间的投资数额要有明确的会计核算，产权界定要清晰。但在现阶段，只有按股份制原理建立起来的企业集团才能够清楚地进行利润分配，而按承包租赁、行政性合并等方式组建的企业集团则存在产权界限不清的问题。因此，在坚持“先税后分”的原则下，对以承包租赁和行政性合并方式组建的企业集团，仍可按已有的承包基数、租金、比例等分配方式进行利润分配；对以国有资产授权经营方式组建的企业集团，应在核心企业对授权经营的资产保值增值的基础上，再以税后利润承包方式对各成员企业进行利润分配。

此外，企业集团的利润分配还应考虑一些对利润有影响的因素。例如，如果内部转移价格与市场价格差异很大，已含有转移利润的因素，则企业集团应对利润分配的基数、比例和数额进行相应的调整。又如，如果成员企业负担了集团核心企业的部分费用，则企业集团应在确定基数、比例时加以考虑，或者在利润分配时进行调整。

七、财务监督

这里所讲的财务监督，主要是指以集团公司或母公司形式存在的核心企业对子公司的财务监督。这种性质的财务监督事实上是出资者的财务监督。其产生的直接原因主要有两个：一是现代企业所有权与经营权分离的相对性。在所有权与经营权相分离的条件下，所有者拥有企业财产的所有权。企业作为独立法人则依法拥有法人财产权，并由所有者雇用的经营者来负责企业的日常经营管理。但是两权分离并不否定所有者对企业财务实施的必要监督。两权分离客观上促成了所有者与经营者之间的“委托—代理”关系的产生。作为所有者的委托方将企业的日常经营管理活动委托给经营者具体实施，但同时也保留了剩余控制权，而作为经营者的代理方负责企业的日常经营管理，并依其行为及结果获得相应的报酬。由于“道德风险”与“逆向选择”的存在，所有者确有必要对经营者的财务行为实施监督。

在企业集团中，以集团公司或母公司形式存在的核心企业对子公司实施财务监督的方式主要有：

1. 建立和完善财务决策机制

核心企业对子公司的下列重大财务事项应保留决策权：

（1）重大筹资事项。不同的筹资方式与筹资数额对企业集团的资本结构有着不同的影响。资本性筹资可能会改变企业的权益结构；负债性筹资不仅会改变企业集团的资本结构，而且还会增加财务风险，过度的负债性筹资甚至会威胁企业的生存。因此，重大筹资事项的决策权应保留在核心企业。

（2）重大投资事项。对于投资规模较大和投资期限较长的投资项目，其决策权应保留在核心企业。但是，如果子公司的自控能力差，管理混乱，则其任何资本性支出的最终决策权都应保留在核心企业。针对目前我国企业集团对外投资规模过大、投资损失惊人的状况，核心企业应特别注意对子公司对外投资的监督。

（3）日常财务活动中的特殊问题。一般情况下，核心企业无须直接干预子公司的日常财务活动。但是，如果遇到某些数额过大的特殊财务事项，而且对企业的生产经营活动有重大影响时，核心企业应保留对这些事项的决策权。

（4）企业并购、清算及破产等。这些事项都会对企业集团产生重大影响，因此核心企业必须从企业集团整体发展战略的角度，加强对这些事项的监督。

2. 实施财务总监委派制

财务总监委派制是指核心企业为了维护企业集团的整体利益，强化对子公司的财务控制和监督，对子公司直接委派财务总监，并将其纳入核心企业财务部门的人员编制，以实行统一管理和考评的一种制度安排。这种制度安排在实践中有两种类型，即财务监事委派制和财务管总管委派制。

财务监事委派制是指核心企业以出资者的身份，直接向子公司派驻财务总监，以代表核心企业对子公司的财务活动实施所有权监控职能。核心企业派出的财务总监的主要职责是：检查、监督子公司的经营政策，尤其是财务政策是否符合企业集团的总体政策目标；检查、监督子公司的财务管理制度是否健全并有效执行；检查、监督子公司是否有效执行了核心企业对其做出的重大财务事项决策；如果子公司做出决策的财务事项存在较大的缺陷，财务总监有权要求子公司进行重新论证和复议；对子公司经营者违反法律、法规、母公司政策、目标和章程的行为进行监督，一旦发现有损害子公司及母公司利益的行为，责令其立即纠正；行使对子公司和重大例外事件的决策处置权，以及母公司赋予的其他决策权。

财务总管委派制是指核心企业以经营者的身份，直接向子公司派驻财务主管人员，并将其纳入核心企业财务部门的人员编制，进行统一管理与考评，使其总管子公司的财务管理事务，直接进入子公司的管理决策层。核心企业向子公司派驻的财务总管，相当于子公司的总会计师或专司财务管理的副总经理。其职责除了涵盖单一法人企业总会计师或主管财务工作的副总经理的职责内容外，还有一部分特殊的职责。一方面，财务总管需要从母公司的经营政策、目标和章程出发，对子公司的经营者进行直接领导；另一方面，财务总管还要在主管子公司日常财务工作和建立健全财务监控体系的同时，协助经营者做好各项财务决策。

财务监事委派制和财务总管委派制的特征虽然有所不同，但两者的目的基本相同，都是促使子公司的财务政策符合企业集团整体利益最大化的要求。但是，这两种委派制都存在着一些局限。就财务监事委派制而言，其存在的问题主要是：子公司是独立的法人主体，有独立的利益目标，因此财务监事与子公司管理层在工作上难免会产生矛盾；财务监事不属于子公司管理层，对子公司的财务决策后果不承担直接的行为责任，因而核心企业很难考核财务监事的业绩。就财务总管委派制而言，其存在的问题主要有：财务总管的双重身份在逻辑上是十分矛盾的，财务总管很难同时扮演好两个角色；财务总管的双重身份也使得对他的激励与约束较为困难。如果财务总管的个人利益不与子公司的业绩挂钩，就难以激发其工作积极性；如果将其个人利益与子公司的业绩直接挂钩，又会诱使其帮助子公司片面追求业绩优化，而不顾对核心企业带来的消极影响。

财务总监应成为资本运营的主导者。资本时代，企业靠“生产—销售”模式积累资产的日子已经一去不复返，更多的企业都在思考如何借助资本的力量赢得更多的资金，盘活企业。身为财务总监，必须成为企业资本运营的主导者。提升自己的地位，成为企业中不可替代的一员。

然而，资本运营需要高超的运营手腕和精细的布局安排，这些也依赖资本运营主导者的水平。这不仅是企业对财务总监的要求，也是新时代财务总监从专才走向通才，拓宽自己的战略观、全局观、资本观必须要具备的能力。

财务总监在整个资本运营的过程中如何成为主导？主要体现在以下几个方面。

（1）财务总监要掌握资本运营的全范畴知识，包括资本运营中涉及的投融资、商业模式、法律、财税等。

（2）财务总监也要掌握企业的战略步骤，主导并不等于全部都自己做，是驾驭团队的能力，财务总监要有一个统筹全部环节的能力：对内协助企业老板规范公司各种管理制度，获得协助老板决策的权力；对外代表企业对接各个环节的人事问题，如券商、事务所等，消化并解决资本运营各种问题。

（3）财务总监要不断进行财务转型与价值创造，财务总监必须适应新形势，并通过不断学习，更新自己的知识体系，只有这样，财务总监才能成功转型，利用新形势、新环境，不断提升自己的职业价值，不仅作为企业老板的下属，而且拥有话语权，参与决策，成为联合掌舵人。

3. 建立健全内部财务管理制度

内部财务管理制度是企业管理当局依据国家有关法规以及企业集团财务管理的要求制定的，用于规范企业集团内部各级财务主体财务行为的准则体系。其内容较为复杂，但按范围不同，可分为综合财务管理制度、日常财务管理制度和成本管理制度。综合财务管理制度对企业集团重大的、综合的财务事项所制定的行为规范，如企业集团财务治理机构设置制度、授权与任免制度、激励与惩罚制度、重大财务信息传递与监控制度、资本运作管理制度、收益分配管理制度、财务预算管理制度等。日常财务管理制度是指针对企业集团具体财务事项和日常财务运作所制定的行为规范，如资金收支结算制度、费用开支管理制度、存货管理制度、固定资产管理制度、工资福利费管理制度、收入管理制度、应收账款及应收票据管理制度等。成本管理制度是指针对企业集团内部各级生产经营单位的成本管理所制定的行为规范，如采购成本管理制度、制造成本管理制度、产品销售成本管理制度等。通过这些财务制度的制定和贯彻执行，企业集团就能够对内部各成员企业的财务行为加以规范。

4. 审计监控

企业集团财务管理内部层次多，财务关系复杂，需要运用内部审计手段，强化企业集团内部的财务监督。企业集团内部的审计监督工作主要由核心企业的审计部门统一组织。

（1）健全审计机构。一是把内部审计机构交由董事会总经理直接领导，以强化审计监督的力度；二是配备足够的符合条件的审计人员，以保证按质、按量完成审计任务；三是制定内部审计工作制度，把审计工作纳入规范化的轨道。

（2）明确审计重点。集团内部审计部门应检查各项管理制度的执行情况，如内部财会制度等；应验证收入的真实性、成本费用的合规合理性；应实施针对性的专项审计，对经营管理中的问题提出改进意见，为企业领导提供决策依据。

（3）改进审计方法。根据企业集团点多面广的实际情况，集团内部审计应从以详细审计为主改变为以抽样审计为主，提高审计工作效率；从以一次性审计为主改变为以经常性审计为主，保证审计的及时性；从以送达审计为主改变为以就地审计为主，体现内部审计的务实性；将经常性财务收支审计、经济责任审计和经济效益审计结合起来，保证各成员企业在受控状态下开展工作；以审计结果为依据，对各成员企业的财务活动进行规范、考核和评价。

第四节　企业集团财务公司

我国企业集团开办财务公司，是经济体制和金融体制改革过程中出现的新事物。实践表明，在我国企业集团的发展过程中，财务公司对促进产业与金融相结合、增强集团融资能力、降低集团资本成本、加强集团财务控制均起到了重要作用。

一、财务公司的特点与功能

1. 财务公司的特点

财务公司是指中国人民银行批准设立的、专门为企业集团办理内部金融业务的、具有独立法人资格的非银行金融机构。它作为企业集团的成员企业，在行政上受企业集团的直接领导；作为非银行金融机构，在业务上接受中国人民银行的管理和监督，是我国金融体系的重要组成部分。财务公司属于股份有限公司，实行自主经营，独立核算，自负盈亏，并照章纳税，具有法人资格。

财务公司作为非银行金融机构，在企业集团内部融通资金，可以与银行和其他金融机构建立业务往来关系，还可以委托银行代理金融业务。其经营的业务范围是：①向集团内部的各成员企业吸收一年以上的专项存款，发放技术改造贷款、新产品和技术开发贷款；②向有关银行或其他金融机构办理资金拆借及集团内部各成员企业之间的资金融通和管理业务；③承办国家用于支持企业集团技术和产品开发的贷款的划拨和管理；④办理集团内部设备融资租赁和产品融资租赁业务；⑤办理集团所属单位的信托投资和信托贷款；⑥经中国人民银行批准，发行或代理成员企业发行债券；⑦进行技术经济咨询，对新产品开发、新技术开发和应用以及技术改造投资可行性进行分析评估；⑧办理集团内部的经济担保及鉴证业务；⑨经中国人民银行批准的其他业务。

财务公司作为企业集团成员，其财务管理工作应纳入企业集团财务管理之内。其财务管理的范围主要有：①资本金管理及其他信贷资金管理；②资产的监管；③财务收入管理；④成本费用及营业外支出管理；⑤收益分配管理；⑥资金的余缺管理。

财务公司与其他非银行金融机构和企业集团的其他成员企业相比，具有以下特点：

（1）特定服务。财务公司建立在集团成员企业对金融组织共同需要的基础上，集团成员企业的投资是财务公司资本来源的基本形式，因此财务公司必须为企业集团提供特定的金融服务。

（2）双重管理。一方面，财务公司在行政上隶属于企业集团，接受企业集团董事会的领导；另一方面，财务公司在业务上接受中国人民银行的领导、管理和监督。

（3）综合职能。财务公司可以运用存款、代理结算、资金拆借、证券业务等金融手段，从事经批准的人民币与外汇金融业务，为企业集团的发展提供综合性金融支持。

（4）资本单一。财务公司的资本仅限于集团成员企业投入的股本金和集团成员企业的存款等，资金实力相对有限。

2. 财务公司的功能

从财务公司的特点和作用来看，财务公司具有如下主要功能：

（1）服务功能。财务公司在企业集团内部通过票据承兑、贴现、转账结算，可以减少资金占用，加速资金周转，提高资金使用效率；通过开展融资租赁和买方信贷，可以注入少量资金，解决企业集团中间产品的购销问题；对集团成员企业的发展提供全方位的金融服务，如提供担保、资信调查、信息服务、投资咨询等中介业务。所有这些方面表明，财务公司具有较强的服务功能。

（2）融资功能。财务公司通过同业拆借、发行债券、发行新股、进行配股、从事外汇及有价证券的交易等途径，为企业集团开辟广阔的融资渠道，成为企业集团的融资中心。

（3）信贷功能。财务公司将其筹集的资金，以贷款的方式发放给集团内需要资金的企业，做到财尽其用。在信贷管理上，信贷管理人员可以发挥其熟悉集团内部财务管理、生产管理、销售管理的特长，深入企业供、产、销各环节进行调查研究，适时把握好资金的投向，在贷款发放和回收管理上起到商业银行难以起到的作用。

（4）投资功能。集团财务公司可以将集团内部的闲散资金向效益高、风险小的产业投放，也可以将资金投向那些能发挥集团优势、促进集团发展的重要项目，从而提高资金利用效率。财务公司还可作为中介组织，当好集团公司的投资参谋。

二、财务公司的组织结构和运作

1. 财务公司的组织结构

财务公司的最高权力机构为董事会。董事会由董事长、副董事长、董事若干人组成。董事长可由集团公司推荐，副董事长、董事由出资单位协商产生。

董事会的职责是：①制定和修改公司章程，并报中国人民银行批准；②任命经理，副经理由经理提名、董事会批准；③根据国家有关方针、政策和财经法规，制定公司的经营方针和经营目标；④根据国家产业政策，审定批准集团公司远期和近期信贷投资计划；⑤根据公司的业务发展，确定分支机构的设立；⑥需要由董事会决定的其他重大问题。

财务公司实行董事会领导下的经理负责制。经理的职责是：①组织制定公司的经营目标和发展规划，经董事会批准后贯彻执行；②组织年度信贷计划的编制和审定重大投资项目；③向董事会报告公司年度财务决算和利润分配方案；④任免公司职能部门和分支机构的负责人；⑤制定公司的各项规章制度并组织实施。

2. 财务公司的运作

为了保证财务公司的健康发展和作用的充分发挥，财务公司在其经营和管理活动中要注意以下几个方面的问题：

（1）严格遵守法律法规。财务公司在经营管理上，要认真执行国家的有关金融法规以及批准的信贷计划和存贷款利率。严格按照中国人民银行颁布的《企业集团财务公司管理办法》规定的业务范围进行经营，而不能超出规定的业务范围。例如，财务公司不能办成商业银行，开展一般商业银行业务；不得在境内买卖或代理买卖股票、期货及其他衍生金融工具；不得投资于股权、实业或集团成员企业的债券。

（2）控制金融风险。财务公司应当建立和健全其内部业务管理制度和财务管理制度，制定存款、投资等管理办法，对经办的贷款项目要执行严格的资信调查和可行性研究。财务公司在投资行过程中，要进行检查监督，维护公司利益。公司受托的信托投资、贷款项目必须单独核算。同时，公司应当建立呆账准备金制度。

（3）正确处理各种关系。这些关系主要包括：①财务公司与其他金融机构的关系。财务公司要受中国人民银行的领导，中国人民银行要根据国家金融管理的有关法律和规定，对财务公司的金融业务活动进行管理和监督；另外，由于财务公司的经营范围较广，与银行和其他非银行金融机构在业务上有重叠和交叉，这就要求财务公司要正确处理好与这两者的关系。②财务公司与企业集团的关系。虽然财务公司在行政上隶属于企业集团，但它又是独立的法人。因此，一方面企业集团不能对财务公司的正常业务进行干预；另一方面，财务公司要定期地向董事会汇报经营情况，在日常业务经营中，也要接受集团总部的正确领导和监督。③财务公司与集团财务部门的关系。财务公司是企业集团所属的具有法人资格的非银行金融机构，两者在集团资金的筹措和运用方面有一定的业务联系，但应互不干涉并互相独立地开展各自的业务，不存在领导与被领导的关系。④财务公司与集团各成员企业的关系。财务公司与集团各成员企业之间是一种平等自愿、互惠互利的关系。成员企业既是财务公司的股东，又是财务公司的服务对象。各成员企业在财务公司开设存款户和贷款户（不必再在银行开户），由财务公司负责资金的统一管理，并由其在银行开户，办理信贷和结算，统一缴纳流转税。这样，财务公司对外与银行及财税部门发生联系，对内与集团各成员企业发生联系。

三、财务公司的变通形式：财务结算中心

财务公司作为非银行金融机构，其设立必须经过中国人民银行批准。因此，能够建立财务公司的只是少数特大型企业集团。在实践中，大多数企业集团采用一种变通形式，即建立财务结算中心。

财务结算中心是企业集团内部独立核算、自负盈亏的非法人二级企业。在非法人地位上，它不同于财务公司，但与财务公司具有相同的作用。从实质上看，财务结算中心是把财务公司的运作机制引入企业集团内部，对整个集团资金实行统存统贷管理。在所有权和使用权不变以及自有资金随时可用的原则下，财务结算中心把分散在集团内部成员企业中的资金集中起来，实行统一管理、分配和使用，并监督资金的流向。

企业集团的一切收入都集中到财务结算中心，除了日常零星开支外的一切支出都通过财务结算中心转账支付。财务结算中心向集团内部吸收存款，发放贷款，并具体办理股份制改造、证券自营、债券发行、投资审议等业务。

财务办理结算中心除了每月提供本中心的会计报表外，每天还提供银行存款日报

表和企业存款日报表；每周星期一编制上周重大资金变动表，分别报送企业集团总经理和主管财务的副总经理，从而防止资金在投放、运转和回笼中可能出现的漏洞，降低企业集团的财务风险。

实践证明，建立企业集团财务结算中心能够实现资金集中管理，强化资本经营意识，发挥集团资金优势，有利于盘活存量资金，提高资金效率；有利于在同等生产经营规模下减少贷款特别是长期贷款，降低财务费用；有利于加强对所属企业资金的监管，控制不合理的开支，避免重大资金流失；有利于提高集团信贷信用等级，树立良好的企业形象，寻求银行的优惠贷款支持。

【例 6-2】

1. 集团的组建

1996 年年底，在江苏省对外经贸委员会的领导下，服装进出口股份有限公司（以下简称“服装公司”）作为骨干企业，与联合机械进出口股份有限公司（以下简称“机械公司”）共同组建了大型经贸企业集团江苏 SS 国际集团（以下简称“SS 集团”）。SS 集团公司经授权成为国有资产的投资主体，对集团下属企业拥有的国有资产享有出资者权益，并且以这部分资产所有者的身份，作为集团的母公司，通过资产纽带对集团成员进行控制和管理。

成立之初，SS 集团公司是集团的核心层，在集团中处于主导地位，对外代表整个集团，采用国有独资公司形式。该公司将所占用的国有资产分为三个部分：一部分留在公司，一部分作为对子公司的投资，还有一部分作为对子公司的借贷。SS 集团公司作为规范的国有经营控股公司，主要从事资本经营运作。

集团的紧密层由集团公司的 23 家全资、控股子公司（包括二级子公司）组成。其中由集团公司直接控股的子公司（一级子公司），是服装公司和机械公司。两个子公司的股权结构如表 6-1 所示。

表 6-1　　　　服装公司和机械公司的股权结构

股份类别 / 公司	国家股	法人股	职工股
服装公司	82%	5%	13%
机械公司	80%	—	20%

这两个子公司与集团公司所形成的母子公司体制，就是通过“授权经营”形式（即由省人民政府授权），将两个股份公司的国有资产统一授权给集团公司经营管理。在这里，“授权经营”的内涵实质上就是“授权持股”。

集团的半紧密层由核心企业的参股公司和紧密层企业的全资、控股公司共 17 家组成，松散层由紧密层、半紧密层企业的参股企业共 63 家组成。

通过组建 SS 集团，集团内成员企业之间加强了技术、生产、资金等方面的联系，产品销往 118 个国家和地区。集团内成员企业主要经营服装、服装面料和辅料、纺织品、机电仪器产品、成套设备、轻工业品、工艺品、化工食品、医药保健品等进出口业务，涉及生产和流通领域，并形成了多元投资体系。投资范围涉及工业生产、国内贸易、仓储运输、宾馆饮食、金融证券、海外进口贸易等许多领域。随着海外市场的拓展，集团制定了自己的发展战略，就是以进出口贸易为主，实施品牌战略，培育自己的生产基地，利用现有基础，扩充海外销售网络，建成符合现代企业制度要求，面向国际、国内两大市场，实现贸易、贸工、贸技结合，实业化、国际化、多元化的大型企业集团。

2. 集团的组织结构

经过近两年的调整、资产重组和理顺内部关系，SS 集团已逐渐走上规范化发展的道路。

在五个专业性子公司中，服装和机械公司的股权结构没有变化，母公司对其持股比例分别是 82%和 80%。轻纺进出口公司、国内贸易公司、旅游服务公司则由母公司和服装、机械两个子公司三家共同投资。其中，母公司投资比例达到 50%以上，剩余的投资比例则由两个子公司分摊。比如，对于轻纺进口公司，母公司（集团公司）的投资比例是 51%，服装公司的投资比例为 29%，机械公司的投资比例为 20%。这样，在这三个子公司的投资中，母公司占控股地位，另外的股东则为母公司控股的两个子公司，有利于集团公司的管理和整个集团利益的协调统一。

SS 集团的成立具有特殊背景。两个主要子公司，其前身均为两个独立的企业集团，各自拥有大批的子公司和附属企业。通过组建 SS 集团，以及进行内部资产重组，以原有的两个公司为基础，形成了纯粹控股公司控制下的行业控股公司，控制着大大小小的生产企业、流通企业 、服务公司等。这样，大集团中包含着中小集团；母公司通过层层控股，控制着一大批子公司、孙公司，并通过专业性管理，形成了颇具特色的三个管理层次。具体如图 6-1 所示。

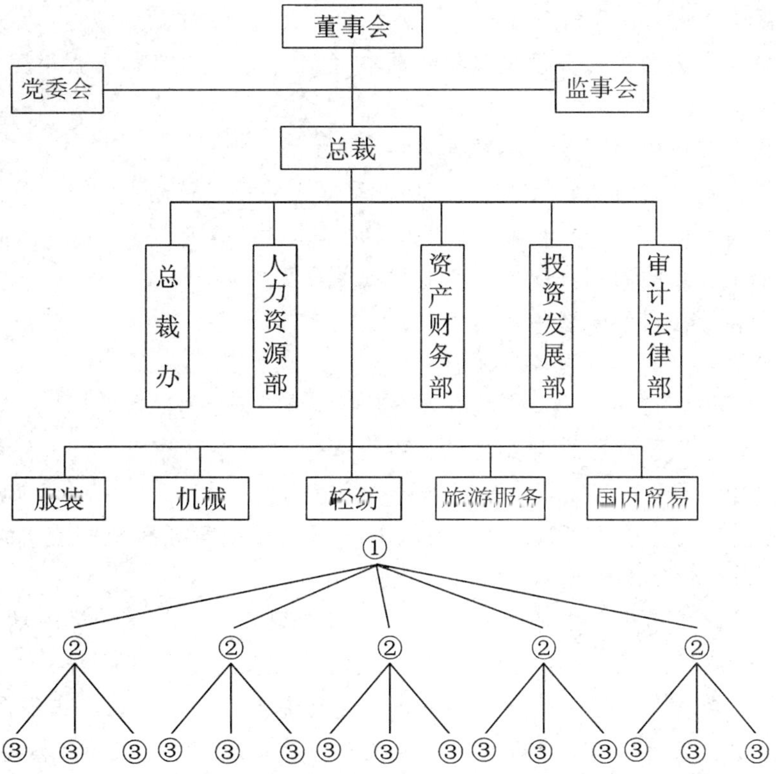

图 6-1　集团组织结构图

第一层次属于最高决策层，是集团母公司。这一层次作为具有投资中心、决策中心、资产经营中心、内部监控调节中心、信息中心等多种功能的集合体，实施战略管理，对子公司进出口计划、统计、财务、人事、教育、劳动工资、配额许可证、审计等实行归口管理，统一对江苏省对外经贸委员会负责，在多元化经营中，协调集团内不同行业的关系。

第二层次属于中间管理层，是各个行业控股公司，即服装、机械、轻纺、国内贸易、旅游服务五个专业性公司。该层次实行行业性管理，管辖同一或相近行业的企业，其投资基本集中在某个行业，而与下属企业之间大多形成上下游关系。

第三层次是基层企业，即集团的各个具体战略经营单位。该层次进行一般企业的常规化管理，着眼于充分利用各种资源，不断提高生产与经营效率。

3. 集团的财务管理体制

目前，集团公司已制定出集团财务管理办法，母公司根据资产所有权对全资、控股子公司采用集权式财务管理体制。具体做法如下：

第一，公司董事会作为企业集团的经营决策和业务执行机构，行使最高决策层的职能。

SS 集团公司作为母公司，其董事会是集团内所有者（国家）利益代表主体和战略决策主体，对集团公司占用的国有资产保值、增值负责。董事会成员由集团公司的主要专职高级经营管理人员和子公司的法定代表人组成，即各子公司的法人代表由公司董事会中的董事兼任。而且，母公司、子公司的总裁通常也是由董事长兼任。根据 SS 集团的财务管理办法，母公司董事会对母公司和子公司行使以下权力：

（1）审核确定集团的财务管理体制和机构设置方案，确定和委派集团公司及各子公司的财务负责人；

（2）审核母公司的年度预、决算方案和利润分配方案；

（3）审核决定母公司的重大筹资和 50 万元以上的投资计划；

（4）审核决定子公司的重大筹资和 50 万元以上的投资计划；

（5）审批子公司的利润分配方案和股权收益分配方案；

（6）负责各子公司经营者的业绩考核；

（7）母公司规定的其他财务事项。

第二，母公司对子公司实行财务负责人委派制，建立子公司财务负责人定期汇报制度。

母公司每年对各子公司的财务收支、财会管理进行全面审计，并进行年度资产经营责任审计，对各子公司法人代表的离任进行离任审计。

第三，在内部财务管理基础工作方面，母公司与子公司分别设置独立的财会机构，具体办理所在单位的财务管理和会计核算业务。

母公司和子公司由于行业不同，可执行分行业财会制度，独立办理纳税；母公司和子公司的会计折旧政策、坏账提取政策、低值易耗品摊销政策应统一；子公司不得对外提供任何资金、资产担保；除业务需要的流动资金外，子公司一律不得对外借款；子公司对外提供业务需要的流动资金，也要在资金量和审批手续上受严格控制。

在整个企业集团中，SS 集团公司处于主导地位，对外代表集团。集团公司是单纯的管理型控股公司，其本身主要从事资本经营、战略决策及集团统一的经营活动，对子公司的进出口计划、统计、财务、人事、教育、劳动工资、配额许可证、审计等实行归口管理，统一对省外经贸委负责。因此，与母公司的功能相适应，集团公司内部设置了以下四个职能部门，在集团财务管理体制中发挥作用。

(1) 资产财务部，负责对母公司及子公司进行财务管理和监督。其职能包括：①参与制定集团与母公司的发展规划，编制执行母公司年度财务预算，并负责各项财务收支的计划、控制、核算、分析、考评；②研究制订母公司的财务管理体制和职责分工方案，并组织制定母公司的内部管理和控制制度，负责对子公司的财务行为进行业务指导、管理和监督；③负责统一确定母公司、子公司的会计电算化软件，便于集团内合并报表和联网；④监督母公司内部的经济活动和资金运动，组织和运筹好集团内部资金，参与审查母公司的应收账款、重大资产、在建工程、资产报废与转让、重大产权变动、重大筹资以及50万元以上的投资行为，检查、监督子公司财务政策的执行；⑤审查子公司的利润分配方案和股权收益分配方案，报母公司董事会批准，负责母公司应分利润的收缴。

(2) 投资发展部，负责整个集团（包括母公司、子公司）的投资管理；在具体决策上，会同财务、审计部门，为资本经营运作提供支持。

(3) 审计法律部，负责整个集团的审计工作，包括投资项目的审计。

(4) 人力资源部，负责整个集团的人事管理、职工教育、人才培训和开发以及子公司中层干部的配备选拔等。

要求：请分析说明SS集团内部财务管理体制安排的可取之处及可能存在的问题。

【例6-3】

2016年，华润集团实现逆势增长，总资产破万亿元。

2017年3月8日，华润集团发布2016年业绩，集团实现营业额5 007亿元，同比上涨4%；实现利润总额480亿元，同比上涨9.2%，总资产同比增和10.4%，达到10 980亿元。

华润集团表示，营业额的增长主要受益于华润医药、华润置地和华润燃气营业额的增加。而利润的增加主要来自华润置地、华润燃气盈利的增加，以及华润万家的减亏。在集团整体业绩表现好于年初预计的同时，各项经营和财务指标也有所改善。其中，全年成本负债率下降0.7个基点，税后经营利润率和投入资本回报率都上升了0.2基点，总有息负债按年下降2.3%，外币有息负债占总有息负债比例较2015年年初下降13.8个基点至25.9%，有效降低了汇率损失。2016年，华润集团还把握内地债券利率下行的窗口期，共发行境内债券超6 000亿元，境内融资成本大幅降低。

华润集团2016年实现逆势增长的秘诀在于，降成本、控费用、优化采购，保证了综合毛利率持平；淘汰落后产能，处理低效资产，及时止血减亏。此外，通过技术改造与成本管理优化，使节能降耗与效率提升，多策并举提高了产能利用率。但集团部分业务仍面临增长压力，各利润中心的发展水平参差不齐。以2016年集团营业额增长率4%为基准，有9家利润中心或业务单元增幅高于该水平，3家增幅低于该水平，另外6家出现负增长。

截至目前，华润集团旗下共有7家港股上市公司，3家A股上市公司。分别为华润水泥、华润医药、华润置地、华润啤酒、华润电力、华润凤凰医疗、华润燃气，以及华润三九、华润双鹤、东阿阿胶。

华润集团董事长傅育宁在“两会”期间表示，通过国企改革，华润大部分企业业务和资产都已上市，上市公司希望混合所有制带来体制上的变化，实现真正的市场化。

2017 年，华润集团将深化“均好发展”的理念。在华润集团 2017 年经理人年会上，傅育宁对“均好”式发展给出了两个定义：一是所有基层大区基层业务单元的均好性，提高整体回报水平和资本效率；二是管理上不能出现明显的短板。华润的企业应该努力争取实现标准化管理。傅育宁强调，要通过战略思维转型、组织机制转型，以及领导能力的转型，实现均好性、内涵式和可持续发展。

要求分析：

1. 华润集团利润大涨的主要原因是什么？

2. 成立集团公司的优势和劣势分别是什么？

第七章

企业集团的业绩评价

【例 7-1】构建业绩评价体系，助力实现可持续发展

房地产行业的资金投入量大、开发的周期长、具有较强的地域性，同时市场的供求情况与价格波动情况受所在地区经济发展水平、产业政策的影响非常大。我国房地产行业的增长方式也由“速度规模”向“效益和市场细分”转变。保利房地产（集团）股份有限公司（简称保利地产）作为我国排名前五的房地产企业，拥有庞大的资产规模，着力于将集团打造成为具有行业领导地位、管控能力强、国际化程度高、公司治理优良、具有高度社会责任感、具备可持续发展能力、进入世界500强的大型跨国企业集团。

基于行业背景与企业战略的业绩评价指标选取，根据企业战略目标，以经济增加值（EVA）为核心，平衡计分卡（BSC）为保障体系，BSC的四个维度具体如下：

（1）财务维度。主要有财务效益、资产运营、偿债能力、发展潜力四类方向代表指标，以维持企业所有者财富最大化及债权人利益保障之间的平衡。

（2）客户维度。融入企业社会责任及政策公共收益等相关指标，以确定客户维度企业价值创造的来源。

（3）内部业务流程维度。指标的设计应该从工程项目监控、能力和基本竞争因素三方面进行，且作用在产品的质量、时间和成本上，从而满足客户的要求，争取市场份额。

（4）学习与成长维度。主要体现在员工的满意度，指标的设计需关注员工的素质和能力企业文化的建设和信息化程度的普及。

2011年以来，在紧缩货币政策、信贷政策、“限购令”等房地产调控政策的实施，造成住宅投机、投资行为的获利空间大大减少的情况下，保利地产依然能在宏观调控中扩大市场份额，保持EVA的增长率，业绩评价的总分超过了标准分3倍以上，这体现了保利地产雄厚的经营实力与有效的战略目标实现机制。

第一节　企业业绩评价概述

一、企业集团内部业绩考核的含义

企业业绩（Business Outstanding Achievement）是指目标经营期内企业的经营效益和经营者业绩。一般来讲，企业经营效益水平主要表现在获利能力、偿债能力、资产运营效率和可持续发展能力等方面。经营者业绩主要体现在目标经营期内经营者对企业经营效益成果所做贡献的大小上。考核是指根据确定的目的来测定对象系统的属性，并将这种属性变为客观定量的价值或者主观效用的行为。它是人类认识水平发展的必然产物，是主体发现和揭示客体价值，并在此基础上运用客体价值的一种有效方法。

通过对企业业绩和考核两个概念的阐述，我们可知：企业集团内部业绩考核是指集团母公司运用一定的方法，采用特定的指标体系，对照统一的评价标准，按照一定的程序，对集团各子公司及其经理层在目标经营期间的经营效益和经营者的业绩做出的客观、公正、准确的综合评判。企业集团内部业绩考核的基本特征是以集团子公司及其法人为考核对象，考核的重点内容是获利能力、资产运营水平、偿债能力和可持续发展能力四个方面。其中，获利能力主要反映企业的投资回报和实现资本增值的能力；资产运营水平主要反映企业的资产周转运用能力；偿债能力主要反映企业的资产负债比率和偿还长短期债务的能力；可持续发展能力主要反映企业的成长性和长期发展潜力。这四部分内容互相联系，相辅相成，各有侧重，从不同的角度揭示了被评价的子公司当前的实际经营管理情况。我们通过对这四方面进行综合的考核评价，可以得出反映企业全貌的业绩考核结论。

二、企业集团内部业绩考核的产生和发展

按时间的先后顺序，企业集团内部业绩考核的产生和发展过程可以划分为如下几个阶段：

（一）20 世纪 60 年代

在 20 世纪 60 年代，许多企业将税负最小化作为其重点目标之一，集团母公司一般只注重子公司的现金流量，子公司只是母公司达到其目标的一种工具。这时的母公司几乎不对子公司进行业绩考核，而是借助“投资中心”或“利润中心”对子公司实施管理和控制。因此，这一时期，企业集团对子公司业绩的认定也主要是看其销售利润率。后来，这一业绩认定方法的弊端逐渐显露出来，一些企业集团便开始运用投资报酬率和剩余收益等指标对各子公司进行评价。在这一时期，控股公司业绩考核的思想开始萌生。

（二）20 世纪 70 年代

20 世纪 70 年代，业绩评价取得了一些显著成果：

1971 年，麦尔尼斯分析了 30 家美国跨国公司的业绩评价系统，发表了《跨国公司财务控制系统——实证调查》，指出最常用的业绩评价指标是投资报酬率，其次为预算

比较和历史比较。

1973 年，美国会计学会（AAA）下属的国际会计委员会在一份报告中提出：海外经营缺乏独立性，使用“利润中心”的方法并不妥当；利润受转移价格的影响很大，而转移价格又是子公司经理所不能控制的。该委员会建议在进行预算比较时最好区分可控因素与不可控因素，并使用附加的非财务数量指标。

1979 年，泊森（Person）与莱西格（Lessig）对 400 家跨国公司进行问卷调查后指出，较常用的业绩评价方法为经营预算比较。其他在业绩评价时采用的财务指标有公司现金流量、贴现现金流量或内含报酬率等；一些常用的非财务指标有市场份额、质量控制、人工周转率等。这些指标主要用于对经理的评价。这一时期的其他可用的评价方法则有销售利润率、投资报酬率、每股收益率、现金流量和内部报酬率等。

20 世纪 70 年代跨国公司业绩评价方法的特点是：

（1）受当时权变理论影响，各公司的业绩评价指标差异较大，评价方法缺乏共同性和一致性。因为，权变理论认为，不存在普遍适用的、最好的管理理论与方法，企业应对自己所处的内、外部环境进行分析，选用适合自身环境的管理方法。

（2）普遍关注投资报酬率、预算比较、利润等纯财务指标。

（3）未考虑各国间的环境差异和汇率变动对业绩评价方法的影响。

（4）对企业的评价和对企业管理者的业绩评价没有区分。

（三）20 世纪 80 年代

20 世纪 80 年代国外形成了以财务指标为主的业绩评价方法和体系，以投资报酬率、预算比较为核心，还包括利润、现金流量和其他各种财务比率。

美国跨国公司的高层管理者比较注重企业的获利能力，因而侧重于以利润指标作为业绩考核的主要标准，投资报酬率则居于第二位；英国跨国公司最常用的指标则是预算与实际利润比较、投资报酬率、预算与实际投资报酬率比较，利润指标则被列在第五位。许多跨国公司已意识到非财务指标对评价业绩的现实作用，开始以市场占有率、与东道国政府的关系、生产率等非财务指标作为业绩评价的补充指标。20 世纪 80 年代，跨国公司业绩评价广泛运用的财务指标可分为两大类：

一是投资报酬率。此项指标将企业收益与特定的投资基础相联系，是评价子公司经营业绩最常用的方法。报酬与投资的计算方式有多种，许多英美跨国公司倾向于使用扣减利息和税前收益作为报酬。对于投资，大多数公司都会考虑通货膨胀的影响，用根据通货膨胀因素调整后的投资作为分母。

二是预算。跨国公司编制预算时一般会考虑子公司所在国的环境影响，并由下至上逐级汇总而成；在编制预算和依据预算评价业绩时，还要考虑汇率变动的影响。大部分跨国公司在编制预算和评价业绩时，均采用预期汇率。其理由有三：第一，采用预期汇率可鼓励子公司的经理在决策时分析影响预期汇率变动的因素，使其所做的决定与总公司的目标保持一致；第二，用预期汇率评价经营业绩，可使公司经理免于对他们不能控制的汇率变动负责；第三，可使外汇风险管理工作在整个公司范围内得到全面落实。也有一些跨国公司认为，编制预算时采用预期汇率的方法可鼓励子公司的经理将预期汇率变动所产生的影响结合到预算期内的经营计划中；在评价业绩时采用期末汇率，则可让子公司的经理对未预计到的汇率变动负责，这样可鼓励他们进行套期保值。因此，后一种方法比前一种方法更能促成经理人员的风险防范意识。

20 世纪 80 年代跨国公司的业绩评价方法主要有如下特征：

（1）已形成了预算与实际利润比较、投资报酬率、现金流量等以财务指标为主的、比较完整的业绩评价方法体系。

（2）在计算评价业绩的财务指标时已考虑到汇率变动、通货膨胀、转移定价及其他环境因素的影响，使业绩评价方法更为合理。

（3）已对子公司的业绩与公司经理人员的业绩进行区分，如主要采用投资报酬率评价子公司业绩，而在评价经理人员业绩时侧重于以预算为标准。

（4）已将非财务指标作为业绩评价系统的补充组成部分。

（四）20 世纪 90 代以后

20 世纪 90 年代，企业面对的环境是世界经济一体化、信息时代来临、金融工具使用频繁、市场瞬息万变、全球竞争日趋激烈。这就要求企业对原有的业绩评价体系进行革命性的改革。改革的大趋势是：

1. 预算的作用日趋减弱

大部分跨国公司认为，预算具有淡化战略意识、难以促进企业业绩持续提高的缺陷；同时，编制预算又要耗费很多时间与财力，对公司的实际价值也不大。有些跨国公司已放弃使用年度预算，改用“同步计划过程”，这种方法兼顾企业长远利益。这些企业主要运用关键业绩指标、滚动预测等更具灵活性的指标来衡量企业业绩。此外，曾因推进作业成本法而闻名西方企业经营学界的国际研究机构则认为，对预算的修修补补已不能适应企业战略目标的需要。该机构正在进行一项名为“超越预算”（Beyond Budgeting）的计划，旨在摆脱传统预算法的束缚，从而形成适应战略部署且更具有现实意义的新方法。传统预算方法仍然将作为跨国公司的业绩评价方法而在相当长的时期内继续存在，但其作用与地位的削弱已是一种必然的趋势。

2. 非财务指标更加重要

非财务指标的应用包括：将顾客满意作为评价的导向；注重过程创新和过程评价；质量评价已形成国际标准。战略管理理论使人们认识到仅运用财务指标评价企业集团的内部业绩是不足的。一位研究者对 15 家大型企业集团进行调查后得出结论：“非财务指标更能促使企业改进管理。”目前，企业集团常用的非财务指标主要有市场占有率、售后服务情况等。

3. 强调创新

企业集团越来越认识到创新对于其持续快速发展的重要性，如果企业缺乏创新的精神，就很难在竞争日趋激烈的环境下保持原有的竞争优势。特别是智力资本和无形资本介入资本市场并参与收益的分配，各种衍生金融工具的诞生，已经对传统的业绩考核模式提出了新的挑战，各企业必须顺应这一新的必然趋势，不断进行业绩考核模式创新。

三、企业集团内部业绩考核的意义

综观国内外大型企业集团，其基本架构是以产权为纽带的母子公司形式。在我国，进入 20 世纪 90 年代后，中央提出要加快组建以产权联系为纽带，以母子公司体制为特征的国有大型企业集团，并对一些大中型企业进行了集团化重组。对于这些企业集团，其核心企业（母公司）对子公司的管理也主要表现在对其财权的管理和控制上，在实务中，其方法就是实现集团内部业绩考核。这对于统一战略规划、防范经营风险、发挥集团资源整合优势具有非常重要的意义。

（一）有利于降低代理人（Agent）的道德风险

在现代企业制度下，由于企业所有权和经营权相互分离，企业的经理人员实际充当的是一种代理人的角色；或者说，他们充当着被企业所有者雇佣来代理其经营企业的角色。在企业集团内，下级子公司的经营者（甚至是生产者）可以看成母公司的代理人，即他们代理母公司打理子公司生产经营范围内的业务（非完全控股的子公司视同部分代理人）；母公司的经营者又是其出资人的代理人。也就是说，现代企业集团机制是一种多层代理机制。

代理机制的引入，使得企业集团的所有者与经营者的利益并不完全吻合；事实上，在很多情况下，两者的利益是有较大差异甚至是严重冲突的。例如，在新项目的投资上，作为出资人的股东，总是希望企业能将资金投向有丰厚回报和较高附加值的行业或项目。对于企业的经理层来说，由于每一个新项目的投资都不可避免地存在失败的风险，万一项目失败，他们就可能面临着减薪甚至革职的危险。相比之下，不进行新项目的投资，他们也就可以避免这种风险。正是从自身利益出发，他们可能蓄意抬高进入新项目的门槛或阻止新项目的投资。又如，经理层有可能为了维护和提高自己在职工中的威望，将企业的盈利部分用于增加职工的工资，或者为了自己的舒适而对办公场地进行豪华装修，而股东则希望将这一部分钱用于派发股利。这些都是委托人和代理人利益不一致的例子。

由于委托人和代理人利益的不一致，决定了企业集团的经营管理层有可能不尽力完成企业所有者的战略意图。也就是说，代理人的自利性决定了代理人道德风险是客观存在的。委托人只有通过设立内部业绩考核与奖励制度，才能有效地规范代理人的行为，减轻因道德风险而损害所有者利益的程度。

（二）有利于母公司行使其出资人的权利

企业集团母公司作为其子公司的出资人，它主要拥有三方面的权利，即重大事项的决策权、对经营者的选择权和参与收益分配的权利。实践证明，出资人的这些权利能否落到实处，关键取决于出资人的制度是否完善，集团内部业绩考核和评价体系是否科学和健全。近年来，我们在出资人制度建设上进步较快，但在内部管理制度的建设方面相对滞后，出资人管理不到位的现象在集团内部同样存在。因此，迫切需要建立起一套行之有效的集团内部对子公司业绩考核的方法，以科学的业绩评价保证集团公司准确把握子公司的经营状况，并以此为基础建立和完善对子公司经营者的选拔制度以及有效的激励与约束机制，保障其出资人的利益。

（三）有利于母公司准确掌握子公司的经营信息

集团母公司作为整个集团的“神经中枢”，它的正确决策必须建立在准确、适时的信息基础之上，因此，集团母公司有必要准确、真实地了解子公司的经营信息。在目前情况下，我国绝大部分企业集团对子公司的考评是建立在经营责任制基础之上的。即年初做预算时，集团母公司与子公司签订经营目标责任书，规定子公司应该完成的若干经济指标，一般是利润指标和销售收入指标；年末进行决算时参考年初的目标进行考核，视指标完成情况进行奖惩。这种考评办法存在诸多明显缺陷：第一，指标的不全面性造成信息在很大程度上失真，从而可能掩盖子公司在经营过程中可能存在的严重问题，从而使未来的经营蕴涵着潜在的风险。第二，对于年初制定的指标，如果该年度内的生产经营环境或市场状况发生了变化，而指标却不能随之进行调整和优化，这种用不变的指标来评价变化的业绩的做法本身就存在一定的问题。例如，环境如果朝着有利于指标实现的方向转变，子公司不需要尽全力就可以完成年初规定的指标；如果环境急剧地朝不利于实现指标的方向变动，而子公司在尽了最大努力和取得了能力限度内的最好成绩时，仍因指标未完成而受罚，这无疑会挫伤子公司的生产经营积极性。因此，企业集团需要建立一套综合、科学的业绩评价指标体系，客观反映子公司的真实经营状况。

（四）有利于改善集团内部管理

通过企业内部业绩考核，集团公司既可以采用目标管理的方式来考核各子公司经营者的工作业绩，又可以用来实施企业对各个主要经营环节的控制，建立起企业的经营和管理控制系统。市场经济是优胜劣汰的竞争经济，一个企业要长期处于不败之地，必须从加强内部管理的角度出发，强化自身生存能力，提高市场竞争力。对于母子公司结构的集团型企业，可以通过内部业绩考核和评价，进行自我诊断，发现内部管理薄弱环节，改进不足，并建立健全集团内部的激励约束机制，实现集团内部的经营管理创新。从这一点上看，集团母公司开展业绩考核与评价的意义重大。

第二节　企业集团业绩评价体系

一、财务指标与非财务指标相结合

用财务指标作为业绩评价指标由来已久，但是近十年来对单一财务指标评价的批评越来越多。无论从理论还是从实践方面，人们都更倾向于将两者相结合。两者的区别如表 7-1 所示。

表 7-1　　财务指标与非财务指标的区别

财务指标	非财务指标
短期性	长期性
反映经营结果	反映经营过程
内部数据	外部数据
数据来源单一	数据来源丰富
容易操纵	不宜操纵
目的	手段

从表 7-1 中我们可以看出，两者在许多方面存在着差别。正因为如此，在业绩评价中，需要将两者进行有效结合。

一般说来，企业的高层注重财务指标，基层注重非财务指标。不同的层次所关注的重点不同，评价它们的业绩指标也有所侧重。在企业的实践中，股东、经营者更关注企业整体的投资报酬率、权益报酬率等财务指标；但生产车间除关注产品成本之外，必须关注产品质量、生产周期、废品率等非财务指标；研发部门除关注研发投资之外，还要关注研发周期、新产品推出的数量等非财务指标；销售部门除关注销售收入之外，还要关注市场占有率、客户满意度等非财务指标。

二、非财务指标的优缺点

1. 非财务指标的优点

（1）过程适时跟踪评价。非财务评价系统的运用，是以管理系统信息化和信息系统网络化为基础的。在这种条件下，管理人员能够及时、连续地对所要控制的项目进行跟踪监视，使这些问题能够及时解决。而在传统方法下，业绩报告通常是定期编制，其时效性受到一定程度的限制。

（2）基于企业整体角度评价。信息时代的集成管理使得一些非财务性的业绩评价方法主要是立足于企业整体角度而不是各个分部角度进行评价的，从而产生了前所未有的整体组合效应。

（3）注重未来预期评价。非财务评价体系比传统财务评价体系更有预期性，更加注重未来趋势。

（4）直接而非间接评价。非财务指标直接计量一个企业在创造股东财富活动中的业绩，对于像制造和提供优质产品以及为消费者提供服务这类活动的业绩，非财务指标能更好地完成业绩计量职能。

（5）便于预测未来现金流量。因为非财务指标直接计量生产活动，所以它们可以更好地预测未来现金流量的方向。

（6）与企业发展战略密切相关。非财务指标所要反映的正是那些关系到企业长远发展的关键因素。因而，非财务指标与企业的战略规划密切相关，该计量指标上的进步，可以直接导致企业战略上的成功。

2. 非财务指标的缺点

（1）非财务指标难以用货币来衡量，使非财务指标和利润之间的相关性较难把握，并且管理人员在非财务因素方面的努力很难立刻显示出成果来，因而不易贯彻实施。

（2）非财务指标之间的关联钩稽关系较弱，有些指标之间甚至是互斥的，容易引起部门之间的冲突，管理当局很难权衡决策。

（3）过分注重非财务业绩，企业很可能因为财务上缺乏弹性而导致财务失败。

要用非财务指标来评价企业经营业绩，首先就需要将这些非财务因素量化。其中一条很重要的原则就是：所选择的计量指标要能够准确地反映出该因素的内在特性。如果有的非财务因素是多层面的，那么就需要用多个计量指标来对其进行综合反映。

三、平衡计分卡

我们知道，一个组织的评价指标体系会对经理和员工的行为产生强烈的影响。由于对传统的业绩评价体系的不足之处感到灰心，一些经理已经放弃了权益报酬率、每股盈余之类的财务测评指标。传统的财务业绩评价方法在工业化时代是有效的，但对于公司今天力图掌握的技术和能力而言，它们已不适用。针对这种情况，理论界和实务界一直在努力纠正当前的业绩评价指标体系的不足之处。其中有两种典型的做法：一种是专注于使财务指标更准确；另一种认为通过改善循环周期、次品率等业务指标，财务结果自然就有了，所以应忘掉财务指标。但是经理们不一定非在财务指标和业务指标之间做出选择。因为，没有哪一种单一的评价方法能提供一个清楚的业绩目标，或者能使企业将注意力集中到经营中的某个关键领域。经理们希望财务指标和业务指标能完美地结合起来。

罗伯特·卡普兰和大卫·P. 诺顿通过对 12 家在业绩评价方面处于领先地位的公司进行了为期一年的项目研究，设计出了平衡计分卡。1992 年他们在《哈佛商业评论》上发表的《平衡计分卡：良好业绩的测评体系》一文中首次提出平衡计分卡。

1. 平衡计分卡是一种综合业绩评价体系

在今天，管理一个组织的复杂性，要求经理们能同时从几个方面来考察业绩。平衡计分卡是一套能使高层经理快速而全面地考察企业的评价指标。平衡计分卡包含着财务衡量指标，它们说明了已采取的行动所产生的结果。同时，平衡计分卡通过对顾客满意度、内部程序及组织的创新和提高活动进行评价的业务指标，来补充财务指标。业务指标是未来财务业绩的推进器。平衡计分卡并不是要取代财务指标，而是对其加以补充。如图 7-1 所示，平衡计分卡能从四个方面来观察企业，为四个基本问题提供了答案。

（1）财务角度。我们给股东一个什么样的形象才能在财务上获得成功？财务指标显示了公司的战略及其执行是否有助于利润的增加。典型的财务指标包括营业收入增长率、资本报酬率、现金流量和经济附加值等。

（2）顾客角度。我们给顾客一个什么样的形象才能实现我们的目标？顾客所关心的事情有四类：时间、质量、性能和服务、成本。平衡计分卡要求经理们把自己为顾客服务的声明转化为具体的评价指标，这些指标应能真正反映与顾客有关的因素。典型的指标包括顾客满意程度、顾客保持程度、赢得新顾客、顾客盈利能力、市场份额、重要顾客的购买份额等。

（3）内部业务角度。我们必须擅长哪些业务才能使我们的股东和顾客满意？战略管理以顾客为导向，优异的顾客业绩与组织的研发、生产、售后服务密不可分，经理必须从内部价值链分析入手，对企业内部进行考察。典型的指标包括影响新产品引入、周转期、质量、雇员技能和生产率的各种因素。

（4）学习和创新角度。我们应该具有怎样的学习和创新能力才能实现我们的目标？公司创新、提高和学习的能力是与公司的价值直接相连的。也就是说，只有通过持续不断地开发新产品，为顾客提供更多价值并提高经营效率，公司才能打入新市场，增加收入和利润，才能壮大发展，从而增加股东价值。典型的指标包括开发新产品所需的

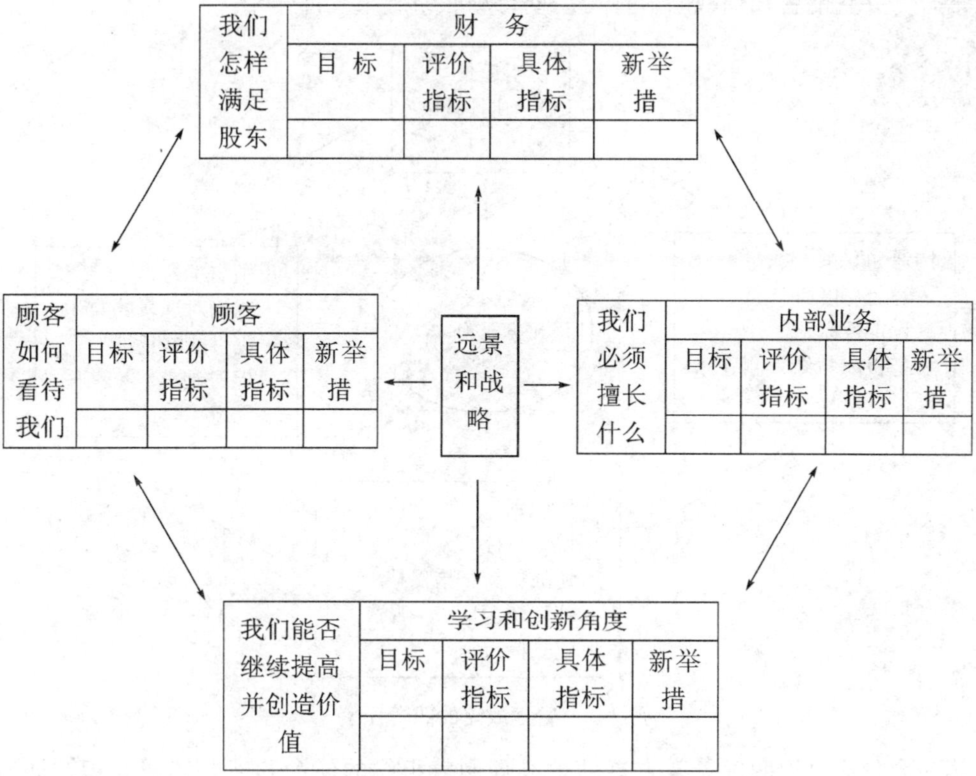

图 7-1　平衡计分卡示意图

时间、产品成熟过程所需的时间、销售比重较大的产品的百分比、新产品上市时间等。

平衡计分卡能满足管理上的若干需要，其作用表现在：

（1）平衡计分卡使公司增强竞争力的不同举措同时出现在一份管理报告中。这些举措包括以顾客为导向、缩短反应时间、提高质量、重视团队合作、缩短新产品投放市场的时间，以及面向未来进行管理。

（2）平衡计分卡防止了次优化行为。平衡计分卡迫使高级经理把所有的重要业绩评价指标放在一起考虑，从而使其能注意到，某一方面的改进是否以牺牲另一方面为代价。

2. 平衡计分卡是基于战略的业绩评价体系

信息时代的到来，淘汰了许多工业时代竞争的基本假设，无论是在制造业还是在服务业，企业都不能仅仅通过把快速发展的新技术转化为实物资产及表现良好的资产、负债等财务指标，以获取持续的竞争优势。信息时代的环境要求企业具备新的、能使企业在竞争中取得成功的生产能力，以及开发和利用无形资产的能力，这些能力甚至变得比投资和管理实物、有形资产的能力更重要。基于此，一些公司已经超越了将平衡计分卡视为业绩评价指标体系的最初看法，并发现它可以作为新的战略管理体系的基石。大家知道，大多数公司的经营和管理控制系统都是在财务指标和目标的基础之上建立起来的，这些指标与公司在实现长期战略目标的过程中取得的进展毫无联系。因此，大多数公司只重视短期财务指标。这种局面使战略开发与实施之间产生了差距。平衡计分卡引入四个新的管理程序，如图 7-2 所示。这四个程序既可单独使用，也可相互结合，并且能将长期战略目标与短期行动联系起来发挥作用。

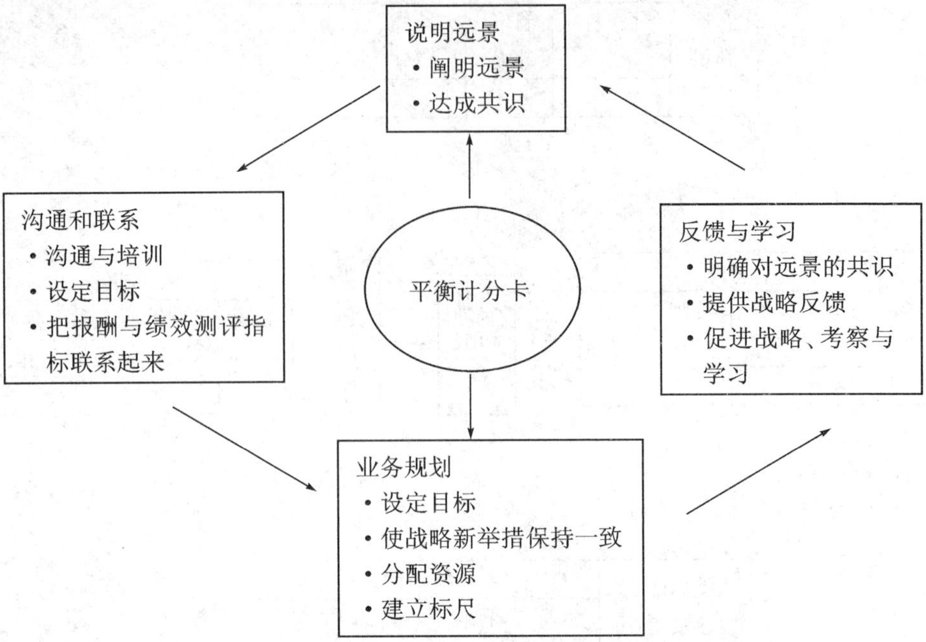

图 7-2　管理战略的四个程序

第一个程序是说明远景，它有助于经理们就组织的使命和战略达成共识，即将公司的远景和战略转化为一套完整的目标测评指标，得到所有高级经理的认可，并能描述推动成功的长期因素。第二个程序是沟通和联系，它使经理能在组织中对战略上下沟通，并把他与各部门及个人的目标联系起来。传统上，部门是根据各自的财务业绩进行测评的，个人激励因素也是与短期财务目标相联系的。平衡计分卡使经理能够确保组织中的各个层次都能理解长期战略，而且使部门和个人目标与之保持一致。第三个程序是业务规划，它能使公司实现业务计划与财务计划的一体化。今天，几乎所有的公司都在实施种种改革方案，每个方案都包含多种改革措施。经理们发现，很难把这些不同的方案组织在一起，从而实现战略目标。当经理们将采用平衡计分卡所制定的目标作为分配资源和确定优先顺序的依据时，他们就会只采取那些能推动自己实现长期战略目标的新措施，并注意加以协调。第四个程序是反馈与学习，它赋予公司一项我们称之为战略性学习的能力。现有的反馈注重公司及其各部门、员工是否达到了预算中的财务目标。当管理体系以平衡计分卡为核心时，公司就能从非财务角度来监督短期结果，并根据最近的业绩来评价战略。

第三节　企业集团的业绩评价方法

如何实现对企业集团内部各部门经营成果和经营者业绩的准确、客观的评价，从而促进企业集团健康发展是集团管理工作必须要解决的问题。从目前企业集团管理的成功经验来看，建立企业集团内部业绩考核与评价体系是一种行之有效的手段。

一、内部业绩考核标准的制定

所谓企业集团内部业绩考核标准，是指企业集团为其内部单位制定的预期目标与标准（如年度财务目标与财务预算）。它又可以分为主观目标标准（Subjective Target Criterion）与客观实在标准（Objective Criterion）。前者是指预期目标设定、预算与计划，它具有一定的主观性，但存在客观基础；后者是指已经实现的标准，它具有客观性，如历史资料与财务数据等。

（一）制定考核标准的重要意义

企业集团在制定内部业绩考核体系之前，制定统一而科学的考核标准是很有必要的。如果考核标准不明确或根本就没有制定，那么对于同一产出，不同的人会采用不同的（但一般是对自己最有利的）标准或参照进行评价，从而会产生不同的业绩，进而影响不同利益者的利益。这就促使人们有动机去争取对自己更有利的业绩考核标准，以获得对自己更有利的业绩结果，以增大自己的利益。这种没有标准的业绩考核，其考核结果由于受个人主观因素的影响较大，比较和参照意义不强，对管理决策不但不具有多大的指导作用，反而还可能是一种误导。因此：

（1）有了评价标准，才能够使评价指标有据可依，以便计算各项指标的实际得分，对企业经营业绩做出公正、恰当的判断，同时也可以进一步分析被评价对象在生产、经营、管理等方面的优势与不足。

（2）对同类企业采用相同标准进行评价，才能将评价结果进行横向比较，客观分析企业在同行业、同区域、同规模企业中的水平和地位。

（3）以评价标准作为衡量尺度，可以减少评价工作中各种人为因素对评价结果的影响，增强评价的可操作性，也使得评价结果具有客观性与权威性。

（二）制定考核标准的方法

1. 业绩考核标准的种类

从经济分析角度看，业绩考核标准一般可以分为四类：

（1）预算标准，是指以事先制订的年度计划、预算和预期达到的目标作为评价标准，如实际净收益与预算净收益相比较，实际剩余收益与预算剩余收益相比较，实际人均劳动生产率与预算人均劳动生产率相比较等。预算是从合理性出发的，实际与预算的差异，表明了公司中某种工作的不足。该标准如果判定得科学合理，激励的效果就比较明显。但预算标准主观性较大，人为因素较多。

（2）历史标准，是指以企业以前年度的业绩状况作为考核的标准。它是一种自身最优判断方法，可以进行自身的纵向比较，具有排他性，但其结果缺乏行业间的可比性，多为企业集团内部测评时使用。

（3）客观标准，是指以其他同类企业的业绩状况作为评价考核标准。它是以一定时期一定范围内的同类企业为样本，采用一定的方法，对相关数据进行测算而得出的平均值。该标准较为客观、真实，应用范围广，评价结果的可比性强，比较切合评价工作的实际。

（4）经验数据标准，是指根据经济发展规律和长期的企业管理经验而产生的评价标准。

2. 有效业绩考核标准的特征

有效业绩考核标准具有如下特征：

（1）标准应该具有挑战性。

（2）标准经过努力应该可以实现。

（3）标准应该透明且广为人知。

（4）标准最好经被评价企业和个人认可。

（5）标准应该具体明确，不易产生误解。

（6）标准应该刚柔结合，对客观因素是弹性的，而对主观因素则是刚性的。

3. 制定考核标准的原则

企业集团在制定业绩考核标准时，要注意其科学性、合理性和代表性。这“三性”具体体现在业绩目标明确和业绩计量标准科学合理两个方面。

（1）业绩目标明确。

由于企业集团的业绩目标直接影响着对未来业绩考核的结果，使得利益各方有机会利用信息不对称来制定有利于自己的业绩目标。因此，业绩目标的制定过程，常常也是讨价还价的过程。业绩目标可以采取自上而下的制定方法，也可以采取自下而上的制定方法。但是，从明确业绩目标的角度考虑，采用先自上而下，再自下而上的方式较好，因为这样的目标综合了公司内外的信息，体现了多方的意愿。

（2）业绩计量标准科学合理。

由于对同一经营结果采用不同的计量标准会得到不同的业绩计量结果，因此对业绩计量标准的要求是科学合理。也就是说，业绩计量标准应当充当对各子公司经营效果客观衡量的尺度。业绩计量标准有会计计量标准和市场计量标准等形式，每种标准都有其自身的优缺点，因此企业集团在选用业绩计量标准时，应结合本集团的实际情况，进行最优标准的选用或制定。

（三）标杆瞄准（Bench Marking）

企业业绩评价原则上应采用客观标准，但客观标准的确定并非易事。例如，要获得众多企业的资料以及认定企业可竞争的对象就比较困难。由于不同的企业有其各自的经营方式、外部环境、理财方法，因此确定挑选哪些企业作为比较对象也很不容易。然而，“标杆瞄准”的发展使企业考核标准问题有了很大的进步。首先，标杆瞄准给公司经理们一套可以用于任何评估标准的方法，既可以用于财务评估标准又可以用于非财务评估标准，但以非财务评估标准为主。其次，它还是“一种革命性的评估和管理系统”，它有转变管理层思维模式和视角的作用。标杆瞄准包括找出在某些活动、功能或工作中表现最佳的同行业竞争者或其他行业的公司，然后将本公司的业绩与之相比。这种从外部入手的方法可以使人们了解一些以前认为不可能的重大改进。

1. 标杆瞄准的基本思想

标杆瞄准是指本企业以最强的竞争企业或那些行业中领先的、最有名望的企业作为基准，将本企业的产品、服务和管理措施等方面的实际情况与这些基准进行定量化比较和评价，分析这些基准企业的绩效达到优秀水平的原因，在此基础上选取改进的最优策略，将上述程序不断地反复进行，最终使自身经过努力成为行业中的领先企业。标杆瞄准的基本内容包括两部分：最佳实际和度量标准。所谓最佳实际，是指行业中的领先企业及其在经营管理中所推行的最有效的措施和方法。所谓度量标准，是指能真正客观地反映经营管理绩效的一套指标体系以及与之配套的基准数据。

2. 标杆瞄准的基本程序

（1）了解掌握本企业中需要解决和改进的问题，制定工作措施和步骤，建立业绩度量指标。

（2）调查行业中的领先企业或竞争企业的业绩水平，掌握它们的优势所在。

（3）调查这些领先企业的最佳实际，即了解掌握领先企业获得优秀业绩的原因，进而树立目标，努力仿效并超过它们。

3. 标杆瞄准的作用

（1）为企业提供了一种科学可行的奋斗目标。标杆瞄准活动所确立的奋斗和改进目标是参照本行业中的领先企业而制定的，因此它不是轻易达到的；同时，由于本行业中已有企业达到的先例，因此它又不至于高到企业无法达到。

（2）不断追踪把握外部环境的发展变化，最好地满足最终用户的需要。标杆瞄准方法最具吸引力之处在于，通过各类企业的比较，能不断追踪把握外部环境的发展变化，从而最好地满足用户的需求。

（3）奋斗目标是动态提高的。标杆瞄准选取同行业中业绩最好的企业作为参照，在企业为该目标奋斗的过程中，标杆企业本身也是在发展的，不会停滞不前，等待被赶超。这就决定了企业用于作为标杆的奋斗目标处于一个不断提高的过程中。

二、内部业绩考核体系的构建

企业集团在构建内部业绩考核体系时，必须考虑评价的灵活性和全面性，避免因采用单一考核指标体系而带来的评价结果的不全面和失真。企业集团在构建内部业绩考核体系时，可以参照2002年财政部、国家经贸委、中央企业工委、劳动保障部、国家计委联合颁布的《企业绩效评价操作细则（修订）》等文件进行，通过设立综合的考核指标体系，从企业的财务效益状况、资产营运状况、偿债能力状况、发展能力状况等不同角度和侧面对企业实施综合考评。基于对各集团自身特点的考虑，集团母公司可以从自身管理的实际需要出发，结合集团内实行的目标责任制，按照文件规定的考核体系总框架，制定出相应的集团内部考核办法。考虑到在集团整体战略中各子公司的定位不同，在实施内部评价时，各集团公司可以因地制宜在国家统一颁布的方法体系的基础上，对现有评价指标、评价方法和标准做作当调整，以满足各自的工作需要。

（一）考核内容

根据国家统一颁布的企业业绩考核体系之规定，企业业绩考核的内容包括财务效益状况、资产运营状况、偿债能力状况和发展能力状况四个方面。通常情况下，这四个方面能够综合反映一个企业的经营业绩状况。企业集团从出资人角度评价具有独立法人资格的子公司的经营绩效，也同样离不开这四个方面的内容。当然，仅依据上述四个方面的评价内容，企业集团有可能还不足以对内部实施有效的管理和控制。因此，集团还可根据自身的实际需要增加相应的考核内容，如计划的完成情况、产销情况、安全生产情况、员工素质的改善情况、企业文化的树立情况等。

（二）考核指标的设立

企业集团在设立内部业绩考核指标时，应遵循财政部等五部委联合颁布的《国有资本金绩效评价规则》等文件精神；在具体设计指标体系时，应当遵循以投入产出为核心的原则。在保持企业集团协同效应最大限度发挥的情况下，尽可能挖掘每一个子公司的潜能，对于整个企业集团的发展壮大来说是非常必要的。从集团整体看，追求投入产出效益的最大化是其最主要的目标；通常情况下，子公司又是集团利润的主要来源。鉴于子公司各自的特点，在实际中集团赋予各子公司不同的功能是很有必要的。因此，企业集团在设计对子公司的业绩考核指标时，应当赋予净资金收益率、总资产报酬率等有关投入产出的指标以较大的权重，由此而对个别担负特殊功能的子公司带来的不利影响，则可以通过其他补充修正的办法予以消除。另外，鉴于企业集团内部管理方式和特点的不同，集团母公司可以从自身实际需要出发，在国家文件规定的考核体系总体框架下，对考核指标的结构进行必要的调整，增加或减少一些考核指标。例如，某印制企业在设计其管理业绩考核指标体系时，就将主要材料消耗、设备综合利用率等反映企业管理水平的指标也纳入其中；此外，还增设了多元经营业务销售增长率和千人应用新技术的数量等指标，以反映企业发展能力。还有的企业将定性指标的内容进一步细化，使定性评价更具有针对性。据此，我们可以将企业的业绩评价指标分为财务评价指标和非财务评价指标加以论述。

1. 财务评价指标

（1）净收益和每股收益额。

净收益即公司的净利润，即利润总额扣除所得税后的净额，是企业本会计期获得并可用于分配的资金数额。股份制公司的每股收益额即公司净利润与发行在外普通股股数的比值，反映了每股的获利水平。指标值越大，每一股份可得的利润越多，股东的投资效益越好。这个指标同时也可衡量普通股持有者获得报酬的程度。其计算公式为：每股收益额=（净利润-优先股股利）÷流通在外的普通股股数。这两个指标都试图根据前期发生的会计事项计量所创造的价值。

在其他条件不变的情况下，公司净收益越多，所做的贡献越大，成就也越显著，这与企业的根本目的一致。从表面上看，该指标受收入和成本的影响，实际上也反映了企业的产品产量和质量、品种结构、市场营销等方面的情况。因而，该指标在一定程度上反映了企业的管理水平；同时，它受各种政策等其他人为因素影响较小，能够比较客观、综合地反映企业的经济效益，准确体现投资者投入资本的获利能力，因此被广泛应用于企业业绩的计量。但是，该指标也存在一些不足之处，主要有：①净收益是一个总量的绝对指标，不能反映公司的投入与产出的关系，即不能反映企业的经营效益，并且使公司之间缺乏可比性。②以净收益作为评价指标，容易使公司追求眼前利益，产生短期行为，不利于激励公司追求长期的、潜在的利益，可能导致公司不进行技术改造和设备更新，不注意提高公司的综合竞争实力等。③会计收益忽视了许多价值创造活动的成果，只因为这些成果不符合净收益应具备的确定性和可估算性要求。而每股净收益能够较客观地评价公司的管理效率和盈利能力。④它没有考虑通货膨胀的影响。⑤对于同一公司、同一会计期内的业务，由于会计处理方法的不同，该指标可能存在较大的差异。

每股净收益的主要不足之处为：①该指标采用净收益作分子，也存在上述的净收益的一些缺点。②因为每股净收益以公司流通在外的普通股股份数作为分母，一个公司的资本结构的复杂性将影响该指标的计量，并使其很难具有可比性。

（2）投资报酬率。

投资报酬率是收益与投入资本之比，反映投资的有效性，属于效率指标。它把一个企业所获得的收益和所使用的资产联系起来，评价企业资产使用的效率水平，并且把与维持生产经营所必需的资本密切联系的成本考虑在内。因此，投资报酬率是监控资产管理和经营策略的有效性的有用工具。依据收益与投入资本所选用参量的不同，投资报酬率有许多不同的指标形式，如总资产报酬率、净资产收益率、成本费用利润率等。另外，投资报酬率又可变成资本周转率和销售利润率两个指标的乘积。现就投资报酬率的三种主要形式说明如下：

①净资产收益率。净资产收益率是指企业一定时期内的净利润同平均净资产的比率。净资产收益率充分体现了投资者投入企业的自有资本获取净收益的能力，突出反映了投资与报酬的关系，是评价企业经营效益的核心指标。其计算公式为：

$$净资产收益率=净利润\div平均净资产\times100\%$$

式中，平均净资产是企业年初所有者权益同年末所有者权益的平均数，即：

$$平均净资产=（所有者权益年初数+所有者权益年末数）\div2$$

a. 净资产收益率是评价企业自有资本及其积累获取报酬水平的最具综合性与代表性的指标，又称权益净利率，反映企业资本运营的综合效益。该指标通用性强，适应范围广，不受行业局限。在我国的上市公司业绩综合排序中，该指标居于首位。

b. 通过对该指标的综合对比分析，我们可以看出企业获利能力在同行业中所处的地位，以及与同类企业的差异水平。

c. 一般认为，企业净资产收益率越高。企业自有资本获取收益的能力越强，运营效益越好，对企业投资人、债权人的保证程度越高。

②总资产报酬率。总资产报酬率是指企业一定时期内获得的报酬总额与平均资产总额的比率。总资产报酬率反映了企业包括净资产和负债在内的全部资产的总体的获利能力，是评价企业资产运营效益的重要指标。其计算公式为：

$$总资产报酬率=\frac{利润总额+利息支出}{平均资产总额}\times100\%$$

式中，平均资产总额是指企业资产总额年初数和年末数的平均值，即：

$$平均资产总额=（资产总额的年初数+资产总额的年末数）\div2$$

a. 总资产报酬率表示企业全部资产获取收益的水平，全面反映了企业的资产获利能力和投入产出状况。对该指标的深入分析，可以增强各个方面对企业资产经营的关注，促进企业提高单位资产的收益水平。

b. 一般情况下，企业可将此指标与市场资本利率进行比较，如果该指标大于市场利率，则表明企业可以充分利用财务杠杆，进行负债经营，获取尽可能多的收益。该指标越高，表明企业投入产出的水平越好，企业的资产运营越有效。

③成本费用利润率。成本费用利润率是企业一定时期的利润总额同企业成本费用总额的比率。成本费用利润率表示企业为取得利润而付出的代价，从企业支出方面评

价企业的获利能力。其计算公式为：

成本费用利润率＝利润总额÷成本费用总额×100%

a. 成本费用利润率是从企业内部管理等方面对资本收益状况的反映，该指标通过对企业收益与支出直接进行比较，客观评价企业的获利能力。

b. 该指标从耗费角度评价企业的收益状况，有利于促进企业加强内部管理，节约支出，提高经营效益。

c. 该指标越高，表明企业为取得收益所付出的代价越小，企业成本控制越好，企业的获利能力越强。

对投资报酬率进行综合考察，我们可以发现其优越之处主要体现在以下几个方面：①投资报酬率能反映公司的综合盈利能力。投资报酬率由三项指标构成，即收入、成本和投资。提高投资报酬率既可通过增收节支，也可通过减少投入资本来实现。不仅如此，投资报酬率还可拆成两个指标，甚至由此分析出会计报表的若干要素，综合性强。②投资报酬率具有横向可比性。作为效率指标，投资报酬率体现了资本的获利能力，剔除了因投资额不同而导致的净收益差异的不可比因素，有利于判断各公司经营业绩的优劣。③投资报酬率可作为选择投资机会的依据，有利于调整资本流量和存量，成为配置资源的参考依据。④以投资报酬率作为评价公司经营业绩的尺度，有利于正确引导公司的管理等行为，避免短期行为。⑤投资报酬率也是资产收益率，反映了公司运用资产并使资产增值的能力。资产运用的任何不当行为都将减少报酬率，所以以投资报酬率作为评价尺度，将促使公司用活闲置的资金，合理确定存货水平，加强对应收账款及固定资产的管理，及时处理积压商品。⑥以投资报酬率作为评价标准，还将督促公司寻求更有利的投资机会，包括技术改造、新产品研制与开发、开拓新市场等。

投资报酬率指标的缺陷主要在于：①在行为方面，公司为了达到较高的投资报酬率，可能会通过折旧和存货估价方法的选择人为地减少账面资产，从而影响投资收益率。此外，该指标可能促使公司管理层放弃那些收益率虽低于企业平均收益率但高于企业资本成本的资产。②在计量方面，该指标利用的是会计报告中资产的账面价值，而会计报告中所计量的资产价值往往不能代表企业真实的资产实力。比如，资产的计量以历史成本为原则，没能公允地反映其现时的实际价值；固定资产的折旧、广告支出、研究与开发支出等费用和支出的摊销处理方法选择的不同将影响投资报酬率的计算。影响该指标计量的准确性的其他因素还有：通货膨胀的影响，即收益率分子中的收入包含因通货膨胀而产生的资产价格升值；所计算的收益率可能不恰当地包括了垄断利润；收益率可能没有经过恰当的风险调整等。

（3）剩余收益。

剩余收益是指净收益与投资成本的差异。剩余收益用绝对数指标来反映利润与投资之间的联系，克服了由于使用比率来衡量企业业绩所带来的次优化问题，是除净收益之外可选择的用于评价企业业绩的绝对性指标。其计算公式为：

剩余收益＝净收益－投资额×资本成本

计算剩余收益时，要先用使用的净资产乘以为筹集该净资产而产生的成本（资本成本率）。资本成本的确定，根据资金的不同来源而有所区别。如果投资是从银行借入或发行债券筹集的，投资成本也就是借款或债券的利率；如果投资是以发行股票的方式筹集的，应将股东所要求的投资报酬率作为投资成本。

不同的资本成本比率可用来反映不同的风险。例如，一个业绩波动的企业可能要比一个业绩非常稳定的企业为筹集资金付出更昂贵的代价。这个波动企业将按一个较高的筹资比率承担费用，而这种资本费用从调整后的收益中扣除即得到剩余收益。如果剩余收益是正的，那么表明企业的利润超过了它的筹资成本。

剩余收益指标的主要优点是：①剩余收益的运用使企业业绩评价与企业的目标协调一致，排除了采用投资报酬率计量所产生的误导，可促使经理提高平均投资报酬率，引导企业管理当局采纳高于企业资本成本的决策。②剩余收益允许使用不同的风险调整资本成本，即将剩余收益与所计量资产在经营方面的风险联系在一起。使用这种计量指标，经理可了解适合企业投资基础的回收标准。从现代财务理论来看，不同的投资有不同的风险，要求按风险程度调整其资本成本。因此，不同行业、不同部门的资本成本不同，甚至同一部门的资产也属于不同的风险类型。例如，现金、短期应收款和长期资本投资的风险有很大区别，要求有不同的资本成本。在使用剩余收益指标时，评估人员可以对不同部门或者不同资产规定不同的资本成本百分数，使剩余收益这个指标更加灵活。投资报酬率评价方法并不区别不同的资产，因而无法分别处理风险不同的资产。

剩余收益指标的缺点是：剩余收益是绝对指标，不具有用比率比较不同规模企业的能力，不便于不同部门之间的比较。规模大的部门容易获得较大的剩余收益，而它们的投资报酬率并不一定很高。另外，剩余收益在计算上也有许多和投资报酬率一样的缺点，而且它不能解决什么应包括在投资基础内的问题。

从观念上看，剩余收益最大化要求公司最大限度地提高收益额，使之超过最低报酬额。利用投资报酬率评价企业业绩的关键在于所需要的最低投资报酬率，这取决于平均的投资报酬率及企业的经营战略。以剩余收益作为评价公司经营业绩的尺度的基本要求是：只要投资的收益率大于投资成本，该项投资便是可行的。因而，剩余收益指标避免了投资报酬率的缺陷，使公司能够选择既有利于其自身，又有利于母公司的投资机会。

（4）营业现金流量。

营业现金流量是指公司正常经营活动所发生的现金流入与现金流出之间的净额。它可以用来评价企业业绩，也可以用来评价企业支付债务利息、支付股息的能力及偿付债务的能力，还可用于现金管理业绩的计量。由于现金流量同净收益相比受会计估算和分摊的影响较小，因此它有助于了解一个企业的经营、投资以及财务活动的动态。但是，单独的现金流量不能反映业绩的全貌，也不能借以可靠地预测企业将来的业绩。

目前，西方市场经济发达的国家十分重视对企业自由现金流量指标的应用。自由现金流量是指从客户处获得的现金净额减去用以维持公司目前增长所需的现金支出。这一定义用公式定量描述如下：

自由现金流量=经营现金净流量-资本支出

自由现金流量是企业在不影响其成长前景的前提下，可以分配给股东的最大现金流量，或可以留用以便将来增值的最大现金流量。企业的自由现金流量越大，企业的市场价值越高。因此，自由现金流量是投资者进行投资决策时对企业加以评价的重要参考指标。自由现金流量指标的主要优点是：①自由现金流量不受存货估价、费用摊销、折旧计提等方面不同会计方法的影响，也不受企业经理的操纵。它的计算没有主观随意性，是一个客观性很强的财务指标。②自由现金流量是按照收付实现制的原则计算的，是企业在一定时期内实际收到现金的收入。它不存在未实际收到现金的风险，是一个确定性很强的指标。③自由现金流量考虑了资本性支出对现金流量的影响，是在不影响企业当前增长的情况下可供自由使用的超额现金流量，是投资者进行投资决策的重要依据。

（5）市场价值。

在理论上，一个企业潜在的未来收益的综合计量结果是市场所决定的该企业的价值。换言之，在一个有序、有效的股票市场中，股票的价格等于公司预期未来现金流量的现值。因此，就这个意义而言，市场价值的变化是企业业绩的一个恰当的指示器。市场价值比率主要有市盈率、净资产倍率、托宾 Q 比率，现分述如下：

①市盈率。市盈率是指普通股每股市价与每股收益的比率。其计算公式为：

市盈率=普通股每股市价÷普通股每股收益

该指标表示投资者对每获得 1 元税后利润所愿意支付的股票价格。其倒数是以股票市价计算的股东投资报酬率。因此，市盈率越高，表示股东所要求的投资报酬率越低。一般认为市盈率在 10~20 为正常。比率小说明股价低，风险小；比率大说明股价高，风险大。发展前景较好的企业通常都有较高的市盈率，前景不佳的企业这个比率也就较低。实际上，市盈率在某种程度上反映了投机收益与投资收益的比较。市盈率也可理解为收益乘数或本金化系数，它乘上每股净利润可求得每股现行股价即市价。

②净资产倍率。净资产倍率是指普通股每股市场价格与每股账面价值的比率。其计算公式为：

净资产倍率=每股市场价格÷每股账面价值

净资产倍率反映普通股本身价值的大小，股票的权益保持率越高，股票市场价值高于账面价值的幅度就越大，股票的价值就越高。因此，该比率反映了企业发展的潜在能力，也表示投资者对公司的投资信心。

值得注意的是，公司会计政策中的稳健性原则会影响股票市场价格与账面价值的比率。在其他因素不变时，会计政策中的稳健程度越高，净资产倍率也会越高。

③托宾 Q 比率。托宾 Q 比率是指某企业资产的市场价值（通过其已公开发行并售出的股票和债务来衡量）与这些资产的重置成本的比率。这一方法是由经济学家托宾（J. Tobin）提出的。其计算公式如下：

托宾 Q 比率=资产市场价值÷预计重置成本

托宾认为，当托宾 Q 比率大于 1 时，企业有投资的积极性，因为固定资产的市场价值超过了其重置成本；当托宾 Q 比率小于 1 时，企业将终止其投资，因为企业固定资产的市场价值小于其重置成本，这时企业在市场上通过兼并的方式获取资产要比采用购买新资产的方式更便宜。

当企业现有资产的市场价值远远超过其重置成本时，也可能并不存在进一步的营利性投资机会。然而，企业资产的较高市场价值通常还反映了投资者对企业前景的看好；反之，当某一项资产的市场价值低于其现在重新购置的成本时，至少在一定程度上反映了这一资产在其他地方的利用价值也不会很高，并同时提醒这些企业经理应关注是否有被兼并的威胁。竞争力强的企业将有较高的期望托宾 Q 比率，这些企业较强的竞争力可能体现在拥有著名品牌、先进专利等方面，而那些处于竞争劣势或夕阳行业的企业的托宾 Q 比率通常较低。使用托宾 Q 比率的优点是避免了估计收益率或边际成本的困难。但在另一方面，为了使托宾 Q 比率具有意义，企业资产的市场价值和资产的重置成本都需要精确计算。

通常计算企业资产市场价值的方法是加总企业已发行的证券的价值。而获得企业资产重置成本的估计要困难得多，除非存在二级市场。而且，广告及研究开发的费用产生了难以估价的无形资产。托宾 Q 比率的研究者们通常在他们的计算中都忽略了这些无形资产的重置成本。由于这一原因，托宾 Q 比率通常大于 1。

2. 非财务评价指标

要用非财务指标来评价企业经营业绩，首先就需要将这些非财务因素定量化，即用定量化的指标来表示非财务因素。其中一条很重要的原则就是，所选择的指标要能准确反映出该因素的内在特性。如果有的非财务因素是多层面的，用单个计量指标无法全面地反映出其特性，那么就需要用多个计量指标对其进行综合反映。目前，比较典型的非财务指标主要有以下几种：

（1）市场占有率。

市场占有率指标反映公司在市场营销方面的业绩。由于市场在现代商品经济中具有举足轻重的地位，市场占有率在众多非财务指标中居于首位。人们往往通过对企业市场占有情况的调查来研究企业的经营战略。评价企业的业绩，应视企业战略的不同而有所区别。对于战略性的公司，市场份额往往比财务指标更重要。

（2）产品品质。

产品品质这一因素指的是产品的质量。产品表现出的品质，一个是处于产品制造阶段符合企业制造标准所表现出的品质；另一个是顾客购买后，符合其使用要求而表现出的品质。它可以用废品率和顾客退货率这两个计量指标加以综合反映。一般来说，对质量的评价应包括以下几项内容：①对购进原材料的评价。企业应分别按材料类别和厂家计算残次品率，以对材料或供货厂家进行质量方面的评价。②生产过程中的质量控制。企业对生产过程中质量的控制，一般是通过在各生产阶段建立控制点，并建立起统计质量控制制度和质量审计制度等措施来实现的。其主要评价指标有残次品率、返工率、合格品率等。③对产成品的质量评价。对产成品的质量评价一般要注重要求索赔的顾客数量及顾客投诉情况等几方面。

（3）可信赖程度和交货效率。

可信赖程度是指企业对客户的订货是否按期及时发货。如果企业不能按时发货，一方面可能使企业失去这笔业务，另一方面可能使企业的声誉受到影响。企业应保证即时供货，使客户对其保持高度的信赖。该因素可以用及时发货次数百分比这一计量指标来反映。对交货情况的评价可以从循环时间这一角度来考察。循环时间指的是从订单签订到将货物交给客户所需要的时间，这一时间越短越好。循环时间控制的重点是生产循环时间的控制。生产循环时间由生产时间、待料时间、检测时间和搬运时间四部分组成。生产循环时间控制的指标是生产效率。这一指标的计算公式是：

$$生产效率=\frac{生产时间}{生产时间+待料时间+检测时间+搬运时间}$$

这一指标的最佳状况是等于 1。除了生产循环时间之外，对企业及时交货效率总体情况进行评价的指标是及时交货率，这一指标的最终目标是实现 100%的及时交货，即对每笔订单都能按时生产出来并及时交给订货方。

（4）敏感性与应变能力。

在激烈的市场竞争环境中，敏感性常被认为是企业竞争优势的一个重要方面。该因素可以用“从接受订货到发货的时间”来计量。该段时间越短，则表明企业的敏感性越高。对企业生产应变能力的评价主要是从生产调整准备时间这一角度来进行的。所谓生产调整准备时间是指企业从生产一批产品改成生产另一批产品，需要调整机器设备以组织生产所花费的时间。一般情况下，该时间越短，表明企业的生产越具有应变能力。

（5）员工积极性。

不能对雇员的生产技术水平、劳动积极性及培训情况等方面做出评价是传统的业绩评价方法受到批评的一个重要的原因。如果公司员工生产积极性不高，在公司中没有荣誉感，则整个企业的业绩在一定程度上会受到影响。一般而言，对雇员情况进行评价的重要指标是员工流动率，即月中离职人数与平均雇用人数的比率。这一比率高，表明企业员工的思想不稳定，对企业没有信心。企业应根据这一指标的变化，仔细分析原因，使企业员工保持旺盛的生产积极性。

（6）创新能力和技术领导定位。

企业的创新能力指的是企业在生产和改进现有产品时，开发和创造适应市场需要的新产品的能力。企业在开发新产品方面付出的代价及所取得的成果，是评价企业创新能力的主要依据。利用它们，可以对企业过去、现在及未来的创新能力进行评价，并根据评价结果，适当采取增加投入或加强市场调查等措施，来提高企业的创新能力。

（7）顾客满意程度。

评价顾客的满意程度可以对公司业绩提供反馈。评价顾客满意程度的指标用于表明顾客如何判断一个产品或一个公司的可信赖程度。该指标因公司不同而有所不同。顾客满意度指标的确定可以依据两条主要原则：①绩效指标对顾客而言必须是重要的；②绩效指标必须能够控制。关键的绩效指标可以通过定量和定性研究方法的结合使用来确定，包括深入访谈、焦点小组访谈、邮寄调查和电话访问等。

财务评价指标和非财务评价指标在企业业绩评价中各有优劣。若只注重财务评价指标，则易造成企业的短期行为，影响企业的长远发展；若过分注重非财务评价指标，企业很可能因为财务上缺乏弹性而导致财务失败。事实上，企业财务性的业绩和非财务性的业绩都是企业总体业绩中不可缺少的组成部分。财务业绩是通过会计信息系统表现的结果和有形资产的积累；非财务业绩则是通过经营管理系统获得的内因、过程和无形资产的积累，与企业整体长远的盛衰成败关系很大。因此，理想的业绩评价指标应是财务评价指标和非财务评价指标的有机结合。

三、内部业绩考核的组织实施

企业集团在对子公司实施内部业绩考核时，应由集团母公司统一负责组织实施，并以在此之前建立的考核标准作为基础和参照，按规范的操作程序展开。值得强调的是，在考核的起初阶段，由于考核人员经验欠缺，考核标准的落实需要一段时间，再加上各子公司间发展的不平衡性等原因，母公司更应加强对子公司的指导。在这一过程中，企业集团可以先选择一些法人治理结构健全、内部管理规范的子公司进行试点，摸索经验，然后在此基础上推广应用。

（一）建立子公司经营业绩考核工作制度

按照建立现代企业制度、规范公司治理结构的要求，企业集团母公司对其出资设立的子公司有考核监督的责任。因此，集团应将其内部的全资、控股子公司逐步纳入年度考核评价的范围内，建立正常的子公司经营业绩考核工作制度，使子公司经营业绩考核工作制度成为企业内部管理的重要制度之一。各子公司在每个会计年度终了时有义务向集团公司报告经营绩效，集团母公司有责任对其经营绩效状况进行全面考核评价。母公司在积极研究适合本集团特点的考核评价方法的同时，应逐步实现将评价结果与子公司经营者的任免和奖惩等挂钩，使业绩评价工作在集团内部管理中发挥作用。

（二）成立专门的考核评价工作机构

为了确保集团内部业绩考核工作顺利开展，企业集团应成立专门的内部业绩考核工作机构（或由某职能部门分管），负责工作布置、协调及具体操作等各项事项。为了体现评价工作的严肃性和权威性，企业集团应成立由集团母公司主要领导牵头的考核工作领导小组，成员包括集团母公司各职能管理部门，并抽调具有相关专业知识和综合工作能力较强的人员组成评价工作组，负责具体考核工作；必要时也可聘请社会中介机构，如会计师事务所或咨询公司等的专业人员和行业协会、大专院校的专家学者以及其他专业人士等参与考核评价工作。

（三）制订切实可行的工作方案

虽然实施企业集团的内部考核工作是非常重要的，但具体对不同的企业集团来说，由于其业务范围的不同，发展水平可能存在差异，加之集团战略目标不同等原因，决定了不同企业集团在考核工作的目的、要求、评价对象范围、工作流程、工作进度安排、结果的运用等内容上也会存在较大的差异。这种差异客观上要求不同的企业集团在制订考核工作方案时，应根据集团内部考核管理的需要进行，切不可照搬照抄其他企业集团成功的工作方案。基于自身实际的个性化的工作方案是实施企业集团有效考核的基础。

（四）在基础数据核实的基础上组织实施定量定性评价

按照正常情况，企业集团应在每个会计年度终了时，对其子公司的经营状况进行全面考核，并做出客观的评价。但是，考核评价的结果是否忠实于客观现实，以及在多大程度上失真，这有赖于子公司提供的基础数据资料的真实性和准确程度。如果所提供的基础数据不真实或不准确，那么评价结果将会毫无意义，甚至误导企业。因此，有必要在各子公司提供的基础数据的基础上分别由考评工作小组和专家小组根据所属企业评价年度的各项财务指标以及目标责任完成情况，采用定量和定性考评两种方法对经营者进行考核评价。前者直接根据企业会计报表中的数据以及集团公司制定的责任目标完成情况，对照考核标准按规定的方法计算出考评结果；后者是在定量考评的基础上，在综合考虑外部经营环境和定量考核指标以外的各项影响因素后进行评议打分，形成综合考评结果。

（五）运用考核结果进行企业诊断

定量考核和定性评价工作结束后，评价工作组应及时对评价结果进行整理，分别撰写企业业绩评价报告和企业经营业绩分析报告。各职能管理部门可以与专家一起研究分析各企业业绩考核所反映出的问题，进行企业诊断，提出有针对性的意见，督促子公司制定出相应的改进措施，并结合最终评价结论，将奖惩措施落到实处，真正体现业绩考核对企业经营者的激励约束作用。

四、内部业绩考核的注意事项

（一）严格按照规范的操作程序开展工作

企业集团在对子公司业绩进行考核时，要严格按照国家有关文件和本集团的操作程序和考核标准进行工作，确保考核质量和考核结果的客观公正性。企业业绩考核工作应本着客观、公正、公开、透明的原则进行，特别是在对与主要指标相关的重要事项进行调整时，应由考核评价工作组在听取多方意见的基础上，进行集体研究讨论决定，防止暗箱操作。

（二）认真做好评价基础数据的审核工作

基础数据是整个评价工作的基本素材，它的真实性是整个考核结果是否客观公正的关键。因此，企业集团在进行内部业绩考核时，要对基础数据的真实性进行认真考核。当然，这个审核可以委托注册会计师事务所完成，也可以自行组织力量进行。对于规模较大且已实行了公司制改造、产权多元化的企业，要充分发挥社会中介机构的监督作用，其财务报告必须由注册会计师审核后方可作为考核的基础数据。对于有弄虚作假行为的企业，要严格追究相关责任人的责任。

（三）做好母子公司的配合协调工作

企业集团内部业绩考核对于母公司来说是加强对子公司的管理以及推进集团总体战略的重要手段；同时，对被评价和考核的子公司来说，它又是一个寻找差距、发现问题、填补漏洞的机会。因此，子公司不能借口自己是独立的法人，拒绝和阻挠母公司的考核和评价；同样，母公司也不能以开展考核评价为借口去干预子公司的正常生产经营。在进行企业集团内部业绩考核时，母子公司应抱着严肃认真的态度，进行密切的协调和配合，从而确保这项工作取得实质性成果。

第四节　企业集团内部奖励制度

内部考核作为企业集团公司治理的一种基本方法和手段，它对于监控和改善集团内子公司的生产经营状况，维护出资人的正当权益和改善集团内部治理结构，进而发挥集团的资源整合优势并提高其竞争力来说，具有至关重要的作用。但就集团公司治理过程来看，实行内部考核只是了解各子公司生产经营状况的手段，它本身并不影响和改变各子公司以及相关生产经营管理者的切身利益。也就是说，内部考核本身不具有激励和约束作用。对于在市场经济条件下具有独立法人资格的子公司以及经营管理者来说，其一切生产经营的终极目的就是利用其现有资源实现价值增值；或者说，就是在政策和法律允许的范围内最大限度地获取利益。因此，集团公司在其治理过程中，还有很重要的一环，就是根据内部业绩考核的结果，参照集团的具体考核规定，进行相应的奖惩活动。对于考核和评价出来的那些表现突出的子公司或个人，应给予与之相应的奖励；对那些没有特殊原因而未完成总公司目标任务或考核结果不佳的子公司及其个人，应实行相应的惩罚措施。企业集团通过实施奖惩措施，在利益上对子公司进行调节，影响其可支配的利益额度，这是市场经济对企业集团的客观必然要求。

所谓企业集团内部奖励制度，是指对企业集团内部考核结果中的优秀企业或个人实行物质或精神奖励的具体规章或制度。事实上，企业集团内部考核与内部奖励是承前启后的两个过程。其中，内部考核是实行内部奖励的前提和基础，没有内部考核的结果信息，内部奖励将是盲目和不可能的；另外，内部奖励是内部考核的必然和归宿，如果只考核而不奖励，将会挫伤先进分子的积极性，并使以后的考核结果趋同并朝坏的方向发展。因此，企业集团的内部考核与奖励制度是相辅相成的、具有继起关系的集团治理方法的两个表现形态。

一、实施集团内部奖励制度的重要意义

（一）有利于调动子公司的生产经营积极性

经济杠杆是市场经济的指挥棒，在市场经济条件下，无论是资源配置，还是经营项目的选择都是以经济利益作为出发点和归宿的。企业集团明确的奖励制度实际上就为各子公司以及其经理层提供了努力的目标和方向。达到奖励制度所规定的条件和标准，企业就可以获得相应的利益；否则，就有可能受到相应的惩罚甚至危及其领导者的位置。客观地说，奖励制度使得子公司有更大的热情和动力去加强自身的生产经营和管理。

（二）有利于实现集团的资源整合优势

企业集团作为由若干具有独立法人资格和特色但又以产权关系为纽带的企业组成的经济联合体，其联合的原因是提高整体资源配置的效率，从而获取市场竞争的优势。这实际上也是企业集团组建的宗旨。但一个不容忽视的事实是，仅仅将若干企业联合在一起，并不能发挥，至少不能充分地发挥这种资源整合优势，这种优势的发挥还有赖于建立和执行一系列与之相匹配的管理与激励机制；实际上，集团内部奖励制度就

是这种激励机制的一种具体表现形态。

内部奖励制度对于加强集团资源整合优势的作用是很明显的。例如，假设某钢铁集团的奖励制度规定，冷轧钢板公司如果月产量达到200万吨，则可获集团公司“生产能手”称号，并获得10万元奖励。但是，冷轧公司是以冶炼公司的产品（钢锭）作为原材料的，冶炼公司由于人手不够，预计难以完成冷轧公司所需要的钢锭。在这种情况下，冷轧公司为了获得“生产能手”称号而在不影响自身生产能力的情况下抽调部分业务精英去支援冶炼公司，从而实现了这两公司间自发的资源配置。这只是集团内部人力资源配置的一个例子。实际上，以内部奖励机制为依托的内部资源配置还有其他很多方式。

（三）有利于集团生产过程的动态监测和管理

企业集团内部奖励制度无疑具有一个授奖条件，这个条件实际上就是企业集团为子公司规定的目标经营状况。当然，这一目标的制定必须是科学合理的，它既不至于高不可攀，使企业没有能力和兴趣去努力，也不至于唾手可得。因此，企业要想获得奖励，其生产经营中的每一过程都不可出现大的差错或失误，这就要求我们的子公司必须对自身的生产经营状况进行全程跟踪和监测，发现问题予以及时纠正。特别地，如果企业集团的内部奖励措施是分阶段、分层次执行的，就更能起到动态监测和管理的效果。

二、内部奖励制度的制定与实施

（一）内部奖励制度的制定

良好的奖励制度对于集团子公司来说，具有很好的激励作用。但是，一个不科学的奖励制度对于集团子公司来说，不但起不到经营激励的效果，反而有可能挫伤其积极性。因此，内部奖励制度适当与否对于集团来说是至关重要的。

1. 常用的奖励办法

企业集团在制定奖励制度时，不可避免地要选取相应的奖励办法。由于各企业的自身生产经营特点不同，其授奖的条件和门槛也千差万别。有关授奖条件的设定问题，各集团可以根据自身的行业特点和本集团的实际情况决定。但是，在奖励办法上，不同集团、不同行业之间都有一定的借鉴意义。

（1）货币奖励（Currency Reward）。货币奖励是一种常用的奖励形式，它包括现金奖励和薪酬奖励两种形式。对于现金奖励，它在具体操作上又可以是一次性支付或分期支付（如按月支付）的；薪酬奖励则是指通过增加薪酬的方式给予的奖励，薪酬奖励一般是一个长期受益的过程。

（2）物质奖励（Material Reward）。这种奖励则是通过对企业集团内部表现较好的个人或企业颁发一定的物质以进行奖励的方式。物质奖励也是一种常见的奖励形式。采用物质奖励一般是在这样一种情况下进行的，即企业集团用于奖励的物质是本集团自己生产或销售的产品，或者用于奖励的物质的获取价格明显低于同类产品的市场价格；否则，这种奖励办法不如货币奖励办法受欢迎。

（3）职务提拔（Position Promotion）。这种奖励方式是针对集团内的个人的奖励方式，即对业绩评价和考核中的优秀分子委以更高职务或更重要职位的一种奖励方式。

（4）授予荣誉（Conferring Honor）。授予荣誉包括通报表扬、书面表扬、授予荣誉称号及头衔等具体形式。授予荣誉作为企业集团的奖励办法，虽然它的价值不像其他的奖励办法那样容易被计量，但也同样能给获奖人带来利益。它的价值更多地体现为无形价值。因此，对它的计量在方法上也应有别于其他的奖励办法。

（5）政策上的优惠或倾斜（Favorable Policy）。对于这种奖励办法，笔者想举一个例子进行说明，比如某商贸集团对下属的经营业绩较好的企业给予的商品采购权就属于一种政策上的优惠。

（6）股票期权（Stock Option）。实行股票期权是一种具有开创性的和较受青睐的集团内部奖励办法。这种奖励办法是指企业集团对于取得优秀业绩的个人给予一定的本企业股票作为奖励。这样，企业的受奖者实际上就成了企业的股东。这种奖励办法的优点是显而易见的，它使获奖者从企业的雇员转变成了具有企业股东和员工双重身份的个体，使企业的兴衰更直接地与获奖者个人联系起来了，可以更好地调动其生产经营的积极性，增强其对企业的忠诚度。

（7）其他奖励办法（Other Reward）。随着企业管理方法的不断创新，目前还有其他类型的奖励方法，如给予外汇期权、提供学习深造的机会、出国考察等。

2. 奖励方法的选用原则

可供选择的奖励方法是多种多样的，上述七类只是常用的奖励方法。一般地说，在企业奖励办法的制定过程中，应综合考虑集团的财务能力、受奖企业和个人的受奖事项对企业集团的贡献和影响的大小、奖励频率等因素以决定本次的设奖力度。因为奖励的基本目的是激励先进、鞭策后进，从而获取更大的生产经营效率，所以企业集团在选用奖励办法时，应综合考虑上述因素。

如果将“成本—效益”分析方法引入奖励方法的选用过程，那么我们还应考虑用尽可能少的激励成本（奖励支出）去获取最大的激励收益（因奖励而带来的正面影响）的问题。这实质上就要求我们在选用奖励办法的时候，要综合运用各种可能的办法，进行奖励制度创新。例如，企业集团可以综合运用“授予荣誉”和“现金奖励”的模式，也可以运用“有限年度的经营权奖励”等。

在奖励方法的选用上，企业集团可以灵活地把握，但不管何种形式的企业集团，它们在运用和制订奖励方案时，都应遵循这样一些共同原则：

（1）奖励应以考核作为基础。

企业集团的奖励与考核的继起性关系在客观上要求奖励必须建立在考核的基础之上。这具体表现在：奖励的额度应根据考核结果对企业集团影响的大小而定；奖励的对象应以考核结果的排名先后而定；奖励的时间应随考核的时间而定。如果企业集团没有把握好这一原则，将会出现“无功也受禄”“小功受大禄”“大功不受禄”等混乱的局面，不但起不到激励的作用，反而还会因奖罚不清而误导企业。

（2）奖励应把握好“度”。

哲学上的“度”指事物的分寸和尺度。人们日常所说的“过犹不及”也就是一个“度”的把握问题。企业集团在选用奖励制度时，也应注意把握好“度”这个问题。也就是说，我们在决定奖励额度的大小时，一定要考虑奖励事项贡献的大小。只有做到突出贡献给予大奖，一般贡献给予一般奖，小贡献给予小奖，才能真正发挥奖励的激励作用。

(3) 注重透明化和公开化。

在有些企业集团中，在奖励方法的选用和奖励尺度的把握方面，存在个别人操纵选取对自己有利的方法和尺度的现象。比如，某子公司的经理预期可以获得某项奖励，在选用奖励方法和把握奖励尺度时，他可能会积极要求或联合某些人来要求提高该奖项的奖金额度。诸如此类的现象是极不健康和不正常的。避免此类现象发生的有效方法就是在选用奖励方法时讲求透明化和公开化，广泛听取基层管理者和职工的意见，发挥他们的民主监督作用。

(二) 内部奖励制度的实施

有了完善的企业集团内部业绩考核体系和奖励制度后，在每个会计期间或财务年度，企业集团应根据考核评价的结果对当期的优秀分子进行相应的奖励，这是很有必要的。企业集团内部奖励由于有一个按规定和条文执行的程序化过程，因此没有太多的问题值得研究。但是，以下两点值得我们注意：

1. 坚持宁缺毋滥的原则

既然是奖励，它就应该是属于先进或优秀集体和个人的荣誉，它不同于企业分发的福利。如果企业集团中有符合奖励制度要求的优秀子公司和个人，那么就应严格地按照奖励制度的规定实施奖励；如果在本会计期间内相关企业和个人都表现平平，那就不能勉强地给予奖励。唯有坚持“宁缺毋滥”“优者必奖”的原则，才能维护奖励及荣誉的威信和声望，有效地发挥其积极作用。

2. 搞好奖励实施后的评价工作

企业集团奖励工作的真正目的在于激励先进、鞭策后进，以期在下一个会计期间内收到更好的生产经营效果。这个目的是否已经达到？究竟在多大程度上达到？如果未达到，阻碍这一目的达成的主要原因是什么？以后应如何改进奖励制度？对诸如此类问题的回答都有赖于奖励后评价工作的开展。从这个意义上说，企业集团内部奖励既是对上一个会计期间成绩的总结，又是对下一个生产经营周期工作监督和改进的开始。

【例 7-2】平衡计分卡在华润集团的应用

华润（集团）有限公司（以下简称华润集团）是一家在香港注册和运营的多元化控股企业集团，2003 年归属国务院国有资产监督管理委员会直接管理，被列为国有重点骨干企业。华润集团下设 7 大战略业务单元，21 家一级利润中心，有实体企业 1 200 多家。华润集团在香港拥有 5 家上市公司。其中，华润创业、华润电力、华润置地位列香港恒生指数成分股，成为华润旗下“蓝筹三杰”。集团核心业务包括消费品（含零售、啤酒、食品、饮料）、电力、地产、医药、水泥、燃气、金融等。华润集团的多元化业务具有良好的产业基础和市场竞争优势，其中零售、啤酒、电力、地产、燃气、医药已处于行业领先地位。

1. 经营管理理念

(1) 集团多元化，利润中心专业化。为合理配置资源，形成行业竞争力，华润集团确立了“集团多元化，利润中心专业化”的经营方针。集团在有限领域内建立起相关联的多元化业务，由此增强抗风险能力，确保整体业绩平稳增长；而旗下利润中心则以竞争战略为导向，开展专业化经营，努力打造具有强大竞争力和行业领导地位的专业化企业。

（2）华润特色的6S管理体系。6S是6个System的简称，即业务战略体系、全面预算体系、管理报告体系、内部审计体系、业绩评价体系、经理人考核体系。6S体系是华润集团从自身特点出发探索的多元化控股企业管理模式，是华润集团的核心管理体系。6S将华润集团的多元化业务与资产划分为战略业务单元，并将其作为利润中心进行专业化管理。

6S中的业绩评价体系是以平衡计分卡（BSC）为总体框架，以关键业绩指标（KPI）为构成要素。华润集团的业绩观不仅包括财务指标的改善，还包括资产素质的提高、组织能力的提升、业务发展和管理模式的创新等各个方面，是均衡、全面、高品质的业绩。

2. 平衡计分卡应用实例

（1）财务层面。在财务层面，华润集团以提高股东价值为最终目标，从收入增长和生产率提升两大战略层面，将财务指标分为增加收入、提升客户价值、改善成本结构、提高资产利润率四个方面的细化指标。2010年全年实现销售收入1 844亿港元，利润总额298亿港元。截至2010年年底，拥有总资产5 859亿港元，净资产1 143亿港元。国有资产保值增值113.4%，同比上升3.66个百分点。集团资金状况良好，现金流充裕，获利能力持续增强，整体资产素质继续改善。

（2）客户层面。在客户层面，华润集团以满足客户需求为宗旨，在此基础上，从产品特征（如价格、质量、可获利性、要选择性、功能）、客户关系（如服务、伙伴）、企业形象（如品牌）三大层面指标细分。主要评价指标有客户满意度、客户投诉量、客户保持度、新客户的获得率、客户获利能力、市场份额等。在实际中，华润集团在以下四个方面做出了努力。

①产品质量保证。2010年，华润集团在科技方面投入6.2亿元，降低了生产成本，改善了产品品质，推出了新产品，提高了企业竞争力。2010年，华润万家在全国所有门店开始推广HACCP国际食品安全管理体系，从硬件设施、设备，人员管理，到现场操作，建立了一套完备的规范体系。华润五丰下属利润中心均通过了ISO22000注册或HACCP食品安全管理体系认证，确保了食品生产经营的全过程安全风险可控。华润置地通过发展高品质产品，赢得了市场赞誉，树立了绿色企业的形象。

②售后服务。2010年，华润雪花啤酒通过完整的售后服务体系和售后服务制度，将客户投诉率降到最低。华润五丰完善了售后服务体系和应对客户投诉的体系建设。通过800、400免费电话收集、处理顾客意见和投诉，公司总体投诉处理完成率到达100%。华润北药建立了药品退货管理制度，设专人负责产品召回工作，建立药品召回操作规程。华润连续8年开展客户满意度调查，推动了10家利润中心开展客户满意度调查、品牌资产调查项目，促进结果与战略评价对接。

③市场份额。雪花啤酒连续六年蝉联中国啤酒行业单品销量第一的桂冠，截至2011年年底，集团在中国啤酒市场拥有超过20%的市场份额。超市业务已连续多年位居中国连锁超市第一。华润万家已进入全国29个省、自治区、直辖市和特别行政区，100多个重点城市。2011年实现销售额827亿元，全国门店总数超4 000家，员工人数

超过20万。

④合作伙伴关系。2010年，华润集团与农业银行、交通银行签署了战略合作协议，使其与五大商业银行的战略合作协议签约额已达到2 900亿元，这些举措，扩大了融资渠道，降低了融资成本，为华润业务发展提供了有力的资金保障。2013年度，华润与中国电信、电国石油、湖南华菱钢铁等中央企业签署战略合作框架协议和投资合作协定18份，进一步巩固与地方的合作关系，以支持集团在各地业务的发展。

（3）内部流程层面。在内部流程层面，华润集团提出三大要求：不断创新、高效的运营管理及良好的客户管理。涉及的主要指标有创新方案实现率、新产品开发周期、主力客户获得率、供应商淘汰率、客户要求反应时间、良品率等。

在研发创新流程，华润水泥研发的利用水泥窑协同处理城市污水处理厂污泥项目，荣获中国建筑材料联合会技术改造类评比二等奖。华润信托不断致力于打造符合客户需求、有市场发展前景，能为公司带来长期稳定效益的产品。2010年，公司研发投入68万元，增加研发人员比例，推出的“托付宝FOF-1号”“消费信贷信托”等创新型信托产品获得市场好评。

（4）学习与成长层面。在学习与成长层面，华润集团重点专注于建立创新的企业文化、关键员工的能力提升，以及以客户为导向的IT支持。在创新企业文化方面，进行以客户为导向的组织再造，进行员工创新文化调查；在提升员工能力方面，对员工能力予以培训和评估，设置关键员工达标率；在建立IT支持方面，进行全面的系统建设。

华润集团在规范用工、改善薪酬福利、维护身心健康、关注职业发展、开展职业生涯规范等方面，采取有效措施，提升了员工价值，实现了员工与企业共同成长。首先，集团高度关注员工的健康安全，贯彻“以人为本，创造气氛活跃和安全舒适的工作环境，保证员工身心健康”的方针，加强健康安全管理，积极实施健康安全计划。其次，集团注重在员工发展方面形成体系，把集团的人才发展与培训工作系统划分为领导力发展中心、测评中心和华润大学三个层次，并推进其专业化建设。华润集团继续推进2009年2月启动的高级人才发展计划，形成了集团多层次的高级人才发展体系。

3. 问题总结

目前，我国企业管理基础薄弱，使平衡计分卡难以推行。企业业绩评价系统的运行要求企业战略管理、预算管理、会计信息系统、激励系统之间相互协调。如果企业高层管理者无法就战略达成共识，企业上下无法形成同心协力的合作氛围，恐怕企业业绩评价系统的战略导向也难以实现。如果预算管理、会计信息系统、激励系统相互之间无法协调一致，战略主导型企业业绩评价系统也难以有效运转。而华润集团6S业绩评价体系的成功运行，得益于它与其他5个“S”形成了一个相互协调、一体联动的集成化管理体系。它的成功为我国企业运用平衡计分卡提供了宝贵的经验。

第八章 国际财务管理

第一节　国际财务管理概述

国际财务管理是国际企业所进行的理财活动，是在经济全球化进程中出现的财务管理新领域。本节主要介绍国际财务管理的概念、内容、原则、目标及环境。

一、国际财务管理的概念

国际财务管理是指国际企业组织财务活动、处理财务关系的一项经济管理工作。而国际企业是指在两个或两个以上国家进行投资、生产和销售活动的企业，其中以跨国公司为主要代表。因此，有学者也将跨国公司财务管理视作国际财务管理。

二、国际财务管理的内容

国际财务管理的内容是建立在国际财务活动的基础之上的，主要包括筹资管理、投资管理、营运资金管理。因为国际企业在生产经营中必然要涉及外汇交易，因此财务管理的内容还包括外汇风险管理。

（一）国际筹资管理

筹集资金是国际企业发展的需要，国际企业为发展必须借助国际金融市场来筹措资金。筹资管理主要介绍国际企业的筹资渠道和方式，以及如何以最小的代价来筹集资金。国际企业的筹资渠道主要有公司内部资金、母公司所在国资金、子公司所在国资金及国际金融机构的资金。筹资方式主要有发行国际股票和债券、国际租赁、国际银行信贷等。

（二）国际投资管理

国际投资是指企业将资金投入国际市场以赚取收益的行为，是一种对外投资。因为企业的投资地在国外，投资地的政治、经济、资源及文化背景都与本国有很大的差别。因此，投资的效果受环境影响很大。所以，国际投资管理除了对投资项目进行成本和效益分析，以确定是否可行外，还要着重分析投资环境对项目的影响，从而降低投资风险，提高投资效益。

（三）国际营运资金管理

营运资金是指流动资产占用的资金，主要以现金、应收账款和存货为代表。合理安排国际企业的营运资金能够增强企业的流动性，降低财务风险，同时降低机会成本。营运资金管理就是解决如何合理确定现金、应收账款和存货的占有规模并进行合理调度。

（四）外汇风险管理

企业进行跨国经营必然会涉及外汇，而汇率受多种因素的影响变动较大，因而会产生外汇风险。外汇风险可以使企业获得预期之外的收益，也可造成意外损失。外汇风险管理力图通过对外汇风险性质的研究，达到规避和减少外汇风险的目的。

三、国际财务管理的原则

（一）系统原则

国际财务管理经历了资金筹集、投放、耗费、回收、分配等几个阶段。要做好这几个阶段的工作，必须从财务管理的内部和外部联系出发，从各组成部分的协调和统一出发。这就是财务管理的系统原则。

（二）平衡原则

在国际财务管理实践中，要努力使资金收支在数量上和时间上达到动态的协调和平衡。如果预计的现金余额低于理想的现金余额，企业应积极筹措资金，以弥补现金的不足；如果预计的现金余额高于理想的现金余额，企业应积极组织还款或进行投资，以保持资金收支上的动态平衡，实现收支相抵。

（三）弹性原则

国际财务管理应努力实现收支平衡，略有节余，既要追求准确和节约，又要有合理的伸缩余地，以保持财务管理的弹性。贯彻弹性原则的关键在于合理确定弹性的大小，不能过大，也不宜过小。财务弹性过大会造成浪费，过小会带来风险。合理确定弹性必须综合考虑企业财务管理的能力、不利事件发生的可能性以及企业是否愿意承担风险等因素。

（四）比例原则

比例原则是指财务管理必须通过各种因素之间的比例关系来分析问题，发现问题，并协助解决问题。

（五）优化原则

财务管理过程是一个通过不断地比较、分析和选择，以实现最优的过程。财务管理中的优化主要包括多方案的优选、最优总量确定问题及最优比例确定问题。

四、国际财务管理的目标

目标是指系统所希望达到的结果。国际财务管理的目标就是国际企业进行理财活动所要达到的目标，它必须与企业管理的目标相一致。企业管理的最终目标是获利最大。为了实现这个目标，财务管理目标也有自己的表述，并呈现出多元化特征。

（一）主导目标

主导目标是财务管理最终实现的结果。国际财务管理的主导目标可表述为“企业价值最大化”。企业价值是指该企业未来收益的现值之和。它与未来的收益成正比，与风险成反比。因此，企业要实现价值最大化的目标，必须加强经营管理、控制成本、注重对企业的战略投资，以确保收益的提高；同时，企业还应合理控制企业的风险。

（二）辅助目标

辅助目标是指为了达到主导目标，企业必须同时完成的目标。常见的辅助目标有以下几个：

1. 合并收益最大化

跨国公司作为国际企业的代表，在不同国家开设分公司或子公司，可充分利用东道国政府提供的优惠政策，适时进行投、融资活动和各类生产经营活动。因此，企业应站在全局的角度，合理处理子公司和母公司之间的财务关系，充分利用内部转移价格实现资金的有效调配，以低成本追求高收益，最终实现整个企业收益的最大化。

2. 保持适当的资产流动性

与国内企业相比，国际企业更需要保持资产的流动性。国际企业不仅要保持企业整体的资产流动性，而且要保持各子公司的资产流动性，以消除有关债权人和供应商的风险，保障其正当权益，避免所在国政府可能进行的某些干预。

3. 与子公司所在国的具体特点相适应的目标

国际企业的子公司设置在不同的国家，由于所在国在政治、经济、法律、文化等各方面所具有的特殊性，这些子公司的财务管理目标有时很难与母公司保持一致。如果只强调子公司的财务管理目标与国际企业的主导目标相协调，很可能导致子公司与所在国发生矛盾或冲突，最终影响国际企业主导目标的实现。

五、国际财务管理环境

环境是指系统之外，与系统不断进行物质、能量和信息交换的一切空间，以及在空间中存在的所有因素的总和。财务管理是企业管理的一项重要内容，必然与企业生存和发展的外部环境密切相关。国际财务管理就其范围来讲，其环境已扩展到世界领域。这个国际性空间及空间内存在的各种因素的总和，便构成了国际财务管理的环境，而且这种环境的微小变化都会对国际企业的财务管理产生不可低估的影响。国际财务管理环境包括：

（一）政治环境

政治环境是指企业在组织财务活动时所受到的政治因素影响的集合。国际企业在他国进行经营和管理，就必须研究东道国的政治环境。此外，虽然许多国际企业采取战略全球化与经营本地化相结合的方针，尽量减少自身在文化、意识形态、利益等方面的母国色彩，但是国际企业在国外仍然被视为母国的代表，而且国际企业在海外的发展也离不开本国政府的支持。因此，国际企业的财务管理不仅要考虑东道国的政治环境，而且还要考虑本国政府的政策。政治环境分析主要从以下几方面入手：

1. 东道国政局的稳定性

东道国若政局不稳定，很可能会出现暴乱、罢工、恐怖活动等威胁企业财产和职工人身安全的事件，给企业的经营带来威胁。再者，若东道国的政局不稳定会导致社会动荡、人心恐慌、失业率增加和消费能力降低，东道国的人民甚至会仇视国外企业，这些都会给国际企业带来经营风险。因此，分析东道国政局是否稳定对国际企业投资是十分必要的。

2. 东道国对国外企业的政策

企业的活动离不开政府的支持。不同的国家对国外企业的态度是不一样的。有些国家的政府认为国外企业与本国企业的自由竞争会对国内企业产生促进作用，保证市场公平，因此采取的是与本国企业一样的政策；有的则认为国外企业在本国的经营会损害本国企业的利益，或者危害本国的文化和价值观念，因此采用严格限制的政策。国际企业应研究所在国对国外企业的政策和态度，以便进行正确的投资和管理决策。

3. 母国政府的政策

一般来说，国际企业的总部和最大的子公司、所有者以及资产的集中地都在母国，其在海外经营的成果和受到的待遇对于母国政府而言具有重要的经济意义和政治意义。母国政府为了本国的利益，通常会采取一些扶植和保护本国国际企业、提高本国企业在国际上的竞争力的政策措施。国际企业应充分了解和利用这些政策，以提高收益。

（二）经济环境

经济环境是指影响企业财务活动的经济因素的集合。它通常包括：

1. 金融市场

金融市场是企业融通资金的场所。金融市场是否完善、金融工具是否发达对企业进行资金的筹集和投放是有重要影响的。目前，以银行信用供给为中心的国际金融市场有国别市场、欧洲货币市场、离岸市场和避税港；以证券交易为中心的市场有欧洲债券市场、欧洲股票市场。

2. 经济制度

经济制度可分为公有制和私有制。以公有制为主的国家，政府对企业的直接干预较多，企业取得资源的数量和渠道、企业资金的使用和回收速度、企业分配利益的方式都会不同程度地受到政府的影响。以私有制为主的国家，政府对企业的干预较少，企业有更多的灵活性和自主性。因此，国际企业应根据所在国的经济制度来制定合适的经营管理策略。

3. 通货膨胀和通货紧缩

国际企业的东道国若发生通货膨胀，会导致该国物价上涨、产品和劳务成本上升，从而引起国际企业现金流量的波动。价格波动、货币贬值会使国际企业难以设计处于不同国家子公司之间的转移定价，影响对子公司业绩的评价。通货膨胀还会带动汇率和利率的变动，从而影响国际企业的筹资策略。

通货紧缩会使国际企业在东道国的子公司现金流量减少，资产贬值，利润减少，企业赢利减少。通货紧缩则往往导致一国经济严重衰退，比通货膨胀给国际企业带来的风险更大。

（三）法律环境

法律环境是指约束企业行为，保障其合法经营的法律因素的集合。每个国家都有相关的法律、法规来约束国外企业。这些法律、法规通常会涉及经营、融资、价格、税收、外汇、劳资关系等。

(四) 文化环境

文化环境是指影响企业财务活动的文化因素的集合。不同的国家因为宗教信仰、人文地域、文化教育及历史发展不同，必然存在文化差异。而文化差异对消费者、生产者、管理者都会有影响。因此，国际企业应充分分析所处的文化环境，制定有利于自己的生产、经营及销售策略。

第二节　国际筹资管理

国际企业出于自身发展或改善资本结构的需要，不可避免地要筹集资金。国际企业有哪些筹资渠道和方式，以及不同方式各有什么特点，企业如何以较低的成本筹集资金，便成了筹资管理的重心。本节将围绕以上问题进行阐述。

一、国际筹资的概念

国际筹资是指国际企业通过与本国以外的非居民建立一系列的信用关系来实现货币资本或其他形态资本融通的行为。它有以下几个作用：

(1) 弥补资金的不足，加快经济发展。国际资本的流入为一些急需资金的企业开拓了筹资渠道，缓解了资金供求矛盾，也为一些成长中的企业提供了大量资金。

(2) 有利于推动国际贸易的发展。国际资金流动最先是依附于国际商品和劳务而流动的。但在一定条件下，国际筹资会进一步促进国际商品与劳务的流动，对国际贸易的发展起着极大的推动作用。

(3) 有利于解决闲置资金的出路。国际筹资可以为有闲置资金的国家提供利用的机会，发挥其应有的作用。

(4) 有利于促进世界经济的发展。企业的发展离不开资金的支持，国际筹资作为企业、金融机构和各国政府筹措资金的手段和途径，在调剂资金、合理配置资源等方面起到了重要作用，从而促进各国经济和世界经济的发展。

二、国际筹资的渠道

国际筹资的渠道是指资金的来源及途径，主要包括：

(1) 公司集团内部资金。它主要有留存收益、公积金等，可用在企业投资方面，是一种内部筹资渠道。

(2) 国际金融机构资金。国际金融机构是由许多国家共同兴办的为达到某些共同目的而在国际上进行金融活动的机构，主要有国际货币基金组织、世界银行、国际开发协会、国际金融公司、亚洲开发银行、非洲开发银行、泛美开发银行等。

(3) 非银行金融机构资金。非银行金融机构主要有投资银行、保险公司等。

(4) 其他企业的资金。其他国际企业或母公司、子公司所在国的其他企业的闲置资金也可作为一种筹资渠道。

(5) 母公司、子公司所在国政府的财政资金。

（6）国际金融市场上的资金。国际金融市场是指因国际性的资金借贷、结算，以及证券、黄金和外汇的买卖活动而形成的市场。目前著名的国际金融市场有纽约、东京、伦敦、苏黎世、巴黎、法兰克福、新加坡、马尼拉、拿骚等金融市场。

三、国际筹资的方式

筹资的方式是指企业为筹集到资金而采用的具体的形式。国际筹资方式按所筹集到的资本的属性可分为以下两类：

（一）权益筹资

权益筹资是指企业采用某一筹资方式所获得的资金是权益资金，这种资金成了企业的永久性资本。权益筹资的特点为资本成本高而财务风险低。权益筹资主要有以下形式：

1. 吸收外商直接投资

吸收外商直接投资是指企业吸收外商以获取本企业经营管理权为目的的投资，从而获得融通资金的便利。企业通过吸收外商的直接投资可直接获得外商的先进经验，所筹资本无须偿还，可直接形成生产力。其具体形式有：

（1）国际合资筹资，是指国外投资者与本国筹资者共同投资创办企业，共同经营、共负盈亏、共担风险，按照股权分享收益的筹资方式。一般由国外投资者提供先进技术、设备、管理经验和外汇，由本国筹资者提供土地使用权、厂房、部分设备和全部劳动力。

（2）国际合作筹资，是指国外投资者和本国筹资者组建合作经营企业，通过协商，签订合同，规定各方的责任、权利和义务，据以开展经营活动并融通资金的筹资方式。

（3）国际并购，是指外国企业通过并购现有国内企业的部分甚至全部股份，对后者的经营管理实施实际的或完全的控制。

2. 发行国际股票

国际股票即境外发行的股票。发行国际股票上市是指企业通过直接或间接途径向国际投资者发行股票并在国内外交易所上市。上市方式有直接上市、买壳上市、造壳上市、存托凭证上市。

（1）国际股票筹资的特征。

国际股票筹资具有以下特征：①资金的非偿还性。由于股票具有不可偿还的特征，因此采用发行国际股票方式所筹集的资金，企业没有还本付息的压力，可以永久地自由使用。此外，股票筹资有利于改善企业资金结构，减轻企业财务负担，增强企业借债能力，降低由于本币贬值带来的外汇风险。②提高企业在国际市场上的知名度。企业通过发行国际股票，不仅筹集了资金，而且可以成为国内外知名的企业，有利于企业向国际化方向发展。③融资金额大。通过国际股票筹资，募股资金少的有几千万美元，多的则达到数亿美元，甚至十亿美元以上，可以实现足额筹集资金的目的，满足企业对资金的大量需求。

（2）国际股票发行的方式。

①私募配股。

它是指募股公司对少数特定投资者配售股票的筹资方式。它的优点是发行手续比较简单且发行条件可随时修订。

②公募售股。

它是指募股公司向公众公开发行股票的筹资方式。采用这种方式，股份公司必须按有关法律的规定，向证券管理机构注册登记，办理股票发行的审核手续，并必须在公开说明书上如实披露公司的有关资料。公募售股的优点是筹资潜力大，公募发行的股票可立即上市转让。

（3）国际股票发行价格的确定。

确定股票发行价格的方法有许多，现主要介绍以下三种方法：

①市盈率法。

市盈率指股票市场价格与盈利的比率。用市盈率法确定股票发行价格，首先应根据经审核后的盈利预测出发行人的每股收益；然后根据二级市场的平均市盈率、发行人行业情况、发行人的经营状况及其成长性等，拟订发行市盈率；最后依据发行市盈率与每股收益率的乘积决定发行价格。按市盈率法确定发行价格的公式如下：

$$\text{股票发行价格}=\frac{\text{发行当年预期利润}}{\text{发行当年加权平均股数}}\times\text{市盈率}$$

②净资产倍率法。

净资产倍率法又称资产净值法，指通过资产评估和相关会计手段确定发行人拟募股资产的每股净资产值，然后根据证券市场的状况，将每股净资产值乘以一定的倍率，以此确定股票发行价格的方法。其计算公式如下：

$$\text{发行价格}=\text{每股净资产}\times\text{溢价倍数}$$

净资产倍率法在国际上常用于房地产公司或资产现象重于商业利益的公司的股票发行。以此种方法确定每股发行价格，不仅应考虑公平市值，还要考虑市场所能接受的溢价倍数。

③现金流量折现法。

这种方法通过预测公司未来的盈利能力，据此计算出公司净现值，并按一定比例的折扣率折算，从而确定股票发行价格。该方法首先是用市场接受的会计手段，预测公司每个项目未来若干年内每年的净现金流量，再按照市场公允的折现率，分别计算出每个项目未来净现金流量的净现值。由于未来的收益存在不确定性，发行价格通常要对上述每股净现值折让20%~30%。

（二）债务筹资

债务筹资是指企业通过某种筹资方式所筹集的资本属性为债务资本。债务筹资的特点为资本成本低而财务风险高，常见的形式有：

1. 发行国际债券

国际债券是指国际金融机构和一国政府的金融机构、企事业单位，在国际市场上以外国货币为面值发行的债券，包括欧洲债券和外国债券两种。

（1）欧洲债券。

欧洲债券是指国际债券发行人通过银行或其他金融机构在债券面值货币所属国以外的另一个国家发行并推销的债券，其特点为：①货币种类多。任何一种可自由兑换的外汇资本几乎都可以通过发行欧洲债券筹借到，除了美元、英镑、日元、瑞士法郎、加元等，还可以是特别提款权及一揽子货币。这为许多资金需求者提供了新的融资渠道，也为各类投资人提供了发挥各自优势的新市场。②发行数量大且成本低。欧洲债券一般在境外多个国家同时上市发行，发行规模大，数量多，平均发行规模为2亿~2.5亿美元。庞大的发行数量有效地降低了发行成本，因而欧洲债券的发行成本较低。③限制性少。发行欧洲债券既不受发行所在国有关法律、法规的限制，也不受债券货币国法律、法规的限制，更不必在任何特定的国内资本市场上注册和销售。只要发行人有良好的资信，就可以委托国际市场上的经纪人，承购、包销或分销这笔债券。欧洲债券一般在伦敦股票交易所和卢森堡股票交易所上市，债券发行时要符合交易所的有关规定；另外，发行工作本身要受英国法律和国际债券交易商协会（AIBD）最低上市标准的限制。除此之外，欧洲债券几乎不受任何管制，完全依靠参加者的自律。④发行风险小。发行欧洲债券一般附带有可赎回条款，使发行者有机会摆脱利率风险。⑤豁免预扣税。

（2）外国债券。

外国债券是指国际债券发行人通过外国金融市场所在地国家的银行或其他金融机构发行的，以该国货币为面值的债券。其特点是债券发行人属于一个国家，而债券的面值货币和发行市场则属于另一个国家。最著名的国际债券首先是美国的“扬基债券”和日本的“武士债券”；其次，瑞士的瑞士法郎债券及伦敦市场上的“猛犬”债券市场也很大；再次，加拿大元也是比较有名的债券。这里主要介绍美国的“扬基债券”、日本的“武士债券”和伦敦市场上的“猛犬”债券。

①扬基债券。

它的特点是：发行规模较大，发行者以外国政府、国际机构及工商企业为主；投资者以机构投资者为主，主要是美国的商业银行、人寿保险公司、储蓄银行；期限较长，通常在20年以上。

②武士债券。

日本的外国债券称为武士债券。武士债券的发行人既有外国政府及其所属机构，也有外国公司、企业、社会团体等民间组织。由于日本公募债券缺乏流动性和灵活性，不容易做美元互换业务，因此其发行者主要是需要在东京市场融资的国际机构和一些所发行债券的发行期限在十年以上的长期筹资者，以及在欧洲市场上信用不佳的发展中国家的企业或机构。发展中国家发行日元债券的数量占总量的60%以下。

③“猛犬”债券。

伦敦是国际传统债券市场，在此发行的外国债券称为“猛犬”债券，发行期限灵活，5~40年均可。外国政府及机构、大型跨国公司是主要发行者，所发行的债券由伦敦市场的银行组织承销团包销。

2. 国际贷款筹资

国际贷款按贷款来源不同，可以分为外国政府贷款、国际金融组织贷款、国际商业贷款、外国政府混合贷款、外国企业提供的贷款等。

（1）外国政府贷款，是指一国政府利用财政资金向另一国政府提供的优惠性贷款。其特点为期限长、数额少。

（2）国际金融组织贷款，是指由世界银行、国际货币基金组织等金融机构提供的贷款。其特点为期限长、数额多，但限制条件多且风险高。

（3）国际商业贷款主要有两种形式：①国际商业银行贷款。它是指在国际金融市场上向外国银行借入的贷款。其特点为：借款人可自由支配资金；贷款金额大，手续较简便；成本较高。②出口信贷。它是指出口国的金融机构或由其政府给予补贴的商业银行以优惠利率向本国的出口商或进口国的银行提供的与出口大型设备相联系的中长期资金融通，目的是促进本国大型机械、成套设备等的出口。其特点为利率低，出口信贷的发放与保险相结合。

（4）外国政府混合贷款，是由外国政府和该国银行共同提供的结构性贷款，包括外国政府贷款和出口信贷或商业银行贷款两部分。各种贷款的比例根据两国关系及实施的项目确定。多数国家提供的政府混合贷款比例为50%的低息或无息政府贷款及50%的出口信贷。

（5）外国企业提供的贷款。

3. 国际租赁筹资

（1）国际租赁筹资的概念。

租赁筹资是指资本货物的出租人，在一定期限内将财产租给承租人使用，由承租人分期支付一定租赁费的一种融物与融资相结合的融资活动。

（2）国际租赁筹资的分类。

①经营性租赁和融资性租赁。

国际租赁融资按租赁协议中承租人和出租人双方所承担的责任以及租赁期间资产的使用价值占该资产全部使用价值的比重，可分为经营性租赁和融资性租赁两种基本形式。

②节税租赁和销售式租赁。

从征税角度，根据资产所有权的归属，可将租赁分为有税收优惠的节税租赁和没有税收优惠的销售式租赁两类。节税租赁是出租人根据资金设备的所有权可以享受加速折旧、投资减税、利息费用扣减等税收优惠，并且能以降低租金的形式向承租人转让部分税收优惠的租赁业务，使承租人获得低于银行借贷利率的资金融通。销售式租赁也称有条件销售式租赁，在有些国家的税法中通常被当作付款交易对待，不能享受税收优惠，因此，实际利率高于银行贷款利率。

③单一投资租赁和杠杆租赁。

根据出租人出资比例的差异，租赁可以分为单一投资租赁和杠杆租赁。单一投资租赁是指一项交易中，购置成本百分之百由出租人承担的租赁业务。杠杆租赁则指出租人只投资设备购置款的20%~40%，并以此来带动其他金融机构为其余60%~80%的款项提供无追索权贷款的租赁业务。

④直接租赁、转租赁和回租租赁。

根据租赁设备的资金来源和付款对象，租赁可以分为直接租赁、转租赁和回租租赁。直接租赁是由出租方筹措资金，向制造商或供货商支付货款，购进设备后直接租赁给承租人的租赁业务。转租赁是指出租人根据最终承租人的要求，先以承租人的身份租进设备，然后再转租给用户使用的租赁业务。回租租赁是指由设备的所有者将自己原来拥有的部分财产卖给租赁公司，然后再以支付租金的方式，从该公司租回已售出财产的租赁方式。当企业急需资金周转时，回租租赁是经常使用的手段。

⑤国内租赁和国际租赁。

从租赁业务涉及的地域划分，租赁可分为国内租赁和国际租赁。国内租赁是指租赁双方同属一个国家，并且租赁业务在国内进行。国际租赁是指租赁双方分属不同的国家，出租人和承租人至少要受两国法律制约的租赁。如果是租赁公司的海外法人企业在当地经营的借贷业务，则又称为间接对外租赁。

（3）国际租赁筹资的利弊。

国际租赁筹资的好处有：①在外汇资金短缺的情况下，可从国外引进设备；②从国外租入设备，实际筹措的外资等于租赁设备的价款减去租赁保证金后的数额；③国际租赁合同规定的租金是固定的；④租赁手续简便，可加快设备引进速度。

国际租赁筹资的弊端是承租人只有使用权且成本高。

4. 国际补偿贸易筹资

国际补偿贸易是指由出口商提供机器设备和技术，并且允许进口商以用所进口的设备和技术生产的产品，或双方商定的其他产品分期清偿贸易标的物价款的贸易方式。这种方式也可以说是一方向另一方出口商品，同时承担分期向对方购买一定数量商品的义务。从进口方来说，国际补偿贸易是筹集外资的一种方式。

（1）国际补偿贸易筹资的优点在于：利用补偿贸易可引进设备、技术但不须支付外汇，有利于解决扩大进口和缺少外汇的矛盾；可提高企业的技术水平和劳动生产率，提高经济效益，增加财政收入。

（2）国际补偿贸易筹资的缺点在于：买方付出的代价较高，并且进口的设备、技术可能不是最先进的；设备、技术出口方对补偿产品的规格、质量和交货期限等要求很严，往往还借口销售市场情况不好，对补偿产品压价。

四、国际资本成本

企业筹集资金要付出代价，国际企业也不例外。国际企业资本成本的构成和计算与国内企业的资本成本基本相同，只不过因其范围涉及全世界，所以资本成本有特殊性。这表现在各国资本成本差异和汇率风险两个方面。

（一）各国资本成本差异

资本成本是筹资者付出的代价，也是投资者获得的报酬。从报酬的角度来说，资本成本率包括无风险报酬率和风险报酬率两部分。无风险报酬率取决于资金的供给，不同国家的资金供给情况不同，因而无风险报酬率也会不同。风险报酬率的高低取决于投资者所承担风险的高低，不同的国家因经济发展水平不一致，投资机会不同，从而导致风险报酬率不同。因此，各国的资本成本也不同。

（二）汇率风险

汇率风险是指在国际借贷中，因汇率发生变化，而对债务筹资者造成的影响。例如，某个国内企业五年前向英国某银行借入 10 000 美元，假设当时的汇率是 1 美元 = 8.25 元。该笔贷款今年到期，到期日的汇率是 1 美元 = 8.3 元。将利息因素排除在外，该企业在五年前得到的资金相当于 82 500 元，而在五年后须偿还 83 000 元。这就是汇率的变化给债务人带来的损失。同样，汇率变化也可能会给债权人带来收益。因此，债权人为了弥补汇率风险，必然要收取一定的风险报酬，而国内资本成本则不需要考虑汇率风险。

五、国际企业降低资本成本的途径

国际企业筹集资金的原理也是资本成本最低。除采用与国内企业相同的最佳资本结构决策方法之外，国际企业还可以选择适合的筹资方式、筹资地点和筹资币种，以尽量避免和减少纳税，从而降低筹资成本。

（一）筹资方式的选择

国际企业的各种资金来源中，有的可以得到各类补贴，有的需要缴纳各种税收，有的则可能受到种种其他限制。国际企业可以通过选择适合的筹资方式以尽量减轻税负，避免受到各种限制。

1. 适度举债

目前，大多数国家对于国际企业支付给国外的债务本金及利息，不论是支付给母公司还是国外的其他金融机构，都有税收减免；股息支付则不能享受税收减免。所以，国际企业选择债务筹资方式可以抵税，当然从回避财务风险的角度来说债务规模应适当。

2. 争取优惠补贴贷款及当地信贷配额

目前世界上大多数国家与地区的政府为了鼓励对外投资或吸引外资，一般会向本国和外国的企业提供补贴贷款或税收优惠。国际企业应尽量充分地利用这些优惠措施，以降低筹资成本。

（二）筹资货币的选择

在进行长期筹资决策时，对于外币的选择，国际企业也必须根据所需的资金数量、证券销售价格，预测所发行证券的货币的汇率变化，综合确定证券筹资的有效成本。国际企业在进行外币筹资时有三种选择：一是选择强币筹资；二是选择弱币筹资；三是多种货币组合筹资。国际企业在选择货币时应注意：筹资货币与用款及还款货币尽量一致；所筹集的可兑换货币的流通性应强；尽量使用软货币进行筹资从而减少货币汇率下降时的债务成本和负债额；筹资货币应多样化，以分散外汇风险。

此外，在借债筹资时，国际企业应比较不同货币借款成本的高低来选择筹资货币。

假设 A 公司拟在 2018 年年初借入一笔一年期借款，当时国际金融市场上有美元和欧元两种货币可供选择，两种货币当时的汇率为 1 欧元=0. 87 美元。该公司可以直接从银行借入 400 万美元，假定 1 年期借款利率为 8%；也可以先借入 459. 77 万欧元，1 年期借款利率为 6%，然后兑换成 400 万美元。假设借款在年末一次还本付息。如果公司借入欧元，年末还须用美元购买欧元以偿还欧元借款本息 487. 356 2 万欧元（459. 77+459. 77×6%）。公司将选择哪一种计价货币呢？

在利率不变的情况下，期末汇率（1 年后的即期汇率）的变动相对于期初汇率（现行的即期汇率）来说，有三种情况：

（1）如果期末汇率仍然为 1 欧元=0. 87 美元，该公司显然是选择欧元借款，因为欧元借款的利率低于美元借款利率。如借欧元，1 年后还本付息数为 487. 356 2 万欧元，相当于 424 万美元，其借款成本为 24 万美元（424-400）。如借美元，1 年后还本付息数为 432 万美元，其借款成本为 32 万美元。

（2）如果期末汇率为 1 欧元=0.9 美元，即欧元升值。如借欧元，1 年后还本付息数仍为 487.356 2 万欧元，按期末汇率换算美元数为 438.620 6 万美元，这表明公司必须支付 438.620 6 万美元认购 487.356 2 万欧元，借款成本为 38.620 6 万美元（438.620 6-400）。如借美元，借款成本为 32 万美元。因此，当欧元升值时，该公司需要用更多的美元才能购得等额的欧元。

（3）如果期末汇率为 1 欧元=0.85 美元，即欧元贬值。如借欧元，1 年后还本付息数为 487.356 2 万欧元，按期末汇率换算美元数为 414.252 8 万美元，这表明公司只需用 414.252 8 万美元就可以认购 487.356 2 万欧元，借款成本为 14.252 8 万美元（414.252 8-400）。如借美元，借款成本为 32 万美元。因此，当欧元贬值时，公司可用较少的美元购入等额的欧元。在这种情况下，公司应选择欧元作为其债务的计价货币。

（三）筹资地点的选择

国际企业可以通过选择不同的筹资地点来达到减税或绕过各种管制，进而降低资本成本的目的。有些国家或地区的税率很低，甚至根本不征收所得税和预扣税，而且法律管制较松，公司的资金调拨和利润分配相当自由。因此，这些国家或地区就成为国际企业的“避税港”。国际企业可以通过在“避税港”设立所属机构来降低资金成本。此类机构的股权资本通常全部来自母公司。国际企业内部的资金转移，包括股息与股权筹资都可通过它们进行。由于母国政府对国际企业来自海外的收入一般一直延期到“避税港”子公司向母公司支付股息时才征收所得税，所以国际企业可以通过“避税港”子公司向在海外不断成长的公司提供筹资，从而延缓向母国纳税。

第三节　国际投资管理

国际投资是指投资者将本国的资本投入其他国家，以便获取更高收益的经济行为。国际投资是一种国际资本的流动。从投资者的角度看，对外投资可扩展生产规模，获得更高的利润；从东道国的角度看，吸收投资有助于利用外资来帮助本国发展经济。本节主要讲述国际投资的方式和评价。

一、国际投资的方式

（一）按投资主体的不同分类

1. 国际合资投资

国际合资投资是指某国投资者与另外一国投资者通过组建合资经营企业的形式进行的投资，是国外投资者与东道国投资者共同投资创办企业、共同经营、共负盈亏、共担风险，按照股权分享收益的投资方式，是国际投资的一种主要方式。国际合资投资一般由国外投资者提供先进技术、先进设备、管理经验和外汇资金；东道国投资者主要提供土地使用权、厂房、部分设备及全部劳动力。合资企业的组织形式有无限公司、有限公司、两合公司和股份有限公司四种形式。

国际合资投资的优点为：可分散投资风险；可享受优惠政策；可学习国外企业的先进管理经验，提高管理水平。可是国际合资投资也有缺点，具体表现为：投资时间过长；由于许多国家政府规定国外企业在本国进行投资的，其持股比例必须在50%以下，所以投资方无法对合资企业进行完全控制。

2. 国际合作投资

国际合作投资是指不同国家的投资者通过组建合作经营形式的企业所进行的投资。合作企业是国外投资者与东道国投资者通过签订合同、协议等形式来规定各方的责任、权利而组建的企业。按照国际惯例，合作企业通常有两类：法人式企业和非法人式企业。国际合作投资的合作条件可以是现金、实物、土地使用权、工业产权或其他财产权利。合作企业的收益分配一般不按股分红，而是按合同的规定对利润进行分成或者对产品进行分成。合作期满后，合作企业的财产一般归东道国合作者所有，而外国合作者则完全退出企业。

国际合作投资的优点为：投资时间较短，合作经营的内容与方式固定；便于双方协商，容易达成协议；投资的条件、管理形式、利益分配较灵活。国际合作投资的缺点为：投资方式不如合资投资规范；合作者容易发生争议。

3. 国际独资投资

国际独资投资是指国际企业通过在国外设立独资企业的形式所进行的投资。外商独资企业是根据某国的法律，经过该国政府批准，在其境内兴办的全部为外国资本的企业。其形式一般有股份公司、有限责任公司、独资企业等。

国际独资投资的优点在于：投资者有绝对的控制权和经营权；进行独资投资有利于学习所在国的先进技术和管理水平，使投资者在更大的范围内配置资源和生产能力；投资者可利用各国税率的不同，通过内部转移价格的形式，进行合理避税。国际独资投资的缺点在于：投资风险较大；企业设立的条件较严格。

（二）按投资与生产经营的关系分类

1. 国际直接投资

国际直接投资是指企业直接将资金、技术或设备投资给外国企业或与外国企业合作，并直接参与生产经营的投资方式。国际直接投资的组织形式包括：到国外开办企业、子公司；与外国企业共同投资开设合作经营企业或合办企业；购买国外企业的股票并拥有控股权。

2. 国际间接投资

国际间接投资也称为国际证券投资。它是指投资者在国际证券市场上购买外国政府、金融机构和公司发行的债券以及公司股票，以期获得收益的经济行为。但当投资者购买的公司股票达到控股比例，他就可以参与生产经营，这时的间接投资就转化成了直接投资。

二、国际投资的特点

（1）国际投资资金来源的多渠道和多样化。国际企业的资金来源既包括自有股本、折旧基金、国外利润、应付款项、暂时闲置的库存现金等，也包括其遍布世界各地的子公司所吸收的东道国政府和当地私人企业的投资和信贷资金，以及从当地市场和国际资金市场筹集的资金等。

（2）投资目的的多元化。国际投资的目的多种多样，有的在于促进资本保值增值，有的在于改善投资国与东道国的双边经济关系，有的则带有明显的政治目的。

（3）国际投资已成为生产要素国际交流的重要形式。直接投资方式在第二次世界大战后的国际投资中日益占据重要的地位，其目的不仅是谋取利润，而且更重要的是实现生产要素的交流、市场的扩大、技术水平的提高、国际金融的渗透，以及适应在生产国际化形势下国际竞争的需要。

（4）国际投资具有更大的复杂性和风险性。国际投资经营活动遍及多个国家，因而受到各国不同的政治、经济、金融体制和环境的制约。这给企业选择资金投放方向（即投资决策）带来了更多的不确定性。汇率变动、利率变动、通货膨胀问题以及政治风险等因素，都是企业进行国际投资时必须考虑的。

（5）国际投资具有更多的灵活性和套利机会。跨国公司可以通过全球范围的对外直接投资，使其产品的销售市场、主要原材料的供应来源及主要产品的生产地点多元化，可使公司不易受那些影响个别市场需求的随机因素和当地政府干预的损害，能够有效地减少其赢利的波动性。

（6）投资活动中货币单位的差异性。各国所使用的货币不同，货币本位的差别决定了资本的国际相对价格的差别，这种差别影响着国际投资的规模和形式。

（7）国际资本流动出现脱离商品劳务流转的趋势。当代国际资本流动和国际货币运动已日益成为谋取高额利润的手段，从而形成一种带有独立性的纯金融交易。

三、国际直接投资项目的评价方法

当企业进行国际直接投资时，需要进行项目的评价。其评价的方法与国内投资一样，即采用成本效益分析法。在项目评价中，我们将项目所产生的现金流入看作收益，而将现金流出看作成本，通过两者的对比来判断项目是否可行。我们通常运用净现值法和调整现值法进行评价。

（一）净现值法

净现值法是将项目现金流入的现值和现金流出的现值进行差比的方法。该指标为正数则项目可行，为负数项目不可行。其计算公式为：

$$NPV=\sum_{t=0}^{n}\frac{CI_t-CO_t}{(1+k)^t}$$

式中：CI 表示现金流入；CO 表示现金流出；k 表示投资者要求的报酬率或资本成本率。

以上指标在评价国外投资项目时，其原理与国内投资项目的评价基本上是一致的，只不过国外投资项目还应考虑外汇风险和政治风险对项目价值的影响。此外，对国外投资项目的评价是从子公司角度还是母公司的角度入手一直存在争议，因为两者的现金流量不同。造成差异的因素主要有：

（1）税收因素。假定某国际企业正在考虑对国外子公司追加投资，子公司所在国政府的所得税税率较低，而母公司所在国对汇回的收益课以较高的税率，那么这个项目可能在子公司看来是可行的，而母公司则认为不可行。

（2）汇兑限制。如果子公司所在国对税后利润汇回总公司有限制，规定必须将一定百分比的利润留在东道国，那么母公司可能对这一项目没有兴趣，而子公司对此却很有兴趣。

（3）管理费用。母公司往往要向子公司收取许可证费、专利权使用费或修理费等，这些费用的高低对母公司与子公司有着不同的含义。对于子公司而言是支出，对于母公司而言是收入。因此，项目评价的主体不同，得出的结论可能会不同。

（4）汇率变动。汇率也是造成子公司的净现金流量与母公司的净现金流量有很大差异的因素之一。因为国外项目的收益汇回母公司时，通常都要把子公司所在国的货币兑换成母公司所在国的货币，所以母公司的净现金流量要受汇率的影响。如果从子公司的角度来评价项目的现金流量，则不需要考虑汇率。

净现值法是从股东的角度来评价项目的，该模型假设企业的资本全部为权益资本。当企业的资本中包括债务资本时，就应对现值做调整，这就是调整现值法。

（二）调整现值法

调整现值法的原理来自莫迪格莱尼和米勒关于具有公司税的企业的价值理论。该理论认为，在具有公司税的条件下，负债企业的价值高于无负债企业的价值，其差额为利息费用所抵税的现值；同样的道理，负债项目的价值高于无负债项目的价值，其差额为利息费用所抵税的现值。这种计算投资项目价值的方法称为调整现值法。

$$\mathrm{APV}=-C_0+\sum_{t=1}^{n}\frac{(\mathrm{CI}_t-\mathrm{CO}_t)(1-T)}{(1+K_s)^t}+\sum_{t=1}^{n}\frac{TD_t}{(1+K_d)^t}+\sum_{t=1}^{n}\frac{\mathrm{TI}_t}{(1+K_d)^t}+\frac{\mathrm{TCF}}{(1+K_s)^t}$$

式中：C_0 表示发生在建设期初的初始投资额；T 表示所得税率；D 表示折旧；K_S 表示无负债项目的股本成本；K_d 表示项目的债务成本；I 表示利息费用；TCF 表示终结现金流量。

将调整现值法的计算公式与前述净现值法下的计算公式相比较，我们可以发现，无论是现金流量还是折现率都存在着一些差异。

在现金流量方面，除期初、经营期间和终结的现金流量外，调整现值法还考虑了融资费用的影响。公式中与现金流量相应的折现率都不是加权平均资本成本，而是依据不同现金流量的性质分别采用的权益成本或债务成本。有关使用不同折现率的解释如下：

（1）利息费用的纳税节约额是因筹资活动而产生的，利息费用的高低取决于利息率的大小，所以该种现金流量采用税前债务成本折现。

（2）经营现金流量和终结现金流量代表着投资项目的运营能力，是公司在具备一定资金的情况之下进行经营活动的结果，而所需资金的来源，即筹资活动（投资项目资金的举债与否和大小）并不影响经营活动的结果。所以，该种现金流量采用无债务融资下的股本成本折现。

（3）折旧费用的纳税节约额由于比较确定，风险较小（根据财务原理，风险越小，折现率越小），因此宜采用较低的折现率，在公式中使用了税前债务成本（该种现金流量的稳定前提是假定所得税法中对于折旧费用的计算和税率的规定基本稳定，这种假定是比较合理的，因为法律本身要保持一定的稳定性，不会朝令夕改）。

调整现值法与净现值法被用于同一投资项目的评价时，得出的结论应该是一致的；在某些条件下，得到的计算结果是相同的。调整现值法将影响投资项目价值的现金流量，按照是否涉及融资活动或风险的大小，分别使用不同的折现率（不举债下的股本成本或不同的税前债务成本）计算其现值，再通过累加的方式计算投资项目给公司带来的增值总额。采用调整现值法评价对外直接投资项目具有简便灵活的优点，因为对外投资项目的现金流量构成一般比国内投资项目复杂，甚至有些因素带来的现金流量很难估算（例如，税项的递延额或节约额、冻结资金的返回等）。财务管理人员在分析项目时使用调整现值法可以暂时忽略这些因素的影响，当调整现值为负时才考虑这些因素的影响；当调整现值为正时，可直接决定投资，不必进行较难的现金流量估算。

四、国际证券投资的收益和风险

（一）国际证券投资的收益

国际证券投资的收益是指企业购买国际证券所获得的收益，主要包括股票投资收益和债券投资收益。

1. 股票投资收益

投资者进行股票投资的收益主要有股利、资本利得和股票增值。常见的收益率计算公式如下：

$$持有期间的收益率=\frac{D+(S_n-S_0)\div n}{S_0}$$

式中：D 表示年均股利；S_n 表示股票卖出价格；S_0 表示股票买入价格；n 表示持股年数。

$$资产增值收益率=\frac{\text{NA}-\text{SBV}}{\text{SBV}}$$

式中：NA 表示公司净资产；SBV 表示公司股票面值总额。

2. 债券投资收益

投资者进行债券投资的收益主要有持有期间的利息、转让价差收益和利息的再投资收益。按复利计算债券投资收益的公式为：

$$P_0=\sum_{t=1}^{n}\frac{I_t}{(1+R)^t}+\frac{F}{(1+R)^n}$$

式中：P_0 表示债券发行价；F 表示债券面值；R 表示债券收益率。

（二）国际证券投资的风险

证券投资风险是指投资收益的不确定性，包括以下几类：

（1）经营风险，是指发行方在经营过程中发生失误，导致企业经营亏损，从而影响投资者收益的可能性。

（2）市场风险，是指由于证券行情变化而带来的风险。

（3）违约风险，是指由于发行证券的公司财务状况不佳，不能按时支付债务本金和利息的可能性。一般而言，工商企业、金融机构等发行的债券有一定这类风险。

（4）利率风险，是指投资者购买固定利率债券，当市场利率上升高于债券利率时给投资者带来的损失。

（5）购买力风险，指由于通货膨胀而使收益贬值的风险。

（6）流动性风险，是指由于变现证券而可能造成损失的风险。

国际证券投资风险的大小，用离散程度指标 β 系数表示。企业务必在风险和收益间进行权衡，做出适合的投资决策。国际证券投资的决策方法与国内证券投资相同，在此不再赘述。

第四节 国际营运资金管理

营运资金是指流动资产占用的资金，营运资金管理的重心为流动资产管理。流动资产是企业生产经营中必不可少的一种资产，拥有它可保持生产的正常进行，并且可增强企业流动性，提高偿债能力，降低风险。然而，流动资产盈利性差，当它大量占用资金时，会增加机会成本。因此，流动资产的管理就是在风险和收益之间进行权衡，以期找到合适的占用量。本节以现金、应收账款和存货为例来介绍流动资产的管理。

一、现金管理

（一）目标

一般而言，企业持有现金的主要原因在于满足其交易性需要、预防性需要和投机性需要。现金管理的目标是在保证企业正常生产及适度资产流动性的前提下，尽量降低现金的持有量，并利用暂时闲置的现金进行短期投资，以提高资金的收益性。企业现金持有量过少容易造成生产中断，而且还会降低企业资产的流动性，但企业过多持有现金会导致资金收益率下降，所以现金管理的过程就是在这两者之间进行权衡的过程。

国际企业的现金管理与国内企业一样，其目标在于：①迅速有效地控制企业的现金资源；②将企业的现金余额降低到足以维持其正常营运的最低水平。由于国际企业与国内企业在组织结构、经营活动等方面存在许多差异，面临着相对特殊的理财环境，因而其现金管理也有许多不同于国内企业之处。从现金流动的渠道看，国际企业的现金流动包括母公司（或总公司）与外界企业之间的现金流动、子公司（或分公司）与外界企业之间的现金流动、子公司（或分公司）之间的现金流动和母公司（或总公司）与子公司（或分公司）之间的现金流动等。国际企业的现金管理涉及多个国家，面临复杂的国际环境。比如：各国政府可能对资金流入和流出做出各种限制；汇率经常变动；各国税制存在差异；某些东道国缺乏保障资金流动的便利条件；等等。对国际企业而言，机会与困难并存。国际企业可以从海外寻求更多的短期投资机会，也可通过集中化管理提高现金管理的效率和水平。

总的来讲，可将国际企业现金管理的目标概括为：

（1）以最少量的现金支持企业在全球范围内的生产经营活动。现金置存过少，将不能应付业务开支；现金置存过多，就会使这些资金无法参与正常的盈利过程而遭受损失。企业现金管理的重要职责之一，就是要在资产的流动性和营利性之间做出抉择。

（2）尽量避免通货膨胀和汇率变动所带来的损失。如果企业持有过多的现金，则这些现金可能因持续通货膨胀而贬值；如果企业置存的是软货币，则将承受汇率变动的风险。因此，币种的选择是国际企业现金管理的一项重要决策。

（3）从整体上提高现金调度、使用和储存的经济效益。由于各国银行存款的利率和短期投资的收益率不同，存放在不同地点或投资于不同证券的现金会产生不同的报酬。因此，国际企业应选择最有利的投放地点和投资形式，最大限度地提高现金收益率，以部分地弥补持有现金的损失。

（二）现金管理策略

国际企业现金管理的策略可以概括为以下几个步骤：

（1）现金计划和预算，即国际企业对国外各子公司或分公司的现金需要量进行分析和预测，编制每一期间的现金预算表，对未来一定时期内的现金流入和现金流出进行规划。

（2）确定企业总体最优现金持有量，即确定正常经营所需的最低现金余额。

（3）制定力求现金流入和现金流出同步的方法。

（4）进行短期投资组合管理，即国际企业将暂时闲置的现金资源用于短期投资，现金管理的任务在于选择合适的货币市场投资工具。

（三）现金管理方法

国际企业进行现金管理的方法有集中现金管理、双边或多边净额结算等。

1. 集中现金管理

目前国际企业的现金管理实践中，集中式的管理模式较为流行。这种现金管理模式就是在主要货币中心或避税地国家设立全球性或区域性的现金管理中心，负责统一协调、组织各子公司或分公司的现金供给和需求。各子公司及分公司平时只需保留进行日常经营活动所需的最低现金余额，超过此最低需要的部分，都必须转移至现金管理中心的账户，以统一调度和运用。现金管理中心是唯一有权决定现金持有形式和币种的现金管理机构。

现金管理中心所在国必须具有以下特点：政治稳定；允许资金自由流入流出；货币坚挺，能迅速兑换成其他货币；有发达的、能提供风险较小的中长期投资机会的资本市场，有活跃的、能提供任何期限的临时投资的货币市场，有包括远期外汇市场在内的有效外汇市场；在税收方面比较宽松，只按收入来源课征所得税，对现金资产不课征资本税；鼓励国际企业的子公司在当地发展；有便捷、高效的通信网络。

集中现金管理有以下优点：

（1）通过集中现金管理，整个国际企业的现金持有量可达到最低，增强了资金利用效率。这是因为在集中现金管理体制下，每个子公司只需为支付动机持有现金，不需为投机动机和预防动机持有现金。现金管理中心则集中持有针对投机动机和预防动机的现金余额。这样，现金管理中心所持有的现金余额远远低于各子公司独立控制此类现金余额时所需的总和，腾出来的现金就可以进行短期投资，获取利润。

（2）在集中现金管理体制下，现金管理中心监控整个国际企业的活动，从而可以发现一些单个子公司无法发现的问题和机会。

（3）通过集中现金管理，所有的决策都是以国际企业总体利益最佳为指导原则而做出的。

(4) 通过集中现金管理，现金管理中心的现金交易（尤其是外汇交易）大大增加，给企业带来更大的收益。

(5) 可降低筹资成本。

2. 双边或多边净额结算

国际企业母子公司之间、子公司之间购销商品和劳务的收付款业务很复杂。为了减少外汇风险和资金转移成本，国际企业可以对其内部的收付款进行双边或多边净额结算。这两种结算统称为净额支付系统。

双边净额结算是指两家公司相互交易时，用某种固定的汇率把双方的交易额抵消结算。

【例 8-1】某跨国公司的甲国子公司与乙国子公司之间的两笔业务的结算过程如表 8-1、表 8-2 所示。

表 8-1 **甲国子公司与乙国子公司之间的收支情况** 单位：万美元

现金收款子公司	现金支付子公司		
	甲国子公司	乙国子公司	收款合计
甲国子公司	—	800	800
乙国子公司	600	—	600
收款合计	600	800	1 400

表 8-2 **甲国子公司与乙国子公司之间的收付款净额** 单位：万美元

子公司	收款	付款	收付款净额
甲国子公司	800	600	200
乙国子公司	600	800	-200

对于这两笔业务，乙国子公司支付给甲国子公司 200 万美元即可。如果不进行净额结算，将有 1 400 万美元流动，增加了转移成本。

多边净额结算的原理与双边净额结算一致，在此就不再举例。

一般来说，双边或多边净额结算的时间可选择 30 天、60 天或 90 天，应根据内部交易的具体情况而定。如果国际企业分支机构或子公司的数目很大，并且它们之间的交易关系错综复杂，国际企业就有必要采用数学规划模型对净额支付系统进行优化设计。而且，在建立净额支付系统之前，相关财务管理人员必须了解有关国家对净额结算是否有所限制。在实践中，净额支付系统被国际企业普遍采用，该方法减少了实际资金转移的次数和金额，大大降低了资金转移成本；同时，该方法也减少了外汇兑换的次数，降低了外汇兑换的交易成本。由于该方法一般是以固定汇率在确定的日期统一进行的，所以国际企业可以充分利用外汇风险管理和现金集中管理的优势来规避风险，有利于国际企业经营业务进一步规范化、专业化。

二、应收账款管理

应收账款主要是企业在销售中因采用赊销的方式而推迟收回的销售额。进行应收账款投资既可给企业带来扩大销售规模、增加收入的好处，也会带来信用成本增加、风险增加的弊端。因此，应收账款的管理目标就是在风险和收益间进行权衡，以找到一个适度的占用规模。在这一点上，国际企业的应收账款管理与国内企业是一样的。所不同的是，国际企业的应收账款由外部和内部两部分组成：前者是指国际企业与外部客户所形成的赊销款；后者是指公司内部转移交易所形成的款项，其管理并不反映公司的赊销政策，而是为了追求公司整体财务资源的最优配置和组合。此外，由于各国商业习惯的不同、金融服务体系能力的差别以及政治风险的不同等，国际企业的应收账款管理面临更多的坏账损失风险和外汇交易风险。

（一）外部应收账款管理应注意的问题

1. 确定合理的信用政策

一般来说，信用政策包括信用标准、信用条件和收款政策三个部分。信用标准规定了为获得公司交易信用，客户必须具备的最低财务力量；信用条件是指信用期限和现金折扣条件；收款政策包括收款的方式及努力程度、客户违约后将采取什么行动收账等具体条款。总之，国际企业执行赊销政策的目的在于扩大销售、减少存货或在激烈的竞争中保持和开拓市场。值得注意的是，持有一定的应收账款必须有相应的成本支出，这些成本包括因持有应收账款而产生的资金的机会成本、应收账款的管理成本（收集信息费用、收款费用及核算费用等）以及坏账损失成本。因此，企业在制定或修改信用政策时，必须对每一种政策所对应的成本和收益进行比较，确定其利弊。

2. 让销售人员了解公司的信用政策是如何影响公司利润的

在许多公司，营销与财务的目的有时是冲突的。也就是说，销售人员只考虑怎样把产品推销出去，而财务人员则只考虑怎样加速现金流入。进入20世纪90年代后，一种新的应收账款的管理模式就是要让销售人员了解公司的信用政策对公司利润的影响，把销售人员的奖励与收回多少账款结合起来，最终使经理层承受营运资本的机会成本，以确保他们制定出更加经济的赊销、存货和其他营运资本管理政策。例如，雀巢公司通过制定一种内部的标准利率，使每个分公司的经理人员都承担净营运资本的利息费用。这种政策的实施迫使雀巢公司在每个国家的经理人员都严格监控应收账款和存货管理。

3. 汇率变动对信用政策的影响

汇率变动对信用政策的影响体现在计价货币、信用期限及赊销水平上。计价货币直接影响应收账款的实际价值。在跨国销售的情况下，可供选择的货币有三种：出口商货币、进口商货币和第三国货币。为避免外汇交易风险，出口商希望以硬货币来结算，而进口商则希望采用软货币来付款。如果掌握相同的信息，则双方对有关货币之间的汇率变动趋向有着相同的预期，那么双方可能会在币种的选择上讨价还价：出口商为取得硬货币，可能在价格或付款条件方面做出让步；买方可能以支付较高的价格或尽快付款的条件来争取以软货币付款。若双方对货币汇率的变动有相反的预期，则不需要讨价还价。

国际企业应收账款的信用期限是指允许客户延期付款的时间。这期间汇率可能会发生变化，直接影响应收账款的价值。所以，企业在确定信用期限时，必须考虑汇率变动的因素。若购货方资信等级较高，信用期限可长，反之，则短；东道国政局稳定，信用期限可长，反之，可短；企业自身资金宽裕，信用期限可长，反之，可短。

最后，赊销水平也会给企业的风险带来影响。若企业赊销水平较高，那么一旦汇率发生变动，企业就会承担较大的外汇风险。

（二）内部应收账款管理

国际企业进行内部应收账款管理，目的在于追求公司整体财务资源的最优配置和组合。在这介绍两个方法，即提前或推迟结算及延长贷款期。

提前或推迟结算是指在国际企业内部结算中，改变以商业信用销售商品时的支付期限。它是国际企业内部资金转移最常见、灵活和有效的方法。提前即在信用到期之前支付，推迟即在信用到期之后支付。提前或推迟结算的原则是使资金流动能充分地为公司的综合利益服务。

延长贷款期是指根据公司所处的具体环境，适当地延长应收账款的收款日期。对于一些设立在部分发展中国家的国际企业，由于当地通货膨胀率很高，给予的商业贷款往往会导致到期回收的账款贬值而使公司蒙受损失。因此，国际企业可以结合外部环境，适当延长和放宽赊账期。这对公司来讲，反而会在一定程度上增加销售额，带来增量收益，但也会产生一些由当地货币的贬值带来的成本。延长贷款期，虽然可以增加销售额，增加公司利润，但由于当地货币的贬值，所增的利润有可能因此而被抵消，甚至得不偿失。特别是子公司进货用强货币付款，销售用弱货币收款，损失会更加严重。例如，销货的货款期为 60 天，60 天后当地货币贬值 8%，应收账款到期回收后折成的外币额会因此减少 8%，这就是提供贷款期带来的损失。所以，公司是否要延长贷款期，主要是看增量收益和增量成本孰大孰小。如果前者大于后者，则可延长贷款期；如果前者小于后者，延长贷款期就不合算。

三、存货管理

存货是指企业在生产经营过程中为销售或耗用而储存的各种物资，包括原材料、在产品、产成品和包装物等。由于存货所占用的资金占企业总资产的比重较大，存货管理效率的高低对企业的财务状况影响很大，因而加强存货的规划和控制是企业财务管理中的一个重要内容。而国际企业的存货管理要比一般的国内企业复杂得多，加强其存货管理显得尤为重要。

国际企业进行存货管理的目标与国内企业是一致的，那就是在满足正常生产经营的条件下，降低存货的占用量从而提高收益降低成本。

（一）存货的成本

1. 采购成本

采购成本是指由于购置存货而花费的成本，包括买价、运杂费、保险等。采购成本取决于采购量和单价。采购方不能通过减少采购量来达到降低采购成本的目的，所以当销售方无数量折扣时，采购成本就成为决策中的非相关成本。

2. 订货成本

订货成本是指企业为组织进货而产生的费用，如与材料采购有关的办公费、差旅费、邮资等。进货费用的一部分与订货次数有关，如差旅费、邮资等，并且与进货次数成正比例变动，这类变动性进货费用属于决策的相关成本；另一部分与订货次数无关，如专设采购机构的基本开支等，这类固定性进货费用属于决策的无关成本。

3. 储存成本

储存成本是指因库存存货而付出的成本，主要包括持有存货的机会成本、仓储费用、存货损害的损失等。在这些费用中，仓库的折旧费、仓库职工的固定工资属固定性支出，与存货数量无关，因此在决策中为无关成本；存货占有的机会成本、存货损害的损失与数量有关，所以为相关成本。

4. 缺货成本

缺货成本是指由存货不足而给企业带来的损失，包括由于材料供应中断造成的停工损失，成品供应中断导致延误发货的信誉损失以及丧失销售机会的损失等。在经济批量模型的假设下，缺货成本不存在。

（二）存货的控制

存货控制的最终目的是找到成本最小的占用量，对存货数量加以控制。

1. 经济批量模型

$$经济批量=\sqrt{\frac{2\times 全年需求量\times 单位订货成本}{单位储存成本}}$$

2. 订货点控制

为了保证不缺货，企业须测算存货数量为多少时应预订下一批材料，以保证在库存存货消耗完的同时下一批材料到库。

$$安全储存量=（预计每天最大耗用量-平均每天耗用量）$$

$$订货点=（平均每天耗用量\times 订货提前天数）+安全储存量$$

尽管国际企业的存货管理与国内企业的存货管理在基本原理上是一致的，都要遵循国内企业应用的“经济订货量”原理。但是一般来讲，国际企业的存货管理要比国内企业复杂得多，在存货水平和实现预定的存货周转率目标等方面更加难以控制。这主要是因为：一是国际企业的大多数子公司在通货膨胀的环境下从事经营活动，故币值变动因素迫使其改变传统的存货管理策略。二是对于那些主要依靠进口存货的子公司来说，存货的供应要跨越国界，运输距离遥远，到货时间可能受多种不确定因素（如政治动乱、灾害天气以及突发事件）的影响；此外，存货进口还要遵守有关国家的外汇管理制度和进出口条例。出于避险的考虑，国际企业在海外的子公司或分支机构的存货水平通常相对较高，同时也要付出高成本。再者，如果东道国的币值预计将发生贬值，只要存货占用的资金成本低于存货升值，那么子公司将提前增加进口原材料的库存量。总之，由于国际企业跨国经营，所以存货管理必须考虑外汇因素。

第五节　外汇风险管理

外汇风险指一个经济实体或个人，在一定时期内参与国际经济、贸易、金融等活动，其以外币计价的资产或负债因汇率的变化而引起价值的增减所造成的收益或损失。国际企业多为跨国经营，必然要承受外汇风险，所以，外汇风险管理就成为国际财务管理的重要内容。

一、外汇风险的含义

外汇风险也称为汇率风险，是指由于汇率变动引起的收益的不确定性。汇率变动必然对企业以外币计价的资产、负债和经营成果产生影响。这种影响是双向的，既可能是有利影响，使资产和经营成果增加，负债减少；也可能是不利影响，使资产和经营成果减少，负债增加。这种汇率变动的不确定性可能带给企业的影响，称为外汇风险。

二、外汇风险的构成因素

外汇风险一般是由外币、时间和汇率变动三个因素共同构成的。以产品出口为例，如果产品外销的应收货款以本币计价结算，从成交到收款的时间不论多长，由于不涉及外币，与汇率变动无关，故不存在外汇风险；如果产品外销的货款虽以外币计价结算，但成交日立即收到货款（不存在时间因素），汇率无变动，因而也不存在外汇风险；如果产品外销的应收货款以外币计价结算，从成交到收款经过一段时间，但在这一段时间内汇率无变动，也不存在外汇风险；只有产品外销的应收货款以外币计价结算，从成交到收款经过一段时间，而且在这一期间汇率发生了变化，在三个因素同时存在的情况下，才形成外汇风险。从成交到收款的时间越长，汇率变动的可能性越大，外汇风险就越大；外币与本币的汇率变动幅度越大，外汇风险也越大。

三、外汇风险的类型

外汇风险的种类主要包括经济风险、交易风险和会计风险。

（一）经济风险

经济风险又称经营风险，是指币值的变化对国际企业未来非契约性的现金流量的影响，即币值变化对未来销售、价格和成本的影响，反映了汇率变化对预期的税后净现值的影响。例如，当一国货币贬值时，一方面，因出口货物的外币价格下降，有可能刺激出口商的出口，并且出口商因其出口额增加而获益；另一方面，如果出口商在生产中所使用的主要原材料是进口品，因本国货币贬值会提高本币表示的进口品的价格，出口品的生产成本会增加。结果该出口商在将来的纯收入可能增加，也可能减少。

对经济风险的管理主要有事前的多元化经营安排和事中的企业经营重构。

根据分散风险的原理，企业从事的业务种类越多，经营的范围越广，分散风险的能力就越强。多元化经营安排正是这个原理的应用。多元化经营安排不仅指在不同的业务领域经营，比如在不同行业经营、生产和销售多种产品，更重要的是指在全球范围内分散原材料来源、生产和销售地点。当国际企业在全球范围内分散其经营时，某个国家的汇率变化对该国子公司的不利影响可能被在其他国家的子公司受到的汇率变化的有利影响所抵消，整个企业的经济风险就可以相对减小。

企业经营重构是指对受汇率变化严重影响的子公司的业务流程进行重新构建，平衡业务流程中各项目对汇率变化的敏感性，从而降低整个业务的经济风险。不同项目对汇率变化的敏感程度不一样，根据各项目敏感度的差异，企业可以采取不同的措施调整这些项目的敏感性，使之达到相对平衡，避免最终利润或现金流量的剧烈波动。

（二）交易风险

交易风险是指在企业以外币计价的各种交易中，由于汇率变动使折算为本币的金额增加或减少的风险。该风险表现为四种情况：在进出口交易中，应收账款和应付账款的收支；在国际借贷中，以外币表示的借贷款的结算；在生产经营活动中，执行以外币表示的加工合同；在跨国兼并中，以外币表示的资产和债务的买进或卖出。

对交易风险的管理主要有事前防范和事后防范。

事前防范是指企业在进行经营决策时，在签订交易合同前，就采取措施防范外汇风险。常见的措施有：

第一，选择适当的货币。

在外汇收支中，企业在原则上应争取收汇用硬货币，付汇用软货币。然而，企业在选择货币时还应考虑商品贸易的具体情况，既要防止因选用货币不当而遭受汇率风险损失，又要避免因为单纯考虑货币风险而影响商品出口和急需物资的进口。此外，在国际借贷中，企业选择计值货币除了考虑货币软硬以外，还应考虑利率高低。一般来说，借硬货币利率较低，借软货币利率较高，两者之间差距很大，需要进行计算以帮助选择。如果进出口商品采用本国货币计价，则不论汇率如何变动也不会有交易风险。

第二，采用货币保值法。

这种方法是指在交易谈判时，双方经过协商，在合同中订立适当的保值条款，以防止汇率多变的风险。在国际收付中，常用的保值条款有：①黄金保值法。它是指在订立合同时，按当时的黄金市场价格将支付货币的金额折合为若干的黄金，到实际支付日，如黄金市场价格上涨，则支付货币的金额相应增加，反之则相应减少。②硬货币保值法。它是指交易双方在合同中规定，货款用某种软货币结算，用某种硬货币保值，在合同中载明两种货币当时的汇率。到收付货款时，如果结算货币贬值超过合同规定的幅度，则按结算货币与保值货币的新汇率对货款加以调整。③“一揽子”货币保值法。“一揽子”货币即多种货币，由于各种货币的汇率有升有降，其综合汇率相对稳定，因此用“一揽子”货币保值，可以有效地避免和减少风险，把汇率风险限制在一定的幅度内。在国际支付中，特别是对一些长期合同，用“欧洲货币单位”和“特别提款权”的“一揽子”货币保值比较普遍。

事后防范是指企业已经用软货币签订了出口合同或用硬货币签订了进口合同，无法在合同条款上加以弥补，只能通过在外汇市场上进行远期外汇交易、外汇期权交易、外汇期货交易和外汇掉期交易，以及通过国际货币市场、资本市场进行借款和投资等方法来防范外汇风险。以上几种方法中常见的有远期外汇交易和外汇期权交易。远期外汇交易是指交易双方在签订合同时，规定买卖外汇的币种、数额、汇率和将来交割的时间。到交割日期，双方按合同的规定，由买方付款后，由卖方向买方交付外汇。为了避免交易风险，国际企业可以与办理远期外汇交易的外汇银行签订一份合同，约定在将来某一时间按合同规定的远期汇率买卖外汇，这样就可避免外汇损失。外汇期权是指在一定时期内按一定汇价买进或卖出一定数量外国货币的权利。当购入期权合同时，如果期权交易无利可图，则可放弃这种权利。当卖出期权合同时，不管汇率如何变动，期权持有者的保值成本都不会超过期权的购买价。因此，企业利用外汇期权交易可规避交易风险。

【例 8-2】美国某出口商向德国出口价值 100 万欧元的商品，预计 3 个月后收到货款。买方签订出口合同时的汇率为 EUR1 = USD1.21，100 万欧元应收回 121 万美元。如果 3 个月后，欧元对美元的汇率下跌，则出口商到期收回的美元就会少于 121 万。汇率下跌幅度越大，损失越大。为避免损失，该出口商在签订出口合同的同时，按照当时外汇市场上 3 个月期欧元的远期汇率（EUR1 = USD1.208），将 100 万欧元外汇债权卖给一家美国银行，3 个月到期时，用收到的 100 万欧元贷款向银行办理交割。这样，不管欧元汇率如何变动，该出口商的出口收入始终固定在 120.8 万美元，防范了由于汇率变动给收入带来不确定的风险。

【例 8-3】美国某进口商在半年以后要支付 400 万英镑的货款，当时的即期汇率为 GBP1 = USD1.45。6 个月后如果英镑贬值，该进口商可直接在即期外汇市场上买入英镑；如果英镑升值，该进口商就会遭受损失。为了避免外汇风险，该进口商决定买入一笔英镑看涨期权，金额为 400 万英镑，协定价格为 GBP1 = USD1.46，到期日为 6 月 11 日，期权价格为每英镑支付 0.01 美元，期权费总额为 4 万美元。下面分三种情况来分析。

（1）假若 6 月 11 日英镑汇率果然上涨，为 GBP1 = USD1.52，高于协定汇率，该进口商则行使期权，按协定汇率 GBP1 = USD1.46 买入 400 万英镑支付货款。这样，该进口商可避免的损失为 24 万美元［(1.52-1.46)×400］，扣除期权费 4 万美元，可避免损失 20 万美元。

（2）假若 6 月 11 日英镑汇率下跌到 GBP1 = USD1.40，该进口商则可放弃行使期权，而按即期汇率在外汇市场上购买 400 万英镑，可减少损失 20 万美元［(1.45-1.40)×400］，虽然支付 4 万美元的期权费，但仍可降低进口成本 16 万美元。

（3）假若 6 月 11 日英镑汇率与期权协定汇率相等，GBP1 = USD1.46，那么该进口商既可以行使期权也可以放弃期权，两种情况下需支付相同数额的美元去购买 400 万英镑，支付的 4 万美元的期权费都不能收回，这时期权费起到保险费的作用。这表明，通过购买英镑看涨期权，该进口商将进口成本控制在了 588 万美元（400×1.46+4）以下。

（三）会计风险

会计风险又称为折算风险，是指国际企业为了编制合并会计报表，将海外公司以外币表示的财务报表以母公司的货币进行折算时，由于汇率变动而产生的账面上的损益。这种损益会影响企业向股东和公众公布的财务报表的数据，可能会招致股价和利润的下跌从而给企业带来筹资方面的障碍。

从目前外币报表折算的情况来看，各国采用的折算方法分为单一汇率法和多种汇率法两类。单一汇率法主要采用现行汇率法。即：资产负债表各项目均采用资产负债表日现行汇率进行折算，只有所有者权益项目采用历史汇率折算。而多种汇率法主要采用货币/非货币项目法。即：将资产负债表划分为货币性项目和非货币性项目，对货币性项目采用现行汇率，对非货币性项目和所有者权益项目按原入账时的历史汇率折算。

国际企业进行会计风险管理的常见方法有资产负债平衡法。这种方法是将有风险的资产和有风险的负债做一个平衡。然而要这样做，首先就要确定会计受险额。会计受险额是指随着职能货币的升值和贬值，用报告货币度量的资产和负债也升值或贬值。这些承担会计风险的资产和负债分别称为受险资产和受险负债。由于两者的风险可以相互抵消，所以最终会计风险取决于净受险资产，即受险资产减去受险负债的差额。当差额为零时，不会产生会计风险。

【例 8-4】我国某公司在 A 国设有分支机构，通过对该分支机构资产负债表的分析得知，用现行汇率法，该公司测定的折算风险为 1 390 万 A 元（指净受险资产），而用货币/非货币法，净受险资产为 20 万 A 元。具体如表 8-3 所示。

表 8-3　　某分支机构的相关项目情况　　单位：万 A 元

项目	资产负债表数额	用现行汇率法测定的数额	用货币/非货币法测定的数额
资产			
现金	380	380	380
应收账款	570	570	570
存货	540	540	—
固定资产净值	830	830	—
合计	2 320		
受险资产		2 320	950
负债和权益			
应付账款	210	210	210
应付票据	190	190	190
长期负债	530	530	530
股东权益	1 390	—	
合计	2 320		
受险负债		930	930
净受险资产		1 390	20

该公司预测 A 元即将贬值，为避免其折算风险损失，可以采用以下两种资产负债平衡法。

第一，减少 A 元受险资产。在 A 元负债不变的情况下，尽量减少 A 元资产。具体可采取如下措施：将 A 元现金兑换为人民币；将 A 元现金购买存货或固定资产（此种做法仅适用于货币/非货币法）；尽快收回应收账款，并兑换为人民币或购买其他资产。

第二，增加 A 元受险负债。如果保持 A 元资产不变，可以通过增加 A 元负债以减少折算风险。但是必须注意的是，在增加 A 元负债的同时也增加了受险资产（现金），因此必须采取进一步措施。在本例中，如果是采用现行汇率法，应借入等于净受险资产的 A 元，即 1 390 万 A 元。由于这一借款在公司财务报表上同时增加现金（受险资产）和借款（受险负债），净受险资产 1 390 万 A 元并没有被抵销，还必须将该受险资产转化为人民币，减少净受险资产。如果是采用货币/非货币法，则可借入现金 20 万 A 元，用其购买存货或固定资产，因为在使用货币/非货币法折算时，这些资产不产生折算风险。

运用资产负债表平衡法应注意以下几点：首先，确定资产负债表中各账户、各科目上各种外币的金额，明确总的会计风险差额的大小；其次，根据风险的差额性质确定资产和负债的调整方向，如果以外币表示的受险资产大于受险负债，就需要减少受险资产，增加受险负债，反之亦然；最后，在明确调整方向和规模后，应进一步调整一些账户和科目。一般情况下，通过资产负债表平衡法来消除和降低会计风险，往往是以牺牲经济利益为代价的，所以企业对于科目的调整和种类及数额要具体权衡。

四、外汇风险管理的程序

外汇风险管理应遵循以下程序：

（一）预测外汇汇率变动情况

由于外汇汇率变动是外汇风险产生的根本原因，因此预测外汇汇率变动的趋势、时间和幅度，是外汇管理的首要步骤。在预测前，企业首先要确定适当的预测期。

（二）测算外汇风险的受险额

测算外汇风险受险额就是从数量上确定的企业面临的外汇风险的大小。例如，交易风险可按每一笔交易计算受险额，也可以按全部交易计算受险额。受险额等于结算期限相同的外币债权与外币债务之间的差额。

（三）确定是否采取外汇风险管理措施

企业应根据受险额和预测的汇率变动幅度测算外汇风险损失额，并预测采用某种方法防范风险将发生多少成本，然后将外汇风险管理的成本与效益进行比较。如果前者小于后者，企业应采取措施防范风险。而对于以下两种情况，企业可以不采取任何防范措施：一是预测汇率变动不会使企业发生损失，还能给企业带来收益；二是外汇风险管理的成本大于外汇风险管理的效益。

（四）选择有效的外汇风险管理方法

实行浮动汇率制度以来，各国企业创造了许多规避外汇风险的方法，企业应分析各种方法的优缺点，结合实际情况，选择最佳的避险方法。

（五）实施选定的管理方案

在实施过程中，企业应不断地进行检查，一旦发现问题，及时解决。

五、外汇风险管理政策

国际企业进行外汇管理的最终目的是采取积极有效的措施来降低外汇风险，同时考虑各种措施的成本。目前，外汇风险管理政策主要有以下三种：

（一）保守政策

从理论上讲，在国际经营中，企业可以根据预期的汇率走势做出经营决策以避免外汇风险。在保守政策条件下，企业不愿意承担任何外汇风险，因此所涉及的外汇交易只有在确保能获利的情况下才同意接受。在实际中，这种对待外汇风险的态度意味着企业将放弃许多涉及外汇的交易，放弃这些选择的机会成本通常是很高的。因此，绝大多数国际企业认为这种保守政策是不可取的。这种风险规避政策只适用于那些跨国经营业务有限的国际企业。

（二）随意政策

该政策与保守政策完全相反，那就是国际企业根本不考虑外汇风险。在这种情况下，国外子公司被当作独立的企业对待，由于汇率偶尔变动而造成的任何损失都被认为是企业经营的正常成本。这一政策可使国际企业节省大笔外汇风险管理费用。如果涉及外汇的正常交易量很小或相对其他交易量来讲并不重要，或者在计划期间内预计汇率变动很小，这种政策特别有吸引力。因此，该政策适用于以现金结算或只按短期商业信用交易的国际企业。

（三）直接政策

直接政策介于前两种政策之间，如果国际企业计划内涉及外汇的交易在经营中占有重要地位，并且这种交易的现金流入涉及的外国货币与现金流出涉及的货币并不密切相关，最优政策应该是积极管理外汇风险。如果公司已制定了长期的国际经营战略目标，如在国外建立子公司等，那么公司应在整个计划期间内，对所有涉及的货币实行外汇风险最优化管理政策。换言之，最佳外汇风险管理政策不仅要考虑公司的综合财务计划过程，而且还应涉及其他经营和财务政策，如融资、流动资本管理、资本预算、公司内部借贷、股息汇出与转移价格制定、税收规划，以及其他短期和长期财务政策。另外，公司还应该制定明确的程序以解决在外汇风险管理过程中可能出现的各部门间的冲突。

国际企业无论采用什么样的政策，在进行外汇风险管理时，都必须遵循成本效益原则。汇率变动可能会使企业受损，也可能使企业受益，外汇风险管理的目的就是防范外汇风险损失的发生。为防止外汇风险损失，企业往往会产生相应的成本，主要包括：外汇汇率预测，咨询费用，在经营决策时采取外汇风险管理措施付出的代价，以及为了防范外汇风险而采用在金融市场上进行各种外汇交易、外汇借款等方法所付出的交易费用、借款利息等。外汇风险管理的效益是指采取管理措施使外汇风险损失减少的数额。如果进行外汇风险管理产生的成本大于采取管理措施使外汇风险损失减少的数额，显然是不合算的。也就是说，只有在成本小于收益时，采取外汇风险管理措施才是必要的。

第九章 中小企业财务管理

第一节　中小企业财务管理概述

一、中小企业概述

中小企业在当今世界各国的经济发展中都属于比较庞大的群体，作为维护社会稳定和经济发展的重要支柱，各国政府都十分重视中小企业的发展。美国政府把中小企业称为“美国经济的脊梁”；韩国提出“中小企业——经济增长的发动机”；日本认为“没有中小企业的发展就没有日本的繁荣”；德国则把中小企业称为国家的“重要经济支柱”。在我国，中小企业同样是经济社会和产业结构的重要组成部分，是新的经济增长点，是最活跃的生产力，是我国社会稳定的基础。我国是个人口众多的发展中大国，经济发展水平还不高，企业规模还偏小，资本相对短缺，人口规模大，这使得劳动密集型中小企业在国民经济中的地位和作用显得尤为重要。另外，我国国民经济发展及改革已进入一个关键时期，无论是市场经济体制的建立和完善，还是进一步加大经济结构调整的力度、全面建设小康社会目标的实现，都与充分发挥中小企业的作用分不开。中小企业在经济社会发展中日益发挥着不可替代的功能和作用，是推动我国经济社会发展的重要力量。中小企业和民营经济的健康发展，对于吸纳新增就业人员、启动民间投资、优化经济结构、加快生产力发展、确保国民经济持续稳定增长、进一步坚持和完善社会主义初级阶段基本经济制度，具有十分重要的现实意义。

（一）中小企业的界定

中小企业是相对于大企业而言的，是指营业收入或资产总额较小，职工人数较少，管理组织简单，职责分工有限的企业。中小企业界定分国际标准与国内标准。

1. 中小企业划分的国际标准

国外对中小企业的界定一般是从质和量两方面进行的。前者是定性定义，后者是定量定义。定性定义较准确地反映中小企业的本质特征，主要是从独立所有的程度、经营的自主性和占有市场份额的大小来界定中小企业。而定量定义主要是从企业的从业人员数量、营业金额和资产金额等方面来界定的。国际上，一些学者从统计的需要出发，依据企业职员的多少提出了划分大、中、小企业的参考标准：员工数量为1~9人，为微型企业；员工数量为10~99人，为小型企业；员工数量为100~499人，为中型企业；员工数量为500人以上，为大型企业。但是实际上并不存在一个关于中小企业的统一标准，往往因时、因地、因行业而异。美国将企业分为小型企业、大型企业两类，并规定员工不超过100人的服务业和员工不超过500人的制造业为小企业；荷兰根据企业总资产、营业净额和平均员工人数三项标准，将企业分为小型、中型和大型三类，企业在合并基础上至少符合三项限制条件中的两项，就被归入相应类别。

2. 中小企业划分的国内标准

2011年6月18日，工业和信息化部、国家统计局、国家发展和改革委员会、财政部联合印发了《关于印发中小企业划型标准规定的通知》，规定各行业划型标准如下：

（1）农、林、牧、渔业。营业收入20 000万元以下的为中小微型企业。其中：营业收入500万元及以上的为中型企业，营业收入50万元及以上的为小型企业，营业收入50万元以下的为微型企业。

（2）工业。从业人员1 000人以下或营业收入40 000万元以下的为中小微型企业。其中：从业人员300人及以上，且营业收入2 000万元及以上的为中型企业；从业人员20人及以上，且营业收入300万元及以上的为小型企业；从业人员20人以下或营业收入300万元以下的为微型企业。

（3）建筑业。营业收入80 000万元以下或资产总额80 000万元以下的为中小微型企业。其中：营业收入6 000万元及以上，且资产总额5 000万元及以上的为中型企业；营业收入300万元及以上，且资产总额300万元及以上的为小型企业；营业收入300万元以下或资产总额300万元以下的为微型企业。

（4）批发业。从业人员200人以下或营业收入40 000万元以下的为中小微型企业。其中：从业人员20人及以上，且营业收入5 000万元及以上的为中型企业；从业人员5人及以上，且营业收入1 000万元及以上的为小型企业；从业人员5人以下或营业收入1 000万元以下的为微型企业。

（5）交通运输业。从业人员1 000人以下或营业收入30 000万元以下的为中小微型企业。其中：从业人员300人及以上，且营业收入3 000万元及以上的为中型企业；从业人员20人及以上，且营业收入200万元及以上的为小型企业；从业人员20人以下或营业收入200万元以下的为微型企业。

（6）零售业。从业人员300人以下或营业收入20 000万元以下的为中小微型企业。其中：从业人员50人及以上，且营业收入500万元及以上的为中型企业；从业人员10人及以上，且营业收入100万元及以上的为小型企业；从业人员10人以下或营业收入100万元以下的为微型企业。

（7）住宿业和餐饮业。从业人员300人以下或营业收入10 000万元以下的为中小微型企业。其中：从业人员100人及以上，且营业收入2 000万元及以上的为中型企业；从业人员10人及以上，且营业收入100万元及以上的为小型企业；从业人员10人以下或营业收入100万元以下的为微型企业。

（8）信息传输业。从业人员2 000人以下或营业收入10 000万元以下的为中小微型企业。

（9）软件和信息技术服务业。从业人员 300 人以下或营业收入 10 000 万元以下的为中小微型企业。其中：从业人员 100 人及以上，且营业收入 1 000 万元及以上的为中型企业；从业人员 10 人及以上，且营业收入 50 万元及以上的为小型企业；从业人员 10 人以下或营业收入 50 万元以下的为微型企业。

（10）仓储业。从业人员 200 人以下或营业收入 3 000 万元以下的为中小微型企业。

（11）邮政业。营业收入 2 000 万元及以上的为中型企业；

（12）房地产开发经营。营业收入 200 000 万元以下或资产总额 10 000 万元以下的为中小微型企业。其中：营业收入 1 000 万元及以上，且资产总额 5 000 万元及以上的为中型企业；营业收入 100 万元及以上，且资产总额 2 000 万元及以上的为小型企业；营业收入 100 万元以下或资产总额 2 000 万元以下的为微型企业。

（13）物业管理。从业人员 1 000 人以下或营业收入 5 000 万元以下的为中小微型企业。其中：从业人员 300 人及以上，且营业收入 1 000 万元及以上的为中型企业；从业人员 100 人及以上，且营业收入 500 万元及以上的为小型企业；从业人员 100 人以下或营业收入 500 万元以下的为微型企业。

（14）租赁和商务服务业。从业人员 300 人以下或资产总额 12 000 万元以下的为中小微型企业。其中：从业人员 100 人及以上，且资产总额 8 000 万元及以上的为中型企业；从业人员 10 人及以上，且资产总额 100 万元及以上的为小型企业；从业人员 10 人以下或资产总额 100 万元以下的为微型企业。

（15）其他未列明行业。从业人员 300 人以下的为中小微型企业。其中：从业人员 100 人及以上的为中型企业，从业人员 10 人及以上的为小型企业，从业人员 10 人以下的为微型企业。

（二）中小企业财务管理的目标与内容

中小企业财务管理是基于其再生产过程中客观存在的财务活动和财务关系而产生的组织、协调、规划与控制活动，目的是确保企业生产经营稳定持续地进行，取得合理合法的经济效益，确保企业获得生存与发展，并促进社会的进步与繁荣。企业经济活动包括生产活动和财务活动两个方面，其中组织企业的财务活动，加强企业财务管理是企业管理中的重中之重。因为只有加强财务管理工作，才能合理安排资金的筹集、投放、使用、收回等财务活动，才能正确处理围绕财务活动的企业与各方面形成的财务关系，促进企业的健康发展。因此，中小企业财务管理同样包括融投资（资金取得与投放）管理、经营收入（资金收回）管理和对经营收益（利润）进行分配的管理等内容。

（三）我国中小企业的经济特征

中小企业数量众多，产业覆盖面广，几乎第一、第二和第三产业的各个行业都有涉及，是我国现代经济的重要组成部分。由于不同产业领域中小企业在生产规模和技术水平上存在差异，治理结构和组织形式上又不尽相同，因而，不同产业领域的中小企业，同一国家但不同地区的中小企业，以及同一国家中处于不同发展时期的中小企业往往不具有可比性。但纵观整个历史发展时期，各个地区、各产业领域内的中小企业还是具有一些共性。这主要体现在：

1. 具有较强的经营灵活性

同大型企业相比，对中小企业经营灵活性的最好描述就是“船小好调头”，中小企业可以根据市场变化迅速调整其产业结构，改变生产方向以适应市场经济的瞬息万变，表现为适应性强，转产灵活，能够更好地满足市场各种各样的需求。同时，消费结构多元化和个性化为中小企业提供了较为广阔的发展空间。随着社会经济的不断发展，人们工作和生活上的弹性化、自由化、个性化和分散化将进一步显现出来。这意味着市场结构和人们的消费结构会更加多样化。因此，未来企业的生存和发展空间将不再由标准化大规模供货能力来决定，而是取决于企业适应满足差别化需求的能力。显而易见，中小企业更能满足市场的差异化需求。

2. 能够增加就业机会，保持社会稳定

与大公司相比，中小企业可以创造更多的就业机会。中小企业对工人的劳动复杂程度要求不高，一方面为失业人员提供了就业机会，缓解了失业人员的生活压力，一定程度上有利于保持社会稳定；另一方面中小企业的发展为农村剩余劳动力创造了就业机会，提高了农民收入，有效缓解了农村人多地少的矛盾，也保障了社会的稳定。

3. 是技术和制度创新的主力军

由于资金不够雄厚、技术水平较为低下等原因，中小企业向来就是处于市场竞争的风口浪尖，巨大的生存压力和竞争压力迫使中小企业不得不勇于创新。中小企业在高新技术产业化、市场化方面比大企业做得好，平均周期仅为1~2年，而大企业则需4~5年。另外中小企业的结构相对比较简单，内部机构层次较少，管理方式灵活。因此，中小企业技术、制度创新的驱动力远远大于大型企业集团，是国民经济中最为活跃的部分。

4. 是推动国民经济增长的重要动力

首先，中小企业对市场变化的适应性较强，因而最能适应经济结构的调整，在经济不景气时，能加速经济体制的转型，促进经济结构的调整，从而推动经济增长。其次，在传统的计划经济体制下，我国企业只有国营和集体两种制度，而改革开放以来，我国转为市场经济体制，呈现出以国有经济为主体，多种经济形式并存的格局，为中小企业的迅速发展创造了契机。

可见，中小企业是我国经济和社会发展中的一支重要支撑力量，在确保国民经济稳定增长、缓解就业压力、拉动民间投资、优化经济结构、促进市场竞争、推进技术创新、促进市场繁荣、方便群众生活、保持社会稳定等方面具有不可替代的地位和作用。促进中小企业发展有利于推进社会主义市场经济体制的建立与完善，有利于推动我国经济结构的战略性调整。

二、中小企业的财务特征

中小企业贴近市场，贴近用户，长期活跃在市场竞争最激烈的领域，与市场有着天然的联系，是繁荣市场、搞活流通的主要力量。中小企业对市场反应敏捷，经营方式机动灵活，能满足多样化、个性化的市场需求，充分体现了市场对资源配置的基础性作用。中小企业的发展，促进了各类所有制企业的沟通与融合，加快了多种经济成分协调发展的改革步伐，同时还促进了专业化分工和社会化协作的开展，为经济结构的战略性调整提供了运作条件。与大中型企业相比，中小企业除具有较强的经营灵活性，能够增加就业机会，保持社会稳定，是技术和制度创新的主力军，是推动国民经济增长的重要动力等特点外，从财务角度来讲，成长中的中小企业还具有以下特点：

（一）初始资本投入不足，资金规模相对较小

这是因为中小企业在成立时其资本来源主要是由个人投入的，即很多是由亲戚朋友利用个人积攒的储蓄来进行的投资。因此，启动资金很少，资金规模小。而且在成立时由于很难看到其发展前途，就很难吸引其他资金的投入，所以，很多中小企业成立时的原始资本金并不多。据调查可知：我国国有大型工业企业的资本有机构成大约是20万元/人，中型企业是10万元/人，小型企业是5万元/人，而乡镇企业是2万元/人。

（二）财务状况不稳定，资金积累能力较弱

由于中小企业规模小、资金缺乏，从而直接导致其财务状况恶化，财务结构不健全，经营业绩低，所以其获利能力低于大型企业。这是中小企业在经营中往往自身积累能力比较弱的一个主要原因。其他方面原因：一是由于中小企业主在利润分配上具有短期性，不注重企业的长远发展，因而对于当年形成的利润绝大部分都进行了分配，很少能够留存在企业形成积累；二是中小企业在计提折旧时只考虑物理损耗，没有考虑到科技进步因素，因而计提的折旧往往较低，到固定资产报废时计提的折旧并不够用来更新固定资产。

（三）融资环境比较不利，发展资金非常短缺

随着金融改革整顿工作的不断深入，曾对中小企业发展产生过重要作用的异地拆借、社会集资等不规范融资行为遭到严格禁止。而在新的融资网络建成之前，中小企业受自身条件限制以及现行体制、政策影响，融资环境不太理想。首先，在直接融资上，现行的上市额度管理机制决定了中小企业很难争取到发行股票上市的机会；在发行企业债券上，因发行额度小也难以获准。其次，在间接融资方面，由于中小企业本身素质不高，人才缺乏，内部组织关系不稳定，规模经济效益差，经营风险高，信用等级低等原因，往往难以满足银行等金融机构的贷款条件。再加上银行贷款政策倾斜，手续繁杂，收费高，而财产拍卖、信用融资担保、资产评估、信用评估等机制建设的滞后，更使中小企业实际上很难获得银行的贷款，其他融资渠道同样不通畅。因此，中小企业在金融市场中得到的资金与其在国民经济中所占的比重极不相称，相当大程度上仅仅依赖于内部资金供给，导致中小企业在发展中资金严重不足，制约了企业的进一步发展。

（四）财务管理总体水平低，经营活动面临较大风险

中小企业由于人才匮乏，管理人员素质不高，缺乏严密的资金使用计划和内部控制制度，忽视理财和内部管理，所以，财务管理总体水平较低。这主要表现在：一是很少进行有效的成本管理，使得生产成本居高不下，降低了产品的盈利能力，最终不能为企业的发展提供资金。二是应收账款控制不严，造成资金回收困难。由于没有严格的赊销政策，造成回收期过长，催收乏力，最终形成呆账，使本来就缺乏资金的中小企业雪上加霜。三是对现金管理不严，造成资金闲置或不足。有些中小企业认为现金（银行存款）越多越好，造成现金闲置；而有些中小企业恰恰相反，资金使用没有计划，大量购置不动产，无法应付经营急需的资金，陷入财务困境。四是存货控制薄弱，造成资金呆滞，周转失灵。五是重钱不重物，资产损失浪费严重。不少中小企业的管理者，很重视对现金的管理，收支严格，保管妥善，出了差错及时查找。而对原材料、半成品、固定资产等的管理不严，保管不善，出了问题也无人查找，资产损失浪费严重。

三、中小企业的发展条件

中小企业的健康发展，已经成为建立与完善社会主义市场经济体系的重要基础和前提。中小企业的发展条件可分为内部环境与外部环境两个方面。

（一）良好的内部环境

中小企业要想得到迅速发展，就需要具有在市场开发、财务分析、人力资源管理等方面经验丰富的专业人员，设立相应的管理机构，提高经营者的素质，以提高企业的经营管理水平。同时，随着企业经营规模扩张，同外界经济组织联系的多样化、广泛化和复杂化，要加强中小企业的生产、营销、财务、人事等各个方面的管理，总之，就是只有具备了良好的生产经营能力，才能促进中小企业的发展。具体而言主要应考虑以下几方面：

（1）符合生产产品所需的生产设备，即企业的生产设备符合产品产量和质量所需，上下游生产环节相匹配。

（2）良好的工艺，即整个生产的工艺过程要先进、科学、有特色。

（3）良好的技术水平，即要确保产品生产达到设计要求，并且具备一定的设备维护、革新、改造能力。

（4）良好的原材料来源，即在保证生产需求下，所需原材料要与形成的产品性能、形象、成本等相匹配。

（5）熟练的员工。员工有良好的职业道德、敬业精神、职业素质和与生产要求相适应的操作水平。

（6）优秀的质量控制。企业生产产品应达到质量的最优化，达到行业颁布的先进水平。

（7）优化的生产组织。企业的原材料供应、储备、生产、库存商品、销售的全过程资金占用最小，生产组织严密、科学、优化。

（8）良好的扩大再生产能力。企业的资金积累、原材料、厂房设备、技术能力、市场占有、员工素质等方面具备扩大再生产的能力或潜力。

（9）良好的生产环境。企业生产经营活动外部从法规政策、党政主管部门行为、税收政策、金融支持、社会关系等方面具备良好的大环境；内部从生产环境、生产管理、厂区建设等方面具备良好的小环境，并符合国家规定的生产条件和要求。

（二）良好的外部环境

扶持和促进中小企业发展，不仅要解决融资难、贷款难、担保难的问题，而且要为中小企业创造一个公平有序的市场竞争环境和社会服务环境。

（1）改善企业的融资环境。在信贷融资方面，采取措施解决中小企业的融资问题；开放融资渠道，尽快研究资本市场的第二板块，发展股权融资；建立新技术创业风险投资机制；吸引社会闲置资金进入投资领域。

（2）建立公平的市场环境。彻底改变工商登记手续繁杂、办企业入门难、多头审批、关卡林立、市场准入随意性大等问题。对于当前存在的市场秩序混乱、失信现象严重、假冒伪劣产品泛滥等现象，必须积极采取措施加以治理。

（3）完善中小企业管理制度。学习市场经济发达国家的中小企业管理经验，制定符合中国国情的中小企业政策，理顺中小企业管理体制。从长远发展的角度，应逐步统一中小企业的划分标准，改变对中小企业多头管理的状况，设立统一的中小企业管理机构，管理中小企业的发展事务。

（4）政府机构必须规范自己的行为。取缔来自各级政府和权力部门的乱收费、乱集资、乱摊派和形形色色的吃、拿、卡、要行为；制止地方保护主义和部门保护主义行为；进行司法改革，严肃司法纪律，实现公正执法。

（5）建立社会化服务体系。中小企业的优势在于专业化生产，但由于缺乏社会化服务网络，很多中小企业难以进行专业化生产而在市场竞争中败下阵来。根据我国企业的实际需求，结合国际上的成功经验，对中小企业应强化以下服务：①信息咨询服务，有针对性地搜集中小企业所需要的市场信息、技术信息、政策信息和人才信息等，经过必要的分析加工后为中小企业提供信息咨询服务；②中介服务，为企业与科研机构之间、企业与企业之间开展经济协作以及企业的产品出口等牵线搭桥；③培训服务，帮助中小企业经营者提高素质，改善经营管理；④企业诊断和经营指导服务。

第二节　中小企业的融资管理

一、中小企业融资概述

随着社会主义市场经济体制改革的不断深化，中小企业以其灵活的经营机制、多样的经营方式和创新的经营理念，逐步成为中国经济发展的一支生力军，为中国经济的持续高速发展做出了重要贡献。目前，中国中小企业已经超过800多万家，占全国企业总数的99%以上，小工业企业在全国工业总产值和实现利税中的比重分别为60%和40%，并提供了75%的城镇就业机会。尽管中小企业已成为中国经济发展中不可缺少的组成部分，但也面临着资金、技术、人才和信息等方面的困难，一定程度上制约了中小企业的发展。其中，融资难就是一个突出的问题。

（一）中小企业融资的作用

融资就是指企业通过各种渠道和采用不同方式及时、适量地筹集生产经营和投资所必需的资金。

1. 有利于企业实现变革，促进建立现代企业制度

中国目前有相当一部分中小企业都是家族经营型，企业发展到一定阶段，就面临着组织结构和企业制度变革的问题。通过融资尤其是通过上市吸引外部资本或引入风险资本，就会促使企业按现代企业制度要求，建立并健全公司治理结构，变革家族制的组织结构，进一步完善经营机制。

2. 有利于提高企业理财水平，加快与国际接轨的进程

很多中小企业在创业初期或经过创业阶段以后，由于受到企业自身先天不足的影

响，表现出观念陈旧、技术落后、管理不善、制度不健全等，严重阻碍了企业的发展。通过融资就会迫使其重视货币时间价值和资金的运用效果，更加注重自身素质的优劣和经济效益的高低。这就要求企业在融资和投资的过程中，降低资本成本，提高偿债能力，减少融资风险，促进企业理财水平的提高。

3. 有利于扩大企业规模，促使其持续发展

许多中小企业出于战略发展的需要，必须对外部进行有目的、有计划的大规模融资，以适应企业做强、做大的要求。这是因为，仅仅利用企业内部的资金来源，难以满足企业迅速扩大生产经营规模和市场规模的需要。企业通过融资，不仅对于采用新技术、购置先进设备、开发新产品、扩大再生产具有重要的作用，而且对实现发展战略目标，形成商品经营、货币经营、资产经营和资本运营与资金融通的相互支持的良性互动关系有着重大意义。

（二）中小企业融资的要求

随着我国市场经济体制的逐步建立和金融市场的快速发展，融资效益与融资风险越来越关系到中小企业的生存和发展。如何确定融资规模、选择融资渠道与方式、把握融资机会、研究融资结构、降低融资风险、获取融资收益等，既是中小企业融资决策的相关内容，又是实现融资目的必须考虑的因素。为实现融资的目的，在进行融资过程中必须遵循如下要求：

1. 进行科学的融资决策，确保融资收益

中小企业进行融资的首要前提，是融资后的经营或投资总收益，必须大于融资所发生的融资费用、利息或股利成本和不确定的风险成本，否则就应放弃筹资。

2. 正确预测资金需要量，及时、适度地满足生产经营或投资的需要

企业组织生产经营和投资活动，必须拥有一定数量的资金，这里就有一个合理规模确定的问题。因为资金不足，会影响生产经营和投资活动的正常进行；资金过剩会影响资金的使用效果，增加融资成本，还会增大财务风险。所以，只有根据企业生产经营和投资的需要，按照合理、必需的原则，确定融资资金的总额，才能既保证生产经营和投资的顺利进行，又不造成资金的浪费。

3. 合理选择融资渠道和方式，力求降低资本成本

公司融资的渠道和方式是多种多样的，但不管是通过何种渠道，或者以何种方式去筹措，都要发生一定的资本成本。例如，向银行贷款，就要支付借款利息；发行股票和债券，除了股票和债券的发行费用外，还需支付股利和债券利息；用合营各方投入的资本，就要向投资者支付股利。不同的资金来源，形成不同的资本成本，即使是同一资金来源，因融资方式的不同，资本成本也会不同，而资本成本又是影响企业融资效益的重要因素。因此，企业在融资前应认真地比较各种资金来源的资本成本，合理选择融资的渠道和方式，力求以尽可能低的资本成本获得尽可能高的资金效益。

4. 树立现代化企业形象，创造良好的融资信誉

从一定意义上讲，市场经济也是一种信用经济。因此，无论是吸引投资者向本企业投资，还是向金融机构借款或向社会进行融资，都必须以良好的企业形象和商业信誉为首要前提。首先，企业的发展和投资方向，必须符合国民经济发展的趋势和社会发展的需要，并具有较高的企业效益和社会效益。其次，企业的经营管理水平，必须

符合科学化、现代化和国际化的要求，并以良好的经营业绩树立良好的企业形象，以取得较高的社会信誉。最后，企业在经营活动中必须讲求信用，如果企业经常拖欠债务，就会丧失企业的信用，势必给筹措资金带来困难。

5. 注意资金构成的比例关系，减少融资风险

企业的融资风险，主要来源于企业资金的性质、用途、期限和效益。因此，在融资过程中，必须研究企业资金的需求情况，并根据企业生产经营的特点、市场供求状况的好坏、资金使用效率的高低、利息变动的程度等因素，合理确定自有资金与借入资金、流动资金与技改资金、长期资金与短期资金的比例，使企业趋利避害，提高资金的增值能力，减少融资风险。

6. 寻求合适的融资机会，确保融资成功

企业要经常分析宏观经济形势、货币及财政政策等情况，及时了解国内外利率、汇率等金融市场的信息，预测影响企业融资的各种因素，以便寻求合适的融资机会，做出正确的融资决策。

二、中小企业融资的来源渠道

融资是企业理财的首要任务，也是企业理财的起点。从企业的资金来源渠道看，包括三个来源：一是主权资本，即投资者投入企业的资本金和由投资者投入但不能构成实收资本或从其他来源取得的资本公积，反映的是所有者权益；二是内部积累，即从税后利润中分配而形成的盈余公积和未分配利润，反映的也是所有者权益；三是债务资本，即向银行和其他非银行金融机构等借入的长期资金以及发行的长期债券等，反映的是债权人的权益。前两项均属于权益资本，第三项则为债务资本。

（一）国家财政资金

为了支持科技型中小企业的发展，改善中小企业筹资环境，自 1999 年开始，国务院批准设立科技型中小企业技术创新基金，由财政部每年拨款 10 亿元投入该项基金。该项基金从本质而言是一种政府专项基金，其来源是中央财政拨款和银行存款利息。它不是以营利为目的，主要用于支持科技型中小企业技术创新项目。

（二）银行信贷资金

目前，我国信贷资金的主要提供者是商业银行。我国的商业银行包括国有商业银行、其他商业银行、区域性或地方性商业银行和外资银行等几种类型。其中，国有商业银行包括中国工商银行、中国农业银行、中国银行和中国建设银行；其他商业银行包括交通银行、中信实业银行、光大银行、华夏银行、招商银行、中国投资银行、中国民生银行等；区域性或地方性商业银行包括深圳发展银行、广东发展银行、浦东发展银行、上海银行等。银行信贷资金是银行对企业的各种贷款，它是目前我国中小企业最主要的资金来源。

（三）非银行金融机构资金

非银行金融机构资金是指信托投资公司、保险公司、融资租赁公司、证券公司、企业集团所属的财务公司、典当行等为企业提供的信贷资金。如信托投资公司主要从事信托、委托、代理等融资业务；保险公司开办的金融业务主要是短期贷款、中长期投资、证券投资等；财务公司主要办理企业集团内部成员之间的存款、贷款、内部转

账结算、票据贴现等融资业务；典当行是专门为中小企业（一般非国有企业较多）和个人提供短期融资服务的一种特殊金融机构。

（四）民间投入资金

居民手中的结余货币，是游离于银行和非银行金融机构之外的个人资金，从而形成一个资金来源，也可为企业所用，如吸收直接投资，发行股票，发行债券等。

（五）公司自留资金

公司自留资金是企业内部形成的资金，如计提固定资产折旧、无形资产摊销、留存收益等。

（六）其他企业资金

企业间的相互投资和商业信用的发生，也是企业资金的一项重要来源，如吸收直接投资、商业信用等。

三、中小企业融资的方式

融资渠道主要解决向谁融资的问题，而融资方式主要解决在融资渠道既定的情况下，采用哪种最合理的手段来筹措资金。融资渠道是企业筹措资金的来源和方向，融资方式是企业融资所采用的具体方式。这两者之间存在一定的对应关系。在一定情况下，某种融资渠道只能采用特定的融资方式，但在大多数情况下，一种融资渠道的资金可以采用不同的融资方式，而同一融资方式也可能适用多种融资渠道。具体来说，中小企业的融资方式主要有如下几种：

1. 吸收直接投资

吸收直接投资是指企业按照“共同投资、共同经营、共担风险、共享利润”的原则来吸收国家、法人、个人、外商投入资金的一种筹资方式。吸收直接投资与发行股票、留存收益都属于企业筹集自有资金的重要方式。它是非股份有限公司筹措资本金的基本形式。

吸收直接投资中的出资者都是企业的所有者，他们对企业具有经营管理权。企业经营状况好，盈利多，各方按出资比例分享利润，但企业经营状况差，连年亏损，甚至破产清算，投资各方则按其出资比例在出资限额内承担损失。

吸收直接投资投资者的出资方式主要有现金投资、实物投资、工业产权投资、土地使用权投资等。投入资本的出资方式除国家规定外，应在企业成立时经批准的企业合同、章程中有详细规定。对于出资方式，我国《公司法》有以下规定：股东以实物、工业产权、非专利技术或土地使用权作为出资的，必须进行作价评估，核实财产，不得高估或者低估作价，并依法办理其财产权的转移手续。以工业产权、非专利技术作价出资的金额一般不得超过公司注册资本的20%，但国家特殊规定的以高科技成果入资的可达到35%。

吸收直接投资的优点是：①有利于尽快形成生产经营规模，增强企业实力；②有利于获取先进设备和先进技术，提高企业的生产水平；③根据企业经营状况的好坏，向投资者支付报酬，财务风险较小。

吸收直接投资的缺点是：①资本成本较高。特别是企业经营状况较好和盈利较多时，向投资者支付的报酬是根据其出资的数额多少和企业实现利润的多少来计算的。

②容易分散控制权。采用吸收直接投资，投资者一般都要求获得与投资数量相适应的经营管理权，如果达到一定的比例，就能拥有对企业的完全控制权。

企业吸收直接投资，一般应遵循下列程序：

（1）确定融资数量。吸收直接投资通常是在企业开办时所采用的一种筹资方式。在吸收投资以前，必须根据企业的经营范围、生产性质、投资规模、最低注册资金要求、信贷融资的可能性等情况，确定合理的融资数量。

（2）寻找投资者。企业在吸收直接投资以前，必须做一些宣传推广工作，让投资者充分了解企业的发展方向和前景、经营性质和规模、获利能力和分配等，以找到合适的合作伙伴。

（3）协商投资事项。投资者找到后，双方应就有关的出资方式、出资比例、出资数量以及参与管理的形式等进行协商。在出资方式上，除了企业特定需要外，一般情况下尽量使投资者以现金投入。

（4）签署投资协议。企业与出资者确定好投资意向和具体条件后，应按公平合理的原则协商确定实物投资、工业产权投资、土地使用权投资的作价或聘请双方认可并具有资质的资产评估机构进行评定。当投资者的出资资产定价确定后，应签署投资协议或合同，从法律上明确双方的义务、权利和责任。

（5）按期获取资金。企业根据投资协议中规定的出资期限、出资方式、出资比例、出资数额等，按规定获取资金。如果投资者未按规定缴纳所认缴的出资额，应当对已足额出资者承担违约责任。

2. 发行股票

股票是股份公司为筹措自有资金而发行的有价证券，是投资人投资入股并取得股利的凭证。股份是股份有限公司投资人的投资份额，是股东权利和义务的计量单位。股份是股票的实质内容，股票是股份的证券形式。它与吸收直接投资相比，股份有限公司可以将其所需筹措的自有资金划分为较小的计价单位，如 1 元、5 元、10 元等面值的股票。这就为不同的投资者提供了投资、转让、抵押和继承等便利。归纳起来其具有以下四个主要特征：一是投资的永久性。投资者投资入股后，只要公司在经营存续期间，就不能直接向公司退股，只能通过证券市场进行转让。所以，发行股票筹措的资金是公司的永久性资本。二是收益的风险性。股票的收益包括红利和差价，前者是由公司产生利润后进行的股利分配收益，后者则是低价买入、高价卖出的投机收益。这些收益大小均与公司的经营业绩、股利政策、持续获利能力等有关，故具有一定的风险性。三是决策的参与性。投资者凭其股票持有权参与企业的经营管理和利润分配，并对企业的经营状况承担有限责任。正因为如此，股东从自己的资本安全性、收益风险性和责任有限性出发，必然要参与公司的经营决策、筹资决策、投资决策和股利分配决策，以维护自己正当的权益。四是转让的市场性。股票持有者通过证券交易所将股票按一定的价格转让给愿意购买该股票的投资者，从中收回投资并取得收益。

股票可以从不同的角度分类，主要包括：

一是按投资主体不同分为国家股、法人股、个人股和外资股。国家股是指有权代表国家投资的政府部门或机构以国有资产投入公司而形成的股份，属于公司的国家资本金。法人股是指法人单位以其依法可支配的资产投入公司而形成的股份，属于法人资本金。个人股是指社会个人或公司内部职工以个人合法财产投入公司而形成的股份，属于个人资本金。外资股是由外币认购和买卖的股票。

二是按发行方式不同分为记名股票和无记名股票。记名股票是指将股东姓名载于股票票面和记入专门设置的股东名簿的股票，并且附有股权手册。记名股票的转让、继承都必须办理过户手续。无记名股票是指股东姓名不载入票面的股票。它的转让、继承无须办理过户手续。

三是按股票持有人的权益不同分为普通股和优先股。普通股是股份有限公司依法发行的具有管理权、股利不固定的股票。股份公司初次发行的股票一般均为普通股。普通股持有者按章程规定履行股东权利和义务，参与或监督企业经营管理，享有获得股息和优先认股的权利，但在公司倒闭破产时，无优先索偿财产分配权。优先股是公司依法发行的给予认购人某种优先权的股票。优先股持有者有优先于普通股分得固定股息的权利，在公司解散、改组和破产时，有优先索取剩余财产的权利，但无权参与公司的经营管理。

此外，我国股票上市的市场可分为主板市场、中小板市场、新三板市场、创业板市场。

主板市场也称为一板市场，指传统意义上的证券市场（通常指股票市场），是一个国家或地区证券发行、上市及交易的主要场所。主板市场对发行人的营业期限、股本、盈利水平、最低市值等方面的要求较高，上市企业多为大型成熟企业，具有较大的资本规模以及稳定的盈利能力。中国境内的主板市场包括上交所和深交所两个市场。

中小板市场就是相对于主板市场而言的，有些企业的条件达不到主板市场的要求，只能在中小板市场上市。中小板市场是创业板的一种过渡，我国中小板的市场代码是002 开头的。

新三板市场原指 2006 年中关村科技园区非上市股份有限公司进入代办股份系统进行转让试点，因为挂牌企业均为高科技企业而不同于原转让系统内的退市企业及两网公司，故形象地称之为“新三板”。2013 年 12 月，国务院发布《关于全国中小企业股份转让系统有关问题的决定》，意味着新三板正式扩容至全国，是全国性的非上市股份有限公司股权交易平台，主要针对的是中小微型企业。

创业板市场又称二板市场，即第二股票交易市场，是与主板市场（Main-board Market）不同的一类证券市场，专为暂时无法在主板上市的创业型企业、中小企业和高科技产业企业等需要进行融资和发展的企业提供融资途径和成长空间的证券交易市场，是对主板市场的重要补充，在资本市场有着重要的位置。

新三板与主板、中小板、创业板挂牌条件对比表如表 9-1 所示。

表 9-1　　新三板与主板、中小板、创业板挂牌条件对比表

市场制度	全国股转系统	创业板	主板 & 中小板
上市主体资格	证监会核准的非上市公众公司	股票公开发行	股票公开发行
股东人数要求	可超过 200 人	不少于 200 人	不少于 200 人
存续时间	存续满两年	存续满三年	存续满三年

表9-1(续)

市场制度	全国股转系统	创业板	主板 & 中小板
盈利指标要求	具有持续盈利能力	近两年连续盈利，净利累计不少于 1 000 万元；或近一年净利不少于 500 万元，营收不少于 5 000 万元，近两年营收增长率不低于 30%	近三个会计年净利润为正，累计超 3 000 万元，净利润以扣除非经常性损失前后较低者为计算依据
现金流要求	无	无	近三个会计年现金流累计超 5 000 万元，或近三个会计年营收超三亿元
净资产要求	无	最近一期末净资产不少于 2 000 万元，且不存在未弥补亏损	最近一期末无形资产占净资产比例不高于 20%
股本总额	无	公司股本总额不少于 3 000 万元	公司股本总额不少于 5 000 万元
其他条件	主券商推荐并持续督导	持续督导期为上市当年剩余时间及其后三个会计年	持续督导期为上市当年剩余时间及其后两个会计年

发行股票的优点是：①无固定利息负担；②无固定到期日，不用到期偿还；③筹资风险小；④有利于提高公司的信誉。

发行股票的缺点是：①发行股票受法律、法规以及公司经营状况的制约，发行数量有限；②股票发行手续烦琐，发行时间较长；③资本成本高；④容易分散控制权。

发行股票的目的是公司决定股票发行方式、发行程序、发行条件的前提。其主要目的在于：一是募集资金，设立股份公司；二是追加资金，扩大经营规模；三是吸引资金，分散经营风险；四是筹措资金，扩大公司影响。

股份公司发行股票必须具备一定的发行条件，取得发行资格，并在办理必要的手续后才能发行。

3. 发行债券

债券是社会各类经济主体为筹措负债性资金而向投资人出具的、承诺按一定利率定期支付利息并到期偿还本金的债务凭证。发行债券是企业取得借入资金的重要方式。由于企业将所需借入的资金划分为许多较小的计价单位，如 100 元、500 元、1 000 元等不同票面价值的债券，这就为不同的投资者进行投资提供了方便。债券体现了债券持有人与债券发行人之间的一种债权、债务关系。它具有以下三个特点：①流动性，债券可以在证券市场上流通转让。②收益性，债券持有人可以定期获得固定的债券利息。③安全性，由于债券发行要进行信用等级评定，而且大多需要担保，所以投资风险较低。债券可由个人或单位购买，可以转让、继承，可作为抵押品，但不能提前兑现。债券持有者与企业之间只是一种借贷关系，持券人可按期获取利息，到期取回本金，但无权参与经营管理，不承担企业经营亏损的责任和义务。

债券一般由面值、价格、利率、还本期限与方式四个基本要素构成。债券面值包括两个内容：币种和票面金额。债券价格是指债券发行时的价格，它可以等于、低于或高于债券的面值，主要取决于资金市场的供求关系、市场利率等变化情况。债券利率是指债券利息与债券面值的比率，分为固定利率与浮动利率，一般为年利率。债券利率直接关系到投资债券的收益。它主要受资金市场的供求关系、银行利率水平、债券的偿还期限、债券的信用等级等影响。债券还本期限与方式必须在票面上注明。前者是指债券发行到归还本金之间的时间，后者是指一次还本还是分期还本等形式。债券还本期限越长，不确定性因素越多，投资风险相对来说越大；反之，则相反。

债券的类型主要有以下几种：

一是按是否记名，分为记名债券和无记名债券。记名债券是指在票面上注明债权人的姓名或名称，同时在发行的债权人名册上进行登记的债券。如果未予以注明的即为无记名债券。

二是按有无抵押担保，分为信用债券、抵押债券和担保债券。信用债券是指以债券发行人的信用发行的债券，政府债券均属于信用债券。抵押债券是指以一定的抵押品作抵押而发行的债券。担保债券是指由一定的保证人作担保而发行的债券。

三是按是否可以转换为股票，分为可转换债券和不可转换债券。可转换债券是指债券持有人可将其兑换成同一公司普通股股票的债券；不能转换成公司股票的债券即为不可转换债券。

四是按利率不同，分为固定利率债券和浮动利率债券。固定利率债券是指在发行债券时已规定固定利率的债券。浮动利率债券是指其利率可随市场利率做相应调整的债券。

发行债券的优点是：①资本成本较低。一般情况下，债券利息要低于股票的股利或股息。②能确保经营控制权。③能发挥财务杠杆作用。④可减少企业应纳税所得额。因为债券利息计入财务费用，在税前利润中抵扣。

发行债券的缺点是：①筹资风险高。因为债券利息固定，不管公司经营好坏，都必须按期付息，而且债券的还本期限固定，不管公司有无困难，到期必须还本。②限制条件多而且严格。③筹资金额有限。债券发行累计总额不得超过企业净资产的40%。

4. 信贷融资

信贷融资是企业负债筹资的一种主要方式，包括企业从银行和非银行金融机构借入各种资金。具体是指企业根据借款合同从有关银行或非银行金融机构借入的需要还本付息的款项。

信贷融资的优点是：①融资成本低。银行借款的资本成本比发行股票要低得多。②融资时间短。企业向银行借款，手续相对比较简单，能在较短时间内完成资金的筹措。③融资具有一定的灵活性。

信贷融资的缺点是：①财务风险较大。企业向银行借款，定期要付息，到期要还本。②限制条件多。银行贷款讲究流动性、安全性和收益性，企业只有经营状况好，信誉程度高，才能取得一定的贷款。③融资金额有限。④由于宏观经济环境的变化，存在着利率变动的风险。

自《中华人民共和国中小企业促进法》颁布与实施后，进一步加大了金融机构对中小企业信贷融资的支持力度，并通过金融制度、管理和工具的不断创新，推出了不少中小企业信贷融资的方式。归纳起来主要有：

（1）综合授信贷款。

综合授信是指银行根据符合对外授信条件企业的书面申请，综合评价企业的情况，确定企业在一定期限内可使用的信用额度，并与之签订授信合同。授信的范围包括对企业的本外币贷款、贸易融资、贴现、承兑、担保及信用证等业务。企业在有效期限和额度范围内，根据资金需求情况可分期循环使用，随借随还。

取得银行综合授信企业的条件一般为：一要符合国家产业政策和市场发展要求，内部管理健全，无不良信用记录；二要市场开拓能力强、产品适销对路，获利能力较好；三要资产负债率处于合理水平，经营性现金流量充足，能确保贷款的偿还；四要与银行有较长期的合作关系，并且有与银行贷款额度相匹配的结算往来；五是企业信用评定等级在规定级别以上。

（2）信用担保贷款。

为了解决中小企业贷款难、担保难等问题，我国开始进行建立中小企业信用担保体系的试点工作。目前，列入全国中小企业信用担保体系第一批104个试点担保机构中，59个为城市中小企业信用担保机构，7个是省级中小企业信用再担保机构，38个属于从事中小企业担保业务并符合试点条件的商业担保机构和互助担保机构。各地参加全国中小企业信用担保体系的协作银行（分行、支行）第一批共有229个，其中国有商业银行占63%，股份制银行、城市商业银行和城乡信用合作社占37%。

中小企业信用担保对象为符合国家产业政策，有产品、有市场、有发展前景，有利于技术进步与创新的技术密集型和扩大城乡就业的劳动密集型的中小企业。

中小企业信用担保的种类主要包括短期银行贷款、中长期银行贷款、融资租赁以及其他经济合同的担保等，但目前的重点是短期流动资金贷款。

中小企业信用担保机构的选择形式主要有：中小企业信用担保公司（企业法人）、中小企业信用担保中心（事业法人）、中小企业信用担保协会（社团法人）等。

实施担保时，第一，由债务人提出担保申请，并附债权人的签署意见；第二，进行资信评估和担保审核；第三，在债权人与债务人签订主合同的同时，由担保机构与债权人签订保证合同或反担保合同；第四，按照约定支付担保费；第五，当主合同不能履约时，由担保机构按约定代偿；第六，由担保机构实施追偿。

（3）买方贷款。

当企业因自身资本金不足，而且提供合适的担保品或寻求担保又比较困难，无法取得银行贷款，但企业的产品有可靠销路的情况下，银行可以根据销售合同，对其产品的购买方提供一定的贷款支持。这样，卖方就可以从买方那里收取一定比例的预付款，以解决生产过程中的资金紧缺问题。或者，由买方签发商业汇票，卖方持汇票到银行贴现。

（4）出口创汇贷款。

对于生产出口产品的企业，银行根据出口合同，或进口方提供的信用签证，提供打包贷款。对有现汇账户的企业，银行可提供外汇抵押贷款。对有外汇收入来源的企业，可以凭结汇凭证取得人民币贷款。

（5）票据贴现。

企业收到商业汇票，若在票据未到期前需要资金，可持未到期的商业汇票经过背书后向其开户银行申请贴现。票据贴现是指汇票持有人将未到期的商业汇票交给银行，银行受理后，从票面金额中扣除按银行的贴现率计算确定的贴息，将余额付给贴现企业，作为银行对企业的一种短期贷款。企业利用票据贴现融资，一是不受企业资产规模大小影响；二是比银行贷款手续简便；三是筹资成本低于贷款成本。

（6）基金担保贷款。

基金担保贷款是指由政府出资成立中小企业信用担保基金为中小企业贷款提供担保而形成的贷款。我国的中小企业贷款担保基金可根据具体情况采取如下两种运作模式：逐一模式和组合模式。逐一模式是指单个中小企业向担保基金提出贷款担保申请，由担保基金对该企业进行评估。只有通过担保基金评估的中小企业才可获得担保贷款，而且贷款机构提供的每一笔担保贷款都需要经过担保基金的同意，其自身没有权力单方面扩展中小企业的担保贷款额。组合模式是指担保基金先向贷款机构提出一定的关于中小企业能够获得担保贷款的条款，贷款机构可以向满足这些条款的中小企业提供贷款，担保基金对该笔贷款的担保自动生效，但担保机构要求贷款机构定期向其报告这些企业的情况（一般为月报）。

该项基金在运作的过程中应按市场经济合理配置资源的要求，择优用好这笔政策性强而又来之不易的资金。首先，要做到四个约束。一是对申请担保的中小企业的约束。应制定申请担保的基本条件，如产品市场潜力大、经营管理富有效率、企业发展有利于扩大就业、借款投向符合国家政策、技术更新具有行业先进性等。二是对担保程序的约束。首先由企业向银行申请借款并经银行初审认可；再由企业向“基金”申请担保，“基金”投资的企业可获优先担保。三是对担保限额的约束。“基金”存入银行后，按银行学原理虽有一定比例的放大，但其毕竟是有限的。只能在一定限度内承担企业不按借款合同还款的风险。千万不能存有“基金万能”的幻想。四是对“基金”本身的约束。该项基金的扶持对象应是那些市场前景好、发展后劲足、资金回笼快的知识型、科技型、特色型、创造型的具有成长性、营利性的中小企业，不得挪作他用。“基金”应严格按章程规范操作，接受政府委托和政策性银行监管，同时接受出资银行、企业和社会的监督。其次，要保证担保基金有长期稳定的补充资金来源。扶持中小企业是各级政府的长期任务，中小企业信用担保应该作为扶持中小企业的一项长期政策。各级政府出资的中小企业信用担保基金，不能只是一次性的，应该有一个长期的计划，通过长期的担保计划扶持一批又一批中小企业发展，并实现制度化和法律化。

（7）保单质押贷款。

保单质押贷款原先是保险公司为投保人开办的一项保单借款业务。当时保险公司推出保单质押贷款只是为了解决客户遇到突发事件或者急需周转资金想要退保的时候，保险公司可以建议它把自己的保单质押给保险公司进行贷款，从而解决燃眉之急。贷款的金额按照保单的现金价值来决定。贷款时，保户如果得到批准，可以获得保单现金价值 80%的贷款，贷款时间最多为 6 个月。由于保险和银行的利息相挂钩，因此贷款利率一般要高于银行贷款利率。保单质押贷款是保险公司扩大自身业务范围的一种探索，对中小企业来说不失为一种新的融资渠道和方式。

(8) 个人典当贷款。

借款人只要将有较高价值的物品质押在典当行，就能取得一定数额的贷款。目前，有许多典当行推出了个人典当贷款业务。为了扩大业务、方便操作，有的典当行还开通了网上个人典当贷款业务，借款人可以通过网上办理贷款预约登记、申请贷款、还款和贷款展期等电子商务。

(9) 自然人担保贷款。

最近，中国工商银行出台的《中国工商银行关于自然人为企业贷款提供担保的管理规定（试行）》，正式推出了由自然人提供财产担保并承担代偿责任，其境内机构对小企业提供期限在 3 年以内短期贷款的信贷业务。中国工商银行的这一贷款举措主要针对总资产在 5 000 万元以下的个人独资企业和个体工商户。自然人担保贷款，主要应用于企业的流动资金投入，如购买原材料、进行技术改造等，并不设置最低额度限制。凡是具有完全民事行为能力、合法居留身份、固定住所、合法收入来源和充足代偿能力以及无贷款逾期、欠息、信用卡恶意透支等不良信用记录和犯罪记录的自然人均可作为担保人，以抵押、权利质押或抵押加保证的方式为企业进行担保。

自然人担保贷款的业务不仅为企业和银行双方带来了“双赢”，也打破了我国中小企业贷款仅以政府或信用担保公司为主的信用担保体系的格局。

(10) 个人委托贷款。

最近，民生银行、中信实业银行等商业银行推出了一项个人委托贷款融资业务。它分为两种模式，一种是贷款人和借贷人自行协商贷款利率和贷款用途，由银行提供转账等中介服务；另一种是委托人将资金存入银行，由委托人自行确定贷款金额、期限、利率，银行帮助委托人挑选贷款对象，贷款对象包括自然人和法人，贷款用途不能流入股市，并负责监督贷款的使用和催收。个人委托贷款的利率按照央行的规定，最低可下浮 10%，最高可上浮 30%。银行将根据委托贷款金额大小以及业务复杂程度收取一定的手续费和保证金。

个人委托贷款不仅为中小企业增加了一项新的融资品种，而且还为投资者开辟了一种新的投资途径，对改善金融市场环境具有积极的作用。

5. 商业信用

商业信用是指企业在商品或劳务购销活动中因延期付款或预收货款以及票据贴现而发生的信用，是社会基本信用形式之一。延期付款和预收货款是在商品交易中因付款和取货的时间上的差异而产生的信用行为。票据贴现则是转让商业信用的行为。商业信用具有以下三个特点：①商业信用的债权人或债务人都是商品生产者或经营者，债权人即信用的贷出者，在商品赊购行为中，是商品的卖方，在货款预付行为中，是商品的买方。而债务人在商品赊购行为中，是商品的买方；在货款预收行为中，则是商品的卖方。②商业信用的产生，同时包含了商品买卖行为和借贷行为两种性质的经济行为，提供信用的过程就是商品的买卖过程。③商业信用随着生产和商品流通规模的扩大以及企业信用程度的提高而发展。

商业信用一般有三种方式：

(1) 赊购。

赊购是指企业因赊购材料、商品或接受劳务供应等而发生的债务，即应付账款。

它分一次付款和分期付款两种。企业在取得商品支付货款前，等于筹措到了一笔短期借入资金。赊购的实质是延伸的购买货款支付计划，在此计划下，买方不立刻向卖方支付商品的全部费用，或先付货款的一小部分（一般称为定金），剩余的部分可拖延至预先约定的时间内再支付。

（2）应付票据。

应付票据是指企业根据购销合同，因赊购交易向卖方开出并承兑的商业汇票，从而延期付款而形成的商业信用。商业汇票的付款期限通常为1~3个月，最长不得超过6个月。应付票据在购进商品时签发，因此在兑付货款前等于企业筹措到了一笔短期资金。应付账款与应付票据都是由交易而引起的流动负债，但应付账款是尚未结清的债务，而应付票据是延期付款的证明。

（3）预收账款。

预收账款是指企业按照合同或协议约定，在交付商品前向购货方预收部分或全部货款而形成的商业信用。对于生产周期长、售价高、市场紧缺商品，企业通常向订货人预收货款，从而形成短期借入资金。

商业信用的优点是：①融资方便。商品交易行为在找到商品的买主或卖主的同时，既解决了资金融通的困难，也解决了商品买卖的矛盾，从而缩短了融资时间和交易时间。作为商业信用工具的商业票据可以进行转让，必要时还可以得到银行信用支持，既方便又及时。②融资成本低。商业信用的实质是产品供应商向产品购买商或产品购买商向产品制造商提供了一项无息或低息的贷款。③限制性条件少。只要买卖双方同意，即可形成商业信用。

商业信用的缺点是：①由于商业信用使得商品让渡与价值的实现暂时分离，有可能掩盖产销不平衡的矛盾，从而导致信用的盲目性。②信用期限短。③有可能导致买卖双方信用的下降。

6. 吸收创业投资

创业投资（Venture Capital），又译作风险投资，是指专业性或非专业性投资人为具有一定增长潜力、可以快速成长成为经济增长重要贡献者和增长点的新兴企业提供一定期限的股权性资金支持，并通过经营管理服务对所投资企业进行全方位培育和辅导，在企业发育相对成熟后通过上市、转让等手段退出所投资企业，以实现资本增值，然后开始新一轮的投资活动。

创业投资最先出现于美国，经过半个多世纪的探索，不仅造就了微软、网景、雅虎、戴尔等全球高科技产业的佼佼者，而且带动了大批中小企业的发展。创业投资在我国最早起步于1985年。创业投资具有以下几个特征：

（1）权益性。创业投资是一种权益资本，而不是借贷资金，它主要为新兴的、快速成长的企业尤其是未上市创业企业提供长期资金支持。

（2）股权性。创业投资通常通过购买股权方式进行投资，是一项高度商业性的投资活动。

（3）创新性。创业投资实际上是一种创新精神、技术进步与商业投资运作综合作用的结果，它通过资助创新产品或服务的开发，以获取高额商业利润。

（4）专业性。创业投资不仅向创业者提供资金，而且通过积极参与企业经营管理，并提供技术咨询、管理经验、市场营销甚至员工培训等服务，促使所投资企业迅速成长增值。

（5）风险性。创业投资是一种风险投资。由于创业投资所支持创新的技术、产品等都有较高的回报，但成功率较低，所以通常要承担比较高的风险。

（6）长期性。创业投资者帮助企业成长，最终寻求渠道将投资撤出，以实现资本增值，投资的期限一般较长。其中，创业期的投资通常在7~10年内才进入成熟期。

（7）周期性。创业投资通过中长期持股为所投资企业提供一种长期发展的资本条件，但并不永久性地持有其股权，也不以股利为主要收益，更不是为了经营企业，而是等所投资企业相对成熟、股权资本增值后，通过股权转让方式退出投资，再以获得的收入开始新一轮投资。

中小企业吸收的风险资本，主要来自四个方面的投资者：

（1）"天使"投资者。"天使"投资者是指创业企业的第一批投资人，他们在公司产品和业务成型之前就把资金投入进来，以帮助年轻公司迅速成长。

（2）风险投资公司。风险投资公司大部分通过风险投资基金来进行投资，这些基金一般以有限合伙制为组织形式。

（3）产业附属投资公司。这类投资公司往往是一些非金融性实业公司下属的独立风险投资机构。它们以直接股权投资为主要业务，并通过股权转让获取收益。

（4）金融机构。银行、保险公司等通过向即将上市的风险企业和风险企业的杠杆收购业务提供资金，或直接投资于合伙制的风险企业，以期获得更高的回报。

创业投资的产业领域主要是高新技术产业。投资方式按投资性质分，主要有三种：一是直接投资；二是提供贷款或贷款担保；三是投入一部分风险资本购买被投资企业的股权。

风险投资过程可分为选择投资项目、与被投资企业签订有关协议、对被投资企业进行辅导以及风险投资退出四个阶段。风险资金的退出有三种方式：一是风险投资公司将其持有的股份转让给其他投资者或者被其他企业兼并；二是被投资的企业由于经营失败宣布破产，这意味着风险投资失败；三是将风险资金投资的企业改组为上市公司，风险投资公司将其持有的股票在证券市场公开出售，达到收回投资和实现风险收益的目的，这是风险投资退出的最佳途径。因此建立专门为中小型科技创新企业上市的二板市场，或适当放宽中小型科技创新企业到主板市场上市的条件，是实现风险投资良性循环和发展我国风险投资业的重要举措。

7. 融资租赁

融资租赁是指由出租方融通资金为承租方提供所需设备，具有融资、融物双重职能的租赁交易。它主要涉及出租方、承租方和供货方，并有两个或两个以上的合同构成。出租方根据承租方的需求和选择，与供货方订立购买合同，与承租方订立租赁合同，将购买的设备出租给承租方使用，租期不得低于两年。

在租赁期间，由承租方按合同规定，分期向出租方交付租金，租赁设备所有权属于出租方，承租方在租赁期间对该设备享有使用权，租赁期满时设备可由承租方按合同规定留购、续租或退回出租方。

融资租赁的形式主要有：①直接租赁。它是由承租人直接向出租人，即租赁公司、制造商等租入所需要的资产。②转用租赁。根据承租人要求，出租人将资产从他方租进再转租给承租人使用。③售后租回。它是承租人将资产出售给出租人，再从出租人处租进使用。通过售后租回，承租人既获得了资产使用权，又能将长期资金转化为流动资金。④补偿租赁。它将直接租赁和补偿贸易、来料加工等贸易方式结合起来，出租人协助承租人用所租进的设备生产的产品进行出口。⑤杠杆租赁。它是指出租人对较大金额的项目只提供小部分投资，其余大部分则以出租的设备为抵押，向银行等金融机构借款支付，然后出租人将设备的使用权出租给承租人使用。

融资租赁的程序一般为：①选择租赁公司；②提出租赁申请；③选择所需设备；④签订购货协议；⑤签订租赁合同；⑥办理验货手续；⑦分期支付租金。

相较于银行借贷进行的融资，融资租赁具有以下优点：①产权关系不同于银行信用。银行信用中银行失去了对资金的所有权，拥有债权；融资租赁在租赁期间仍有对租赁资产的所有权，承租方仅有使用权。融资租赁通过融资避免了资金挪用现象的发生，有效防止了资本形成过程中的资金转移，具有较强的约束力。②提供信用的要求不同。银行提供信用一般要求借款单位有一定数量的自有资金，按规定要占借款额的30%，融资租赁则无此限制。③资金回收方式不同。银行贷款一般是一次性还本付息，借款单位往往感到还款压力大。而融资租赁不仅可以分期支付租金，而且每期所支付租金数额及支付时间比较灵活，有利于企业的资金周转。④融资租赁快，手续简便。由于租赁费用被视为经营支出而不作资本性支出，所以易于决策。而且租赁公司可以利用其专业优势，迅速买下。以银行贷款自行购买时，周转周期延长许多。融资租赁的缺点是：①资本成本较高。租金一般要高于其他负债筹资的利息。②不考虑设备的更新。由于承租人只有资产使用权，故在租赁期间就不考虑企业本身设备的更新问题，不利于提高企业的装备水平。

简单地说，融资租赁是一种以“融物”为载体的融资行为，是出租人依据承租人（融资方）指定的标的物及其供应商，由出租人向供应商支付购买价款，但出租给承租人使用并获取租金收益，租赁期满后承租人可留购或退回的行为。

在全球各类融资方式中，融资租赁是仅次于银行信贷的金融工具，但目前我国融资租赁市场渗透率不足7%，远低于发达国家30%左右的渗透率。相较于传统贷款，融资租赁的特点和优势主要表现如下：①提高资金使用效率，降低融资风险。通常中小企业较难获得中长期银行贷款用于固定资产投资建设。因此，企业往往铤而走险选择流动资金贷款用以短款长用的融资策略，这加剧了企业的资金链风险。一方面，在银行不再续借时，企业现金流存在断裂可能；另一方面，企业需要还旧借新，在还款期形成了一定的资金压力。但融资租赁通常的设备租期是使用年限的一半以上，这能有效降低企业的再融资风险，提高资金的使用效率。②灵活安排租金偿付方式。不同于银行定期还本付息特点，融资租赁模式可与企业的产品销售季节情况、企业资金水平等经营情况契合，灵活安排租金偿付方式。除等额本息外，还可设计对承租人有较强吸引力的本金宽限期以及采用等差还租、等比还租、不等额还款的方式，也可灵活约定每年租金偿还次数，实际按月付租、按季付租或者半年付款。③获得进项税额，实现增值税的全链条抵扣，降低增值税税负和现金流出。2013 年财税〔106〕号文件将融资租赁纳入现代服务业营业税改征增值税的试点范围，并做出了一系列相关规定，同时也明确了可以提供有形动产租赁服务且增值税税率为17%。这就意味着相比于银行结算的各期利息全额计入财务费用的会计处理，融资租赁方式下的融资费用，即租金部分的利息支出，可取得增值税专用发票，用于增值税抵扣。④盘活存量资产，改善财务报表结构。融资租赁交易结构具有多样化可设计性的特点。简单分类中既有直租方式，也有售后回租方式。直租是由承租人指定设备并指定第三方供应商，由出租人向第三方供应付款，是一种融资用于固定资产投资购买新设备的行为。售后回租是承租人将自有设备销售转让给出租人（租赁物件并不发生实际的占用转移），然后再向出租人租用并按期偿付租金的融资租赁方式。售后回租是企业改善其财务状况和获取流动资金的一种有效方式。⑤促进技改，可满足加速折旧的需求。当承租人有足够的应税资源即需要进行所得税筹划时，通过以融资租赁的方式进行技改融资，可以获得加速折旧的利益，达到延迟纳税的目的。

8. 技术创新基金

技术创新基金是一种引导性资金，通过吸引地方、企业、科技创业投资机构和金融机构对中小企业技术创新的投资，逐步建立起符合社会主义市场经济客观规律、支持中小企业技术创新的新型投资机制。它不以营利为目的，通过对中小企业技术创新项目的支持，增强其创新能力。

技术创新基金面向在中国境内注册的各类中小企业，重点扶持符合国家产业技术政策、产业化初期、投资风险较大、有较高创新水平和较强市场竞争力、有较好的潜在经济效益和社会效益、有望形成新兴产业的高新技术成果转化的项目及承担项目的企业，并为商业性资本的介入和产业化的转变起到铺垫和引导作用。

根据中小企业和项目的不同特点，技术创新基金主要有以下三种支持方式：

（1）贷款贴息。对已具有一定水平、规模和效益的创新项目，原则上采取贴息方式支持其使用银行贷款，以扩大生产规模。一般按贷款额年利息的50%~100%给予补贴，贴息总额一般不超过100万元，个别重大项目最高不超过200万元。

（2）无偿资助。它主要用于中小企业技术创新中产品研究开发及中试阶段的必要补助、科研人员携带科技成果创办企业进行成果转化的补助。资助数额一般不超过100万元，个别重大项目最高不超过200万元，且企业须有等额以上的自有匹配资金。

（3）资本金投入。对少数起点高、具有较广创新内涵、较高创新水平并有后续创新潜力、预计投产后具有较大市场需求、有望形成新兴产业的项目，采取资本金投入方式。资本金投入以引导其他资本投入为主要目的，数额一般不超过企业注册资本的20%，原则上可以依法转让，或者采取合作经营的方式在规定期限内依法收回投资。

凡符合创新基金支持条件的项目，由企业按申请要求提供相应申请材料，申请材料须经项目推荐单位出具推荐意见，其中申请贴息的企业还须提供有关银行的承贷意见。

9. BOT

BOT（Build-Operate-Transfer）即“建设—经营—转让”，是指政府通过契约授予私营企业（包括外国企业）一定期限的特许专营权，许可其融资建设和经营特定的公用基础设施，并准许其通过向用户收取费用或出售产品以清偿贷款，回收投资并赚取利润；特许权期限届满时，该基础设施无偿移交给政府。

在国际融资领域BOT不仅仅包含了建设、运营和移交的过程，更主要的是项目融资的一种方式，具有有限追索权的特性。所谓项目融资是指以项目本身信用为基础的融资，项目融资是与企业融资相对应的。通过项目融资方式融资时，银行只能依靠项目资产或项目的收入回收贷款本金和利息。在这种融资方式中，银行承担的风险较企业融资大得多，如果项目失败了，银行可能无法收回贷款本息，因此项目结构往往比较复杂。为了实现这种复杂的结构，需要做大量前期工作，前期费用较高。上述所说的只能依靠项目资产或项目收入回收本金和利息就是无追索权的概念。在实际BOT项目运作过程中，政府或项目公司的股东都或多或少地为项目提供一定程度的支持，银行对政府或项目公司股东的追索只限于这种支持的程度，而不能无限地追索，因此项目融资经常是有限追索权的融资。由于BOT项目具有有限追索的特性，BOT项目的债务不记入项目公司股东的资产负债表，这样项目公司股东可以为更多项目筹集建设资金，所以受到了股本投标人的欢迎而被广泛应用。

10. P2P金融

P2P金融又叫P2P信贷。其中，P2P是"Peer-to-Peer"或"Person-to-Person"的简写，意思是：个人对个人。P2P金融指个人与个人间的小额借贷交易，一般需要借助电子商务专业网络平台帮助借贷双方确立借贷关系并完成相关交易手续。借款者可自行发布借款信息，包括金额、利息、还款方式和时间，实现自助式借款；借出者根据借款人发布的信息，自行决定借出金额，实现自助式借贷。

2006年度诺贝尔和平奖得主尤努斯博士认为现代经济理论在解释和解决贫困方面存在缺陷，为此他于1983年创建了格莱珉银行，通过开展无抵押的小额信贷业务和一系列的金融创新机制，不仅创造了利润，而且还使成千上万的穷人尤其是妇女摆脱了贫困，使扶贫者与被扶贫者达到双赢。格莱珉银行已成为100多个国家的效仿对象和盈利兼顾公益的标杆。自创办以来，格莱珉银行的小额贷款已经帮助了630万名借款人（间接影响到3 150万人），其中超过一半的人脱贫。而且格莱珉银行自1983年创办以来，除了创办当年及1991年至1992年两个水灾特别严重的年头外，一直保持赢利，2005年的赢利达1 521万美元。同时，格莱珉银行不仅提供小额贷款，而且也鼓励小额存款，并通过格莱珉银行将这些存款发放给其他需要贷款的人。这一模式就是最初的P2P金融雏形。它主要分为两种模式，即基于电子商务的网络P2P金融和传统线下的P2P金融。

2005年11月，美国PROSPER将这一思想进一步提炼和创新，创办了PROSPER网络小额贷款平台，让资金富余者通过PROSPER向需要借款的人提供贷款，并收取一定利息。从2006年2月上线到2009年1月29日，经由PROSPER的借贷金额共计约合人民币12.5亿元，超过3个月的逾期还款率仅为2.83%。2010年4月16日，美国PROSPER宣布已完成了1 470万美元的第四轮融资。至此，PROSPER的总融资金额已达到5 770万美元。

PROSPER在本土的主要竞争对手LENDING CLUB也再融资2 450万美元。至此，LENDING CLUB在前三轮融资共获注资总额已达5 270万美元。除了PROSPER，2005年3月在英国伦敦开始运营一家名为ZOPA的网站同样是目前最热门的P2P网络金融平台之一。这些网络P2P金融平台的成功让P2P金融真正开始在世界范围内获得认可和发展。

在相当长一段时期内，我国小微企业的融资需求始终无法从银行等间接融资渠道中得到满足，这也为国内P2P金融平台发展提供了空间；几年时间内，中国P2P金融从无到有，并展现出强劲的发展后劲，甚至令国外机构直言要来中国“取经”。

P2P金融在国内发展初具雏形，但并无明确的立法，国内小额信贷主要靠“中国小额信贷联盟”主持工作。随着网络的发展，社会的进步，该种金融服务的正规性与合法性会逐步加强，在有效的监管下发挥网络技术优势，实现普惠金融的理想。发展至今由P2P的概念已经衍生出了很多模式。中国网络借贷平台已经超过2 000家，平台的模式各有不同，归纳起来主要有以下三类：

（1）担保机构担保交易模式，这也是最安全的P2P模式。此类平台作为中介，平台不吸储，不放贷，只提供金融信息服务，由合作的小额贷款公司和担保机构提供双重担保。此类平台的交易模式多为“1对多”，即一笔借款需求由多个投资人投资。此种模式的优势是可以保证投资人的资金安全，由中安信业等国内大型担保机构联合担保，如果遇到坏账，担保机构会在拖延还款的第二日把本金和利息及时打到投资人账户。这其中，有利网也推出了债权转卖交易，如果投资人急需用钱，可以通过转卖债权，从而随时把自己账户中的资金取走。有利网因为其安全方便迅速获得用户喜爱。

（2）P2P平台下的债权合同转让模式。可以称之为“多对多”模式，借款需求和投资都是打散组合的，甚至有由宜信负责人唐宁自己作为最大债权人将资金出借给借款人，然后获取债权对其分割，通过债权转让形式将债权转移给其他投资人，获得借贷资金。宜信也因其特殊的借贷模式，制定了“双向散打”风险控制，通过个人发放贷款的形式，获得一年期的债权，宜信将这笔债权进行金额及期限的同时拆分。这样一来，宜信利用资金和期限的交错配比，不断吸引资金，一边发放贷款获取债权，一边不断将金额与期限进行错配，不断进行拆分转让。宜信模式的特点是可复制性强，发展快。其构架体系可以看作左边对接资产，右边对接债权。宜信的平衡系数是对外放贷金额必须大于或等于转让债权。如果放贷金额实际小于转让债权，等于转让不存在的债权，根据《关于进一步打击非法集资等活动的通知》，属于非法集资范畴。

（3）以交易参数为基点，结合O2O（Online to Offline，将线下商务的机会与互联网结合）的综合交易模式。例如联合贷为电商加入授信审核体系，对贷款信息进行整合处理。这种小贷模式创建的P2P小额贷款业务凭借其客户资源、电商交易数据及产品结构占得优势，其线下成立的两家小额贷款公司对其平台客户进行服务。线下商务的机会与互联网结合在了一起，让互联网成为线下交易的前台。

11. PPP模式

PPP模式即“Public-Private-Partnership”，也称PPP融资，或者PPP。它是指政府与私人组织之间，为了合作建设城市基础设施项目，或是为了提供某种公共物品和服务，以特许权协议为基础，彼此之间形成一种伙伴式的合作关系，并通过签署合同来明确双方的权利和义务，以确保合作的顺利完成，最终使合作各方达到比预期单独行动更为有利的结果。

PPP模式以其政府参与全过程经营的特点受到国内外广泛关注。PPP模式将部分政府责任以特许经营权方式转移给社会主体（企业），政府与社会主体建立起“利益共享、风险共担、全程合作”的共同体关系，政府的财政负担减轻，社会主体的投资风险减小。PPP 模式比较适用于公益性较强的废弃物处理或其中的某一环节，如有害废弃物处理和生活垃圾的焚烧处理与填埋处置环节。这种模式需要合理选择合作项目和考虑政府参与的形式、程序、渠道、范围与程度，这是令人困扰且值得探讨的问题。

PPP 的各种模式及其含义：广义 PPP 可以分为外包、特许经营和私有化三大类。其中：外包类——PPP 项目一般是由政府投资，私人部门承包整个项目中的一项或几项职能，例如只负责工程建设，或者受政府之托代为管理维护设施或提供部分公共服务，并通过政府付费实现收益。在外包类 PPP 项目中，私人部门承担的风险相对较小。特许经营类——项目需要私人参与部分或全部投资，并通过一定的合作机制与公共部门分担项目风险、共享项目收益。根据项目的实际收益情况，公共部门可能会向特许经营公司收取一定的特许经营费或给予一定的补偿，这就需要公共部门协调好私人部门的利润和项目的公益性两者之间的平衡关系，因而特许经营类项目能否成功在很大程度上取决于政府相关部门的管理水平。通过建立有效的监管机制，特许经营类项目能充分发挥双方各自的优势，节约整个项目的建设和经营成本，同时还能提高公共服务的质量。项目的资产最终归公共部门保留，因此，一般存在使用权和所有权的移交过程，即合同结束后要求私人部门将项目的使用权或所有权移交给公共部门。私有化类——PPP 项目则需要私人部门负责项目的全部投资，在政府的监管下，通过向用户收费收回投资实现利润。由于私有化类 PPP 项目的所有权永久归私人拥有，并且不具备有限追索的特性，因此私人部门在这类 PPP 项目中承担的风险最大。

在发达国家，PPP 的应用范围很广泛，既可以用于基础设施的投资建设（如水厂、电厂），也可以用于很多非营利设施的建设（如监狱、学校等）。

主要优点：将市场机制引进了基础设施的投融资。不是所有城市基础设施项目都是可以商业化的，应该说大多数基础设施是不能商业化的。政府不能认为，通过市场机制运作基础设施项目等于政府全部退出投资领域。在基础设施市场化过程中，政府将不得不继续向基础设施投入一定的资金。对政府来说，在 PPP 项目中的投入要小于传统方式的投入，两者之间的差值是政府采用 PPP 方式的收益。

（1）消除费用的超支。公共部门和私人企业在初始阶段私人企业与政府共同参与项目的识别、可行性研究、设施和融资等项目建设过程，保证了项目在技术和经济上的可行性，缩短前期工作周期，使项目费用降低。PPP 模式只有当项目已经完成并得到政府批准使用后，私营部门才能开始获得收益，因此 PPP 模式有利于提高效率和降低工程造价，能够消除项目完工风险和资金风险。研究表明，与传统的融资模式相比，PPP 项目平均为政府部门节约 17%的费用，并且建设工期都能按时完成。

（2）有利于转换政府职能，减轻财政负担。政府可以从繁重的事务中脱身出来，从过去的基础设施公共服务的提供者变成一个监管的角色，从而保证质量，也可以在财政预算方面减轻政府压力。

（3）促进了投资主体的多元化。利用私营部门来提供资产和服务能为政府部门提供更多的资金和技能，促进了投融资体制改革。同时，私营部门参与项目还能推动在项目设计、施工、设施管理过程等方面的革新，提高办事效率，传播最佳管理理念和经验。

（4）政府部门和民间部门可以取长补短，发挥政府公共机构和民营机构各自的优势，弥补对方身上的不足。双方可以形成互利的长期目标，可以以最有效的成本为公众提供高质量的服务。

（5）使项目参与各方整合组成战略联盟，对协调各方不同的利益目标起关键作用。

（6）风险分配合理。与BOT等模式不同，PPP在项目初期就可以实现风险分配，同时由于政府分担了一部分风险，使风险分配更合理，减少了承建商与投资商的风险，从而降低了融资难度，提高了项目融资成功的可能性。政府在分担风险的同时也拥有一定的控制权。

（7）应用范围广泛，该模式突破了引入私人企业参与公共基础设施项目组织机构的多种限制，可适用于城市供热等各类市政公用事业及道路、铁路、机场、医院、学校等。

管理学家彼得·德鲁克（Peter Ferdinand Drucker）曾经指出："政府必须面对一个事实：政府的确不能做、也不擅长社会或社区工作。"进入知识经济时代，资源的汲取与分配应该以高效率的方式进行。政府负责政策制定与规划，而将政策执行落实于民间社区或私营部门，这样不仅可以减轻政府长久以来的财政负担，又可将社区及民众力量引入公共服务的进程当中，以强化公民意识与社会认同感，同时提高了资源使用效能和建设、运营效率。因此，在现代化社会的发展进程中，PPP的推广具有现实的、积极的意义。

12. 境外融资

在境外的中小企业主要是在当地筹措资金，主要从以下几个方面来考虑：

（1）了解所在国或地区融资方面的相关法律、法规。在境外的中小企业想在当地解决资金短缺问题，首先应该了解所在国融资方面的相关法律、法规。事实上，世界上许多国家和地区都注重从法律、法规层面加强对中小企业的保护和扶持，用立法的形式来强化对中小企业的融资服务。如美国联邦政府，为扶持中小企业的发展制定了中小企业法、中小企业投资法、中小企业经济政策法、中小企业技术革新促进法、小企业投资奖励法和小企业开发中心法等一系列法律、法规。其中强化对中小企业的融资服务是这些法规的重要内容。另外，韩国的特别银行法也规定，设立中小企业银行和国民银行，专门负责中小企业的金融业务。除了美国、韩国外，日本、英国、德国等也十分重视中小企业立法，在金融信贷方面给予中小企业以法律支持和援助。为防止中小企业连锁性倒闭，日本立法制定了小企业信用保险法及小企业倒闭对策借贷制度，明确规定由中小企业金融公库和国际金融公库向发生资金周转困难的企业提供低息贷款。

（2）了解当地政府的一些"乡规"。这是中小企业在境外融资应注意的第二个问题。比如，一些国家的政府非常注重对中小企业在退出阶段的金融服务，做到"有始有终"。在美国，政府和民间设有专门的破产清算基金，目的是尽量减少企业破产给当事人、债权人以及整个社会带来的不利影响，尽最大努力合理地安排好有关方面的合法利益，实现企业的顺利退出。

（3）了解金融支持的社会辅助体系。国外的金融支持社会辅助体系，主要是完善包括中小企业服务中心、辅导中心、咨询公司、会计师事务所、律师事务所、资产评估公司、税务代理公司等在内的社会化中介服务机构和以贷款评估、信息咨询、管理咨询、技术合作等为主要内容的中小企业社会化服务体系。在德国，就活跃着一批为中小企业服务的中介组织，比如德国中小企业联合总会（ZDH）。它包括55个地方小企业分会、52个国家级的行业协会和与中小企业有关的机构。德国中小企业联合总会代表全德国824 000家中小企业，和其他一些中介机构一起为中小企业提供信息和建议，为企业提供贷款申请的鉴定和评估。在德国政府的支持下，这些中介机构对中小企业进行直接帮助，其中在1995年给予中小企业2 600次信贷担保。

（4）想方设法争取到当地政府的税收优惠政策。据了解，一般情况下，国外中小企业的赋税总水平，往往占增加值的15%～30%。在德国，中小企业享有很多税收优惠，如对大部分中小手工业企业免征营业税，对中小企业营业税起征点从2.5万马克提高到3.25万马克，等等。

（5）尽可能取得政府在贷款上的援助。中小企业初创、技改和出口，往往是最需要资金的环节，外国政府主要通过帮助中小企业提供贷款担保、贷款贴息、政府直接发放优惠贷款等方式进行援助。在美国，往往由中小企业局以担保方式诱导银行向中小企业提供贷款。一般情况下，该局对75万美元以下的贷款提供总贷款额75%的担保；对10万美元的贷款提供80%担保。在日本，政府设立了“信用保证协会”和“小企业信用公库”，为中小企业从民间银行借贷提供担保。

（6）积极争取当地政府的政策扶持。在国外创办中小企业，由于先天不足，在无情的市场竞争中，往往处于弱势地位，尤其是筹资方面的劣势显得更为突出。这种情况下，设法获得当地政府部门政策上的扶持，显得至关重要。事实上，从整个世界范围的现实情况看，政府的资金支持一般占到中小企业外来资金的10%左右，具体比例则决定于各国对中小企业的政策扶持力度。

（7）要敢于争取当地政府的财政补贴。在境外的中小企业，不要有“后娘孩子”的思想包袱，要敢于争取当地政府的财政补贴。对中小企业的财政补贴主要包括就业补贴、研究与开发补贴、出口补贴等。与税收优惠的普惠性质不同，其功能重在引导，其数额也比较有限。在法国，这一补贴一般与就业机会的增加挂钩：中小企业每新增一个就业机会，政府就给予2万~4万法郎的财政补贴；对3年内新增6名职工以上的中小企业，对每名新增加职工政府给予企业1.2万~1.5万法郎的补贴，等等。

（8）要尽可能取得政府基金的支持。为使中小企业在国民经济及社会发展的某些方面充分发挥作用，一些国家往往以设立财政专项基金的方式，给予相应的财政支持。这些基金往往利息低（甚至免息），偿还期限长（甚至不用偿还）。

（9）寻找专门为中小企业服务的金融机构。国外创业，能否在金融业界找到门当户对的合作伙伴，将在很大程度上决定其间接融资成功率的高低。无数事实证明，财大气粗的大银行眼光总是情不自禁地盯着大企业，即便它们一时兴起设立了中小企业金融服务机构，也往往是形式大于内容。因此，到海外兴办中小企业，要想解决融资问题，就必须审时度势，寻找那些与其门当户对、专注服务于中小企业的专业性金融机构。

事实上，大多数国家或地区都设有专门为中小企业服务的金融机构，如日本有5家专门面向中小企业的金融机构——中小企业金融公库、国民金融公库、工商组合中央公库、中小企业信用保险公库和中小企业投资扶持株式会社。这些金融机构以较有利的条件向中小企业直接贷款，或者建立使其他金融机构放心给中小企业贷款的信用保证制度，或者认购中小企业为充实自有资本而发行的股票和公司债券等。另外，德国有以中小企业为主要服务对象的合作银行、大众银行和储蓄银行，韩国有中小企业银行、国民银行、大东银行和东南银行，等等。

（10）利用“二板”股票市场。为有效解决中小企业的直接融资问题，近年来不少国家纷纷另辟蹊径，积极探索开辟“二板”股票市场，为中小企业，特别是科技型中小企业，打通直接融资通道。如美国有为中小型科技企业设立的纳斯达克股市，此外还有为退市公司和更小型公司提供股票转让服务的柜台交易市场（三板市场）。加拿大、日本、英国、德国、法国、新加坡、马来西亚、韩国等国家和中国台湾、中国香港地区也都建立了为中小企业融资上市的二板市场。拉丁美洲一些国家，也都纷纷降低了证券市场的准入门槛，为中小企业上市融资大开方便之门。智利证券交易所2001年开始允许符合条件的中小企业在股市挂牌交易，哥伦比亚也放开了对企业上市的资产限制。在这种情况下，西方国家通过证券交易所公开发行的债券或股票也只占公司全部债券或股票的一小部分，大部分债券或股票仅仅只是经过证券监管部门的审核和备案，就直接通过柜台进行交易。

（11）谋求专业化担保。到国外办企业离不开金融机构的贷款，而人们通常所说的中小企业贷款难，从某种意义上讲就是难在担保上。然而，在西方，担保基金和担保机构是中小企业融资服务体系中最重要的组成部分之一。因为有了担保基金和担保机构的支持，银行才可以降低风险，中小企业才更容易获得贷款，可谓“四两拨千斤”。

在西方，往往由政府出面建立担保基金。政府往往是担保资金的全部或主要来源，不同的是是以中央财政为主还是以地方财政为主而已。大部分国家，如美国、加拿大的担保体系中，担保的净损失由政府补贴。在以色列，政府设立了2.2亿美元的国家担保基金，由议会授权，为银行给中小企业的贷款作担保，并设专门机构为中小企业银行贷款给予担保。

四、中小企业的融资战略

企业融资战略是根据企业内外部环境的状况和趋势，对企业融资的目标、结构、渠道和方式等进行长期和系统的谋划，旨在为企业战略的实施和提高企业的长期竞争力提供可靠的资金保证，并不断提高企业融资效益。融资战略不是具体的资金筹措实施计划，而是为适应未来环境和企业战略的要求，对企业融资的重要方面所持的一种长期的、系统的构想。融资战略的直接目的不是使企业达到短期资金成本的最低化，而是确保企业长期资金来源的可靠性和灵活性，并以此为基础不断降低企业长期的资金成本。

与具体的融资方式选择决策不同，企业融资战略是对各种融资方法之间的共同性的原则性问题做出选择，是决定企业融资效益最重要的因素，也是企业具体融资方法选择和运用的依据。根据这些融资问题可以归纳出融资战略决策的具体内容。

（一）融资战略的目标

融资战略目标是企业在一定战略时期内融资要达到的总要求。它指明企业融资奋斗和努力的方向，明确今后一个时期融资的总任务，融资战略的目标系统必须与企业战略及其他子战略的要求相协调，设立一个合理的综合目标体系，作为融资战略决策的基本依据和方向。如满足资金需要目标，包括：维持生产经营活动的资金需要，保证企业发展的资金需要和应付临时资金短缺的需要；扩大和保持现有融资渠道目标以实现资金来源的多样化；降低资金成本目标；降低融资风险目标等。

（二）融资规模战略

对以股份公司为代表的大企业来讲，融资的目的在于实现最佳资本结构，即追求资金成本最低和企业价值最大；对中小企业来讲，融资的目的是直接确保生产经营所需的资金。资金不足会影响生产发展，而资金过剩也会导致资金使用效果降低，造成浪费。由于中小企业融资不易，所以经营者在遇到比较宽松的筹资环境时，往往容易犯“韩信点兵，多多益善”的错误。但如果筹来的资金用得不合理或者并非真正需要，那么好事就变成了坏事，企业反倒可能背上沉重的债务负担，进一步影响融资能力和获利能力。此外，企业在进行筹资决策之时要根据企业对资金的需要、企业自身的实际条件以及筹资的难易程度和成本情况量力而行，以确定企业合理的筹资规模。主要应考虑如下几个方面的因素：

首先，要对企业的资金使用有长远的规划。只有对企业的资金使用有长远的规划，才能够明确企业未来需要多少资金。现金预算是企业进行资金规划的一个良好工具。而企业的现金预算又是建立在企业的销售预算、生产预算的基础之上的，因此，中小企业应该在生产经营中建立起科学的预算制度。

其次，要考虑企业的负债水平。过高的负债会加大企业的财务风险。对于中小企业而言，由于大部分不具备发行股票的条件，吸收直接投资也仅仅限于那些市场前景非常看好的企业，所以，负债筹资是中小企业的主要筹资方式。负债筹资的最大缺陷就是会加大企业的财务风险。一旦企业的市场销售出现困境，就会面临不能偿还债务的危机。因此，企业确定筹资规模时一定要注意企业的负债水平。

最后，要考虑企业的市场规模。企业的市场规模直接影响企业的生产规模，企业的生产规模必然会受到企业产品在市场规模的制约。所以，企业不能无节制地扩大自己的市场规模。不少企业在市场前景看好时往往会犯下高估市场规模的错误，从而造成筹资规模过大，使得筹集到的资金没有完全发挥作用，却仍然要承担筹资成本。

企业还可通过对企业财务报表的分析，判断企业的财务状况与经营管理状况，从而确定合理的融资规模。由于这种方法比较复杂，需要有较高的分析技能，因而一般是由企业的财务经理来完成这个工作。

（三）融资成本战略

融资成本是指中小企业的融资分析和确定筹集资金的成本。融资成本是使用资金的代价，包括融资费用和使用费用。中小企业在融资渠道和方式上不像大企业那样存在较大的选择余地，但这并不是说中小企业只能“饥不择食”；相反，由于中小企业的抗风险能力弱，更应该对每笔资金加以权衡，综合考虑经营需要与资金成本、融资风险及投资收益等诸多方面的因素，把资金的来源和投向结合起来，分析资金成本率与投资收益率的关系，避免决策失误。即在融资决策中应该考虑资金的使用成本与使用资金的效益性。

（四）融资结构战略

融资结构是指企业融资总额中各种来源的资金所占的比例。由于中小企业融资困难，往往忽视资本结构问题，要么负债比率过高而加大了破产成本，要么权益资本过高而增加了资本成本。根据融资结构理论，企业存在一个最优的资本结构可使其资金成本最低，中小企业应尽可能确定一个合理的资本结构，并尽量根据该资本结构来融资。企业的资本结构一般是由权益资本和债务资本组成。权益资本的资本成本高，但融资风险低；债务资本的资本成本相对较低，但融资风险高。权益资本与债务资本的比例不同，对企业所有者的权益会产生不同的影响。

另外中小企业的资金运用决定融资的类型和数量。我们知道，企业总资产由流动资产和非流动资产两部分构成。流动资产又分为两种不同形态：一是其数量随生产经营的变动而波动的流动资产，即所谓暂时性流动资产；二是类似于固定资产那样长期保持稳定水平的流动资产，即所谓永久性流动资产。按结构上的配比原则，中小企业用于固定资产和永久性流动资产上的资金，以中长期融资方式筹措为宜；由于季节性、周期性和随机因素造成企业经营活动变化所需的资金，则主要以短期融资方式筹措为宜。强调融资和投资在资金结构上的配比关系对中小企业尤为重要。有关调查显示，中小企业的财务失败案例中很多并不是直接由于资金不能筹措而致，而是由于经营者不了解各种资金的特性而将短期资金不恰当地用在了长期投资项目上。

增量融资指从数量上增加资金总占用量，以满足生产经营需要；存量融资是指在不增加资金总占用量的前提下，通过调整资金占用结构，加速资金周转，尽量避免不合理的资金使用，提高单位资金的使用效率，以满足企业不断扩大的生产经营需要。增量融资与存量融资的紧密结合，也反映出中小企业的融资活动与投资活动的内在必然联系，因为存量融资实际上就是一种资金运用，属于投资活动的范畴。比如，企业若能将闲置设备适时采用出租、出售转让等形式进行“存量筹资”，则不但可以避免损失和资金的积压，而且有助于提高长期资金的流动性，减轻过于沉重的融资压力。

（五）融资时机战略

融资时机是指企业应在何时进行融资的战略决策。融资是为了用资，融资的时机首先取决于中小企业环境变化所提供的投资机会出现的时间，何时进行融资取决于投资的时机。过早融资会造成资金的闲置，过迟融资则可能丧失有利的投资机会。其次，企业外部融资环境也随着时间、地点、条件的不同而处于不断的变化之中。这些变化往往导致融资成本时高时低，融资难易程度时大时小等状况。因此企业若能抓住环境变化提供的有利时机进行融资，必将能够比较容易地获得成本较低的资金。所以企业融资的时机，取决于外部融资环境的变化。

（六）融资渠道与方式的战略

融资渠道是指企业取得资金的来源，而融资方式是指企业取得资金的具体形式。融资渠道与融资方式之间往往存在着一定的对应关系，不能截然分开。以下主要从内部融资战略和外部融资战略两方面进行分析：

内部融资是指中小企业从内部开辟资金来源筹措所需资金。这一战略主要的资金来源包括：留存盈余和利益留成，包括从利润中提取形成的一般盈余公积金和公益金等；从销售收入中回收的折旧、摊销等无须用现金支付的费用；资金占用减少，周转速度加快所形成的资金节约等。其中最后一条似乎不属于一般意义上的融资，因此在研究融资时往往也被忽视，但是，它们可以使企业以更少的资金做同样甚至是更多的事，因此成了企业长期资金的重要来源。由于中小企业外部融资渠道不多，比如商业银行普遍歧视中小企业尤其是民营中小企业，而且债券市场不发达，上市融资可能性微乎其微，因此内部融资在一定情况下成为中小企业融资的唯一选择。

外部融资战略是指中小企业从外部取得发展资金，包括银行贷款、债券、股票等。外部融资对中小企业来说很困难。一是商业银行的贷款条件苛刻，对中小企业尤其如此；二是我国目前还没有真正的企业债券市场；三是在目前阶段我国中小企业上市融资机会微乎其微，而允许或说服他人入股也不是容易的事情。但随着我国加入世界贸易组织，资本市场逐渐发展，中小企业从外部融资的形势越来越乐观，现在中小企业应注意加强这方面的研究，以充分利用即将到来的融资机会。另外，中小企业应搞好和银行的关系，研究银行借贷的条款。重点是熟悉非银行金融机构，如信用社等，以扩大融资渠道，增加融资的可能性。

第三节　中小企业的投资管理

投资管理就是对企业的投资行为可行性及其对企业经营活动的影响等进行科学的研究，帮助企业的经营者进行科学的投资决策。

一、中小企业投资的特点

与大企业投资相比，中小企业投资具有以下特点：

（1）投资风险大。中小企业的经营环境具有不确定性，其生产经营有很大风险，也造成了投资决策风险性极大。同时，受资金量的限制，又不可能将资金分散投资在多个项目上，而往往专注于某一项投资，因而不能有效地分散投资风险，进一步增大了中小企业投资的风险。

（2）中小企业投资可能出现过度投资或投资不足的情况。当新的投资机会来临，比较容易地获得投资资金时，中小企业缺乏冷静的态度，会倾向于更多的投资，甚至出现过度投资。如果资金短缺，许多中小企业可能选择利用贷款进行投资，则由于受到借款金额的限制而造成投资不足。

二、中小企业投资环境分析

投资环境又称投资气候，是指一个地区或经济体在一定时期内拥有的对投资活动有影响的各种因素和条件的综合系统。它具有系统综合性、客观存在性、绝对差异性、动态性和相对性等基本特征。投资环境是由众多因素构成的复杂系统，几乎包括一个地区的所有情况，如有形的自然资源、基础设施，无形的观念形态、制度体制、民俗民风、情报信息等。其中各因素之间相互关联、相互作用、相互影响和相互制约。投资环境是先于投资行为而客观存在的。不仅自然条件和地理位置这些不可变的因素如此，即使政治、经济、技术、社会文化等可变因素也如此。正是这种存在性特点，影响和决定着投资者的投资决策、投资方向和投资规模以及投资者的收益。

近年来，我国中小企业面临的投资环境如下：

（一）面临不公平的政策环境

20世纪80年代初期，国家对以中小企业为主的乡镇企业的发展给予了许多优惠政策，随着改革的推进，这些政策逐步取消了。新的历史条件下，中小企业不但很少得到政策优惠，反而面临着一些不公平的政策环境。

（1）在“抓大放小”政策的诱导下，一些地方采取了“抓大弃小”的做法。一些地方政府对于组建当地的大型企业集团很感兴趣，而弃中小企业的发展于不顾或者只对出售中小企业感兴趣。

（2）融资条件不平等。一些地方的金融机构对不同所有制（不同规模）的企业实行不同的贷款条件，非国有的、非集体的企业贷款条件要比国有的或集体的企业的贷款条件严格得多，中小企业的贷款条件要比大企业严格得多，一些个体私营的中小企业甚至没有资格得到金融机构的贷款。一些地方对个体私营中小企业的发展漠不关心而热衷于公有性质的企业的发展。随着银行的商业化改革的推进和投资风险约束机制的建立，在银行采取“授权授信”措施之后，县市行已经没有多大的贷款权力。这加大了分布于广大农村的乡镇企业获得长期或短期贷款的难度。

（3）改革政策不到位。据中国企业联合会的一份权威调查表明，国有企业经营自主权得到落实的仅占50%，定价权落实的为48%，投资决策权落实的为26%，资产处置权落实的为17%，人事权落实的为40%，进出口权落实的为35%。中小企业改革政策到位率不会高于上述比例。因此，国有中小企业亏损面和亏损额居高不下。

（二）面临不规范的竞争秩序环境

中小企业所面临的不规范竞争秩序体现在如下方面：

（1）各地中小企业之间在相当大的范围内存在着低水平过度竞争问题。同类产品的企业之间为了争夺市场，竞相压价；而企业为了在低价位时维持一定的利润水平，不得不偷工减料，降低产品质量。由于这种竞争不是在公平的基础上展开的，而是使用不正当的竞争手段进行的，其竞争的结果不是优胜劣汰，而是以资源的巨大浪费为代价的优劣并存，甚至是优败劣胜。

（2）一些大企业利用自身的经济优势，以低于成本的价格销售其产品，来达到排挤中小企业竞争对手的目的。面临不规范竞争，不少中小企业感到生存艰难，其中，相当一部分国有中小企业更是举步维艰。

（三）面临生产技术和管理水平不高的环境

我国中小企业的生产技术和管理水平不高，原因如下：

（1）中小企业经营者（少数中小高科技企业除外）普遍素质较差。

（2）人才缺乏是制约中小企业发展的又一个重要因素。中小企业由于社会的认识偏差等因素很难吸引到所需要的人才。另外，我国劳动力市场的发展远远落后于经济发展的需要，从而限制了人才在地区之间、国有企业和民营中小企业之间的流动，这也是形成中小企业人才短缺的原因。由于缺乏经营管理和技术方面的人才，许多中小企业沿袭着陈旧的管理方法，有的甚至还停留在大家族式的管理状态，也难以引进和采用先进的生产技术，造成企业活力不足，经济效益低下，缺乏市场竞争力。

(3) 缺乏获得市场信息和技术的渠道。除高新技术领域的中小企业之外，中小企业比较普遍地存在着缺乏获得市场信息和技术的渠道的弱点。缺乏市场信息使经营者难以做出适时和合理的经营决策，缺乏技术则使其产品往往停留在简单仿制的低级水平而不能及时升级换代。这些弱点同样制约着中小企业的发展。

（四）面临不发达的社会化服务环境

中小企业势单力薄，特别需要各种社会化服务，如政府、有关组织及中介机构提供的技术、人才培训、信息交流、财务审计、法律服务、技术咨询等服务。此外，多数中小企业在企业管理、发展战略、组织结构、财务制度、生产经营、市场营销、广告宣传等方面也很不规范，急需政府及有关组织进行指导并对其进行规范。中小企业由于资产少、规模小，加上少数中小企业生产经营假冒伪劣商品，使得中小企业的整个社会形象不好，公众舆论对中小企业也不利，导致政府的信贷、税收等优惠政策很难倾向于中小企业，这不利于开展公平竞争。政府为中小企业服务的观念也较差。中小企业由于很少或没有专门的人员负责政府各部门所要求的各种表格、报告、统计等工作，政府对它的信任度也较低。中小企业的技术创新若想得到政府计划的支持，常常需要准备冗长而又专业的申请报告及建议书，手续繁杂，耗时耗力，付出很高成本后才得到一些本应得到的支持。这种由于政府管理所带来的额外负担也使中小企业难以承受。这些都迫切要求政府加强市场体系和社会化服务体系的建设，政府职能应尽快由“管理型”向“服务型”转变。

（五）面临法律体系不完善、法律法规不健全的环境

法律体系不完善、法律法规不健全是我国市场经济体制改革的一大难点，亦是中小企业投资环境欠佳的一个主要方面。它集中体现在立法缺乏统一性和权威性，执法或行政保护尺度欠缺公允以及司法存在“权大于法”的不良影响，中小企业在实际上难与大型企业实现真正平等。

（六）面临信用缺失、社会公信力低的环境

“信用缺失”是国外专家对中国投资环境的评价。信用缺失降低了资源的配置效率从而降低了中小企业的投资效率；另外中小企业经营管理水平低、市场竞争能力弱、经营机制不健全、信用危机等也在一定程度上限制了中小企业的投资。

综合以上分析，我们不难发现一个十分矛盾的现实：一方面，改革开放以来，中小企业取得了长足发展，特别是20世纪90年代以来，我国工业新增产值76.7%是中小企业创造的，同时中小企业还以其48.5%的资产安置了70%以上的职工，创造了57.1%的销售额和43.2%的工商税收；另一方面，中小企业由于规模小、实力弱，很少得到政策优惠，不合理负担较重，面临不公平的政策环境、不规范的竞争秩序、不太科学的管理和不发达的社会化服务，生存发展又十分困难。因此，在“抓大”的同时，“放小”是当前亟待解决的一项任务。

三、中小企业的投资方式

1. 直接投资

直接投资，也叫生产性投资，是指把资金直接投放于生产经营性资产，以便获取利润的投资，如购置设备、兴建厂房、开办商店等。直接投资的目的除了获利之外，还有扩大生产规模，增加市场的占有率等。

（1）直接投资的特点：

①对企业的长远发展具有影响。由于直接投资的目的除了获利之外，还有增加企业的产量和销售量，从而扩大市场份额，提高自己的竞争地位。因此，企业的直接投资和企业的长远发展战略是联系在一起的。企业为了提高产品的质量，就会采用更先进的生产工艺和生产设备；企业要通过规模化来降低企业产品的生产成本，就会对生产效率更高的设备进行投资。因此，对直接投资的决策，关系到企业长远的发展，甚至影响到企业的命运。

②投资大、周期长。企业的直接投资金额一般都较大，其考虑的是长期利益。另外，企业购买的固定资产要在很长时间内才能收回投资，因此企业直接投资的周期也是很长的。

③投资风险大。企业直接投资面临着很多不确定的因素，比如，需要增加多少流动资金、能够生产多少产品、产品的销售价格是多少都是未知的。因此，直接投资能否取得理想的效果主要取决于对未来各方面预测是否准确，而预测是无法做到百分之百准确的。因此，所有这些不确定的因素使得直接投资面临很大的风险。

④投资的流动性差。企业的直接投资主要是对厂房、机器、设备进行投资。这些资产单位价值较大，且难以应用于其他场合，因此一旦购入就很难出售。即便能够出售，其价格也往往是大打折扣。因此，直接投资流动性差。

（2）中小企业进行直接投资的主要原则：

①要明确自己的优势和劣势。企业的直接投资是一项周期长、风险较大的投资。直接投资能否成功，不仅关系到企业能否通过投资获利，而且关系到企业的长远发展，甚至关系到企业的生存问题。因为企业的直接投资是通过生产新的产品，或者扩大原有产品的产量而获利，因此，企业的直接投资往往是和企业的市场竞争联系在一起的，而市场竞争反过来又对企业的投资能否成功具有重要影响。因此中小企业在进行直接投资时，必须了解自己的优势和劣势。

②要和企业自身的能力相适应。企业在进行直接投资决策时应该对影响其成功与否的各种因素进行广泛深入的分析，看企业自身各方面的能力能否承担这一投资。企业尤其应该关注以下几个方面的能力：

第一，企业主营业务发展水平。企业主营业务的发展水平主要决定企业的投资方向和投资规模，即决定是应该扩大原有的生产规模，还是应该采取多元化扩张战略，对其他市场领域进行投资，以获得新的利润增长点。企业主营业务的发展水平对于企业的市场竞争力具有决定性的作用，也是企业发展壮大的关键所在。因此，中小企业在进行投资决策时应该明确企业主营业务发展水平处于一个什么样的竞争位置。

第二，资本实力。企业直接投资的特点之一就是投资量大，因此在进行直接投资时，企业的资本实力是必须考虑的因素。考虑企业的资本实力时不仅要考虑其初期的投入，而且还要考虑其正常运转中需追加的周转资本。企业所需资本可通过内部积累与外部融资取得。内部积累不仅包括企业的现有资产，还包括未来的盈利状况。企业自有资金不足时需借款，这时需要考虑企业的融资能力、资本结构、能否顺利筹措所需资金、风险是否可以承受等因素。

第三，人力资源水平。企业的直接投资，无论是扩大原有市场领域，还是通过投资进入新的生产领域，都意味着企业规模的扩张。随着企业规模的扩张，企业的人才结构就必须做出调整。为了扩大原有的生产规模，就需要配备合适的生产管理人才；为了把提高产量而增加的产品销售出去，就必须配备合适的市场营销人才。如果企业是通过投资进入新的市场领域，则需要能适应新环境、应对新挑战的企业家；需要适应新业务，不断推陈出新，引导、迎合市场需求的科研开发人员；需要大量的适应新生产的熟练技术工人等。因此，企业的人力资源水平是企业在投资决策时必须考虑的因素之一。

第四，营销能力。营销能力包括营销技能、营销渠道、市场反应能力及售后服务水平等几方面。营销能力的好坏将对企业扩大生产规模起限制作用，也将对企业能否在新涉足的领域取得稳固地位、能否扩大市场份额产生极大影响，从而成为判定可否进行外延发展的一个重要依据。因为对于任何的直接投资，都需要将生产的产品销售出去，以获得收入。而生产的产品能否顺利销售出去，就取决于企业的市场营销能力。因此，无论是扩大原有市场领域，还是通过投资进入新的生产领域，都必须考虑企业的营销能力。

第五，管理控制能力。企业的直接投资，意味着企业生产规模的扩大，意味着企业人员的增加，有时还意味着企业组织结构的复杂化，这就给企业的管理控制能力提出了更高的要求。因此，企业在进行投资之前应该从其组成方面如组织能力、决策能力、信息反应能力、资源配置能力、成本控制能力、管理人员的层次结构等方面对企业的管理控制能力进行评价。评价的结果可以作为内涵式发展的基础，也可以作为判定能否从容应对新经营领域中将出现的问题并取得良好的经营成果，并决定是否进行外延发展的重要依据。

2. 间接投资

间接投资又称证券投资，是指把资金投放于金融性资产，以便获取股利或者利息收入的投资，如购买政府公债，购买企业债券和企业股票等。其主要目的是获取利润。中小企业采用的间接投资方式主要有如下几种：

（1）投资于金融企业，开办或参股银行、保险公司。目前，民生银行、华夏银行等股份制银行、城市合作银行、地方发展银行中相当一批战略投资者来自中小企业。这类投资是真正的产业投资。

（2）投资于股票、债券（包括国债）等金融资产。目前每年股票债券投资规模以千亿计，基本来自中小企业，这类投资具有“中间投资”的色彩，对于出资人来说，投资行为已经完成，已经实现了货币—资本的转化，但从融资主体来看，真正的投资可能尚未开始。

（3）投资于产权市场，通过产权交易和企业并购，获得产业能力。一大批中小企业通过参与国有企业重组并购，在不进行项目建设的情况下实现了资本扩张和产业能力扩张。其中最突出的是新疆德隆集团公司通过收购国有企业和上市公司的国有股，在水泥生产、番茄酱生产领域取得了行业优势地位。

以上三类投资方式的共同点在于，它们都不直接进行固定资产投资，从宏观经济的角度分析，它们介于投资行为和储蓄行为之间，具有某种“中间性”，其中有的方式更接近储蓄行为。

四、中小企业的投资战略

投资战略主要解决战略期间内，企业投资的目标、规模、方式及时机等重大问题，它是企业最根本的决策。企业战略的一个基本思想就是注重企业长期竞争优势的培植和巩固，所以，资本投资要关注的主要是如何提高企业未来的竞争能力。只有提高了企业的竞争能力，企业的盈利才有保障。没有资本投资的良好配合，企业战略将难以实现。中小企业在经常变化的不利环境中生存和繁荣的能力，很大程度上依赖于它通过资本投资决策更新自身的能力。以上分析表明，企业投资战略就是在企业战略的指导下，依据企业内外环境状况及其趋势对投资所进行的整体性和长期性的谋划，是企业战略体系中一个不可缺少的重要组成部分，甚至有时企业战略就表现为投资战略。因此，投资战略的制定必须郑重考虑，遵循科学的原则、方法、步骤与程序。

1. 中小企业制定投资战略的基本原则

由于投资战略是进行投资管理的重要基础，因此加强投资管理就需要科学合理地制定投资战略。在制定投资战略时，中小企业应该注意把握以下几个原则：

（1）全局性原则。中小企业在选择投资方向时，要以企业全局为出发点，为企业总体发展规划服务。它要求企业在选择投资战略时不仅要注重各种经营手段的选择，更要重视企业内部机制与外部环境的变化。要在对企业环境和企业能力进行综合分析的基础上制定企业投资方向。因此，中小企业投资战略的选择主体应定位在最高决策层而不能仅局限于财务管理部门。

（2）长远发展性原则。中小企业应着眼于企业的长远发展来选择投资战略。一般的，中小企业处于孕育期和成长期，企业从产品市场到管理模式都尚未定型，同时企业规模小也限制企业的抗风险能力。这就要求在企业投资上就不能安于现状，而应体现发展性；要经常提出较高的期望值，以保持积极向上的拉动力；另外，要不断预测、分析未来发展的变化，善于观察新技术和新市场，以开拓新的投资领域。

（3）要符合国家的产业政策。企业的发展都要受到国家产业政策的影响。国家鼓励、扶持发展的行业，一般来说往往是社会需求较大而市场供给不足的行业。而国家限制经营的行业，往往是社会需求逐渐萎缩，或者是因为技术落后将要被淘汰的行业。国家产业政策的设计是经过科学而细致的市场调查和充分全面论证的，因此中小企业不妨把国家的产业政策作为自己投资决策的指南针。

（4）适合市场的需要。企业的生产经营活动离不开市场。企业生产什么产品取决于市场的需要，市场根本不需要的产品是不能为企业带来回报的；企业生产产品的成本也取决于市场的需要，以高于市场所能承受的成本生产的产品只能导致企业亏损；企业产品的规模也取决于市场的需要，如果企业的生产规模超过了市场所能容纳的量，企业的经营就会陷入被动。市场的需求是多样的，也是变化的。今年还是非常受欢迎的产品，明年就可能被市场打入冷宫。因为企业的生产性投资的周期很长，所以，企业在选择投资方向、投资规模，以及预测企业的生产成本时应进行广泛、深入的市场分析和预测。不顾市场需求的投资，多半会以失败而告终。

2. 中小企业的投资战略

企业战略是指企业为了适应未来环境的变化，寻求长期生存和稳定发展而制定的总体性和长远性的谋划。它是对企业整体发展的谋划，具有全局性的特征；是对企业长期发展的谋划，关系到企业的未来发展方向、发展道路和发展行动等；是对企业基本性问题的谋划。企业的投资战略是企业战略在投资管理方向的分战略。它决定企业资金的合理分配和有效利用，并具体规定企业资金投入的方向、重点以及投入资金的多少。企业的投资战略作为企业的主要战略之一，应该在发展方向、目标水平及主要对策等方面与企业战略相互协调一致，并保证企业战略的实现。因为企业投资的最终目的是实现良性扩张，这个目的的最终实现，取决于企业的总体战略。因此企业投资战略的制定必须依据企业的总战略。投资战略只能是在企业总战略所给定的框架内进行企业投资方面的谋划，包括投资方向、投资重点、投入资金的来源与使用、投资的具体方案管理等方面的内容。而且企业投资战略也是总体战略在投资管理方面的具体分解和落实。

根据不同的标准，企业投资战略有不同的分类：按投资战略性质及发展方向，可分为扩张型、保守型和退却型投资战略；按投资战略的投向特征，可分为专业化和多元化投资战略；按投资领域的产业特征，可分为资金密集型、技术密集型和劳动密集型投资战略。不同类型的投资战略适用于不同类型与阶段的企业。中小企业对其投资战略的选择，必须考虑企业内外部各种相关因素的制约，比如行业特征、市场机会和风险、企业发展阶段、企业现有投资规模和结构、企业内部经营管理状况等。例如，扩张型战略是成长期的中小企业最长用、最热衷的战略选择，因为这是中小企业实现成长的最直接、最有效的方式。中小企业规模扩张的途径有市场渗透战略、市场开发战略和产品开发战略。退却型战略多用于经济不景气、资源紧张、企业内部存在着重大问题、产品滞销、财务状况恶化、政府对某种产品开始限制以及企业规模不当、无法占领一个有利的经营领域等情况。其实施的对象可以是生产线、特定的产品或工艺。这种投资战略的特点是，从现有经营领域抽出投资、减少产量、缩减研究费用、精简销售人员、出售专利和业务以收回投资。中小企业的投资战略主要包括如下几个方面：

（1）选择合适的投资方向。由于中小企业一般处在孕育期，经济实力较弱，而中小企业要想成为实力强大的大企业就必须走积极扩张的道路。因此，在投资方向上，中小企业不宜采取退却型和保守型投资战略，而是应该尽量采取积极扩张的投资战略，应该通过有效的市场开发战略来扩大企业产品的市场占有率，为企业扩大生产、增强实力打下基础。另外，在扩张的过程中，应该对包括原材料、主要配件和能源供应在内的资源供应情况、人力资源和社会关系资源情况予以关注。对于产品技术含量较高的企业而言，还应该侧重技术开发战略，不断依靠改进技术、提高企业生产技术水平来实现企业生产规模的扩张。但是这种投资战略应该要考虑到社会总体经济的发展情况和企业市场规模的发展情况。如果经济整体环境不景气，企业市场发展空间萎缩，而且企业的产品因缺乏竞争力而亏损，又缺乏足够的资源和人才扭转这种趋势，企业应果断地采取退却型战略，及时从亏损投资领域抽回资金和人员，寻找其他的有发展前途的投资战略。

（2）选择合适的投资行业。投资行业上的选择关系到企业的长远发展。在国民经济中，一些行业的增长与国民生产总值的增长保持同步，另一些行业的增长率高于国民生产总值的增长率，还有一些行业的增长率低于国民生产总值的增长率。这一现象的存在，说明了一个企业在选择某项产品进行投资时，认真分析该产品所属的行业是十分必要的。分析行业在社会经济中的地位，包括三个方面：行业的产值、财利税额及吸收劳动力的数量在全国工业产值、财政收入和就业总量中所占的比重；行业的现状和未来对整个社会经济及其他行业发展的影响程度；行业处于什么样的生命周期。还要对行业的竞争程度进行分析，看其属于完全竞争、垄断竞争、寡头垄断还是完全垄断。

(3) 考虑企业的资金成本和资本报酬率。企业的资金成本是企业在进行投资时的一项重要支出，也是在进行投资决策时往往容易被忽视的因素。中小企业的筹资“瓶颈”决定了其资金成本将远远高于大企业的资金成本。在筹资的过程中，中小企业已付出了高昂的代价，因此投资时将不得不考虑这一问题。另外，企业在进行投资决策时还应该考虑企业的资本报酬率。资本报酬率就是企业的总体收益和企业的全部资本的比值。这里的资本既包括企业的自有资本，又包括企业从外部筹集的资本，在数值上等于企业的资产总额。企业的资本报酬率对于企业投资项目的决策具有重要意义。任何企业在选择投资方案时，都应该选择那些投资收益率高于企业的资本报酬率的投资项目，而投资报酬率低于企业的资本报酬率的投资项目只会降低企业的收益水平，这显然是不可取的。

五、中小企业的投资空间

投资空间的选择在一定程度上决定了投资的效益。在市场供求关系发生变化、买方市场逐渐形成的情况下，市场容量似乎已经饱和。现在，中小企业投资面临的主要问题之一就是如何选择投资空间。关注中小企业投资空间，对于更好地引导投资，促进经济持续发展，具有重要意义。从目前我国的宏观经济形势和国家统计局有关研究结果看，现阶段适合我国中小企业的投资空间有以下几种：

1. 传统产业开发空间

一提起传统产业，人们就会认为那是没有发展前途的行业。其实传统产业和新经济的划分是在全世界范围内进行的，传统产业在发达国家已经成了夕阳产业，但是传统产业在中国仍将大有可为。

在发达国家，信息、网络等产业被称作“新经济”，是因为它们的确是这些国家当前经济增长的主要源泉和支柱。西方发达国家的“传统产业”经历了几十年甚至上百年的发展，人们对传统产业的产品，如住房、汽车等的消费已经达到了很高的程度，经济增长因需求的制约而陷入了相对的停滞。信息、网络等新技术的出现，为发达国家经济的发展创造了新的市场需求，带动了整个经济的增长。

但是，我国经济起飞的时间还不是很长，经济基础还很薄弱，许多产业刚刚发展。对于发达国家来说是“旧经济”的那些产业，对我们来说还大多是“新兴产业”。比如，汽车业显然还是我们的新经济，房地产业刚刚起步，城市化进程则刚刚展开。家电产品一方面看上去在城市里越来越难卖，但另一方面，几亿农村人口还因就业不足、收入水平低而无法全面进入家电消费市场。因此，传统产业在相当长时间内仍是我国需要大力发展的行业。所以传统产业是中小企业的根据地，也是未来中小企业的主战场。随着国有经济在一般竞争领域的逐步退出，中小企业在这些领域的比重会进一步提高，中小企业将成为传统产业的主力军。

2. 高新技术产业创业空间

目前，世界已进入知识经济时代，高新技术产业是经济发展的带头兵。尽管中小企业多分布在传统产业，但是有些起点高的中小企业已开始涉足高新技术产业，并取得了很大的成就，成为我国经济增长中一支不可忽视的力量。投资于高新技术产业，是中小企业提高投资水平、增加投资效益的重要途径。

虽然中小企业由于资金规模有限、技术人才缺乏，造成技术改造和产品开发能力弱，但是中小企业在技术创新方面也具有一定的优势。首先，中小企业创新的热情高。因为中小企业面临着巨大的生存压力，只有不断创新，才能在激烈的竞争中生存下来。为了在市场竞争中站稳脚跟并持续发展，中小企业十分重视技术创新和技术进步的新动向，所以，中小企业在创新方面的冲动显得更加强烈。同时，中小企业有着快速的决策机制，有着快速的内部沟通机制，能够迅速地根据需求的变化进行创新。再加上中小企业中，员工的贡献能够很容易被识别，员工容易受到激励。因此员工勇于承担风险，其研究开发效率也比较高。比如，美国中小企业的创新成果为每百万雇员 322 项，大企业则为 225 项。中小企业的创新率在仪器、化工和高技术行业更高。

3. 国有经济退出领域空间

目前，我国经济体制改革不断深入。国有企业由于体制上的原因，除了在少数几个具有战略意义的行业依靠国家政策的扶持处于垄断地位以外，在大部分领域都逐渐退出。国有经济有进有退，有所为有所不为，是国有经济实施战略性调整和改组的重要原则。国有经济从一般性竞争行业的战略性退出，将成为今后几年内我国经济体制改革的重点之一。积极引进外资促进我国经济发展，是改革开放以来制定的一项长期重要的国策。但是，我们也必须注意到，虽然近年来我国利用外资的国际环境发生了很大的变化，但国有经济急需退出的是一般性竞争行业，这些领域对大型跨国公司吸引力不大。因此国有经济退出这些领域就给中小企业投资带来了良机。而且这些国有经济退出的领域，都是较为成熟的市场。国有经济的经营模式可以为中小企业的进入提供不错的参考样板，国有企业经营的弊端可以让中小企业引以为鉴，从而避免不必要的失误。

4. 市场空隙领域空间

国外一位著名的企业家曾经提出过一种“圆圈理论”，他把大企业占有的销售市场比作大圆圈，把中小企业占有的销售市场比作小圆圈。所谓“圆圈理论”就是认为在无数的大圆圈和小圆圈之间，必然存在一些空隙，即仍有一部分尚未被占领的市场，这就是所谓的市场空隙。一般来说，这种市场空隙领域市场规模较小，都是对大企业来说生产价值不大的产品，因为不会给大企业带来丰厚的利润，因此大企业不会进入，甚至不少中小企业也不屑于进入该领域。另外，这些市场空隙领域隐蔽性很强，因为人们平时的目光往往集中在圆圈里面尤其是大圆圈里面的市场，往往容易忽视这些市场空隙的存在。因此，在市场空隙领域竞争力很小，有时甚至没有竞争力。

目前，市场上许多价格昂贵或需求量大、通用性强、购买频率高的商品为大企业所垄断。大企业依赖大批量生产方法，充分发挥生产和营销上的规模效应来获得收益，这是中小企业望尘莫及的。也就是说，中小企业进入大圆圈的领域是不太现实的。对于小圆圈领域，虽然竞争对手不是那么可怕，但竞争者的数量巨大，也使得中小企业进入有不小的难度。而这些圆圈之间的空隙领域，是中小企业不可多得的商业良机。

5. 农村地区差别空间

目前大多数企业把注意力过分集中于大中城市，无视或低估农村市场，这是没有读懂市场的表现。实际上，农村市场潜力巨大。近年农村购买力增长速度可能还高于城市，沿海发达地区农村消费水平甚至高于内地一些城市的平均消费水平。而且在农村地区投资经营成本低。一方面，农村地价大大低于城市；另一方面，农村地区劳动力成本也大大低于城市。不过我国农村地域辽阔，各地区发展水平参差不齐，这就需要企业在选择投资区域时予以区别对待。

6. 农业产业化投资空间

农业产业化，就是以农副产品加工业为龙头，以农民家庭为农副产品原材料生产基地，以海内外为目标市场，组建农产品的种植和养殖、加工、销售一条龙的经营形式。我国是一个农业大国，有将近80%的人口是农民，但是我国农业产业化的水平和发达国家有很大的差距。近几年来，政府采取优惠政策和某些组织措施，推动了我国农业产业化的发展，涌现出了许多进行农产品加工的企业，很多还将产品打入了国外发达国家的市场，但是与需求相比，还有很大的差距。农产品加工行业，比如蔬菜、瓜果保鲜及其初加工和深加工，农作物的果实、秸秆、叶、皮、壳的利用，木、竹、藤、棕的加工利用等，需要的资金不多，没有太高的技术含量，是适合中小企业的投资空间。

7. 大中型企业专业化配套协作空间

目前，随着经济的发展，社会的分工越来越细，企业之间的分工也越来越细。目前全球正处于经济全球化的阶段，经济全球化的一个重要特征就是生产的国际分工更加细化。在经济全球化的进程中，大企业在世界范围内寻找丰富的资源和便宜的劳动力进行生产，在一个国家内部市场上也是如此。大企业不仅仅是出于劳动力成本的考虑，有时是为了便于管理和控制，在很多方面和中小企业建立了紧密的生产加工协作关系。比如，日本松下电器公司，与它协作的中小企业约有1 200多家，所需的零部件70%~80%都是由中小企业提供的。随着经济体制改革的深化，我国经济实力进一步增强，大型企业会逐步增多，加之加入世界贸易组织后对外开放的扩大，外国大型企业在中国的投资也会增加。就专业化配套方面看，大企业的发展就可以拉动中小企业投资空间的增加。汽车、家电、机械、食品等行业大企业的发展，都会给中小企业带来不少的投资良机。

8. 国际市场分工空间

说起国际市场，不少人会觉得那是国际上的大企业才能涉足的地方，其实不然。我国的中小企业虽然在科技开发、品牌的知名度和国际大企业具有很大的差距，但是我国的劳动力成本远远低于发达国家，因此在国际市场上，我国劳动密集型产品有一定的竞争力。任何一个国家，不仅需要汽车、飞机、电脑等高科技的产品，也需要一些劳动密集型产品。对于这些劳动密集型产品，我国的中小企业完全可以有所作为。

例如，在欧洲欧元刚刚开始流通的时候，浙江一家中小企业虽然无法为欧洲国家提供高档产品和银行管理软件，但是提供了两百多万只欧元专用皮夹子，结果一销而空，大批订单接踵而来。多年来，我国产品出口年年增长，进出口总值已进入世界前列，出口产品结构不断调整，高新技术产品和工业深加工产品出口比重增加。

9. 打造某些垄断行业的价值延长链空间

目前虽然有某些行业由于国家政策的原因，为少数几个大企业所垄断，比如电信、邮政、铁路、航空、石油、金融、保险等，但是由于这些企业规模过大，而且往往都具有国有大型企业的官僚作风，其价值链条很短，服务质量也不高。中小企业可以在这个企业的价值延长链上进行投资，比如，银行铁路的代理售票行业、银行贷款的资产评估服务业等。另外，随着加入世界贸易组织后体制改革的深化，加之入世后的“国民待遇”规则的实施，企业准入范围扩大，为中小企业投资拓展了空间。据有关资料显示，目前我国企业经营中的80个行业中，允许外国进入的约60个，而允许国内民营企业进入的约40个，空间还很大。

第四节　中小企业财务发展战略

一、中小企业财务发展的基本思路

（一）良好的资本结构

资本结构是指企业权益资本与债务资本的构成及其比例关系。良好的资本结构为企业发展创造了良好的信用潜力。

优化资本结构，就是企业应在权益资本和债务资本之间确定一个合适的比例结构，使负债水平始终保持在一个合理的水平上，不能超过自身的承受能力。负债经营的临界点是全部资金的息税前利润等于负债利息。在达到临界点之前，提高负债将使股东获得更多的财务杠杆利益。一旦超过临界点，加大负债比率会成为财务危机的前兆。同时中小企业资本结构上要追求配比性。中小企业的资本运用决定融资的类型和数量。

1. 影响资本结构的因素

（1）各种融资方式的资本成本。由于融资方式的不同，其资本成本也不一样。一般来说，债务资本的成本要低于权益资本的成本，但过多的负债，会增大还本付息的融资风险。因此，需从资本成本与财务风险两方面进行权衡，合理安排权益资本与债务资本的比例。

（2）企业经营风险的程度。如果企业本身经营风险很大，一般不适宜再举债经营，这样会加剧总风险。

（3）企业所有者和经营者的态度。为了避免公司的控制权落入他人手中，所有者一般会采用债务融资的方式来追加资本。但是，作为经营者来说，一般不愿意承担过大的财务风险，他们会尽可能降低债务融资的比例。

（4）贷款银行的态度。企业在确定资本结构并付诸实施前，都需要向贷款银行咨询，只有在征得银行同意后，才有可能进行大额借款。

（5）企业销售状况和获利能力。企业销售稳定和盈利良好，就能较多地负担固定的财务费用。但获利水平高的企业，往往不通过债务增资，因为它可以利用较多的留存收益来满足资金的需要。

（6）企业的现金流量状况。企业现金流量越大，偿还债务的能力就越强。因此，它对利用财务杠杆起着重要的影响。

（7）税收因素。债务的利息是在所得税前支付的，而股票的股利则在税后分配。所以，企业所得税税率越高和利润越大，举债经营的好处就越多。

2. 优化资本结构的原则

为了实现资本结构的优化，企业在融资过程中应遵循以下原则：

（1）融资成本适宜原则。在融资前必须认真比较各种来源资本的资本成本及其融资风险，合理选择融资渠道和融资方式，力求以适宜的资本成本获得较好的效益。

（2）融资时机有利原则。企业应根据自身的能力和需要捕捉最适宜的时机融资，以降低资本成本，减少财务风险。

（3）融资数量适度原则。企业必须根据生产经营和投资的需要，按照合理、必需的原则，确定融资总额，既保证生产经营和投资的顺利进行，又不造成资金的浪费。

（4）融资比例合理原则。企业应根据生产经营的特点、资金营运能力的高低、利率变动的程度等因素，合理确定自有资金与借入资金、长期资金与短期资金的比例，以减少融资风险。

（5）融资组合最佳原则。融资组合包括融资规模总量的确定、融资成本的估算、融资来源的比例、融资风险的预计、财务杠杆的运用、金融政策的利用等内容。例如，在借贷期限上，采取长短期相结合的策略；在贷款性质上，采取信用借款与票据贴现相结合的策略；在贷款币种上，采取人民币与外币相结合的策略等。

总之，优化资本结构，可以创造良好的外部信用潜力。企业发展离不开资金投入，其中负债占相当大的比例，中小企业尤其如此。中小企业应合理安排资本结构，在企业创立地区根据其规模筹集必要的资本，或在资本有限的情况下，选择所能达到的投资规模，同时充分利用职工内部集资，为企业的资本规模扩大提供稳定可靠的资金来源。在日常经营中，中小企业应努力加强内部管理，切实抓好市场开拓工作，扩大销售，降低成本，提高企业盈利能力。中小企业实现的税后利润应尽可能积累下来，以充实自有资本。这样，既保持了合理的资本结构，又有利于树立企业信用形象，取得银行的信任。

（二）营运资金的良性循环

营运资金的良性循环为企业生产经营的内涵扩大提供保障。相对于大企业而言，中小企业由于缺乏外部融资能力和内部资金调度余地，因而加强运营资金管理显得尤为重要。这就要求中小企业的资金运转较快，资金结构合理，时间调度能力强，资金调剂能力强，资金运作具有一定的抗风险和应对突发问题的能力。因此中小企业在改善资本结构的同时，在资金运用上要维持一定的付现能力，以保证日常资金周转灵活，以提高资金的营运能力。这就要求中小企业除了加强现金流量预算、应收账款、实物资产和成本控制以外，还要做到如下两个方面：使资金来源和资金运用得到有效配合；保持合理的资产结构。

（三）优越的理财环境

优越的理财环境为企业发展提供了条件。优越的理财环境主要包括如下几个方面：

1. 具有完整的会计资料

会计信息是获取公司信息的主要渠道。会计信息反映的是公司经营活动的成果和财务状况。企业要想做好财务管理工作，首先要有完善的会计资料。会计资料是对企业经营成果、财务状况的记录和反映，是企业进行经营决策的依据。

2. 具有合格的会计人员

合格的会计人员是会计资料真实、完整的保证。会计人员不仅要有较高的财务会计核算的知识水平，同时还必须了解企业各方面的生产经营情况，掌握具体资料。要建立一套生产耗费、资金营运、经营成果等资料档案，定期收集、整理、登记，以备需要时查用。只有这样，才能满足财务管理的需要，才能给企业管理者提供及时、准确、有效的信息资料，使管理者做出正确的决策。

3. 具有合格的财务管理人员

对于具有一定规模的企业来说，除了会计人员以外，还应该有合格的财务管理人员。会计只是负责企业的经营活动的记录，财务经理才是真正的财务管理的行家。

4. 具有良好的管理环境

在财务这一敏感部门，“忠诚度”成为用人的重要标志。良好的管理环境才能留住高水平的财务人员。

5. 具有适合理财工作的管理制度

企业内部有了适合理财工作的管理制度，财务部门既能通过控制财务收支和分析检查财务指标完成情况来监督企业本身的经营活动，降低产品成本，增加企业盈利，协助企业主实施财务监控，又能协助企业领导者在经营管理上做出科学的决策。

6. 经营者具备基本的理财知识

经营者具备基本的理财知识非常重要。财务管理是一个专业性很强的领域，经营者具备了基本的理财知识，就能够和财务经理进行良好的沟通。尤其对于没有财务经理的小型企业来说，经营者具备基本的理财知识，可以避免在财务上犯低级错误。

二、中小企业发展的财务战略安排

（一）合理选择财务政策

就企业而言，财务政策是企业在国家财务政策的指导下，根据企业的总体目标和现实要求所制定或选择的一套自主的理财行动指南，是用来调节和控制企业财务行为的重要工具。其基本目标是配合企业经营政策，调整企业财务活动和协调企业财务关系，力求提高企业财务效率。从财务政策的内容上看，主要包括风险管理政策、信用管理政策、融资管理政策、营运资金管理政策、投资管理政策和股利管理政策等；从财务政策的表现形式上看，它是一套自主的、灵活的内部财务制度。财务政策的选择决定着企业财务资源配置和利用的基本取向和行为方式，影响着企业财务管理的效率，是实现整个企业经营政策和财务目标的重要保障，也是规范和优化公司理财行为、提高企业理财效率的重要基础。因此，企业必须科学地选择财务政策，规范和优化企业财务行为，从而提高财务管理效率。

但是财务政策的选择不是随心所欲的，而是要受多种因素的制约。不同的财务政策会受到不同因素的约束。但一般来说，每一种财务政策都会受到经济波动周期、企业发展阶段、企业增长方式、企业财务战略以及心理因素和预期的制约。而且由于资金短缺是中小企业最大的特点，因此其财务政策的选择应充分考虑资金补偿。具体来说，中小企业财务政策的选择应从如下几个方面着手：

（1）要坚持以资本收益最大化为中心的财务政策思想，并与经济运行周期相配合。在经济复苏阶段，增加厂房设备，采用融资租赁，建立存货，开发新产品，增加劳动力；在经济繁荣阶段，实行举债经营，扩充厂房设备，继续建立存货，提高产品价格，开展营销策划，增加劳动力；在经济衰退阶段，停止扩张，出售多余的厂房设备，停产不利产品，停止长期采购，削减存货，减少雇员；在经济萧条阶段，最好在经济处于低谷时期，建立投资标准，保持市场份额，压缩管理费用，放弃次要的财务利益，削减存货，减少雇员。所以，企业理财人员要跟踪时局的变化，对不同的经济发展阶段做出恰当的反应。要关注经济形势和经济政策，深刻领会国家经济政策特别是产业政策、投资政策的变化对企业财务活动可能造成的影响。

（2）企业财务政策思想必须着眼于企业未来长期稳定的发展，具有防范未来风险的意识。首先，企业财务政策目标必须考虑到企业发展规模、发展方向和未来可能遇到的风险，并根据环境的变化及时地做出调整，以保持其旺盛的生命力。其次，企业应当分析所处的发展阶段，采取相应的财务政策。在初创期，现金需求量大，需要大规模举债经营，因而存在着很大的财务风险，股利政策一般是非现金股利政策。在扩张期，虽然现金需求量也大，但以较低幅度增长，有规则的风险仍然很高，股利政策一般可以考虑适当的现金股利政策。在稳定期，现金需求量有所减少，一些企业可能有较多的现金结余，有规则的财务风险降低，股利政策一般是现金股利政策。在衰退期，现金需求量持续减少，最后发生亏损，有规则的财务风险降低，股利政策一般采用高现金股利政策，直到发生亏损。

（3）调整企业财务投资政策，加大基础项目的投资力度。企业经济真正的长期增长要求提高资源配置能力和效率，而资源配置能力和效率的提高取决于基础项目的发展。虽然基础项目在短期内已带来较大的财务利益，但它为长期发展提供了重要条件。所以，企业在财务投资的规模和方向上，要实现基础项目相对于经济增长的超前发展。

（4）加大财务制度创新力度。创新企业财务制度，既可以对追求短期数量增长的冲动形成约束，又可以强化集约经营与技术创新的行为取向；以收益最大化和本金扩大化为目标的财务资源配置，限制高投入、低产出对资源的耗用，使企业经营集约化、高效率得以实现。

（5）财务政策的选择还必须考虑心理与预期因素。财务行为涉及人们对未来的预测或预期。预测或预期是决策者对未来的一种判断，其中隐藏着心理因素。例如，决策者依据现实价格进行决策，预期这一心理因素表现为现实价格在未来将保持不变，但事实上价格是完全可能变化的。预期的存在，判断失误就不可避免，未来的不确定性也就随之产生，预期涉及的时间越长，不确定性就越大。而对未来判断的失误，会使人们在心理上产生一种盲目乐观或悲观的情绪反应。在这种情绪的影响下，判断失误进一步强化，财务行为的非理性化进一步加强。在企业财务景气时，人们受乐观情绪的支配，过高地估计财务收益，过低地估计财务成本，持续增加资本投入，从而创造出更大的、虚假的资本需求，随着财务资源投入的不断增加，财务景气的背后正孕育着财务危机；相反，在企业面临财务危机时，人们受悲观情绪的支配，持续减少财务资源的投入，过分抑制资本需求，财务资源投入不断削减，从而使财务危机由潜在演变成现实。所以，企业在选择财务政策时要考虑到这一因素。

（二）重视增强企业的借债能力

中小企业的外部筹资主要依赖银行借款，增强企业的借债能力至关重要。中小企业需要做到如下几个方面：

1. 熟悉银行的有关政策

中小企业的经营者要想取得银行的贷款，就必须充分了解银行的相关贷款政策，以做到知己知彼，百战不殆。企业主要应了解银行的有关政策如下：贷款种类、借款人的条件、借款人的义务、对借款人的限制、银行贷款的利率和偿还方式、贷款的程序和手续。

2. 改善企业经营情况

中小企业难以获得银行贷款有银行偏见的原因，也有企业自身的原因，即中小企业的实力较差。银行发放贷款，最关心的是借款人能否按时偿还本息，而良好的经营情况是企业能够按时偿还本息的基本保证。因此，中小企业要提高自己的融资能力，就必须改善自己的经营状况。中小企业可以从如下几方面来改善自己的经营状况：

第一，提高企业的盈利水平。银行决定是否向企业发放贷款，主要考量的是企业的营利性高低。因为企业的贷款最终是靠企业的盈利来偿还的，企业盈利水平的高低直接关系到贷款能否到期偿还。如果企业的盈利水平较高，具有较好的发展前景，就可以在比较有利的条件下获得贷款。中小企业不仅要有较高的盈利水平，盈利的长期稳定也很重要。对中小企业而言，由于承担市场风险的能力较差，往往更容易受经济环境变化的影响，从而使得其盈利也是大起大落，所以中小企业应该注意保持经营的稳定发展。

第二，改善企业的财务状况。企业的财务状况是银行关注的另一个因素。财务状况不佳的企业，即使盈利水平很高，也无法保持持久的盈利水平；另外，财务状况不佳还会使得企业虽然盈利水平较高，但拿不出现金来偿还贷款，比如企业的资金周转不灵。银行特别关心以下数据，它们都是说明企业有多大借贷能力的可靠指标：资产负债率、应收账款、存货的数量和质量、企业固定资产的使用状况等。

第三，提高企业的自身管理水平。银行关心的不仅是企业现在的经营状况，而且是企业未来的经营状况，因为贷款是在未来偿还的。管理混乱的企业是没有良好的发展前景的。因此，是否具有良好的管理水平也是银行进行贷款申请审查时关注的一个方面。不少中小企业因为规模较小，经营者往往忽视企业的内部管理。这不仅对企业的长期发展不利，也对企业进行外部融资时的形象不利。因此，中小企业经营者需要招聘一批德才兼备的人才，尤其是高级管理人才，以提高企业的整体管理水平和发展后劲。

3. 提高企业信誉

企业的信誉也是银行决定是否对企业贷款的一个重要因素。银行不愿意给中小企业贷款，也有这方面的原因。中小企业为了获得银行的青睐，应该注重企业的诚信建设。努力做到以下几点：

第一，要遵循诚实信用、公平竞争的原则，依法开展生产经营活动，自觉接受工商行政管理等有关部门的监督管理。

第二，要依法建账，确保会计资料真实完整。要严格按照国家统一的会计制度进行会计核算，不得账外设账；不得授意、指使、强令会计人员违法办理会计事项，禁止一切弄虚作假的行为。会计结算规范，会计报表真实可信，资产实在，无抽离现金或其他弄虚作假行为。

第三，要加强财务管理，建立财务预决算制度。要以现金流量为重点，对生产经营各个环节实施预算管理，严格限制无预算资金的支出，最大限度地减少资金占用，保证按期如数偿还银行贷款，建立在银行等金融机构中的良好信用形象。

第四，要加强质量管理。质量标识、产品与服务的质量、诚信是企业的根本。中小企业应当彻底摒弃制造假冒伪劣产品、宣传虚假广告等低级营销手段，而应该通过长期规划形成自己具有核心竞争力的产品与服务，谋求企业的长期发展。

第五，遵纪守法。中小企业要严格按照国家法律、法规的要求，及时足额缴纳应缴税款。银行在考察企业时，一般会了解企业过去的信誉状况，尤其注重企业是否有偷税漏税等违法行为。因为若有这些行为，将会遭到税务机关的严厉处罚，给企业带来灾难性的后果，从而威胁到银行贷款的安全。

第六，树立自己的品牌。品牌是企业重要的无形资产，树立品牌不仅有利于企业开拓市场，也是企业诚信的一个标识。中小企业由于规模小，大部分企业没有建立起真正意义上的品牌，这应当引起中小企业经营者的重视。

第七，积极参与社会公益事业。中小企业要参与社会活动，注重社会责任，提高企业的社会地位。参与一定的社会活动，会有助于提高企业的社会知名度，改善企业的社会形象，从而有利于提升企业诚信。有眼光的中小企业家应当高度注重自身的社会标识。

（三）内部职工集资，扩大资本规模

企业内部职工集资是指企业为了自身的经营资金需要，在本单位内部职工中以债券、内部股等形式筹集资金的借贷行为，是企业较为直接、较为常用也较为迅速简便的一种融资方式，但一定要严格遵守金融监管机构的相关规定。内部职工集资不仅能够增强企业职工的凝聚力，而且又为企业发展过程中资本规模的扩大提供了新的途径。

中小企业采用内部职工集资方式获得投资很常见。因为中小企业与内部职工的关系，好比拴在一根绳上的蚂蚱，同生共死，所以中小企业的老板为扩大企业规模或者资金周转一时不灵时，向内部职工集资一般都会得到支持。当然，向职工集资，可以承诺回报以较高的利息，这实际上相当于分给集资职工红利。中小企业向职工集资，有这样一些好处：①不用受银行借款所附条件的限制，运用资金比较自由；②职工把钱借给老板后，彼此之间的关系就更加亲近了。

【例 9-1】王某是四川省某市的一家农民饭店——花园饭店的经理。该饭店是花园村村民集资 200 万元创办的。王某接手饭店后，打破“铁饭碗”，建立完善的责任制，把职工的固定工资改为半浮动形式，按工种、楼面、厅、定床位率、职责、收入、费用等计算工资，确定超额奖、节约奖、卫生奖等，以此调动职工的积极性。几年下来，

饭店赚了钱，积累了可观的利润。但此时，花园饭店正面临周围数家大饭店的激烈竞争。于是，王某对职工说："我们店只有走改造之路，才能在竞争中不被淘汰。改造设备需要资金。我们是农民饭店，不像那些国有饭店，有国家撑腰。为了我们的饭店和大伙的前途，我建议，今年的奖金不分了，用作改造设备资金。"按合同承包，分得最多的是经理本人，经理自己提出不拿奖金，大家也都不好意思分奖金了。王某用这高明的一招，把分给职工的奖金全变成了集资款，迅速实现了改造原有设备的计划，使饭店的规格和形象都提高了一个档次。后来，当借款盖成的几层楼的饭店运营时，由于没有空调，利润平平。这时，王某果断地在职工中又一次集资100多万元，为饭店安装了最先进的中央空调。由此，饭店终于摆脱了困境，第二年便盈利81万元。

但目前有一些中小企业主不愿吸收比如内部职工集资等形式的直接投资，他们顾及的是：①吸收直接投资支付的资金成本较高。由于投资者要分享企业收益，因此，资金成本通常较高，特别是企业经营状况好和盈利较强时更是如此。②吸收直接投资容易分散企业的控制权。采用吸收直接投资的方式筹集资金，投资者一般都会要求获得与投资数量相适应的经营管理权，这是接受外来投资的代价之一。如果外来投资较多，则投资者会有相当大的管理权，甚至会对企业实行完全控制，这是吸收直接投资的不利因素。

【例9-2】欧普兰科技公司（Flomerics）的融资案例

Flomerics集团股份有限公司是一家开发"计算流体动力学"（Computational Fluid Dynamics，CFD）软件的公司，其产品用于电子产品的设计过程。公司于1989年年初获得MTI公司30万英镑的风险资本。中途，该公司进行了第二轮融资，并于1995年年底在伦敦AIM上市，市场价值高达330万英镑。Flomerics公司的上市，为MTI带来了30%的内部收益率（IRR）。以下是该公司获得风险投资的全过程。

1. 背景介绍

Flomerics的两位创建者大卫（David）与哈维（Harvey）早在20世纪70年代就曾经合作共同研究CFD工业技术的商业化潜力。

在电子产品的设计中，必须精确把握电子系统的冷却要求；否则，产品在工作过程中将会因为不能及时散热而导致损坏。长期以来，只能在原型产品研制阶段由专业CFD工程师通过复杂的软件来测算出产品的冷却要求。但这不仅十分费时，而且价格昂贵。随着20世纪80年代电子工业行业竞争的升级，热量问题变得越来越重要。有鉴于此，David与Harvey共同创建了Flomerics公司，开发在原型产品研制阶段之前模拟热量交换的CFD软件。一开始，公司采用合伙的形式。后来，为了完成最终产品开发，使公司获得茁壮成长，两位创建者认为引入风险资本是最好的途径。

2. 具体过程

David和Harvey开始寻求第一次的风险资本融资。在投资建议书中，他们估计公司至少需要25万英镑。他们接触了一些风险资本家，其中有一家是MTI管理公司。经过一番考察，他们选定了MTI。1989年2月，MTI决定向Flomerics投资30万英镑。这样，MTI获得了Flomerics 62.5%的股权份额，而两位创建者则拥有公司其余37.5%的份额。

MTI认为Flomerics项目将实现商业化，并获取利润。MTI的项目负责人亿觅·理查德森（Emie Richardson）为Flomerics做了许多工作，其中包括在新公司中采用财务报告系统以及为公司提供管理支援等。

Flomerics的第一个产品Flotherm 1.2版本于1989年9月面世，其目标顾客是电子工程师，主要应用于远程通信与计算机领域，但也可以用于国防与航空电子工业、电子消费产品以及交通运输工业。Flomerics的第二个产品Flovent也于1990年年初发布。它的目标市场是采暖、通风和空调（HVAC）市场，用于空气循环流程分析。Flomerics的所有早期产品都在为下一阶段开发精确测量产品做准备。

Flotherm首先在英国市场进行推广，但随后又发现，只有打入美国市场，才有可能获得显著的销售增长。于是，在MTI的协助下，1990年Flomerics在美国建立了一个分支机构。在此后的几年中，Flomerics有大约50%的销售收入来源于美国。

为了继续进行产品开发，Flomerics决定再次寻求现金融资，并于1992年年底发售了认股权证。MTI为此再次投入了25万英镑，Flomerics的雇员则认购了17万英镑。这样，MTI拥有的公司份额减少到了58%。这次筹资使得Flomerics大大加强了其在美国的经营力量，也加大了其在远东地区的影响。很快，Flotherm被美欧大多数的主要电子商采用，获得了巨大成功。Flomerics也因此而开始赢得大量利润。1992年的一份调查报告显示，Flomerics的热量分析软件的潜在市场需求额每年达5 000万到1亿美元，而且这个市场主要是由Flomerics的产品自己创造出来的。

1993年Flomerics在美国开设了第二家分支机构，以期创造更大的收益。同时，欧洲、德国和法国的分支机构也建立起来。对于其他的主要市场，Flomerics是通过当地的分销商进行扩张的。

3. 投资的撤出与回报

随着MTI10年固定经营期限的临近，MTI开始寻求撤出投资的机会。如果可能的话，Flomerics的管理层希望能保持公司的独立性与自主经营。由于资本规模太小，公司不能在伦敦交易所上市。于是，MTI与Flomerics的管理层都决定让公司在伦敦交易所的二板市场AIM上市。这样，MTI可以在AIM撤出其投资，Flomerics也能够在维持其独立性的同时获得充足的发展资金，双方的目的都将同时实现。由于MTI在首轮投资之后就为Flomerics引入了财务报告系统，Flomerics的运作已经符合了AIM的要求，它可以免除昂贵的财务报告审计。仅此一项MTI就为Flomerics节省了一笔巨额开支。

Flomerics公司于1995年12月6日上市，市值高达330万英镑，MTI的内部收益率也高达30%。这时，MTI出售了它所持有股份的25%，其余的75%也在1996年的另一次销售中套现。

要求：根据以上背景资料，你如何看待Flomerics公司的融资？

【案例分析要点提示】

根据以上背景，可以总结出风险投资中的几个要点：

第一，风险资本家价值附加服务的重要性。

在报告正文以及前面的案例均已强调，风险资本家的价值附加服务对于风险企业的顺利成长十分重要。在本例中，MTI的价值附加中有两项特别突出：

首先，MTI在首轮投资之后就为Flomerics引入了财务报告系统，不但使得Flomerics能够及时在AIM上市，也为Flomerics节省了一笔巨额的财务报告审计开支。

一般来说，企业家创业并不能预测许多以后可能发生的事情，但风险资本家却由于长期参与建设新企业而对此有所了解。本例中的MTI从投资一开始就为Flomerics日后上市做好了准备。

其次，在MTI的协助下，Flomerics在美国设立了分支机构，而该机构为它带来了大约50%的销售收入。高新科技企业将其产品推向世界市场是当今世界经济发展的客观要求。但单凭风险企业自己的力量与资源是不可能走向国际的，但风险资本家凭借其关系网络却能够协助风险企业做到这一点。

第二，首次公开上市是最受投融资双方欢迎的投资撤出方式。

风险资本家撤出其投资的途径主要有三：首次公开上市、第三方出售与企业回购。一般来说，首次公开上市是最受投融资双方欢迎的方式。风险企业通过公开上市将获得最高的市场价值。此外，对于管理人员，企业可以维持其独立性，并且日后可以继续从公开市场获得融资。不过，由于各国有关法规的限定，上市发起人一般不能在公司上市的时候就把所持公司股票全部出售。因此，风险资本家通常需要继续参与风险企业的事务直到股票最终售出或分配给投资者。

在本例中，Flomerics的管理层希望能保持公司的独立性与自主经营。Flomerics在AIM上市，即使MTI可以在AIM撤出其投资，Flomerics也能够在维持其独立性的同时获得充足的发展资金，双方的目的都将同时实现。

第三，二板市场为风险投资的撤出开辟了重要渠道。

风险投资的对象主要是新建的、具有广阔发展前景的中小企业。而在投资对象发展至成熟阶段时，风险资本必须撤出。如前所述，公开上市是最受投融资双方欢迎的撤出方式。但是，为了保护股市投资者的利益，各国股票交易所一般都对上市公司设定了各种严格的审查要求，如资本规模、公司历史、盈利时期等。而风险投资中的中小企业却大多不能满足这些要求。为此，各国纷纷建立二板市场，专门为这些具备增长潜力的企业提供服务。

在本例中，Flomerics的资本规模太小，不能在伦敦交易所上市。但是，伦敦交易所的二板市场AIM则为Flomerics提供了上市的理想市场。

第五节　中小企业财务治理与财务控制

我国很多中小企业在高利润的掩盖下，缺乏风险意识，导致企业赊销失控，出现大量的应收账款，同时又由于缺乏足够的财务重视和财务回收保障，一旦赊购方不能按时付款，企业的现金流马上会出问题。还有很多中小企业对市场预期过高，致使企业存货积压，导致存货不能在短期内变现，占用大量的资金；另外，对诸如利率、汇率等国家金融政策漠不关心。这些行为都给中小企业带来严重的财务风险。

因此，财务治理与财务控制的问题在中小企业更应该受到关注。因为只有建立规范的管理机制，才能节省更多的管理成本，提高企业运营效率，从而促进中小企业的持续健康发展。我国中小企业的财务治理与财务控制不受重视，存在着诸多问题，我们可以从以下几个方面来完善：

（一）中小企业财务治理

1. 明确财务治理目标

财务治理主要处理的是财务关系（伍中信，2004），因此财务治理的目标是协调利益相关者之间的权、责、利关系，合理配置剩余索取权和控制权（财权），以促使利益相关者利益最大化，为顺利实现企业目标提供基础。目前不少人认为中小企业财务治理的目标是利润最大化。然而这一目标一方面未能考虑企业资金的时间价值和风险价值，可能导致企业财务决策短期行为；另一方面未能考虑中小企业不同阶段的产权变化。在中小企业创业阶段，所有者与经营者大都合二为一，财务治理的主体（业主）追求自身利益最大化成为必然。但随着企业的发展，必然要吸收外部资金，此时企业就成为一个多边契约关系的总和：股东、债权人、经理层和雇员等。因此，不能简单地将中小企业的财务治理目标定位为利润最大化，而应该将不同类型中小企业财务治理的目标与其产权结构相匹配，为中小企业的财务制度安排和具体的财务管理活动提供参考。

2. 完善内部财务治理结构

中小企业如果采用现代公司制，即使规模很小，也存在建立健全法人治理结构的问题。其宗旨就是构建现代公众公司的权力分配与行使关系。对于中小企业公司权力的分配尤其是财务控制权制度的安排是法人治理结构的核心。从理论上说，中小公司董事会及成员的职责、任务和功能与大型公司没有多大区别，但大公司的董事会主要是通过对公司经营活动的报告的读取和资料的分析来决策和监督的，而中小企业的董事由于更加贴近企业，也更容易了解经营信息，通常董事会成员会更加积极主动地影响企业的经营行为，期望为公司创造价值。因此，中小公司的治理机制建设重点在于董事会的建设，董事会作为中小公司的决策中心，必须在总体上具备指导企业总经理和高层管理人员的能力，并在日常决策中融入企业的战略目标。

3. 强化外部监督机制

与国有企业的纪检委和上市公司的监事会相比，中小企业的外部监督机制较弱。这种情况下，经营者往往采取"任人唯亲"的办法加以解决。但是，其结果是企业的运行效率较低，人员业务水平低下。强化外部监督机制，只有寻找出中小企业治理主体缺乏治理动力的原因，建立健全中小企业的激励约束机制，充分调动治理主体的积极性，才是解决问题的关键所在。

（二）中小企业财务控制

财务控制作为企业内部控制的基本组成部分受到理论界和实务界广泛重视。虽然目前还没有统一认识，但对其研究一直受到追捧。在提到财务控制时，人们通常会使用下面三个含义中的一个：一是内部控制中会计控制的同义语；二是从财务角度进行管理控制；三是对财务问题的控制。我们认为，财务控制的本质和意义是从财务角度进行管理控制。如果要为财务控制下一个定义，可以表述为：企业管理通过财务手段衡量和矫正企业经营管理活动，使之按计划进行，确保企业战略与财务有关的战略计划得以实现的过程。中小企业可根据其财务特征，从以下几方面加强财务控制：

1. 营运资金的控制

使营运资金产生最佳效果，是企业财务管理所追求的基本目标。由于资金的使用周转牵涉到企业内部的方方面面，企业经营者应该转变观念，认识到管好、用好、控制好资金不单是财务部门的职责，而是关系到企业的各个部门、各个生产环节的大事。为此，首先要使资金来源和资金运用得到有效配合，要合理分配流动资金与固定资金才能产生最佳经济效果。在资金运用上要维持一定的付现能力，应重视应收账款、存货的管理，以保证日常资金周转灵活。要充分预测资金回收和支付的时间，如应收账款什么时间可收回，什么时间应进货等，都要做到心中有数，否则就容易造成收支失衡、资金拮据。

2. 资本结构控制

中小企业受企业规模的限制，承受财务风险的能力比较低，因此，形成合理的资本结构，确定合理的负债比例尤为重要。负债过多，一旦情况发生变化，就会造成资金周转困难；负债过少，又会限制企业的长期发展。企业的长期发展需要外来资金和自有资金的相互配合，既要借债，又不能借得太多，以形成合理的资本结构。

3. 财务风险控制

对于财务风险的控制从形成原因来看是由于企业负债经营，存在到期不能偿还债务的风险。加强财务风险控制应该从以下方面进行：

一是加强对筹资风险的防范。首先，充分利用自有资金；其次，优化资本结构，使债务资本和自有资本比例适当，形成总风险最低的融资组合；再次，长、短期债务资本的布局要合理，避免债务资本的还本付息期过于集中；最后，分散融资渠道，最大限度地利用应付账款和应付票据及预收账款等商业信用手段。

二是加强对投资风险的防范。它包括：①做好投资可行性分析；②制订严格的投资计划，对投资回收进行科学的评估和风险论证，避免投资不当产生损失；③系统规划投资取向，对不同品种、不同行业或部门、不同期限的投资形成最佳组合，把收益性、风险性、可持续性统一起来。

三是加强对资金回收风险的防范。第一，完善应收账款的回收机制以规避风险，加强对客户的信誉评估，针对不同的客户制定不同的信用期间和信用额度。第二，权衡现销和赊销之间的利弊；定期编制账龄分析表，对应收账款回收情况进行监督。第三，谋划好存货适时销售变现，可通过安全储备、合理订销等措施优化管理。

四是加强收益分配风险的防范。处理好企业长远发展需求与近期利益的关系，制定合理的收益留存和利润分配政策，保障现金流入与流出的合理匹配。

总之，财务风险可能是因为负债规模过大、筹资方式选择不当、信用交易策略不当或负债结构不当造成的，降低和防范财务风险对策可归纳为：拓展中小企业的筹资渠道；建立健全信用体系担保体系；提高盈利能力，加强内源筹资；降低资产负债率；选择有利的利率。

4. 财务档案控制

很多中小企业疏于日常记录，很难提供完整的财务档案，这势必会给自我评估、融资、计划、预算等财务工作带来很大的困难。现代化的企业管理，特别是有效的财务管理，必须要有完整的财务资料，以帮助管理者分析过去和预测未来。

5. 完善内部控制制度

建立组织内部控制机制，保证财务管理作用的有效发挥，包括多方面的制度建设：

①建立内部牵制机制，对具体业务进行分工，不能由一个部门或一个人完成一项业务的全过程，而必须由其他部门或人员参与，并且与之衔接的部门能自动地对前面已完成工作进行正确性检查。这种制约包括上下级之间的互相制约、相关部门之间的相互制约。在内部牵制中，必须采取分工轮换制，这样才能更好地达到牵制的效果。工作轮换制是指根据不同岗位在管理系统中的重要程度，明确规定并严格控制每一个员工在某一岗位的履职时间。对关键岗位频繁轮换，次要的岗位可少一些。从轮换中发现存在的问题，揭示出制度的缺陷、管理的缺陷。②建立授权批准制度，应该对企业内部部门或职员处理经济业务的权限加以控制。单位内部某个职员在处理经济业务时，必须经过授权批准，否则就不能进行。③实行全面预算控制，企业编制的预算必须体现其经营管理目标，按照"谁花钱，谁编制"的原则来编制，并明确责权。预算在执行中应当允许经过授权批准对预算进行调整，以使预算更加切合实际，应当及时或定期反馈预算执行情况。④健全实物资产控制制度：一是应严格控制对实物资产的接触人员，如限制接近现金、存货等，以减少资产的损失；二是定期进行财产清查，做到账实相符。

【例 9-3】张老板经营着一家小型的瓶子加工厂。他于两年前租赁了一条价值 80 万元的汽水瓶子生产线，每年需交租金 20 万元。两年后市场发生了很大的变化，消费者对易拉罐装的汽水需求量大幅增加，而汽水瓶子产量大幅下降。如果张老板此前不是采用租赁，而是借钱买下汽水瓶子生产线，那么他就不得不再购进一条易拉罐生产线，而原来购进的瓶子生产线就得闲置。这样，张老板将遭受巨大的损失。但是，由于他采用的是租赁融资，他就可以停止租赁，而按合同规定，只需付违约金 10 万元。这样，他的损失就要小得多。于是，他又租赁了一条价值 140 万元的易拉罐生产线，以适应市场的需要。

上例中的张老板显然是从租赁中得到了好处。一般而言，租赁融资对小企业有以下几点好处：

(1) 通过租赁，企业不必支付一笔高昂的设备款项，而只需支付很低的租金就能获得某项资产。

(2) 由于市场竞争激烈，机器设备及产品更新换代快，更新周期日益缩短，一旦产品及设备更新换代，而原有的机器设备的价值又还没有完全收回，企业就要遭受重大的损失。因而，小企业采用租赁方式获利机器设备比购买机器设备等资产要主动、灵活得多。

(3) 对于刚刚创业的小企业来说，资金十分短缺，而且借钱也很难，这时，每一件设备都由企业自己购买可能并不划算，并且难以办到，此时，租赁融资是一个很好的选择。

(4) 租赁融资有避税的作用。根据我国财务制度规定，租金作为费用在交所得税之前可以扣除，从而能享受税收上的优惠。

当然，租赁融资也有缺点，如：租金较高，租金总额往往要超出设备买价许多。在承租企业财务困难时期，固定的租金支付也会构成一项沉重的负担。另外，租赁融资中难以改良资产。未经出租人同意，承租人不得随意改良设备。

第十章 非营利组织财务管理

第一节 非营利组织概述

一、非营利组织的概念

非营利组织形式多样，种类繁多，所以很多人对此存在模糊的认识。与非营利组织相关的术语有慈善组织、志愿组织、非政府组织、免税组织等。这些术语往往只强调非营利组织的某个方面，那么，如何来界定非营利组织成为需要解决的首要问题。

非营利组织，也称为非政府组织（Non-Governmental Organizations，NGO）是独立于政府体系和市场体系之外的，不具有物质产品生产和国家事务管理职能，主要以精神产品或各种服务形式向社会生产和人民生活提供服务，不以营利为目的，资产供应者不图回报，其剩余资产不存在明确的所有者权益的单位。在大多数情况下，非营利组织是营利性的，至少有部分资金来源于政府以外的私人捐款。非营利组织的存在是出于各种不同的目的，大多数是为了推广其成员所信仰的政治理念，或实现其社会目标。常见的非营利组织主要包括学校、医院、慈善机构、宗教机构、合作团体、社区组织、市民俱乐部以及许多其他组织。

这些非营利组织雇用了数以万计的工作人员，并且为公众提供各种重要的服务，所以，保持它们的高效运营是非常必要的。为了保证经营效率，这些非营利组织同样需要财务管理的技巧。这些管理技巧与营利组织相类似，但是有一个重要的区别，非营利组织没有股东，所以，它们的目标不是股东财富的最大化，而是向社会提供服务。

二、非营利组织的种类

非营利组织存在于社会的各个领域。按照非营利组织提供服务的种类，一般有以下的类型：

（1）教育组织，是向社会提供教育服务的非营利组织，包括幼儿园、中小学、高等院校、培训学校等。

（2）医疗组织，是向社会提供医疗保健服务的非营利组织，包括医院、急救站、保健康复机构等。

（3）科学研究组织，是向社会提供科学研究成果的非营利组织，包括研究所、研究院、科技服务机构等。

（4）文化体育组织，是向社会提供文化、体育服务的非营利组织，包括图书馆、博物馆、演艺单位、体育场馆、体育协会等。

（5）福利组织，是向社会提供福利服务的非营利组织，包括养老院、福利院、孤儿院、社会救助机构等。

（6）咨询服务组织，是向社会提供咨询、中介服务的非营利组织，包括非营利的法律咨询机构、非营利就业中介机构、非营利的就业管理中心等。

（7）传媒组织，是向社会提供各种社会信息服务的非营利组织，包括电视台、广播电台、报社、杂志社等。

三、非营利组织的特征

非营利组织的特征包括以下几个方面：

（一）不存在利润指标

在企业财务管理活动中，利润指标能为衡量企业绩效提供标准，是企业提供量化分析的方法之一，使企业的分权管理成为可能，也便于进行不同组织之间的比较。然而，非营利组织是不以获取利润为目的为社会公益服务的组织。在非营利组织财务管理活动中通常缺少利润这一指标，这使得管理的系统性受到损害：如管理人员经常难以就各种目标的相对重要性程度达成一致意见；对于一定的投入能在多大程度上帮助组织实现自己的目标也难于确定；分权管理的操作难度加大，许多决策不宜下放给中下层管理人员；不同非营利组织之间也无法进行绩效的对比。

（二）享有税法与其他法律上的优惠政策

大多数的非营利组织都可以享受一定的税收优惠政策，它们可以免交收入所得税、财产税或销售税。如果企业和个人向非营利组织捐赠或购买这类组织的债券，那么这些公众可以获得一定的减免税。

（三）顾客不是主要的资金来源

企业通过销售产品和服务，从顾客那里获得主要的资金来源。如果产品不适销，不能满足市场的需要，那么企业会出现入不敷出的情况，严重的将导致企业破产。非营利组织则不是完全依靠市场来维持生存和发展的。有些非营利组织资金的主要来源是销售收入，如地方医院主要通过向病人收取医疗费和药费来维持经营；私立学校的主要收入是学生缴纳的学费；研究机构通过与外界进行项目研究合作来获得经费。这些非营利组织通常被称为“顾客支持型组织”。它们能否生存并得以发展仍然取决于市场。

其他的非营利组织收入的主要来源则不是服务收费，它们被称为“公众支持型组织”。在这种情况下，顾客所接受的服务与其向组织提供资源的多少之间没有直接的联系，例如希望工程、春雷计划、慈善总会等。

（四）非营利组织的责、权、利不是十分明确

对企业而言，出于责任会计责、权、利管理的需要，企业内部管理通常可以划分为许多的责任中心，对每一个责任中心都明确其职责，并赋予相应的利益。而对于非营利组织而言，由于不存在利润指标，对各部门的职责履行情况难于考核评价，因而对于各部门的责、权、利也就无法十分明确。

（五）非营利组织通常都是服务性组织

大多数非营利性组织都是专门提供服务的。从管理控制的角度来看，生产并销售有形产品的企业要比服务性组织具有一定的优势。首先，有形产品可以提前生产并储备起来，等待客户前来购买，但服务却不可以提前生产，它们一般是适时消费的。其次，服务组织一般是劳动密集型的，这类组织的管理要比技术密集型组织的管理困难得多。再者，对于有形产品来说，无论生产前还是销售后，其数量都是易于把握控制的。最后，通常有形产品的质量是可以测量出来的，而且在出厂前可以进行检测。如果质量有缺陷，工厂可以将它视为次品，停止向市场销售，但服务质量却无法提前检测，最多只能在向顾客提供的过程中给予监督，并且服务质量的判断一般具有很强的主观色彩，因为不存在客观的检测工具和标准。

（六）非营利组织并不排斥营利精神和商业行为

美国经济发展的实践证明，非营利组织的有效经营管理，恰恰需要引入营利精神和商业行为。

首先，政府部门和公益组织的服务对象往往是不可划分的社会整体。在实施政策计划和公益活动时，目标人群的利益也应作为考虑因素。由于营利性的管理和某些商业手段对提高服务质量大有帮助，因此营利性的管理和某些商业手段完全可以用于非营利组织针对特定人群的服务。

其次，仅靠政府预算拨款和慈善机构的捐赠资金毕竟有限，且发放时间不定，完全依靠这些资金建设公益事业的计划，往往会力不从心。自谋财源，开发营利项目以弥补公益性支出，已成为非营利组织的普遍趋势。

第二节　非营利组织财务管理的特征和原则

一、非营利组织财务管理的概念

非营利组织财务管理是指非营利组织的财务活动以及处理非营利组织与政府、资源提供者、债权人等各方面财务关系的一项经济管理工作。

1. 非营利组织的财务活动

非营利组织的财务活动包括资金流入和资金流出两个环节。

（1）资金流入是非营利组织取得财务资源的过程，有一定的资金流入，是非营利组织存在的基础。不同类型的非营利组织有不同的资金来源渠道，主要包括财政拨款、出资人出资、服务收费、社会捐赠等形式。

（2）资金流出是非营利组织运用财务资源的过程，非营利组织通过资金流出实现其社会公益活动的目的。非营利组织的资金流出包括提供服务的各项业务支出、资产购置和损耗、各项投资等形式。

2. 非营利组织的财务关系

在非营利组织的财务活动中，也体现着非营利组织与各有关方面的财务关系。非营利组织的财务关系可概括为以下几个方面。

（1）非营利组织与政府部门、社会监督机构之间的财务关系。非营利组织承担着广泛的受托责任，其财务资源来源于社会，必须接受政府部门和社会监督机构的财务监督。

（2）非营利组织与资金提供者之间的财务关系。资金提供者主要有非营利组织的拨款人、捐赠人、交费人等，这样就形成了所属关系或委托代理关系。

（3）非营利组织与债权人之间的财务关系。非营利组织为了弥补资金的不足，在日常的运营活动中就会产生一定的负债，这样非营利组织与债权人之间就形成了一种债务与债权的财务关系。

（4）非营利组织与服务对象之间的财务关系。非营利组织必须按照自身宗旨，免费或者按规定收费为服务对象提供优良的服务，因此非营利组织与服务对象之间是一种服务关系。

（5）非营利组织内部各部门之间的财务关系。非营利组织内部各部门之间的资金往来是一种内部结算关系，同时非营利组织与其员工之间是劳动雇佣条件下的劳动报酬分配关系。

二、非营利组织财务管理的特征

（一）经费来源的无偿性

非营利组织的资金来源，主要依靠国家财政，由财政部门通过预算向单位分配政资金。财政分配的无偿性，决定了各非营利组织获得的经费也具有无偿性。而且非营利组织作为国家职能的承担者，不以营利为目的。它们为社会提供的服务往往是低价的甚至是免费的，它们的各种消耗很难通过自身的经营活动进行补偿。这客观上也决定了它们完成各项事业任务所需经费必须由国家无偿供给。虽然也有少数的非营利组织以服务收费等方式从社会取得资金，而不由国家财政拨款，但它们的经费来源同样具有无偿性。

（二）经费使用方式上的限制性

非营利组织的出资者（即资金的供给者）提供的资金原则上被称为基金，基金的特征是要按出资者的意愿完成一定的任务，实现社会效益。非营利组织的财务管理首先表现为基金管理，要能反映各项基金按预算应用的结果。非营利组织的出资者不要求投资回报和投资回收，但要求按法律规定或出资者的意愿把基金用在指定用途上，即要求基金有限制性。非营利组织的基金具有严格的具体用途，不能移作他用。非营利组织基金的限制性体现了非营利组织出资者的权利。为此，非营利组织财务管理要按不同的项目核算基金的使用情况，尽管对各项基金不一定要分别按有关的资产、负债、收入、支出等项目进行管理，但必须提供各项基金的收支节余情况，以便考核各项基金的使用效果。

（三）经费使用中的政策性

非营利组织作为国家职能的承担者，各项活动对社会主义物质文明和精神文明建设有举足轻重的影响，与国家的社会主义现代化建设和人民群众的物质文化生活密切相关。同时，各非营利组织的经费主要由财政拨款。所以非营利组织的财务活动，体现着国家的财政方针政策，体现着国家支持什么，反对什么，鼓励什么，限制什么，体现政府的意图。它们的一收一支，都有明确规定，都带有极强的政策性。因此各非营利组织在办理各项收支业务时，要严格执行有关的收支范围和收支标准，严格执行各项财务规章制度及财经纪律，依法理财，合理有效地使用每一项资金，以保证各项事业的顺利开展。

（四）以预算管理为中心

预算管理是非营利组织财务管理的工作中心。各类非营利组织每年年初都要根据事业发展计划和单位工作任务安排编制单位年度预算，并按一定程度报有关部门审批。审批之后，非营利组织预算就成了财政部门管理各非营利组织财务收支活动的依据。财政部门一方面根据非营利组织预算向其拨付经费，另一方面，又通过预算管理，将非营利组织的各项财务收支纳入预算，统一核算，统一管理。从非营利组织角度来看，各非营利组织预算经有关部门审批之后，同样成了本单位办理财务收支及其他各项财务活动的重要依据，非营利组织各项财务收支都要按预算执行，其他各项财务管理工作也主要是围绕非营利组织预算来展开。因此预算是非营利组织财务管理的中心，在各非营利组织财务管理中起着主导作用。要提高非营利组织财务管理的工作质量，必须切实加强预算的管理。

（五）涉及范围的广泛性

作为管理社会公共事务、协调社会公共利益关系、实现国家职能的组织，非营利组织遍布全国城乡，它们的活动关系着经济的发展、社会的进步与国家政权的建设，与政府意图的实现密切相关，与广大人民群众的生产生活密切相关。如学校、医院、艺术团体等非营利组织的活动，直接为人民生产、生活提供服务，直接关系到广大人民群众的衣食住行、生老病死。非营利组织的财务管理是为非营利组织开展各项业务活动服务的，所以，非营利组织财务管理的范围也非常广泛，不仅深入到全国城乡的每个角落，还深入到非营利组织活动的方方面面。这就要求各非营利组织切实加强财务活动的管理和监督，要求财务工作者要本着认真负责的态度，将财务工作做深做细，办好每一项收支业务，用好国家的每一分钱，切切实实地把国家的方针、政策及政府的意图落实到每一个角落。

（六）类型多样化

非营利组织种类繁多，类型复杂。从所有制来看，既有全民所有制的，又有集体所有制的；从业务活动性质来看，既有生产性的又有非生产性的，既有服务性质的，也有社会福利性质的；从经费来源看，有的由国家财政全额拨款，有的部分拨款，还有的不拨款；从提供公共产品及公共服务的方式来看，有的是免费的，有的是付费的。不同的非营利组织，性质不同，业务特点不同，财务收支状况也有较大差异。相应地，对财务管理提出的要求也就不同，预算的编制、资金的安排、财务成果的分配也不一样。因此，在非营利组织财务管理的工作中，应坚持实事求是的原则，在严格执行国家统一的财务制度的前提下，根据非营利组织的实际情况和实际需要，因地制宜地制定一套符合非营利组织实际的类型，有选择的采用不同的方法进行管理，并且要求非营利组织的财务管理工作要切实可行，不能脱离实际搞“一刀切”，不能生搬硬套地进行统一模式管理。

总之，非营利组织财务管理是非营利组织管理的一个重要组成部分，是根据财务制度及财经法规，按照财务管理的原则，对非营利组织有关资金的筹集、分配及使用所引起的财务活动进行计划、组织、协调、控制，并处理财务关系的一项综合性的经济管理工作。

三、非营利组织财务管理的目标

非营利组织财务管理的目标是非营利组织财务活动希望实现的结果，是评价非营利组织财务活动合理性的基本标准。

非营利组织财务管理的总目标应该是合理取得并运用资金，发挥资金的最大使用效率，实现社会效益最大化。

非营利组织为实现社会效益最大化的总目标，必须要做到以下几点：一是非营利组织提供的服务可以是有偿服务；二是非营利组织需要加强财务控制，降低费用支出；三是非营利组织要进行财务管理，必须讲求资金的使用效率。

四、非营利组织财务管理的要求

（一）建立健全财务制度，规范非营利组织的财务行为

财务制度是非营利组织财务管理的基本依据和行为规范。建立健全财务制度是非营利组织财务管理的重要任务之一。建立健全财务制度有利于保证国家有关方针、政策的贯彻执行，有利于使各项财务活动有法可依、有章可循，实现财务管理的规范化、法制化。财务制度主要包括预算决算制度、收入管理制度、开支标准制度、资金管理制度、财产物资管理制度、财务分析和财务监督制度等。地方各级财政部门和非营利组织的上级主管部门可根据国家有关财务制度规定，结合本地的实际情况，制定在本地区、本部门的财务制度。财务制度的制定，必须以国家有关法律、法规和有关方针、政策为依据，紧密结合非营利组织财务管理的客观实际，按照国家关于财务制度的统一规定和要求进行。

（二）加强单位预算管理，保证事业计划和工作任务的完成

单位预算，是非营利组织完成各项事业计划和工作任务的保证，是非营利组织财务管理工作的重点。加强单位预算管理，有利于国家有关方针、政策的贯彻执行；有利于优化财力资源配置，合理安排和使用各项资金，提高资金使用效益；有利于促进各项事业的发展和加强政权建设。科学合理地编制单位预算，并严格按照批准的预算执行，是非营利组织预算管理的中心工作，只有做好预算编制、执行工作，才能保证事业计划和行政工作任务的顺利完成。

（三）加强收支管理，提高资金使用效益

非营利组织收支管理，是单位预算顺利完成的重要保证。加强收支管理，有利于单位依法组织收入，合理安排支出，有效地使用各项资金，提高资金使用效益，保证

单位预算顺利完成。非营利组织单位收入管理，主要是对收入项目、标准以及收入进度等进行的管理。非营利组织的支出管理，主要是对支出项目、范围、标准等多方面的内容进行的管理。

（四）加强国有资产管理，防止国有资产流失

国有资产是非营利组织开展业务活动和完成行政工作任务的物质基础。加强国有资产管理是非营利组织财务管理的重要内容。加强国有资产管理，能够保证国有资产的安全、完整，防止国有资产流失，提高国有资产利用效率，充分发挥国有资产在促进事业发展和行政工作任务完成中的作用。

（五）加强财务分析和财务监督，如实反映单位财务状况

财务分析和财务监督是非营利组织财务管理的一项重要任务。加强财务分析和财务监督，有利于保证单位认真执行国家有关方针、政策和财务制度，维护财经纪律；有利于保证非营利组织业务工作和财务收支计划顺利完成；有利于及时、准确地反映非营利组织财务活动状况，掌握财务活动的特点和规律，为财务决策提供科学、可靠的依据。

五、非营利组织财务管理的原则

（一）依法理财的原则

依法理财是非营利组织财务管理应遵循的最基本的原则。在社会主义市场经济条件下，一切经济活动都必须在法律规定的范围内运行，财务活动也不例外。非营利组织财务管理必须牢固地树立法制意识，坚持依法理财的原则，使各项财务管理工作在法制轨道上运行。首先要大力加强非营利组织财务管理制度的建设，逐步形成一套科学、规范、系统的财务制度体系；其次，在具体的财务管理工作中，既要认真贯彻执行各项财务制度，做到有法必依；又要做到财务制度贯彻情况的监督检查，做到执法必严，违法必究。

（二）勤俭节约的原则

勤俭节约是非营利组织财务管理必须长期遵循的基本原则。非营利组织开展业务活动所需要的资金很大一部分来自政府预算，其资金耗费基本上是一种消费性的支出。所以，非营利组织财务管理必须坚持勤俭办一切事业的方针，节约、有效地使用各项资金，反对铺张浪费，将勤俭节约措施落实到资金筹集、分配和使用的每一个环节。坚持勤俭节约的原则，还必须注意优化资源配置，调整支出结构，提高资金使用效率，防止因效益问题造成的资金浪费。

（三）量力而行和尽力而为相结合的原则

在非营利组织中，各项事业发展和资金供给不足的矛盾是长期存在的。缓解这个矛盾的有效途径，就是要坚持量力而行和尽力而为相结合的原则。量力而行，就是要尊重客观经济规律，从财政经济状况的实际出发，充分考虑财力的实际情况，去办那些经过努力可以办到的事，而不能违反客观经济规律，凭主观意志办事，勉强去办难以做好的事情。尽力而为，就是要在现行财力许可的范围内，充分发挥人的主观能动性，区分轻重缓急，合理安排使用各项资金，努力挖掘各方面的潜力，发挥有效资金的最大效益，把那些能够办好的事情办好。量力而行和尽力而为应该是辩证的统一。

（四）社会效益与经济效益相统一的原则

非营利组织以生产精神产品和从事社会公益活动为主，它的一切活动都必须把社会效益放在第一位，增进社会福利。在讲究社会效益的同时，非营利组织财务管理还必须讲究经济效益。既要避免片面强调社会效益而忽视经济效益，又要反对单纯追求经济效益而忽视社会效益，要把社会效益和经济效益有机地结合起来。

第三节　非营利组织财务管理的内容

非营利组织财务管理研究的是资金的分配筹集、使用及经费支出是否符合预算，是否有利于促进各项事业发展和国家政权建设，是否有利于社会财产的充分利用等问题。具体来说，非营利组织财务管理包括以下一些主要内容：

一、单位预算管理

非营利组织的资金收支活动是通过预算来安排的，预算管理是非营利组织财务管理的核心内容。非营利组织预算是国家预算的基础，是国家财政部门和非营利组织之间预算资金缴拨的依据，也是非营利组织开展各项财务活动的基本依据，财务管理贯穿了预算编制和执行的全过程。

（一）非营利组织预算的概念

单位预算是非营利组织根据行政任务和事业发展计划，运用价值形式编制的年度财务收支计划，是单位完成事业计划和行政任务的财力保证，也是非营利组织财务管理工作的基本依据。预算管理是非营利组织财务管理的中心工作。单位预算管理主要包括收入预算、支出预算的编制、审批、执行和调整的管理。

非营利组织因为不以营利为目的，所以没有足够的收入。但一些非营利组织单位在为社会提供公益性的服务活动时，要依法取得收入，这就使得非营利组织单位多少有些收入。由于非营利组织单位活动内容各异，业务状况不一，所以各单位收入差别较大。有的单位收不抵支，政府需要无偿拨付一定的资金，保证它们的业务活动能正常开展；有的单位收大于支，按规定要上缴政府预算。所以，非营利组织单位预算与各级政府预算之间存在着资金拨付缴纳关系。

（二）单位预算管理的意义

非营利组织预算是国家预算的重要组成部分。非营利组织预算集中反映了预算年度内非营利组织的资金收支规模、业务活动范围和方向。从形式上看，它是按一定标准将非营利组织收入和支出分门别类地列入特定的表格。这不仅表明了非营利组织是如何使用其经费的，也表明了各项收入是从何种来源筹措的。它成了反映非营利组织活动的一面镜子。从实际经济内容看，它的编制是国家对公共收支的计划安排，它的执行是公共收入的筹措和使用过程，反映着以政府为主体的非营利组织介入经济社会生活的范围、规模和程度。加强非营利组织预算的管理，不仅对保证公共事业计划和行政任务的完成有重要作用，而且对财政预算的顺利执行都有十分重要的意义。

（三）非营利组织单位预算的内容

非营利组织的单位预算主要是指各级各类国有事业单位以及接受国家经常性资助的非国有事业单位、社会团体和中介组织等的单位预算。目前非营利组织的单位预算内容是按照国有事业单位预算内容执行的。

1. 事业单位的收入预算

事业单位的收入预算，分为财政补助收入和非财政补助收入两个部分。内容包括财政补助收入、上级补助收入、事业收入、经营收入、附属单位上缴收入、其他收入和拨入专款收入等。

财政补助收入指事业单位按核定的预算和经费从财政部门取得的各类预算经费。

上级补助收入是指事业单位从主管部门和上级单位取得的非财政补助收入。

事业收入是指事业单位开展专业业务活动及其辅助活动取得的收入。其中，按照国家有关规定应当上缴财政预算的资金和应当缴入财政专户的预算外资金，不计入事业收入；从财政专户核拨的预算外资金和部分经核准不上缴财政专户管理的预算外资金计入事业收入。

经营收入是指事业单位在专业业务活动及其辅助活动之外开展非独立核算经营活动取得的收入。

附属单位上缴收入是指事业单位附属独立核算单位按照有关规定上缴的收入。

其他收入是指上述规定范围以外的各项收入，包括投资收益、利息收入、捐赠收入等。

拨入专款收入是指国家投资的事业单位用于固定资产新建、改建、改扩建工程的拨款收入。

2. 事业单位的支出预算

事业单位的支出预算，包括事业支出、经营支出、自筹基本建设支出、对附属单位补助支出和上缴上级支出等项内容。

事业支出是指事业单位开展专业业务活动及其辅助活动发生的支出，包括基本工资、补助工资、其他工资、职工福利费、社会保障费、助学金、公务费、设备购置费、修缮费、业务费和其他费用。

经营支出是指事业单位在专业业务活动及其辅助活动之外开展非独立核算经营活动发生的支出，包括单位为开展经营活动支付给职工个人的工资福利性开支和维持经营活动开支的公务费、业务费、设备购置费、维修费等。

基本建设支出是指事业单位列入基本建设计划、用国家基本建设资金或自筹资金安排的基建支出。

对附属单位补助支出是指事业单位用财政补助收入之外的资金对附属单位补助发生的支出。

上缴上级支出是指实行收入上缴办法的事业单位按照规定的定额或者比例上缴上级单位的支出。

二、收入管理

非营利组织要履行管理社会公共事务的职责，就必须要有一定的财力保证。除公共财政提供全部或部分经费来源外，非营利组织还必须根据自己的条件，积极合理组织收入，提高自我发展的能力，保证公共事业任务的顺利完成。

（一）非营利组织收入的概念

非营利组织收入，是指非营利组织为开展业务活动以及其他活动依法通过各种方式取得的可自主支配的非偿还性资金。非营利组织的收入主要包括财政补助收入、事业收入、经营收入、附属单位上缴收入和其他收入。非营利组织所取得的上述各项收入，必须全部纳入单位预算，统一核算，统一管理。

（二）非营利组织收入的内容

1. 非营利组织的财政补助收入

非营利组织的财政补助收入，是指非营利组织直接从财政部门取得的或通过主管部门从财政部门取得的各类事业经费，包括经常性经费和专项资金。必须明确的是，财政补助收入中不包括财政对非营利组织的基本建设投资。《事业单位财务规则》规定，国家对非营利组织的基本建设投资的财务管理，按国家有关规定办理。

财政对非营利组织的经费供给根据“公共财政”的原则和单位的创收能力，划分为三种类型：第一类，对于只提供的是公共产品，其产品无法由市场供需调节，不能成为商品进入市场的公益型事业单位，由政府财政全额拨付经费，如图书馆、博物馆、考古队、地震办、党史办、地志办、统计调查队、一些社会团体等；第二类，对于虽属于社会公益事业，但具有社会需要和个人需要双重性质，提供的产品具有混合公共产品的性质，在开展业务时可向个人收取一定的补偿费用，但其收费收入不能抵偿其正常的事业支出的半公益型事业单位、非营利性社会中介组织，由财政实行定额补贴，如教育、体育、文艺团体、电台、无线电视、科研单位部门、行业协会、商会等；第三类，对于属于社会公益型与经营型融合为一体的事业单位，其事业收入或经营收入完全可抵偿单位正常支出的，财政停止对其正常拨款，并以自收自支单位形式进行管理。

财政预算安排用于非营利组织的拨款主要有：教育事业费；文体广播事业费；科学事业费；农林水利气象等部门的事业费；卫生经费；工业交通等部门的事业费；流通部门事业费；抚恤和社会福利救济费。

2. 非营利组织事业收入的管理

事业收入是非营利组织重要的资金来源，是非营利组织为了弥补国家拨款不足所收取的补偿性收入。事业收入涉及面广，政策性强，并随着事业单位改革的深化，其所占比重越来越大。加强事业收入管理，对于正确处理国家、单位、个人三者利益关系，实现合理负担，促进公共事业的发展，具有重要意义。以下就事业收入的有关内容进行阐述：

（1）事业收入的具体内容。

事业收入，是指非营利组织通过开展专业业务活动及其辅助活动取得的收入。专业业务活动，也称为“主营业务活动”，是指非营利组织根据本单位的专业特点所从事或开展的主要业务活动，如文艺团体的演出活动、科研院所的科研活动、学校的教学活动、医院的医疗保健活动等。辅助活动是指与专业业务活动相关，直接为专业业务活动服务的活动，如非营利组织的行政管理活动、后勤服务活动及其他有关活动。非营利组织开展上述活动所需资金，除了财政预算无偿补助以外，一般可以按照规定向服务对象收取一定的费用，用于补偿部分费用耗费。其中，按照国家有关规定应上缴财政预算的资金和上缴财政专户的预算外资金，不作为事业收入；根据经批准的经费使用计划从财政专户核拨的预算外资金，构成非营利组织单位的事业收入。

由于非营利组织的类型较多，专业业务活动又各有特点，因此不同类型的非营利组织的事业收入的具体内容各不相同。它主要包括：文化事业单位的事业收入；科学事业单位的事业收入；高等学校和中等专业学校的事业收入；中小学校的事业收入；广播电视事业单位的事业收入；体育事业单位的事业收入；文物事业单位的事业收入；计划生育事业单位的事业收入。

（2）事业收入管理的基本要求。

首先，要充分利用现有条件组织事业收入，促进事业的发展。随着我国社会主义市场经济体制的建立，随着经济的发展和经济体制改革所导致的社会结构的变化，社会公共事务日趋丰富繁杂。一方面，公共事业发展与经济发展、人民对物质文化生活的需要相适应、相协调，已成为推进整个社会进步与发展的重要条件；另一方面，公民对公共管理或公共产品无论从数量上还是质量上都提出了越来越高的要求。因此，各项公共事业要获得较快发展，除了财政预算不断增加投入，积极给予支持以外，有条件的非营利组织应当按照市场经济的客观要求和国家的规定，根据自身的专业特点，努力发挥自身优势，充分利用人才、技术、设备等条件，拓宽服务范围，依法积极组织各项收入，不断扩大财源，提高经费自给率，增强自我发展能力，促进公共事业的较快发展。

其次，保证事业收入的合法性与合理性。在非营利组织各项事业收入的管理中，要特别强调收入的合法性与合理性。必须严格执行国家有关法律、法规和规章制度，将收入管理纳入法制化管理的轨道。所谓合法性，就是要依法组织事业收入。对于各项事业性的收费项目，国家规定了统一的收费政策和管理制度，非营利组织必须严格遵守；制定和调整收费项目、收费标准必须按照规定程序报经国家有关部门批准，非经批准不得自立章程乱收费，收费时必须使用中央或省财政部门统一印制或监制的票据。所谓合理性，就是在坚持社会效益的前提下，本着补偿合理费用支出的原则，根据提供的技术成本、服务内容、受益程度、事业发展需要和付费对象的经济承受能力等因素制定收费标准。

再次，必须将社会公共利益放在首位。维护和追求社会公共利益，是公共组织运行的宗旨。非营利组织在组织收入活动的过程中，必须始终将社会公共利益放在首位，必须有利于公共事业的发展，有利于丰富人民群众的物质文化生活，有利于社会主义精神文明建设。同时，非营利组织的事业收入中，有些收入项目应该按照市场经济的一般规律运作，讲求经济效益。因此，非营利组织要把社会公共利益的实现与经济效益统一起来，在实现社会公共利益的同时获得较好的经济效益，绝不能单纯为了追求经济效益而忽视社会公共利益。

最后，必须严格执行预算外管理资金的规定。非营利组织取得的属于预算外资金性质的收入，应严格按照规定进行管理，凡应上缴财政专户的，应当及时、足额上缴财政专户；只有经财政部门核准可以不上缴财政专户的预算外资金，才能作为单位收入并按照规定使用。对于应上缴财政专户的预算外资金，不能直接作为事业收入处理，应缴入同级财政专户，待同级财政拨付本单位使用时，才能计入事业收入。留给单位使用的预算外资金，可以直接计入事业收入。

3. 非营利组织经营收入的管理

（1）经营收入的概念和特征。

经营收入，是指事业单位在专业业务活动及其辅助活动之外开展非独立核算经营活动所取得的收入。应注意其必须同时具备的两个特征：首先，经营收入是在专业业务活动及辅助活动之外，开展经营活动所取得的收入。其次，经营收入是非独立核算的单位开展经营活动所取得的收入。

（2）经营收入管理的要求。

首先，要正确处理主营业务及附营业务的关系。

非营利组织履行职责主要是通过开展主营业务，也就是根据本单位专业特点开展专业业务活动而完成的。其经营活动则属于附营业务，是为主营业务服务的，目的在于为主营业务的健康发展创造良好的经济基础。因此，非营利组织在人力、物力、财力等资源的安排上，首先应当保证开展专业业务活动的需要，不应影响正常事业计划的完成。在此前提之下，可以合理地配置和有效利用单位所拥有的各种资源，按照规定开展经营活动，增加单位的收入。

其次，划清经营收入和事业收入的界限。

非营利组织开展的业务活动主体是专业业务活动。专业业务活动一般属于公益性活动，具有非营利的特点，而经营活动一般属于营利性活动，因此，事业收入与经营收入属于两种不同性质的收入，要划清事业收入与经营收入的界限。两类活动原则上应分别核算，以正确反映非营利组织的业务活动和经营活动的经济成果。非营利组织开展的经营活动应当尽可能参照企业财务制度进行独立核算，只有那些经营活动规模较小、不能或无法进行独立核算的，才纳入“经营收入”中核算。

再次，经营收入要纳入非政府组织预算的管理。

为了全面反映经营收入状况，对经营活动全过程实行有效的财务管理，按有关规定，单位的经营收入要全部纳入单位预算统一核算，统一管理。非营利组织要严格遵守国家规定，加强对经营收入的管理，杜绝私分瞒报收入、私设“小金库”、乱支滥用等现象。

最后，要领取营业执照，按规定的审批程序办理报批手续。

根据国家有关规定，非营利组织从事经营活动，由该单位申请登记，经登记主管机关核准，领取营业执照，在核准登记的经营范围内依法从事经营活动。在非营利组织的经营活动中，将非经营性资产转为经营性资产，要经主管部门审查核实，并由同级国有资产管理部门批准；一次转为经营性资产的价值量数额巨大的，还须报财政部门批准。

在非营利组织的经营收入中，属于非独立核算经营活动取得的经营收入要直接纳入单位预算进行核算，经营投资分得的利润和债券投资形成的利息，则作为非营利组织的投资收益纳入单位预算进行核算。

4. 非营利组织上级补助收入、附属单位上缴收入和其他收入的管理

上级补助收入，是指非营利组织从主管部门或上级单位取得的非财政补助收入。具体而言，就是非营利组织的主管部门或上级单位用财政补助收入之外的收入，如自身组织的收入和集中下级单位的收入拨给非营利组织的资金。对上级补助收入，要纳入非营利组织预算统一管理，按照主管部门或上级单位的要求进行管理，并按指定用途安排使用，并且，必须划清上级补助收入和财政补助收入的界限，不能将主管部门或上级单位转拨的财政补助收入混同于上级补助收入。

附属单位上缴收入，是指非营利组织的附属独立核算单位按规定标准和比例上缴的收入，包括附属非政府组织上缴的收入和附属企业上缴的利润等。非营利组织附属的独立核算单位实行企业化管理，执行《企业财务通则》，以其收入补偿其耗费之后，应向所属单位上缴利润。非营利组织应当规范同附属单位的分配关系，特别是同附属企业的分配关系，要尽可能采取经济手段，以产权关系为纽带，明晰同附属单位的分配关系。上缴利润的方式可由非营利组织与所属独立核算的单位事先确定上缴比例，也可采取承包方式。尤其要注意的是，这些独立核算的单位在开展经营活动中，将国有非经营性资产转为经营性资产，因此在税前还应按照财政部有关规定，从成本中上缴国有资产使用费。另外，附属单位归还非营利组织垫付的水、电、采暖、工资等各种费用，非营利组织应当冲减相应的支出，不能作为上缴收入处理。

其他收入，主要包括：利息收入，指单位存款利息，非营利组织的存款利息收入既包括财政拨款和上级补助未用部分暂存银行取得的收入，又包括事业收入、经营收入和附属单位上缴收入存入银行取得的收入；捐赠收入，指社会团体、个人等对公共组织的赞助和捐赠收入；投资收益，指非营利组织的对外投资所取得的收入。对这类收入应按照有关的规定，分别进行管理。

三、支出管理

非营利组织支出，是指非营利组织开展业务及其他活动发生的资金耗费和损失。非营利组织的支出既要保证事业发展的需要，又要遵守各项财政财务制度，精打细算，厉行节约，使各项支出发挥最大的效果。非营利组织支出包括事业支出、经营支出、自筹基本建设支出、对附属单位补助支出和上缴上级支出。

（一）事业支出管理

事业支出，是指非营利组织开展专业业务活动及其辅助活动发生的支出。事业支出是事业单位的主要支出，按照规定，事业单位获得的财政补助收入、上级补助收入、事业收入和其他收入都应用于事业支出。事业支出具有非补偿性特征。事业支出是非营利组织支出的主要部分，反映着公共事业发展的资金规模和支出水平，因此，非营利组织在安排支出时应优先安排和保证事业支出，重点抓好事业支出的管理。

1. 量入为出，统筹安排各项事业支出

非营利组织的事业支出预算是财政部门、主管部门根据事业特点、事业发展计划、非营利组织收支状况以及国家财政政策和财力核定的，在一定程度上体现了非营利组织的发展重点和规模。非营利组织应坚持“量入为出，以求平衡”的原则，严格按照批准的支出预算执行，根据预算确定的支出项目、内容分别制定人员经费、公务费、

业务费等的开支标准，统筹安排各项支出。

2. 加强经济核算，提高资金的使用效益

实行经济核算，是加强支出管理、降低劳动消耗、提高资金使用效益的有效手段。非营利组织开展业务活动，虽然是以维护和实现公共利益为宗旨，不以营利为目的，但在其运作过程中，要耗费社会资源。因此，应树立成本费用意识和投入产出意识，在注重社会效益的同时，注重经济效益，并根据自身业务特点，建立经济核算制度，做到少投入、多产出。在经济核算中，应区别不同性质的支出，实施不同的核算办法：对属于行政性开支的，主要应按照规定的开支范围和标准办理支出；对属于业务性开支的，主要应对资金投入与业务成果及其相关关系进行核算，通过运用成本费用核算手段，合理安排和节约使用资源，降低费用消耗，提高投入产出的效果。

3. 正确界定事业支出的范围，如实反映事业发展规模和支出水平

事业支出与经营支出的界限，在支出核算和管理上最容易发生混淆，而非营利组织中存在着经营性支出在事业支出中列支、经营支出与事业支出界限不清的现象，不能准确反映事业规模和经营成果。因此，非营利组织应当正确界定事业支出的范围，严格划分事业支出与经营支出的界限，凡是直接用于经营活动的费用，应当直接在经营支出中反映；已在事业支出中统一垫支的各项费用，应如数归还；难以划清的费用，应当按照规定的比例合理分摊，在经营支出中列支，冲减事业支出。

4. 按照专款专用的原则，加强专项资金支出管理

非营利组织从财政部门和主管部门取得的有指定项目和用途并且要求单独核算的专项资金，应当按照要求专款专用，单独核算，并定期向财政部门或者主管部门报送专项资金使用情况。项目完成后，应当报送专项资金支出决算表和资金使用效果的文字报告，接受财政部门或者主管部门的检查、验收。

（二）经营支出管理

经营支出，是指非营利组织在专业业务活动及其辅助活动之外开展非独立核算经营活动发生的支出。

非营利组织对经营支出管理时，首先要分清开展的经营活动是独立核算的还是非独立核算的。按照财务制度的规定，独立核算的经营活动发生的支出不纳入非营利组织经营支出的范围，非独立核算的经营活动所发生的支出，才纳入经营支出范围。非营利组织应根据经营支出的特点加强管理。

1. 正确归集实际发生的费用

为了正确反映非营利组织经营支出的实际情况，在经营活动中，应当正确归集实际发生的各项费用，直接用于经营活动消耗的材料、工资等费用，应当按照实际发生数直接计入经营支出。对在事业支出中统一开支而又难以划清的费用，应当按照规定的比例合理分摊。对经营活动占用单位的房屋、设备等固定资产，应当参照企业的折旧制度提取修购基金，所提取的修购基金应当集中用于非营利组织固定资产的维修和购置。

2. 实行经营支出与经营收入相配比的原则

非营利组织开展非独立核算经营活动的主要目的是通过充分利用单位现有的资源，向社会提供有偿服务或产品，获得更多的资金支持公共事业的发展。为了全面真实反

映非营利组织生产经营过程的效率和收益情况，应实行经营支出与经营收入相配比的原则，在正确归结经营支出费用的基础上，将经营支出与同期经营收入对应核算，以反映单位经营收益的真实情况。

3. 实行成本核算，提高经济效益

非营利组织开展经营活动，是以获得经济收益来补充公共事业发展所需要的资金。为此，非营利组织在开展经营活动中，为提高资金使用效率，应当通过成本核算，采取切实可行的措施，努力改善经营管理，降低费用消耗，以尽可能少的消耗获得尽可能多的经济成果，提高经济效益。

（三）自筹基本建设支出管理

自筹基本建设支出，是指非营利组织用财政补助收入以外的资金安排基本建设发生的支出。

自筹基本建设支出在性质上属于建设性支出。它反映的是结转到基本建设支出的数额，这点与非营利组织其他支出不同。对自筹基本建设支出的管理应注意以下内容：

首先，要明确资金来源渠道。财政补助收入是财政部门按照批准的单位预算核定给非营利组织用于事业正常发展的财政资金。按照国家的规定，财政补助收入不能用于安排自筹基本建设，非营利组织的自筹基本建设只能用非财政补助收入进行安排。在安排自筹基本建设支出时，非营利组织要统筹考虑单位各项收入情况，要在保证事业正常发展的资金需要和单位预算收支平衡的基础上，根据需要与可能来安排自筹基本建设。

其次，应严格按照规定的程序报批。自筹基本建设虽然在资金来源上与国家计划内批准的基本建设支出有所不同，但是，在基本建设项目的报批程序上，国家的规定是一致的，即只有经国家计划部门批准列入基本建设计划后才能实施。同时，事业单位动用除财政补助收入以外的资金安排基本建设时，必须要报经财政部门批准，核定的自筹基本建设资金纳入基本建设财务管理。

（四）对附属单位补助支出和上缴上级支出的管理

附属单位，一般是指非营利组织所属独立核算的单位，如高等学校附属的中学、小学，科学院附属的研究所等。对附属单位补助支出，是指非营利组织用财政补助收入之外的收入，如从各附属单位集中的资金、接受捐赠的资金等，对附属单位补助发生的支出。非营利组织转拨财政部门拨入的各类事业费，不能列入对附属单位补助支出中。

上缴上级支出，是指实行收入上缴办法的非营利组织按照规定的定额或者比例上缴上级单位的支出。一般情况下，大多数非营利组织收入有限，而且很不稳定，其收入应当全部用于本单位的事业发展，不实行收入上缴办法。只有极少数非营利组织因占有较多的国有资产，得到国家特殊政策，以及收支归集配比不清等原因，取得较多收入，且超出其正常支出较多，国家规定这类非营利组织可以实行收入上缴办法，由此而发生的支出，反映在该单位的上缴上级支出中。

对附属单位补助支出和上缴上级支出都属于调剂性支出，不同于事业支出和经营支出，属于非营利组织本身的正常支出。对这类支出应当分情况进行管理：对属于补助性质支出的，应按照规定的标准和资金渠道列支，并用于规定的受补助单位；对属于上缴性质的支出，应按核定的定额或收入的一定比例上缴给上级单位。

四、结余管理

结余是单位在一定期间内各项收入与支出相抵后的余额。

在事业单位中，结余主要包括事业结余和经营结余。

（1）事业结余，是指事业单位各项基本业务活动及辅助活动的收支结余。

（2）经营结余，是指事业单位经营活动的收支结余。

事业单位应将按规定提取专用基金，缴纳所得税以后的结余，于年末全部转为事业基金。

非营利组织不以营利为目的，其收支差额不具有经营成果的性质，只表示收入在以后结存的情况，所以不设“利润”账户，而设“结余”账户；与此相联系，非营利组织的出资人不要求投资回报和投资回收，其所投入的资金不具有投资性质，但要按规定用途使用，所以不设“所有者权益”账户，而设“基金”账户。与企业的所有者权益和利润要素相区别，基金和结余是非营利组织财务管理中特有的财务管理要素，其核算内容和处理程序都具有自己的特点。

五、非营利组织资产管理

（一）非营利组织资产的概念及特征

非营利组织资产，是指非营利组织占有或者使用的能以货币计量的经济资源，包括各种财产、债权和其他权利等。从非营利组织资产这一概念可以看出，其具有如下特征：

（1）资产必须是一种经济资源。这种经济资源具有为非营利组织开展业务及其他活动提供或创造客观条件的某种经济权利或经济潜能。换言之，这种经济资源必须有用，具有使用价值，能够为非营利组织创造社会效益和经济效益。只有具备这种条件的经济资源才能够作为资产存在或者得到确认。

（2）资产必须能够用货币来计量。在市场经济条件下，非营利组织为开展业务及其他活动，所拥有的各种经济资源，如房屋、设备、仪器、材料、燃料、低值易耗品等有形资产，其实物形态各不相同，所采用的计量方式多种多样，如重量、长度、容积等，但都可以用货币来计量。货币计量成为非营利组织会计核算和财务管理的一个基本前提。

（3）资产必须为非营利组织所占用或者使用。一项资产如果被确认为是一个非营利组织的资产，这个非营利组织必须对其拥有占有权或者使用权。就非营利组织而言，其占有或者使用的资产基本上是国家通过不同方式拨入形成的，属于国家所有。非营利组织自行组织收入形成的资产，也应当属于国有资产。非营利组织对资产只有占有权或者使用权，而没有所有权。因此，非营利组织不能以其所占有的全部资产对单位的债务承担责任，非营利组织的资产报废或者产权转让事项，应当按规定报经国有资产管理部门批准后进行。

（二）非营利组织资产的构成

为了便于加强资产的管理，需要根据非营利组织资产的性质和特点对资产进行科学的分类。非营利组织的资产可以分为流动资产、固定资产、无形资产和对外投资。

（三）非营利组织资产管理的原则

1. 建立科学的资产管理体系和管理办法

（1）要根据非营利组织开展业务活动的规律，建立适合单位特点的资产管理制度，保证资产运作的正常运行，满足事业发展的客观要求。

（2）要建立健全内部稽核制度、内部监督制度和内部控制制度，保证资产的安全、完整，防止国有资产的流失。

（3）要建立和落实资产管理责任制，充分调动广大群众管理国有资产的积极性，增强责任感和主人翁意识。

2. 以公共利益为中心，科学合理地运用各项资产，提高其使用效益

非营利组织资金运动的根本目的是为公共利益服务，因此，公共组织资产的运用必须紧紧围绕单位业务活动的需要，进行科学合理的安排。同时，还要加强内部各项消耗的管理，制定科学合理的消耗定额，在保证业务活动正常需要的前提下，千方百计地控制支出，努力实现以较少的消耗，取得较大的效果，促进资金使用效益的提高。

3. 注重国有资产的保值增值

非营利组织在开展业务活动、执行计划的过程中，应消除非营利组织属纯消耗部门这一传统观念，逐步提高对国有资产保值增值的意识。要及时合理地提取单位的修购基金，部分合乎条件的非营利组织还应逐步建立固定资产折旧制度。同时，在保证完成事业计划的业务活动、兼顾各方利益的前提下，努力增收节支，增加财务成果，以实现国有资产的保值增值。

（四）非营利组织资产管理的基本要求

1. 非营利组织资产管理必须保证非营利组织工作任务的完成和事业计划的实现

非营利组织拥有一定数量的物资设备等物质条件，才能进行各项工作，开展各项业务活动，并且只有尽可能地应用现代化科学技术设备和新型材料，才能不断提高工作效率和业务技术水平。资产是非营利组织完成工作任务和计划的财力保证。只有加强资产管理，做到按计划购建、合理储备、及时供给、充分利用、妥善维护保养，才能使非营利组织所必需的物质技术需要得到确切的保证。

2. 非营利组织资产管理必须保证单位资产具有足够的流动性

非营利组织在统筹安排各项资产的占用量时，必须保证单位资产具有足够的流动性，即必须保证具有可以随时用于支付或在短期内可以变现的资产。这不仅是为了满足日常支付的正常需要，对实行成本管理的非营利组织来讲，也是其能够随时偿付短期债务的要求。

3. 非营利组织资产管理必须有利于提高资产的利用效率

非营利组织安排各项资产占用量时，既要保证资产的流动性，又要保证事业计划的实现；同时，还要贯彻勤俭建国、勤俭办事的方针，解决资产供与求的矛盾。这就需要提高资产的利用效率，要科学地组织、合理地使用资产，充分挖掘资产的潜力，提高工作效率。

4. 非营利组织资产管理必须保证资产的安全、完整

非营利组织的资产，是物质生产部门的人民群众辛勤劳动的成果，属于国有资产。

国家的物质财富，在非营利组织的业务活动过程中发挥着重要的作用。为了保护资产的安全完整，必须对资产取得、使用各个环节进行控制、管理、监督，认真推行资产管理的经济责任制度，使资产的管理做到物物有账、账账相符、账卡相符、账物相符。要根据不同资产的特点，采用不同的日常管理办法。

六、非营利组织的负债管理

负债是非营利组织财务活动中客观存在的一种经济现象，负债管理是非营利组织财务管理的一项重要内容。加强负债管理，对于维护公共组织各单位财务及经济活动的正常进行，促进非营利组织的发展及工作任务的完成，都具有重要的意义。

（一）非营利组织的负债的定义及特征

负债是个广义的概念。它泛指某一特定主体由于过去的交易或事项由现在承担，并且需要牺牲将来利益的各种债务。

我国的《企业会计准则》对负债所做的定义是："负债是企业所承担的能以货币计量，需要以资产或劳务偿还的债务。"

非营利组织在性质上的非营利性和组织形式上的多样性，决定了其负债形式与营利组织有显著的区别。

由于主体的特殊性，非营利组织负债具有如下特征：

第一，公共组织负债的相当一部分不是由经济活动产生，而是来源于其特殊的行政职能。例如，各种行政事业性收费、各项罚没收入等，应该按规定上缴国库，是对国家的财政负债。

第二，非营利组织负债的强制性责任，除了来自法律、合同文件等要求之外，还来自行政要求。例如，应缴财政预算的资金、应缴财政专户的预算外资金，按财政规定必须上缴国库。

第三，非营利组织是用未来的收入而不是单位的资产对债权人承担责任。

第四，非营利组织的负债主要表现为结算性质的负债，包括应付票据、应付账款、预收账款、应交税金等，一般没有融资性质的负债。

非营利组织负债主要包括应缴款项、应付款项、预收款项、暂存款项、借入款项五种类型。

（二）非营利组织的负债管理的要求

加强负债管理，对于提高非营利组织财务管理的效率，保证其业务活动的正常运行，具有重要意义。

1. 保持适度的负债规模

非营利组织主要依靠财政拨款开展业务活动，负债不是其主要的资金来源。例如借入款项，只是为了解决非营利组织业务周转资金短缺，或者由于某些经济活动而发生。由于非营利组织的业务活动不以营利为目的，其偿债能力就很有限，因而其借款规模不能过大，必须控制在适度范围内，以免增加债务负担，影响正常业务活动的开展。

至于适度的负债规模如何确定，目前尚无统一的量化标准，一般以不影响非营利组织的正常活动为衡量标准。

2. 分门别类，加强管理

如前所述，非营利组织有多种负债形式，并且各种负债的性质、特征也不相同。所以，各负债项目应有专人负责，分门别类地加以管理。对应缴款项，应按规定及时、足额上缴，切勿截留、坐支和挪用；对应付、预收和暂存款项，应及时结算，不得挪用；对借入款项，则应提高使用效率，并按期归还。

3. 划清界限，及时清理

要划清各种负债与非营利组织其他资金的界限。例如，不能将应缴款项、预收款和暂存款作为收入核算，也不能将应属于收入的款项或应缴款项列入暂存款项核算。

对于往来款项，如应付款项、预收款项、暂存款项，应及时与对方单位结清，不能长期挂账；对于借入款项，应及时偿还；对于应缴款项，则应根据国家有关规定，按时缴纳。

七、非营利组织的净资产管理

净资产是国家为兴办、维持或发展某些社会部门（如行政机构、社会团体等）而建立的以价值量表现的物质基础来源。非营利组织正是凭借这部分物质基础得以开展各项业务活动并顺利完成各项工作的。

（一）非营利组织的净资产的概念

非营利组织的净资产，是指资产减去负债的差额。其计算公式为：

净资产=资产-负债

非营利组织的净资产，一般具有以下特征：

第一，净资产具有非偿还性。净资产是非营利组织无偿占有的经济资源，具有非偿还性。

第二，净资产是国家、非营利组织之间的一种权益分配。净资产体现了资产所有者以及资产占有者、使用者依法享有的权益。非营利组织净资产既体现了国家所有者的权益，又体现了非营利组织占有者和使用者的权益。

（二）非营利组织净资产的管理

非营利组织净资产的形态主要表现为事业基金，是非营利组织一项重要的储备资金，既可用于弥补非营利组织年度收支差额，又可用于对外投资，因此必须加强对事业基金的管理。

1. 事业基金的概念

事业基金，是指非营利组织拥有的非限定用途的净资产，包括一般基金和投资基金两部分。

一般基金，是指非营利组织历年结余分配后形成的用于弥补以后年度收支差额的资金。投资基金，是指非营利组织以固定资产、材料等实物，以及货币资金和无形资产对外投资所占用的资金。当非营利组织出现年度收支失衡时，可用一般基金来弥补其差额。通常，一般基金要不断地滚存积累，不过，它只能用于弥补单位以后年度收支差额，而不能用于其他支出。投资基金则不同，它是能够给非营利组织带来经济效益的资金储备，既可投资于固定资产等实物形态，也可用于证券、无形资产投资。由于它主要用于对外投资，因此，不能直接用于非营利组织内部支出，也不能弥补年度收支差额。

2. 事业基金的管理要求

事业基金中的一般基金和投资基金性质、作用不同，因此，对一般基金和投资基金应当分别管理。具体管理要求如下：

（1）要统筹安排一般基金

由于一般基金是非营利组织的一项重要储备基金，是主要根据非营利组织业务发展需要积累的。因此，一般基金在管理时应当量入为出，统筹安排，合理使用。当年度的收入大于支出时，结余为正数，应在节余分配中按一定比例转增一般基金；当支出大于收入时，结余为负数，则需要以前年度一般基金弥补其收支差额；另外，非营利组织在确定年初预算时，如果支出预算出现赤字，也可以直接用一般基金弥补。

（2）确保投资基金的保值增值

投资基金是非营利组织对外投资所占用的资金，能够为其带来经济效益，当进行对外投资时，应当首先保证对外投资的安全与完整，防止资产的流失，然后才追求投资效益。当非营利组织增加对外投资时，则应根据资产原价和作价差额，及时调增投资基金；如果要收回对外投资或者投资发生损失时，则要相应调减投资基金，使投资基金与非营利组织发生的对外投资相一致。

在上述管理内容中，其中资产、负债、基金是单位财务状况的静态表现，也是资产负债表的要素；收入、支出、结余是财务收支的动态表现，也是收入支出情况表的要素。通过这六项财务管理要素，就可以从静态上和动态上系统地揭示单位的财务状况和收支情况。

非营利组织财务管理的对象，既包括政府财政资金的集中和分配，也包括行政单位财政资金和事业单位业务资金的取得和运用。非营利组织财务管理，既反映非物质生产部门的财政资金、业务资金的活动，也反映物质生产部门的缴款以及对经济建设和经营单位的拨款。资金来源和用途的广泛性，资金活动不具有完全的周转性，是非营利组织财务管理对象的特点。

【例 10-1】非营利组织财务管理案例

某高校是由该省教育厅举办的全额拨款的事业单位，其宗旨和业务范围是面向社会培养高等学历专业人才，承担各类职业资格和技能培训业务。开办资金为 5.9 亿元。该高校执行《事业单位会计制度》及其补充规定，收入的确认采用收付实现制。伴随着高校招生规模的急剧膨胀，该校为招收更多的学生，只好选择再建一所分校，2004 年遂征地 1 333 340 平方米，总建筑面积为 50 万平方米，招生规模达 2.3 万人，项目建设期为 3 年，项目总投资为 9 亿元。目前，该校 2014 年的事业收入为 5 000 万元，财政补助收入为 1 500 万元，2014 年共发生事业支出 6 300 万元。新校区的建设需要大量的资金支持。目前该校已通过银行贷款的方式向工商银行、建设银行等金融机构借款 2 亿元，贷款期限为 3 年，利率为 5.49%，若再增加贷款，贷款的难度将增大，利率将会有所上升。根据资料可知，作为高校的财务人员，应该认识到：高校虽然是非营利组织，但也要考虑投资扩张的可行性，也要考虑筹资的成本。在条件允许的情况下，可以考虑负债筹资，但不能超出自己的承受能力。既然高校是政府主办的全额事业单位，不妨由政府追加开办资金来建设新校区。否则，高校将背上巨额债务，连银行利息都付不起，给今后的发展带来一系列隐患。

【例 10-2】中国红十字基金会财务管理案例

中国红十字基金会（简称中国红基会）是由中国红十字会总会主管、经民政部登记注册的具有独立法人地位的全国性公募基金会，宗旨是弘扬人道、博爱、奉献的红十字精神，致力于改善人的生存与发展状况，保护人的生命与健康，促进世界和平与社会进步。中国红基会包括红十字天使计划（中国红基会推动的重点公益项目）、博爱助学计划项目、救灾赈灾项目以及其他项目。

一、中国红基会资金管理情况

1. 资金收入情况分析

从表 10-1 与图 10-1 可以看出中国红基会从 2006—2013 年收入总量比较大，但是收入不稳定，波动幅度大，收入最高年份为收入最低年份的 16.4 倍。2006—2007 年年收入总量呈上升趋势。这 8 年间出现的两个峰值，主要是受重大自然灾害的影响：第一个峰值也是最高峰值出现在 2008 年汶川地震，是上年收入总额的 9.3 倍；2010 年受玉树地震影响出现第二个峰值，是上年收入总额的 2.4 倍。除去这两年，2006—2013 年红基会的年收入总额相对平稳。

表 10-1　　中国红基会 2006—2013 年的资金收入情况表　　单位：万元

项目＼年	2006	2007	2008	2009	2010	2011	2012	2013
捐赠收入	9 422	16 499	153 797	19 464	53 797	16 668	11 719	14 715
政府补助收入	0	0	0	5 000	5 000	4 143	8 857	8 000
其他收入	43	192	1 880	680	2 413	2 725	2 823	2 196
收入合计	9 465	16 691	155 677	25 143	61 210	23 536	23 399	24 912

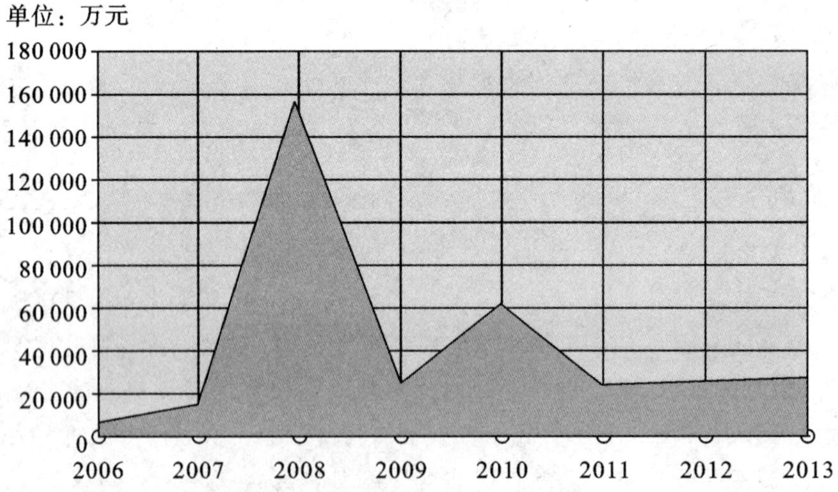

图 10-1　中国红基会 2006—2013 年的资金收入总量趋势图

2. 资金收入结构分析

从表10-2与图10-2可知，中国红基会在2006—2013年的收入来源中有捐赠收入、政府补助收入和其他收入，其中捐赠收入达到98%以上。2009年以后由于政府开始补助，资金收入结构改善，捐赠收入比重下降。由此可以看出，中国红基会对政府的依赖性增强，由于中国红基会没有自创收入，如果其对政府依赖性太强，就很容易使自己陷入资金困境。

表10-2　　　　中国红基会2006—2013年的资金收入结构表

项目＼年	2006	2007	2008	2009	2010	2011	2012	2013
捐赠收入	99.55%	98.85%	98.79%	77.41%	87.89%	70.82%	50.08%	59.07%
政府补助收入	0.00%	0.00%	0.00%	19.89%	8.17%	17.60%	37.85%	32.11%
其他收入	0.45%	1.15%	1.21%	2.70%	3.94%	11.58%	12.06%	8.82%
收入合计	100%	100%	100%	100%	100%	100%	100%	100%

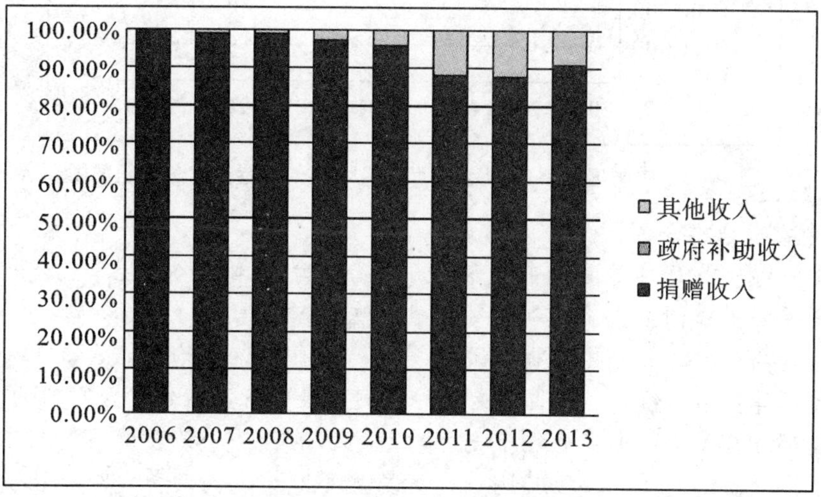

图10-2　中国红基会2006—2013年的资金收入结构图

3. 资金支出情况分析

从表10-3和图10-3可以看出，中国红基会的年度资金支出大体上随着资金收入的变动而变动。2007—2009年度资金支出呈上升趋势，其中2009年支出上涨波动幅度较大，资金主要用于汶川地震灾区重建，其次一些大型公益项目开展较多。之后的2010—2013年度受资金收入的影响资金支出呈现波动下降趋势。

表10-3　　　　中国红基会2007—2013年的资金支出情况表　　　　单位：万元

项目＼年	2007	2008	2009	2010	2011	2012	2013
业务活动成本	9 874	73 222	444 102	64 745	30 909	31 294	28 262
管理费用	340	497	577	818	907	914	1 075

表10-3(续)

年 项目	2007	2008	2009	2010	2011	2012	2013
筹资费用	17	19	21	91	62	145	101
其他费用	1 232	119	0	0	0	0	2
费用合计	11 463	73 857	444 700	65 654	31 888	32 353	29 440

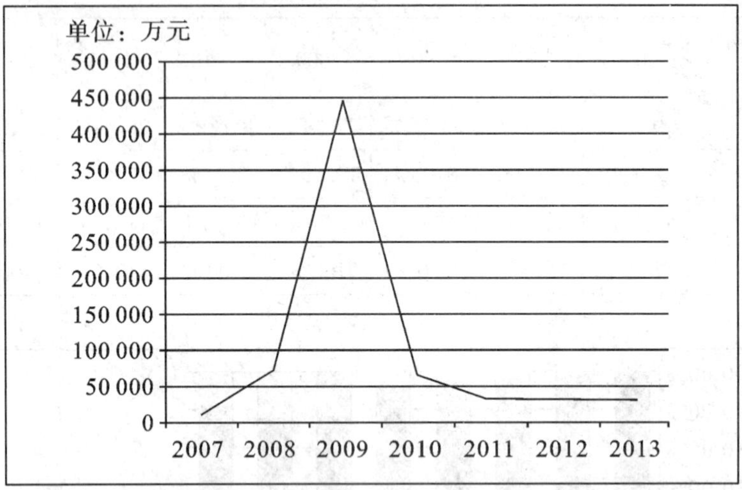

图 10-3　中国红十字基金会 2007—2013 年的资金支出总量趋势图

4. 资金支出结构分析

从表 10-4 和图 10-4 的具体情况来看，业务活动成本即公益性事业支出占总支出比例较高，反映出中国红基会执行公益事业的效率较高，因此，该指标呈上涨趋势，说明中国红基会产生的社会效益也在不断提高。此外，该机构工作人员工资、福利和行政办公管理等费用的组成，所占总支出的比例代表非营利组织基金财产的使用效率，该机构的这部分费用所占比重呈现了先缩减后增加的趋势。该项费用的支出总量可以伴随经济的发展而适度增加，但其所占比重呈现不断增长的趋势，难免让社会公众对其内部资金流动产生怀疑，这说明机构的基金、财产的使用效率需要加强和提高。筹资费用和其他费用受其他因素影响所占比重大幅下降，所占比重相对较小，这样有利于该机构发挥其更大的社会作用和公益奉献。

表 10-4　　　　　中国红十字基金会 2007—2013 年的资金支出结构表

年 项目	2007	2008	2009	2010	2011	2012	2013
业务活动成本	86. 14%	99. 14%	99. 87%	98. 62%	96. 93%	96. 73%	96. 00%
管理费用	2. 97%	0. 67%	0. 13%	1. 25%	2. 84%	2. 83%	3. 65%
筹资费用	0. 15%	0. 03%	0	0. 13%	0. 23%	0. 44%	0. 34%
其他费用	10. 75%	0. 16%	0	0	0	0	0. 01%
费用合计	100. 00%	100. 00%	100. 00%	100. 00%	100. 00%	100. 00%	100. 00%

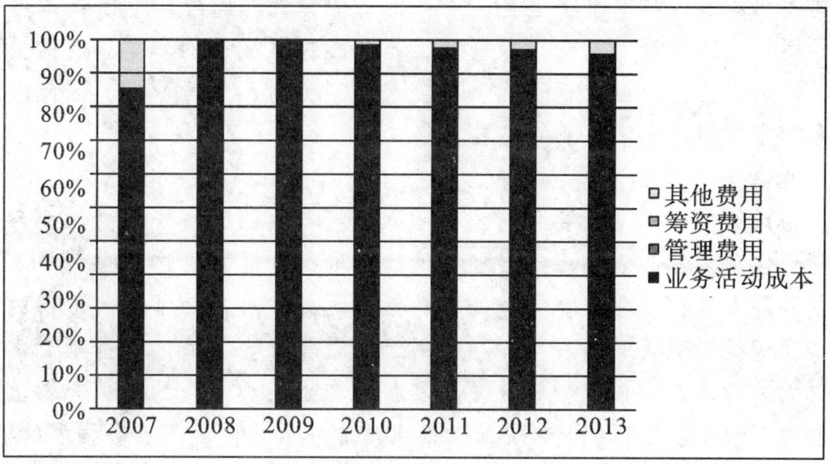

图 10-4 中国红基会 2007—2013 年的资金支出结构图

二、中国红基会资金管理存在的问题

1. 收入结构单一

从以上资金收入情况分析来看，该机构收入结构单一，其形式主要有捐赠收入、政府补助收入和其他收入，其中以捐赠为主要形式。

2. 透明化程度低

一是该机构没有信息披露的压力，政府主管部门也没有强制规定，能不披露就不披露；二是没有信息披露的动力，披露了信息也不会得到什么好处；三是没有信息披露的能力，信息的收集、整理、发布，需要有相关的人员和技术支持，中国红基会人员匮乏，特别是民选的资金管理人员就更少。因此只披露最基本的信息，甚至不披露。

3. 公信力下降

公信力是社会组织的生命线，是中国红基会的一项重要无形资产，在募集资金过程中具有不可替代的作用。在公募基金会资金的基本来源中，公众、企业法人和非企业法人等社会成员是主体。因而，获得社会认可、树立良好形象是基金会能否顺利募集资金的关键因素，而资金的良好运作又是维持慈善事业健康发展的最基本因素。所以，公信力的加强与维护不可忽视。

因为“郭美美事件”，中国红基会被推向了舆论的风口浪尖。虽然“郭美美事件”后被证实确属谣言，但红十字基金会的信任危机愈演愈烈。作为全国最具声望和资历的公募协会，红十字基金会的公信力受到严重挑战，所引发的社会信任危机也不可避免的对中国慈善行业产生了恶劣影响，严重阻碍了中国慈善事业的发展。

4. 内部管理混乱

中国红基会的内部管理主要表现在对专款专物的管理上。一方面物资管理比较松弛，对接收捐赠扶贫救灾物资的质量和数量把关不严。在接收物资过程中，没有做到逐一开箱检查点验，导致部分物资装箱的数量、名称与外包装标注不符，有的捐赠物资还存在掺杂废旧、残次品物资现象。另一方面，捐赠物资出入库管理松懈。受人员、仓储条件的限制，存在救灾物资出入库没有审批手续，没有详细的出入库清单，库存物资不清的问题。甚至还有部分捐赠物资接收后不登记、不开捐赠票据、不入账，个别物品去向不明，造成结果账实不符，库存不清的情况。此外，中国红基会也未做到专款专物专用，导致捐赠财物滞留数量大，不能发挥其应有的作用。有的捐赠救灾物资没有及时运达灾区，滞留堆积于红十字会仓库，有的已过保质期。因此，由于种种原因严重影响了中国红十字事业的发展。

5. 自创收入能力匮乏

非营利组织的自创收入主要包括业务收入、经营收入和投资收益。业务收入是指非营利组织为实现其社会效益而开展业务活动所取得的收入，这是自创收入的基本形式。经营收入是指其在实现社会效益的业务活动之外开展经营活动所取得的收入。投资收入是指通过投资所获取的资金，在运用于实现其社会使命的具体项目之前，通过资本运作方式进行投资，获取投资收益，其目的在于实现资金的保值与增值。中国红基会属于非营利组织，运行机制不完善、高素质专业人才匮乏、业务拓展的能力不强，行业协会的发展受到影响。中国红基会的福利待遇一般比较低，对高素质专业人才的没有吸引力。因此，资金短缺和人才匮乏导致组织的能力不能发展，进而导致该机构自创收入能力较差。

三、中国红基会资金管理的解决措施

1. 建立和完善社会化宣传机制

红十字事业是一项需要动员全社会及广大人民群众参与、造福人类的伟大事业，其宣传仅靠红十字会本身是远远不够的，必须建立和完善社会化宣传机制，借助社会力量开展全方位的宣传。提高红十字会的社会知晓率、支持率和参与率。在宣传的过程中，要完善以弘扬“人道、博爱、奉献”红十字精神为主线，以特色活动、品牌宣传、红十字运动基本知识传播、重大自然灾害和突发公共事件救助等宣传活动为重点的宣传格局。此外，要充分发挥新闻媒体的宣传导向作用，及时报道红十字会志愿者开展活动的情况，加大对红十字志愿服务活动和志愿者先进典型的宣传力度，提高红十字会的社会知名度、信誉度，扩大红十字会工作影响，营造红十字事业发展的良好社会环境，争取更多的资金来源。

2. 加强透明化进度

虽然中国红十字总会发布《关于贯彻落实“两公开两透明”承诺的通知》，提出将按照“资金募集透明、资金管理透明、资金使用透明、资金增值透明”的原则，力争在两年内实现全国红十字会系统信息公开的制度化、规范化，捐赠人可隔日在红会网站上查询款物信息。《红十字会法》应增加信息透明有关规定，出台类似《公益慈善捐助信息公开指引》的法规，做到有法有规可依。此外，对捐赠的公开应多渠道进行。公开不仅侧重捐款人，还要考虑社会其他方面；不仅偏重资金审计、财务报告和项目管理，还要考虑机构运营的总体情况；不仅要在机构官网、基金会中心网以及政府管理部门指定的媒体上披露信息，还要在更多的媒体，特别是网络媒体上公开信息。最重要的是，公开要让捐款人了解其合法性、执行性、诚信性、自律性和有效性。在尊重和保护捐赠人、受赠人合法隐私权益及个人意愿的基础上，通过红十字会官网和其他媒体，对财务报告、审计报告和项目执行等各种信息进行披露，保障社会公众特别是捐赠者的知情权、监督权和参与权。

3. 提高社会公信力

充分发挥电视、广播、报纸、网络等媒体的作用，强化媒体资源建设，完善红十字会新闻发布机制。根据宣传受众不同特点，丰富适应性强、感染力大的宣传形式，搞好宣传品的开发、制作，开展创新性宣传，增强宣传效果。提高红十字基金会的社会公信力。

4. 加强内部管理

（1）完善现行捐赠法规制度。

补充符合慈善事业特殊性的、具有可操作性条款，更加规范物资捐赠过程的接收、管理、分配、拨付、处理等环节。

（2）健全财物管理内控制度。

健全财物管理内控制度，有利于规避财物管理风险，促使内部人员严格遵守相关的法律法规，在财务管理上，会计员与出纳员要分设两人各负其责。在财产物资管理上，物资记账员与仓库保管员也要分设两人负责。各自职责权限应当明确，并相互分离、相互制约。

（3）强化管理。

领导要重视财务和物资管理，在人力上给予支持。捐赠资金应及时按笔开票入账。捐赠物资不仅要及时登记入账，还要在保管现场清理分类、挂牌，要标注捐赠人、时间、品名、数量、保管期限等，保证账实相符。解决因人力不足使资金和物资不能及时认证和清理的问题，确保每一笔善款及物资收入和使用都严格规范、透明有效，提高红十字会的社会公信力。

（4）强化责任。

社会各界捐赠资金和物资都属于慈善款项，必须专款专用。每年应召开专题宣传会议，明确任务与责任，严肃财经纪律，增强各职能部门的守法意识。对因客观因素形成的账实不符，要在事后查漏补缺，避免不必要的损失和浪费。对因主观因素形成的截留挪用，有意设置账外资金的人员，建议对主要责任者追究责任。

案例来源：百度文库，http://wenku.baidu.com/view/282f86f1a0116c175e0e4874.html.我国非营利组织财务管理分析——以中国红十字基金会为例。

附录

《高级财务管理（第四版）》相关词条解释

财务活动：是以现金收支为主的资金收支活动的总称，包括筹资、投资和资本收益分配等资本活动。

财务关系：在组织财务活动过程中与所有者、债权人、债务人、税务机关、职工等有关方面发生的经济关系。

财务管理：理财人员在特定环境下，依据各种信息，对筹资、投资、资本收益分配以及特殊财务问题进行财务计划、财务控制和财务分析，以达到特定管理目标的活动，即对财务活动进行的管理，也就是对资本进行的运作。

财务管理目标：企业进行财务管理所要达到的目的，是评价企业财务活动是否合理的标准。

财务管理假设：为了进行科学的财务理论研究和顺利进行财务活动而提出的基本前提和制约条件，是财务理论的重要构成因素，也是进行财务管理的基本依据。

财务主体假设：财务管理工作应限制在经济上和经营上具有独立性的组织之内。它明确了财务管理工作的空间范围。

自主理财假设：财务主体具有独立的理财权，有权进行独立的财务活动，不受或尽量少受外界干预。

持续经营假设：理财的主体是持续存在的并且能执行其预计的经济活动。它明确了财务管理工作的时间范围。

财务分期假设：把持续经营的经济业务人为划分的各个期限，作为计算损益、评价业绩的期间。

财务可控假设：财务主体能够计量、约束、指挥和干预经济活动。

财务管理理论：根据财务管理假设所进行的科学推理或对财务管理实践的科学总结，其目的是用来指导并开展财务管理实践。

财务管理环境：对财务管理有影响的一切因素的总和，包括宏观的理财环境和微观的理财环境。

资产：经济主体（包括国家、企事业单位或其他单位）拥有或控制的、能以货币计量的、能够给经济主体带来经济利益的经济资源及权利。

有形资产：具有独立形态的资产，如房地产、机器设备、流动资产等。

无形资产：不具有独立形态，没有实体但能为企业带来经济利益的特殊资产，如专利权、专有技术（非专利技术）、商誉等。

固定资产：为生产商品、提供劳务、出租或经营管理而持有的，并且使用寿命超过一个会计年度的有形资产，如房地产、机器设备等。

流动资产：企业在生产经营活动中，可在一年或一个经营周期内变现或耗用的资产，包括货币资金、应收及预付款项、交易性金融资产、存货和其他流动资产等。

长期资产：企业以获取投资收益和收入为目的，把某种资产长期（超过一年）投入其他企事业单位，形成其他企事业单位控制的资产，以此获得相应的投资权益，包括不准备随时变现、持有时间在一年以上的有价证券以及超过一年的其他投资。

单项资产：单件或某类别资产，如房地产、机器设备、流动资产、无形资产等。

整体资产：相对于单项资产而言的，以多种或全部资产有机构成的具有整体获利能力的资产综合体，如企业（由全部资产所构成的整体资产）等。

商誉：不可确指的无形资产。它是企业在同等条件下，可以获得高于正常投资报酬率所形成的价值。

可确指的资产：能独立存在的资产，如房地产、机器设备、流动资产等。

不可确指的资产：不能脱离有形资产而单独存在的资产，如商誉。

不动产：不能脱离原有的固定位置而存在的资产，如房地产。

动产：能脱离原有的固定位置而存在的资产，如各种流动资产、长期投资、固定资产等。

合法权利：受国家法律保护并能取得预期收益的特权，如各项无形资产。

资产评估：由合法的专门机构和人员，根据评估目的，以资产的现状为基础，依据相关资料，遵循适用的原则，按照一定的程序，采用科学的评估标准和方法，对资产的现实价值进行评定和估算。

资产评估标准：资产价值的质的规定性，即价值内涵，包括现行市价标准、重置成本标准、收益现值标准和清算价格标准等。

资产评估方法：资产评估价值的量化过程。资产评估的基本方法包括市场法、成本法和收益法。

现行市价标准：以类似资产在公开市场的交易价格为基础，根据待评估资产的个性进行修正，从而评定资产现行市价的一种计价标准。

重置成本标准：在现时条件下，通过按功能重置待评估资产来确定资产现时价值的一种计价标准。

收益现值标准：根据资产未来将产生的预期收益，按适当的折现率将未来收益折算成现值，以评定资产现时价值的一种计价标准。

清算价格标准：以资产拍卖（非公开市场）得到的变现价值为依据来确定资产现时价值的一种计价标准，一般低于现行市价。

市场法：又称市场价格比较法、销售对比法，是比照与被评估对象相同或相似的资产的市场价值，经过必要的调整，来确定被评估资产价值的一种评估方法。

成本法：按待评估资产的现实价值或重置成本扣除各种因素引起的贬值来确定资

产评估价值的一种评估方法。

收益法：运用适当的折现率，将被评估资产未来的预期收益折算成现值，来估算资产价值的一种评估方法。

债务资本：企业从债权人那里取得的资本，反映企业与债权人之间的债权债务关系。

权益资本：企业从所有者那里取得的资本，反映企业与企业所有者之间的投资与受资关系。

筹资：企业筹措和集中投资及生产经营所需资金的过程。

投资：企业将筹集的资金投入使用的过程，包括企业内部使用资金的过程和对外使用资金的过程。

收益分配：对资本运用成果的分配，即对投资收入（如销售收入和利润）进行分割和分派的过程。

资金的时间价值：又称货币的时间价值，即一定量的货币资金在不同时点上具有不同的价值。

现值：以后年份收到或付出资金的现在价值，可用倒求本金的方法计算。

终值：若干时期（通常是年）后包括本金和利息在内的未来价值，又称本利和。

单利：一种计息形式，即在一定时期内只对本金计算利息。

复利：一种计息形式，不仅本金要计算利息，而且需将本金所产生的利息在下期转为本金，再计算利息，即通常所说的“利滚利”。

年金：一定时期每次等额收付的系列款项。

普通年金：一定时期内每期期末等额收付的系列款项，又称后付年金。

预付年金：一定时期内每期期初等额收付的系列款项，又称先付年金、预付年金。

递延年金：第一次收付发生在第二期或以后各期的年金。

永续年金：无期限支付的年金。

财务预测：利用企业过去的财务活动资料，结合市场变动情况，对企业未来财务活动的发展趋势做出科学的预计和测量，以便把握未来，明确方向。

财务决策：财务人员根据财务目标的总要求，运用专门的方法，从各种备选方案中选择最佳方案的过程。

财务计划：组织企业财务活动的纲领，包括筹资计划、固定资产增减和折旧计划、流动资产及其周转计划、成本费用计划、利润及利润分配计划、对外投资计划等。

财务控制：依据财务计划目标，按照一定的程序和方式，发现实际偏差与纠正偏差，确保企业及其内部机构和人员全面实现财务计划目标的过程。

财务分析：以企业会计报表资料为主要依据，运用专门的分析方法，对企业财务状况和经营成果进行解释和评价，以便于投资者、债权人、管理者以及其他信息使用者做出正确的经济决策。

企业财务通则：设立在我国境内的各类企业进行财务活动必须遵循的基本原则和规范，是财务规范体系中的基本法规，在财务法规、制度体系中起着主导作用。

行业财务制度：根据财务通则的规定和要求，结合行业的实际情况，充分体现行业的特点和管理要求制定的财务制度，是各行业企业进行财务工作必须遵循的具体规定。

企业内部财务制度：由企业管理层制定的用来规范企业内部财务行为、处理企业内部财务关系的具体规则，在财务法规制度体系中起着补充作用。

金融市场：货币借贷和资本融通，以及各种票据和有价证券交易的总称。

资本市场：以货币和资本为交易对象的金融市场。

短期资本市场：又称货币市场，是指融资期限在一年以内的资本市场，包括同业拆借市场、票据市场、大额定期存单市场和短期债券市场。

长期资本市场：融资期限在一年以上的资本市场，包括股票市场和债券市场。

发行市场：又称一级市场，主要处理信用工具的发行与最初购买者之间的交易。

流通市场：又称二级市场，主要处理现有信用工具所有权转移和变现的交易。

外汇市场：以各种外汇信用工具为交易对象的金融市场。

黄金市场：集中进行黄金买卖和金币兑换的交易市场。

拆借市场：银行（包括非银行金融机构）同业之间短期性资本的借贷活动。

名义利率：当每年复利次数超过一次时的给定年利率。

实际利率：每年只复利一次的利率。

筹资风险：企业在资本筹集过程中所具有的不确定性。

投资风险：企业在确定所筹集资本的投向时所具有的不确定性。

收益分配风险：企业在收益的形成和分配上所具有的不确定性。

风险价值：又称风险报酬，是指企业冒险从事财务活动所获得的超过货币时间价值的额外收益。

历史价值：又称账面价值，通常是指资产过去的购价。

现时价值：资产现在的市场价值。

续营价值：又称持续经营价值，是指资产作为按现行用途或其他相关用途继续使用的有用物品，在其出售时所能获得的现金流量。

清算价值：一项或一组资产从营业状态中分离出来，被迫强制在非正常市场上以拍卖或协商形式出售所能获得的现金流量。

市场价值：资产在市场上交易时的交换价格，即交换价值。

重置成本：在现时条件下，通过按功能重置资产所确定的资产现时价值。

收益现值：根据资产未来将产生的预期收益，按适当的折现率将未来收益折算成的现时价值。

复原重置成本：按现时市场价格，采用原有的材料、工艺和技术重新建造或购置的与待估资产完全相同的新资产的完全价值。

更新重置成本：按现时市场价格，采用新型的材料、工艺和技术重新建造或购置的与待估资产具有同等效用（功能相同或相似）的新资产的完全价值。

实体性贬值：使用带来的磨损或自然损耗引起的贬值，即有形损耗。

功能性贬值：技术相对落后、性能明显降低而引起的贬值。

经济性贬值：待估资产以外的社会、经济、环境等因素引起的贬值。

折现率：将有期限的未来预期收益还原或转换为现值的比率，属于投资报酬率。

本金化率：将无期限的未来预期收益还原或转换为现值的比率，属于投资报酬率。

资本金：企业在工商行政管理部门登记的注册资金。

吸收直接投资：企业以协议等形式吸收国家、其他企业、个人和外商等直接投入的资本，以形成企业资本金的一种筹资方式。

股票：投资者用来证明其股东身份及权益，并以此获得股利和红利的有价证券。它作为一种所有权凭证，代表着对发行公司净资产的所有权。

普通股：股份制企业发行的代表着股东享有平等的权利、义务，不加特别限制，股利不固定的股票。

优先股：又称特别股，是股份制企业发行的、在分配公司收益和剩余财产等方面比普通股具有优先权的股票。

债券：政府、企业、银行等债务人为了筹集资金，按照法定程序发行的，并向债权人承诺于指定日期还本付息的有价证券。

国家债券：政府发行的债券。

企业债券：非公司制企业发行的债券。

公司债券：股份有限公司和有限责任公司发行的债券。

金融债券：金融机构发行的债券。

有担保债券：企业发行的有指定的财产作为担保的债券。

无担保债券：没有具体财产担保而仅凭发行企业的信誉发行的债券。

固定利率债券：发行时在券面载有确定利率的债券。

浮动利率债券：发行时不确定债券利率的债券。

可转换债券：债券持有者可以根据规定的价格转换为发行企业股票的债券。

不可转换债券：不能转换为发行企业股票的债券。

认股权证：由股份公司发行的，能够按特定的价格，在特定的时间内购买一定数量该公司股票的选择权凭证。

股票分割：又称拆股，是指股份公司将流通在外的股份按一定比例拆细的行为。

长期借款：企业向银行或非金融机构借入的期限超过一年的贷款。

短期借款：企业向银行或非金融机构借入的期限不超过一年的贷款。

抵押贷款：以特定的抵押品（如房屋、建筑物、机器设备、有价证券、存货等）为担保而取得的贷款。

信用贷款：企业不需要提供抵押品，仅凭借自身信用或担保人的信誉就能取得的贷款。

期权：一项选择权，其购买者在支付一定数额的期权费后，即拥有在某一特定期间内以某一既定的价格买卖某种特定商品（如金融证券）契约的权利，但又无实施这种权利（即必须买进或卖出）的义务。

看涨期权：又称买入期权，是指期权购买者可以在规定的时间内，有权按某一特定价格向期权出售者买进一定数量的商品或证券。

看跌期权：又称卖出期权，是指期权购买者可以在规定的时间内，有权按某一特定价格向期权出售者卖出一定数量的商品或证券。

租赁：通过签订合同的方式，出让财产的一方（出租方）收取货币补偿（租金），使用财产的一方（承租方）支付使用费（租金）以融通资产所有权的一种交易行为。

融资租赁：又称财务租赁或金融租赁，是指出租方用资金购买承租方选定的设备，并按照签订的租赁协议或合同将设备租给承租方长期使用的一种融通资金的方式。

资本成本：企业为取得和长期占有资本而付出的代价，包括资本的取得成本和占用成本。

个别资本成本：某一类资本的提供者（投资者）所要求的投资回报率。

综合资本成本：又称加权平均资本成本或整体资本成本，是以各项个别资本成本进行加权平均而得到的资本成本。

边际资本成本：每新增加一单位资本而发生的成本，即随筹资额增加而提高的加权平均资本成本率。边际资本成本本身也是加权平均资本成本。

经营杠杆：又称营业杠杆、营运杠杆，是指由于企业经营成本中存在固定成本而对企业收益产生的影响。

财务杠杆：由于企业在其筹资活动中利用了资本成本固定的债权成本而对企业收益产生的影响。

复合杠杆：又称总杠杆、联合杠杆，是指企业综合利用经营杠杆和财务杠杆而给企业普通股东的收益带来的影响。

经营杠杆系数：又称经营杠杆程度，是指企业息税前利润的变动率相当于销售额变动率的倍数，反映了经营杠杆的作用程度。

财务杠杆系数：又称财务杠杆程度，是指企业普通股每股收益变动率（或普通股股本利润率的变动率，在非股份制企业中可用净资产利润率的变动率表示）相当于息税前利润的倍数，反映了财务杠杆的作用程度。

复合杠杆系数：又称总杠杆系数，是指每股收益的变化率相当于销售额变化率的倍数，用来反映企业同时利用经营杠杆和财务杠杆对企业收益的作用程度。

资本结构：企业各种资本的价值构成及其比例关系，通常指企业负债总额与企业总资产的比例，或企业总负债与股东权益的比例。

最优资本结构：在适度财务风险的条件下，使企业预期的综合资本成本率最低，同时使企业价值最大的资本结构。

项目投资：对企业内部生产经营所需要的各种资产的投资。

现金流量：投资项目在未来一定时期内，与投资决策有关的现金流入和现金流出的数量。

投资回收期：收回初始投资所需的时间。

平均报酬率：每年平均的现金净流入量或净利润与原始投资额的比率。

净现值：投资方案中未来现金净流入量的现值与投资额的现值之间的差额。

金融投资：对以经济合约为基本存在形式的权利性资产（即金融资产）的投资。

证券投资：在证券交易市场上购买有价证券的经济行为。

基金投资：以投资基金为运作对象的投资方式。

期权投资：以投资期权为运作对象的投资方式。

证券的系统性风险：由于外部经济环境因素变化导致整个证券市场的不确定性加强，从而对市场上所有证券都产生影响的共同性风险。

证券的非系统性风险：由于特定经营环境或特定事件变化引起的不确定性，从而对个别证券产生影响的特有性风险。

专利权：指一项发明创造的专利申请人向国家专利机构提出专利申请并经审查批准后，国家专利机构依法授予申请人在规定的时期内实施其发明创造所享有的独占权或专有权。

专有技术：又称非专利技术，是指未经公开或未申请专利的知识和技巧，主要包括设计资料、工艺流程、原料配方、经营诀窍、特殊产品的保存方法、管理经验、图纸、数据等技术资料。

商标权：注册商标的所有者依法享有的权益，属知识产权中的一种工业产权。

还原利率：将房地产的未来预期收益还原或转换为现值的比率或利率，又称为房地产的折现率，其实质是房地产的投资收益率或投资报酬率。

无风险报酬率：又称正常报酬率。该报酬率不低于投资的机会成本，一般采用政府发行的长期国库券利率或一年期银行储蓄利率。

风险报酬率：将多种风险因素加以量化所得到的投资报酬率。

股票投资：通过持有股票发行企业的股票所进行的投资。

债券投资：通过持有债券发行方（国家、企业或金融机构）的债券所进行的投资。

货币资金：库存现金、银行存款及其他货币资金。

存货：企业在生产经营过程中为销售或耗用而储备的资产，包括产成品、在产品、材料等。

现金周转天数：企业由于购置存货、偿付欠款等原因支付货币资金直到存货售出、收回应收款而收回现金的时间。

现金周转次数：360 天与现金周转天数之比。

最佳现金持有量：预计现金年总需求量与现金周转次数之比。

信用期限：企业对外提供商品或劳务时允许顾客延迟付款的时间界限。

现金折扣：现金折扣包括两方面的内容，一是折扣期限，即在多长时间内给予折扣；二是折扣率，即在折扣期内给予客户多少折扣。

信用标准：企业用来衡量客户是否有资格享有商业信用的基本条件，通常按信用的“5C”系统——品德（Character）、能力（Capacity）、资本（Capital）、担保（Collateral）和条件（Condition）逐一进行评估。

订货成本：取得存货订单的成本，如办公费、差旅费、邮资、电话费等费用支出。

购置成本：存货本身的价值，一般用年需要量与单价的乘积来确定。

储存成本：保持存货而发生的成本，包括存货占用资金应计的利息、仓库费用、保险费用、存货破损和贬值损失等。

缺货成本：由于存货供应中断而造成的损失，包括材料供应中断造成的停工损失、产成品库存缺货造成的拖欠发货损失和丧失销售机会的损失。

经济订货批量：通过合理的进货批量和进货时间，使存货总成本最低的订货批量。

订货点：订购下一批存货时本批存货的储存量。

货币资金：库存现金、银行存款及其他货币资金。

保险储备：为防止因缺货或供货中断而储备的存货。

流动比率：流动资产与流动负债之比。该比率越高，企业短期偿债能力越强，其经验值为2∶1。

速动比率：速动资产（流动资产与存货之差）与流动负债之比，其经验值为1∶1。

现金比率：现金（指现金与现金等价物之和）与流动负债之比，是最保守的流动性比率。

现金流量比率：经营活动现金净流量与流动负债之比，反映本期经营活动所产生的现金净流量足以抵付流动负债的倍数。

到期债务本息偿付比率：经营活动现金净流量与本期到期债务本息（包括本期到期债务本金和现金利息支出）之比，衡量到期债务本息由经营活动所产生的现金来偿付的程度。

资产负债率：负债总额与资产总额之比，一般认为50%是资产负债率的警戒线。该比率越高，债务人风险越大。

股东权益比率：股东权益总额与资产总额之比，反映企业资产中有多少是所有者投入的。此比率越大，负债比率就越小，企业的财务风险就越小，企业偿还长期债务的能力就越强。

权益乘数：资产总额与股东权益总额之比，反映资产总额是股东权益的多少倍。该乘数越大，说明股东投入的资本在总资产中所占比重越小。

负债股权比率：债务总额与股东权益总额之比，是负债比率的另一种表现形式，可揭示企业财务风险及股东权益对债务的保障程度。

有形净值债务率：债务总额与有形净值（即股东权益与无形资产净值之差）的比率，是负债股权比率的延伸，用于衡量债权人在企业破产时受保障的程度。

偿债保障比率：负债总额与经营活动现金净流量之比，反映用企业经营活动产生的现金净流量偿还全部债务所需要的时间，又称债务偿还期。该比率用于衡量企业利用经营活动所获得的现金偿还债务的能力。

利息保障倍数：利息费用与税前利润之和与利息费用之比。该比率越高，通常表示企业不能偿付其利息债务的可能性越小。

现金利息保障倍数：经营活动现金净流量与现金利息支出、付现所得税之和与现金利息支出之比，即企业一定时期经营活动所取得的现金相对于利息支出的倍数，反映企业实际偿付利息的能力。

存货周转率：年销货成本与年平均存货之比，反映公司存货的周转速度，衡量企业的销售能力及存货是否过量。

应收账款周转率：赊销收入净额与年应收账款平均余额之比，反映公司应收账款的周转速度，用于分析应收账款的变现速度和管理效率。

流动资产周转率：销售收入与流动资产平均余额之比，即流动资产的周转次数，反映流动资产周转的速度。此比率越高，企业流动资产的利用效率越好。

固定资产周转率：销售收入与固定资产年平均净值之比，反映企业的固定资产利用效率。

营业周期：应收账款周转天数与存货周转天数之和，表示从购入存货到售出并变现所需的时间。

总资产报酬率：息税前利润与资产总额之比，反映企业资产综合利用效果，是衡

量企业利用债权人和所有者权益获得利润的重要指标

总资产净利润率：净利润与资产年平均总额之比，反映企业运用全部资产获得的全部税后收益，衡量企业利用资产获取利润的能力，表明企业总资产利用的综合效果。

净资产收益率：净利润与股东权益平均总额之比，反映企业股东获取投资报酬的高低。

销售毛利率：销售毛利与销售收入净额之比，反映企业通过销售获取利润的能力。

销售净利率：净利润与销售收入净额之比，反映每 1 元销售收入带来的净利润，亦即反映销售收入的收益水平。

成本费用净利率：净利润与成本费用总额之比，反映企业生产经营过程中发生的耗费与获得的收益之间的关系。

普通股每股收益（EPS）：收益（净利润与优先股股利之差）与发行在外的普通股平均股数之比，是衡量上市公司盈利能力最重要的财务指标，反映普通股的获利水平。

每股现金流量：现金流量（经营活动现金净流量与优先股股利之差）与发行在外的普通股平均股数之比，反映公司支付现金股利的能力。

每股股利：股利（现金股利总额与优先股股利之差）与发行在外的普通股股数之比，反映普通股获得的现金股利的多少。

股利发放率：每股股利与每股收益（利润）之比，反映公司的股利分配政策和支付股利的能力，表明公司的净收益有多少用于股利的分派。

每股净资产：净资产（股东权益总额与优先股权益之差）与流通在外的普通股股数之比。该指标从理论上提供了股票的最低价值。

市盈率（P/E）：每股市价与每股收益（利润）之比，通常用于衡量公司未来的获利前景，反映投资者对每 1 元净利润所需支付的价格。

股票交换比率：目标公司每股作价与并购企业每股市价之比。通常，股票交换比率小于 1。

托宾系数（Q 系数）：企业的市场价值与该企业资产的重置成本之比。如果托宾系数小于 1，并购企业通过并购价值低估的企业可以迅速提高自身的发展前景和经营业绩。

销售增长率：本年销售收入增长额与上年销售收入额之比，反映企业主营业务收入的增减变动情况，用于评价企业的成长状况和发展潜力。

资本积累率：本年所有者权益增长额与年初所有者权益之比，反映企业的当年资本积累能力，用于评价企业发展能力。

总资产增长率：本期总资产增长额与期初资产总额之比，反映企业本期资产规模的增长状况。

兼并：一家企业以现金、证券等形式购买其他企业的产权，使其他企业丧失法人资格或改变法人实体，并取得对这些企业的决策控制权的经济行为。

收购：企业用现金、债券或股票购买另一家企业的（部分或全部）资产或股权，以获得该企业的控制权的一种经济行为。

目标企业：被并购企业。

吸收合并：一家或多家企业被另一家企业吸收，并购企业继续保留其合法地位，目标企业则不再作为一个独立的经营实体而存在。

新设合并：两个或两个以上的企业组成一个新的实体，原来的企业都不再以独立的经营实体而存在。

并购：狭义的并购是指兼并，等同于我国《公司法》中的吸收合并。广义的并购包括兼并、合并和收购等。

横向并购：同一行业的企业之间进行的并购。

纵向并购：同类产品的不同产销阶段的企业之间进行的并购。

混合并购：与企业原材料供应、产品生产、产品销售均没有直接关系的企业之间的并购。

向前并购：并购到最终客户的纵向并购。

向后并购：并购到原材料供应商的纵向并购。

承担债务式并购：通过承担债务换取资产、承担债务换取股票等方式进行的并购。

现金购买式并购：通过用现金购买被并购企业的资产、用现金购买被并购企业的股票等方式进行的并购。

股权交易式并购：以股权交换股权、以股权交换资产等方式进行的并购。

整体并购：通过资产和产权的整体转让而实现企业并购的行为。

部分并购：将被并购企业的资产和产权分割为若干部分进行交易而实现企业并购的行为。

善意并购：并购企业与被并购企业双方通过友好协商确定并购事宜的并购。

敌意并购：当友好协商遭拒绝时，并购方不顾被并购方的意愿而采取非协商性购买的手段，强行并购对方企业。

杠杆并购：利用被并购企业本身的资产来支付并购资金的并购行为。杠杆并购的负债规模较一般负债筹资要大，用于并购的资金占并购所需要的全部资金的10%～20%。并购企业用来偿还贷款的款项来自目标公司的资产或现金流量。

非杠杆并购：未利用被并购企业本身的资产来支付并购资金的并购行为。

反并购：被并购企业的管理当局采取各种措施防御企业被并购的经济行为。

股权自由现金流量（FCFE）：企业向债权人支付利息、偿还本金，向优先股股东支付股利，以及满足其自身发展需要后的剩余现金流量。

公司自由现金流量（FCFF）：公司的所有权利要求者，包括普通股股东、优先股股东和债权人的现金流量总和。

现金支付：并购企业支付给公司一定数额的现金，以取得目标公司的所有权的出资方式。

股票支付：并购企业通过增加发行本公司的股票，以新发行的股票替换目标公司的股票，达到收购目的的出资方式。

混合证券支付：并购企业对目标公司提出收购要约时，其出价有现金、股票、债券等多种形式的组合，又称综合证券支付。

管理层收购：目标公司管理层（主并方）自身利用高负债所融资本购买目标公司（被收购方）的部分或全部股份，以实现对本公司或其中一个业务部门、本公司的子公司或分公司的收购，从而改变公司的所有权结构。

并购完成成本：并购行为本身所发生的直接成本和间接成本。

并购整合成本：并购后使被并购企业健康发展而需要支付的长期营运成本。

并购退出成本：并购不成功时以最低代价撤退的成本。

并购机会成本：指并购的实际支出相对于其他投资的未来收益损失。

企业重组：是为了更有效地创新企业制度，从而提高企业运行效率和竞争力，而对企业之间或单个企业的生产要素进行分拆和整合的优化组合过程。

业务重组：对被并购企业的业务划分为营利性业务和非营利性业务以及剥离非营利性业务的活动。业务重组是企业重组的基础，是资产重组和其他重组的前提。

资产重组：对重组企业一定范围内的资产进行分拆、整合或优化组合的活动，是企业重组的核心。资产重组主要侧重于固定资产重组、长期投资重组和无形资产重组。

股权重组：对企业股权的调整。股权重组是企业重组的内在表现。

内部重组：企业内部的资产重组或企业所属集团内部的资产重组。

外部重组：企业以外的其他企业参与的资产重组。

政府主导型重组：运用政府和市场管理者的力量来引导重组行为的资产重组。

市场主导型重组：运用市场的力量来引导重组行为的资产重组。

原续整体重组：将被改组企业的全部资产投入到股份有限公司，然后再增资扩股发行股票和上市的重组模式。

合并整体重组：以投入被改组企业的全部资产并吸收其他权益的投资人作为共同发起人，设立股份有限公司，然后再增资扩股发行股票而上市的重组模式。

企业财务预警系统：对企业的财产危机状态进行监测，并发出警情信号，及早采取相应措施加以防范的体系。

财务失败：企业无法偿还到期债务的困难和危机。

技术性失败：企业总资产的公允价值尽管等于或超过其总负债，但由于资产配置的流动性差，无法转变为足够的现金，以用于偿付到期债务的财务失败。

技术性破产：由于财务管理技术的失误，造成企业不能偿还到期债务的现象。

事实性破产：债务人因连年亏损，负债总额超过资产总额（即资不抵债）而不能清偿到期债务的现象。

法律性破产：债务人因不能清偿到期债务而被法院宣告破产。

企业破产：当企业因经营管理不善而不能清偿到期债务时，按照一定程序，采取一定方式，使其债务得以解脱的经济事件。

企业重整：对陷入财务危机但仍有转机和重建价值的企业，根据一定程序进行重新整顿，使企业得以维持和复兴的行为。

企业清算：企业终止过程中，为保护债权人、所有者等利益相关者的合法权益，依法对企业财产、债权和债务进行全面清查，处理企业未了事宜，收取债权，变卖财产，偿还债务，分配剩余财产，终止其经营活动等一系列工作的总称。

破产界限：法院裁定债务人破产的法律标准，也称为破产原因。

破产财产：法院宣告企业破产时，破产企业经营管理的全部财产，包括各种流动资产、固定资产、对外投资以及无形资产。

破产债权：在破产宣告前成立的、对破产者发生的、依法申报确认的，并从破产财产中获得公平清偿的可执行的财产请求权。

非正式财务重整：由于企业只是面临暂时性的财务困难，能够恢复和偿还债务的前景比较乐观，债权人通常愿意直接同企业联系并私下和解，帮助企业恢复和重新建立比较坚实的财务基础，而不通过法律程序来进行处理的财务重整制度。非正式财务重整也叫自愿和解与整顿。

正式财务重整：在法院受理债权人申请破产案件的一定时期（3 个月）内，经债务人及其委托人申请，与债权人会议达成和解协议，对企业进行整顿、重组的一种制度。

债券置换：用新债券交换未偿债券，以延长债务偿还期限。

债转股：债务人将债务转为资本，同时债权人将债权转为股权的债务重组方式。

债务展期：推迟到期债务的偿还日期。

债务减免：债权人以收回部分现金的形式与债务人解除契约。

解散清算：由于企业解散导致企业无法继续经营而进行的清算。

破产清算：因企业经营管理不善造成严重亏损，不能偿还到期债务而进行的清算。

普通清算：企业公司自行组织的清算。

特别清算：不能由企业自行组织，在法院的直接干预、监督下进行的清算。

自愿清算：由债权人与债务人之间通过协商私下进行的清算。

非自愿清算：通过正规的法律程序进行的清算。

企业集团：现代企业发展的高级组织形式之一，即以一个或少数几个大型企业为核心，凭借资本、契约、产品、技术等不同的利益关系，将一定数量的受核心企业不同程度控制和影响的法人企业联合起来，组成的一个具有共同经营战略和发展目标的多级法人结构的经济联合体。

集团企业：又称集团公司，是由母公司（控股公司）及其附属结构（分公司或分厂）组成。

直线制：在上下层企业之间的权责安排上呈直线分布的组织结构形式，上级企业全权领导下级企业，权利集中在集团的最高层，各种经营指令层层下达。

直线职能制：企业集团中各级领导的直接指挥与各级职能人员（如财务、人力资源、技术人员）的业务指导相结合的一种企业集团组织结构形式。

事业部制：在集团母公司下面设立若干个自主营运的业务部门的组织结构形式。

控股制：一种几乎没有集中控制、相对松散、扁平的组织类型。

矩阵型：既按项目设置横向组织系统，又按职能设置纵向组织系统，从而交叉形成的组织结构。

集权制：把经营权（包括财务权）特别是决策权集中在集团最高领导层，下属企业只有日常业务决策权和具体执行权的企业集团财务管理模式。

分权制：把经营管理权限和决策权分配给下属单位，集团最高层只对少数关系全局利益和发展的重大问题拥有决策权的企业集团财务管理模式。

混合制：集权制和分权制相结合的混合模式。

财务结算中心：企业集团内部设立的，主要负责集团内部各成员（主要是指集团核心层成员）之间和对外的现金收付以及往来结算的专门机构，通常设置于财务部门内部。

财务控制中心：比集团财务结算中心更高级的财务组织形式，是一种借助集成化、网络化管理软件的支持，与企业其他资源的整合。

财务公司：隶属于企业集团并为集团内外企业或个人服务的非金融机构，是企业集团特有的财务组织形式。

独资企业：由一个人（业主个人）出资设立的企业。独资企业为个人所有，是一种自然人企业。

合伙企业：由两个或两个以上的投资人按照协议投资、合伙经营、共负盈亏的企业。

公司制企业：由若干投资人（股东）投资，依照法律程序成立的企业。公司制企业是法人企业。

全资子公司：企业集团持股100%的子公司。

控股子公司：企业集团持股51%~99%的子公司。

参股子公司：企业集团持股20%~50%的子公司。

关联子公司：企业集团持股20%以下的子公司。

上游子公司：在企业集团内向其他成员企业提供产品的子公司。

下游子公司：在企业集团内购买其他成员企业产品的子公司。

企业集团内部转移价格：企业集团内各成员企业转让中间产品时所采用的价格。

市场转移价格：以市场价格为基础确定的企业集团内部转移价格。

成本转移价格：以成本为基础确定的企业集团内部转移价格。

协商转移价格：企业集团内部成员企业通过共同协商确定的、双方都接受的内部转移价格。

双重转移价格：针对买卖双方分别采用不同的价格作为内部转移价格。

成本中心：责任人只对其责任区域内发生的成本负责的一种责任中心，包括标准成本中心和费用中心。

标准成本中心：那些有明确、具体的产品，并且对生产产品所需各种要素的投入量能够合理预计的成本中心。

费用中心：那些工作成果不是明确的实物，无法有效计量，或者投入与产出之间没有密切联系的成本中心。

利润中心：责任人对其责任区域内的成本和收入均要负责的责任中心。

投资中心：责任人对其责任区域内的成本、收入及投资均要负责的责任中心。

剩余收益：部门利润与部门资产应计报酬之差。

剩余现金流量：部门营业现金流入与部门资产应计报酬之差。

核心层企业：又称集团企业或集团公司，由母公司（控股公司）及其附属结构（分公司或分厂）组成。

紧密层企业：又称控股子公司，是指企业集团持股50%以上的子公司。其中，企业集团持股51%~99%的子公司称为控股子公司；企业集团持股100%的子公司称为全资控股子公司。

半紧密层企业：又称参股子公司，是指企业集团持股20%~50%的子公司。

松散层企业：又称关联子公司，是指企业集团持股20%以下的子公司。

隶属型企业集团：内部各企业在法律上独立，但从属企业必须受控制企业的支配，集团内的统一经营权由控制企业行使的企业集团。

平等型企业集团：内部各企业不仅在法律上独立，而且地位平等，不存在从属关系的企业集团。

控股式企业集团：按照企业之间的控股关系组建的企业集团。

契约式企业集团：通过订立合同，各企业自愿结合形成的企业集团。

国有企业集团：具有国有性质的成员企业组成的企业集团。

复合企业集团：具有多种经济成分的成员企业组成的企业集团。

企业绩效：一定经营期间的企业经营效益和经营者业绩。

业绩评价：按照企业目标，设计相应的评价指标体系，根据特定的评价标准，采用特定的评价方法，对企业一定经营期间的经营业绩做出客观、公正和准确的综合判断。

业绩评价主体：需要对客体进行业绩评价者，包括资产所有者、经营管理者、政府部门以及其他相关利益主体。

业绩评价客体：业绩评价的对象，是由评价主体根据需要确定的，包括企业、部门、经营管理者和普通员工等。

业绩评价目标：根据主体的需求确定的、从一定量的主体需求中归纳总结出来的设计业绩评价的指南。

业绩评价原则：设计业绩评价系统时必须遵守的规则。

业绩评价指标：业绩评价的依据，包括财务指标和非财务指标。

业绩评价标准：对评价客体进行分析评判的标准，包括历史水平标准、竞争对手标准、年度预算标准和资本预算标准。

业绩评价方法：业绩评价的具体手段，以市场为基础的评价方法。

业绩评价报告：业绩评价报告一般包括评价主体、评价客体、评价目标、评价原则、评价指标、评价标准、评价方法；同时还应包括资料来源、企业基本情况、评价结果和结论、企业主要财务指标的对比分析、影响企业经营的环境、对企业未来发展状况的预测以及企业经营中存在的问题和改进建议等内容。

经济增加值（EVA）：企业调整后的税后营业净利减去企业现有资产经济价值的机会成本后的余额。

修正的经济增加值（REVA）：企业本期调整后的税后营业净利减去上期末企业资产的市场价值后的余额。

平衡计分卡：一种从财务角度、顾客角度、内部业务角度以及学习和创新角度综合评价业绩的体系，是基于战略的业绩评价体系。

股份合作制企业：以企业职工出资为主或者全部由企业职工出资构成企业法人财产，实行合作劳动、民主管理、按劳分配与按股分红相结合的企业组织。

有限责任公司：由股东出资，股东以其认缴的出资额对公司承担有限责任，公司以其全部资产对其债务承担责任的企业法人。

股份有限公司：全部资本由等额股份构成并通过发行股票方式筹集资本成立的企

业法人，股东以其认购的股份对公司承担有限责任，公司以其全部资产对债务承担责任。

内源融资：企业在本单位内部筹集所需的资金，主要是对以前年度的利润留存进行资本纵向积累的一种融资方式。

直接融资：直接进入证券市场通过发行债券、股票等方式筹集资金的融资方式。

间接融资：向商业银行和其他金融机构申请贷款的融资方式。

外源融资：包括直接融资和间接融资，即直接进入证券市场通过发行债券、股票等方式筹集资金，或者向商业银行和其他金融机构申请贷款进行融资。

社会个人股：由本企业以外的个人投资认股所形成的股份。

职工个人股：本企业职工个人以现金投资入股以及将以前的企业积累划归到职工个人名下而形成的股份。

个人股：社会个人股和职工个人股。

职工集体股：本企业职工以共有的财产折股或共同投资形成的股份。

法人股：企业法人以其依法可支配的资产投入企业形成的股份。

国家股：又称国有股，是指国家把一部分资本转化为对企业的投资。

风险投资：向属于科技型、高成长型的创业企业进行股权投资，或为其提供管理和咨询服务，以期在被投资企业发展成熟后，通过股权转让获取收益的投资行为。

风险投资机构：包括风险投资公司和风险投资管理公司。其中，风险投资公司为非金融性的投资公司，是直接投资于高新技术产业和其他技术创新产业的风险投资机构。风险投资管理公司是为创业投资公司提供相关管理和咨询服务的投资机构，它从事的业务主要是受托管理和经营风险投资公司的资本、投资咨询业务等。

创业板市场：又称第二板市场，是指主板市场以外的融资市场，是为高科技领域中运作良好、成长性强的新兴中小企业提供融资的场所。

零兼并策略：选择公司资产与债务相抵的目标公司进行兼并的策略。

托管经营：在不改变企业产权归属的前提下，由委托方将企业的经营管理权以合同的形式，在一定条件下和期限内让渡给受托方有偿经营，并由受托方承担资产保值增值责任的经营方式。

特许经营：一种销售（分销）商品或服务的方法。特许经营是特许人和受许人之间的契约关系，特许人有义务向受许人提供经营领域、经营诀窍和培训，并且保持持续的兴趣。受许人的经营是在由特许人所有和控制的共同品牌、经营模式和过程之下进行的，并且受许人从自己的资源中对其业务进行投资。

前期加盟费：加盟者在开业之前支付的特许经营权使用费，这笔费用往往在签订合约时支付。一般前期加盟费占加盟者投资的5%~10%。

后期加盟费：加盟者开业后每隔一定时期支付一笔费用，有的按月支付，有的按年支付。它包括为加盟者提供经营管理服务而收取的费用、广告宣传费用等。

财务总监委派制：由母公司直接对子公司委派财务总监，并将其纳入母公司财务部门的人员编制，实行统一管理与考核奖惩的制度。

财务监事委派制：母公司作为子公司的所有者或主要出资人，向子公司派出财务总监，专门履行母公司对子公司财务活动进行监察与控制的职能。

财务总管委派制：母公司以经营者的身份通过行政任命的方式对子公司派出财务主管人员，使其总管子公司的财务管理事务，直接进入子公司的管理决策层。

资产经营：以商品经营、产品经营为主的经营活动。

资本经营：以资本增值为目的，以价值管理为特征，通过生产要素的优化配置和产业结构的动态调整对企业的全部资产进行综合、有效运营的经济行为和经营活动。

多元化经营：企业在两个或更多的行业从事经营活动，主要是同时向不同的行业市场提供产品或服务。

专业化经营：企业将主要精力集中于最熟悉、最具实力的领域从事经营活动，是增强企业竞争力的最有效途径。